청소년을 위한 **서양철학사**

한 권으로 끝내는
서양철학 이야기

청소년을 위한
서양철학사

강성률 지음 | 반석 그림

평단

머 리 말

답을 찾아 떠나는 철학 여행

나는 두세 번 자살을 시도한 적이 있었다. 처음 중학교 입시에 낙방한 일이 늘 중압감으로 다가왔던 중학교 2학년 때의 어느 날 오후, 시내 약국 다섯 곳을 돌아 수면제 스무 알을 사들고 강둑길을 걸었다. 도시생활은 답답했고, 그날따라 햇살은 유난히 지겨웠다. 하지만 장남을 잃고 통곡할 어머니의 얼굴과, 장차 큰 인물이 될 거라 믿어 주셨던 초등학교 담임선생님의 모습이 떠올라서 사이다만 배터지게 마신 다음, 발길을 돌릴 수밖에 없었다.

고등학교 입시에서 또 실패한 다음, 치사량으로 충분할 것이라고 여겼던 맥주 세 병을 단숨에 들이켜고 나서 한참을 자고 일어나니, 죽고 싶은 생각이 싹 달아나 버렸다. 누가 청춘을 아름답다고 말했는가? 누가 청소년기를 인생의 황금기라 노래했는가? 적어도 나에게 그 시절은 다시 돌아가고 싶지 않은 번민과 방황과 고통의 시간이었다.

그래서 지금 우리 청소년들을 보기만 해도 눈이 시리다. 어른들이 알지 못하는 고통과 가슴앓이가 마음 깊숙한 곳에 숨어 있음을 잘 알기 때문에. 끓어오르는 욕망과 미래에 대한 두려움, 혐오스러운 현실로 인해 늘 상처받고 있음을 알기에, 잠 못 이루는 그들에게 이 사회는 아무것도 해줄 수 없음을 알기에 눈물이 난다.

고등학교 시절부터 철학을 공부하기로 결심했다. 물론 거창하게 대학교수를 목표로 한 것이 아니었다. 다만 철학을 알고 싶었다. 우주의 끝은 어디이며, 나라고 하는 존재가 누구인지, 왜 인간은 끝내 죽어야 하며, 그 후에 어디로 가는지 너무나 궁금했다. 당시에는 그에 대한 해답을 조금이라도 알고 싶어 철학이라는 학문을 선택했고, 지금까지 외길을 달려오게 되었다.

  대학에서 강의한 지 20여 년이 흐르고 난 지금에야 "청소년들을 위해 철학을 쉽게 알려주는 책을 써 보자"라는 소망이 충족되었다. 이 책이 청소년 독자들에게 지적 호기심을 충족시켜 주고, 학교에서 가르쳐 주지 않는 문제들에 대해 나름의 길을 제시해줄 수 있기를 간절히 바란다. 일류 학교에 진학하는 것만이 능사가 아님을, 한두 번 실패했다고 해서 포기해서는 안 된다는 사실도 깨달았으면 좋겠다. 또 이 세상에는 먹고사는 일보다 중요한 것이 있음을, 이 세상은 어떤 존재라도 충분히 살아갈 만한 가치가 있음을 확신하게 된다면 좋겠다. 이 책을 읽어 나가는 동안 자연스럽게 논리적 사고까지 익힐 수 있다면 더없이 좋겠다.

  이 책은 서양 철학의 역사를 전개하는 동안 청소년이나 교양인으로서 갖추어야 할 기본 지식을 망라하는 한편, 좀더 쉽고 다양하게 철학을 접하도록 이야기 중심으로 철학사를 풀어내고자 했다. 또한 청소년 독자들의 부담감을 덜어내기 위해 사진과 그림으로 이해를 도울 수 있도록 꾸몄다.

  《서양철학사》에 이어 머지않아 《동양철학사》도 출간될 것이다. 두 권 모두 철학 분야에만 국한되지 않고 인류의 위대한 스승들이 남겨 놓은 정신적 문화유산을 총괄하는 책이 될 것 같다. 그리하여 세계화와 국제화 시대를 살아가는 오늘의 우리에게 이 책들은 인생의 좋은 길잡이가 되지 않을까 기대해 본다.

  이 책을 집필하기 위해 수많은 문헌들을 참고했으며, 특별히 과거에 내가 집필한 《철학의 세계》와 《2500년간의 고독과 자유》, 그리고 정진일 교수의 《위대한 철인들》과 바이셰델 W. Weischedel 의 《철학의 뒤안길》 등을 주로 참조했으며, 일일이 거론하지 못한 문헌들은 참고문헌에 정리해 놓았음을 밝혀 둔다.

  이 책을 집필할 수 있도록 용기를 주시고 격려해 주신 평단문화사 최석두 대표님께 감사의 말씀을 드린다. 또한 출간을 위해 수고해 주신 편집부 직원들에게도 고마움을 전한다. 마지막으로 형통할 때나 곤고할 때나 늘 동행해 주시는 하나님께 모든 영광을 올려드린다.

2008년 여름을 맞으며

강성률

Contents

아카데메이아

어린 시절 가슴속에 품은 '철학'

중학생 시절, 여름방학을 맞이해 고향으로 내려가면 친구와 함께 밤늦도록 양수기 옆을 지키곤 했다. 우물에서 막 품어 올린 맑은 지하수에 몸을 담그며 별이 쏟아지는 하늘을 바라보았다. 저 별은 이곳에서 얼마나 떨어져 있을까, 저곳까지 가볼 수는 없을까. 과학 선생님은 모래알같이 작게 보이는 별 하나하나가 지구보다 더 크고, 지구에서 별까지의 거리는 빛의 속도로도 몇 년씩 걸린다고 했다. 그때 나라는 존재가 갖는 왜소함과 무력감이란.

친구는 앞산의 골짜기를 가리키며 마을의 공동묘지인 그곳에서 귀신도 나오고 도깨비도 나온다고 했다. 밤마다 불을 켜고 춤도 춘다고 했다. 아! 나를 사랑하셨던 백부님께서 묻히신 곳. 묘지를 이장할 때 봤던 그분의 흔적은 앙상한 뼈만 있었는데, 이상하게도 교회에서는 사람이 죽어 천국이나 지옥 둘 중 하나로 간다고 했다. 과연 어느 쪽 말이 옳을까?

사촌형이 먹을 것에 엄청난 관심을 보이는 동안, 나는 '아이답지 않게' 엉뚱한 일에 늘 마음이 쏠렸다. 사람은 왜 죽어야 하는지, 죽으면 어디로 가는 것인지, 착하게 살아야 저 세상에서 복을 받는다고 하는데, 어떻게 해야 착한 아이가 되는지, 교회에서 말하는 하나님은 정말로 있는 것인지.

'눈에 보이지 않는 것'에 대해 어른들은 무관심한 듯했다. 학교 선생님들 역시 당시 치열했던 중학교 입시 경쟁을 위해 열심히 공부하라고만

* 파스칼은 유명한 명상록 《팡세》 서문에서 다음과 같이 말한다. "인간은 수증기(독)나 바늘 침 하나로도 죽일 수 있는 연약한 존재다. 반면에 이 우주는 얼마나 광대하고 강한가? 그러나 인간은 자신이 약하다는 사실을 알고 있는 반면, 우주는 자기가 강하다는 사실을 모르고 있다. 여기에 인간의 위대성이 있다. 인간은 '생각하는 갈대'인 것이다."

했을 뿐, 아이의 '지적 호기심'에 대해 대답해 주려 하지 않았다.

고등학교에 진학하고 나서야 철학이라는 학문을 알게 되었다. 그래서 일류대학이건 이류대학이건, 서울 소재 대학이건 지방대학이건 일단 철학과에 진학하기로 맘먹었다. 그 후 철학과에서 형이상학 · 윤리학 · 인식론 · 종교론 등을 배웠지만 인생의 수수께끼가 단번에 풀린 것은 아니었다. 어쩌면 그러한 물음들 자체가 완전하게 해결될 수 있는 성질의 것이 아니었는지도 모른다.

철학의 개념에 대해 한마디로 정의하기는 어렵다. 다만 독자들의 이해를 위해 다음과 같이 정리해 보고자 한다.

첫째, 철학은 진리 그 자체를 사랑하고 탐구하는 것이다. 철학이란 용어 자체가 사랑한다는 의미의 'philos'와 지혜를 의미하는 'sophos'가 합쳐진 것이다. 지혜를 사랑하는 것, 즉 '애지愛智'라는 뜻인데, 이것은 어떤 이해타산도 없이 그저 순수하게 모든 것을 알고자 하는 지적知的 열망을 말한다.

어느 날 탈레스가 별을 관찰하면서 하늘을 바라보고 걷다가 그만 웅덩이에 빠지고 말았다. 그러자 이를 본 트라키아 하녀가 "자기 발밑에 있는 것도 보지 못하면서 하늘의 일을 알려 한다"라며 그를 비웃었다는 일화가 있다. 사실 철학자는 현실에 어두울 수 있고, 따라서 사람들의 비웃음을 살 수도 있다. 그러나 모든 사람이 당장 눈앞의 일에만 몰두한다면, 또 먹고사는 일에만 열중한다면 인류의 장래는 암담할 것이다. 탈레스처럼 다소 엉뚱하게 보이는 사람들이 있었기에, 인간 사회는 그동안 진보를 거듭했던 것이다.

둘째, 철학은 인생 전체에 걸친 이법理法이고 지혜다. 고대에서 철학이란 학문 그 자체를 의미할 정도로 광범위했다. 중세에 와서는 대학에 신

학부와 철학부밖에 없었으며, 따라서 신학을 제외한 모든 학문이 철학에
속했던 셈이다. 그 후 지식이 증폭됨에 따라 어느 한 사람이 모든 분야를
다 연구할 수 없다는 점 때문에 각 학문이 독립해 나갔고, 분야 전문가들
도 생겨났던 것이다.

셋째, 세계와 인간에 대해 끊임없이 물음을 던지며 사색하는 것이 철학
이다. 우리들이 쉼 없이 생동하며 살아가듯이, 그 인간을 다루는 철학 역
시 그런 것이어야 한다.

마지막으로, 철학은 모든 학문의 궁극적 목적을 제시할 수 있어야 한
다. 가령 오늘날의 학문이 얼마나 많이 나아가느냐 하는 것보다 올바른
방향으로 가느냐가 중요하다. 맹목적으로 앞만 보고 달려가는 과학이 핵
무기를 통한 대량 살상이나 인간 존엄성의 상실 등을 가져온다면, 이것은
인류에게 불행한 일이다.

이 밖에도 철학에 대한 정의는 얼마든지 있을 수 있다. 그것은 '철학'
이 갖는 넓고도 포괄적인 성격에 따른 것이기도 하지만, 각 사람마다 생
각하는 개념이 다르기 때문이다. 대통령의 국정에도 철학이 있을 수 있
고, 평범한 주부가 장을 볼 때도 철학이 있을 수 있다. 하이데거의 철학 세
미나도 가능하며, 사주나 관상을 보는 철학관에서도 철학이 가능하다.
공간적으로 철학은 동양 철학과 서양 철학으로 나눌 수 있고, 시간적으로
고대 · 중세 · 근세 · 현대로 구분할 수 있다.

이 책은 서양의 고대부터 시작되는데, 여기에는 두 가지 이유가 있다.

먼저, 인간의 본질면에서 옛사람이나 현대인이 큰 차이가 없다는 점이
다. 어느 시대나 인간은 무지한 상태로 태어나고, 매일 먹고 마시며 살다
가 예외 없이 죽어간다. 소크라테스가 고민했던 문제는 오늘날에도 동
일한 과제로 남았으며, 공자가 추구했던 길은 미래에도 여전히 모색될

것이다. 또 다른 이유는, 현대의 지성이 2천 년 전의 현자보다 뛰어나다고 말할 수 있느냐는 점이다. 세계 7대 불가사의⁎나 고대 문명의 유적지가 보여 주듯, 우리가 풀 수 없는 수수께끼들이 아직도 세계 곳곳에 널려 있다. 또 물질문명은 발달했을지 몰라도 정신문화는 도리어 뒷걸음질치고 있다는 주장도 나왔다. 그러므로 과거로 여행하는 것은 현대의 기계문명과 물질주의에서 벗어나 원초적인 물음을 향해 떠나는 근원적 체험이 되리라 믿는다.

세계 7대 불가사의

보통 기원전 300년경, 알렉산드로스 대왕의 동방원정 이후 그리스 사람들의 관광 대상이 되었던 일곱 가지의 불가사의한 건축물을 일컫는다. 쿠푸 왕의 피라미드, 바빌론의 공중정원, 올림피아의 제우스 상 등이 이에 속하는데, 현존하지 않는 유적들이 대부분이다. 그래서 영국의 스톤헨지나 이탈리아의 피사의 사탑 등 현존하는 유적들을 중심으로 7대 불가사의를 새로 지정하기도 했다. 이 밖에 이스라엘의 바위의 돔 사원, 델포이의 아폴론 신전 등 L. 코트렐이 독자적으로 뽑은 세계 7대 불가사의도 있다.
-〈불가사의 세계 문화유산의 비밀〉, 허용선, 예림당, 2004

13

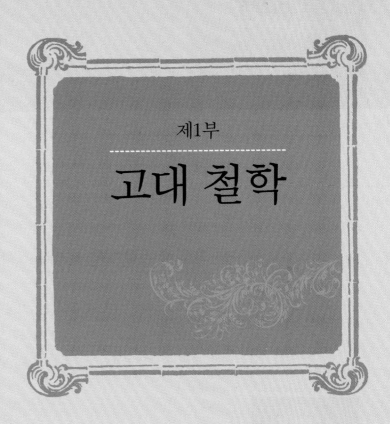

제1부

고대 철학

서양 고대 철학의 제1기는 기원전 6세기로부터 기원전 5세기 중엽까지로, 자연 철학 시대라고 불린다. 이때의 철학자들은 자연현상의 기초를 이루는 근본물질은 무엇이며, 그 근본물질에서 어떻게 온갖 자연현상이 일어나는가 라고 하는 문제에 몰두했다. 예를 들어 번개 치는 현상에 대해 신이 화가 났다거나 인간이 죄를 지었기 때문이라거나 하는 극히 원시적 신앙의 관점에서 벗어나, 경험에 바탕을 둔 이성적 추리에 의해 자연 그 자체 속에서 원인을 찾고자 했다.

Ancient philosophy

제1장

자연 철학

최초의 철학자들, 밀레투스학파

옥스퍼드학파나 캠브리지학파처럼, 보통 학파의 이름은 지역이나 대학의 이름에서 따오는 경우가 많다. 밀레투스학파라는 이름 역시 이오니아족이 건설한 열두 개의 도시 가운데 가장 남쪽에 있는 도시의 이름에서 유래했다.

철학의 아버지,
탈레스

탈레스

Thales, BC 624?~BC 546? | 현대의 어떤 역사가는 "그리스 철학은 기원전 585년 5월 28일 시작되었다"라고 간결하게 표현했는데, 이날은 탈레스가 예언한 일식이 일어난 날이었다. 탈레스는 일식을 정확하게 계산해내는 데 성공했으며, 태양은 그가 예언한 그날 실제로 어둠에 싸여 그의 명예를 한층 더 높여 주었다.

가장 먼저 등장하는 탈레스는 흔히 '철학의 아버지'라고 불린다. 그는 근본물질을 물로 봤으며, 모든 사물은 물에서 생겨 다시 물로 돌아간다고 했다. 아마 다음과 같은 몇 가지 이유 때문이 아닌가 싶다.

첫째, 물은 모든 생물의 씨 속에 들어 있는데, 가령 아무리 잘 마른 볍씨라 해도 그 속에는 소량의 물이 들어 있기 마련이다. 그리고 어떠한 생명체도 물이 없으면 당장에 죽고 만다. 삼풍백화점이 무너졌을 때 살아남았던 사람들 역시 공통적으로 물을 구할 수 있었다고 고백한다. 그만

16

큼 물은 생명체에게 필수적인 요소인 것이다.

둘째, 물은 그 양이 엄청나게 많다. 바닷가에 섰을 때 수평선이 끝없이 보이듯 지구 표면 중 3분의 2가 바다. 그리고 태평양의 깊은 곳은 세계에서 가장 높은 산에 베레스트보다 더 깊다. 나아가 물은 기후를 지배한다. 땅에서 증발된 물이 공중에서 구름을 만들고 그 구름이 무거워지면 비나 눈이 되어 다시 내려온다. 이렇게 물은 날씨에 큰 영향을 준다. 땅에 내린 물은 모든 생명체들이 먹고 마시지만, 그렇다고 없어지는 것도 아니다. 다시 몸 밖으로 배설되어 그 순환을 계속하므로, 이것은 마치 형태만 바뀔 뿐 그 전체 양에는 변함이 없는 '에너지 보존 법칙'을 연상케 한다.

셋째, 물은 사람의 몸과 관계가 깊다. 전체 몸무게 가운데 약 70%를 물이 차지하고 있으며, 아이가 어머니 뱃속에 있을 때는 바닷물과 비슷한 성분의 양수 속에서 자라게 된다. 이 세상에 태어나서는 모유부터 먹게 되는데, 이 모유는 영양분과 물이 동시에 들어 있는 절묘한 음식이라 할 수 있다.

이러한 이유들로 인해 탈레스는 물을 가장 중요한 물질로 봤던 것이다.

탈레스의 제자이자 후계자인 아낙시만드로스**는 '어떤 불확정적이고 무한정한 것'으로서 모든 존재의 원인을 아페이론apeiron, 무한자에서 찾았다. 이것은 불생불멸不生不滅, 생기지도 않고 없어지지도 않음, 무시무종無始無終, 시작도 없고 끝도 없음, 불사不死의 신적인 성질이며, 여기로부터 차고 더운 것과 건조하고 습한 것이 분리되어 나온다는 것이다. 그리고 이 네 가지가 이리저리 뒤섞이면서 세상 만물을 형성하고, 만물이 죽거나 소멸하면 다시 이 네 가지를 거쳐 아페이론으로 돌아간다고 한다. 그러므로 삼라만상이 생

아~ 좋아!

사물의 근원에 대해 탐구했던 탈레스는 만물의 근본이 물이라고 했어요.

● 아낙시만드로스

Anaximandros, BC 610~BC 546 | 기원전 6세기의 사상가이자 과학자였다. 모든 생명체는 진흙에서 유래했으며, 인류가 좀 더 단순한 유기체로부터 진화했다고 믿었다.

17

아낙시메네스

Anaximenes, BC 585?~BC 525 | 밀레투스 학파의 마지막 철학자다.

아르케

arche | 그리스어로 '처음, 시초'라는 뜻이며, 철학에서는 '원리'라고 번역한다. 그리스 초기 자연 철학에서 만물을 지배하는 우주의 근본원리를 말한다. 아리스토텔레스는 이를 존재론의 제일 원리의 의미로 사용했다.

겼다가 없어지는 동안에도 아페이론만큼은 영원히 존속하는 셈이다.

한편 아페이론은 물보다 더 추상화된 개념으로 논리적 진보를 보여 주기도 한다. 하지만 그 개념 자체가 구체적이지 못해 과연 자연 철학의 범주에 넣어야 할 것인지를 놓고 의문을 나타내는 사람도 있다.

아낙시만드로스의 제자 아낙시메네스는 아르케를 공기로 봤다. 공기는 생명의 원천으로 신적 존재와 같다는 것이다. 그는 공기의 농축^{뭉침} 또는 희박화^{흩어짐}에 의한 자연의 변화를 설명했는데, 공기가 뭉쳐지면 온도가 내려가서 바람·구름·흙·돌과 같은 것이 되고, 엷어지면 온도가 올라가서 불이 된다는 것이다.

겨울 저녁, 아이들은 손을 호호 불며 동네 한복판에 모였다. 양편으로 나뉘어 숨바꼭질을 하는데 무대는 동네 전체였다. 하루는 어느 집 뒷방에 숨었는데, 마침 머슴은 나들이 중이었고 가마솥에는 고구마가 가득 삶겨 있었다. 입으로 고구마를 식혀 가며 한 솥을 다 비우고 나니 술래는 이미 집으로 돌아간 뒤였다. 그런데 어떻게 같은 사람의 입에서 따뜻한 바람도 나오고 찬바람도 나오는 것일까?

입을 크게 벌려 숨을 천천히 내뿜어 주면 공기가 흩어져서 온도가 올라가고, 입을 동글게 만들어 숨을 한곳으로 집중하면 공기가 뭉쳐져서 온도가 내려간다. 그리고 온도가 올라가면 모든 것이 녹고 풀어지는 반면, 온도가 내려가면 딱딱해져서 고체가 된다. 이처럼 공기의 많고 적음에 따라 우주 만물이 생성하거나 소멸하기에 공기야말로 근본물질이라는 것이다.

또한 물과 마찬가지로 공기 역시 모든 생명체에게 필수적인 요소다. 인간과 동물은 물론이고 심지어 식물에게조차 없어서는 안 될 필수불가결한 것이다. 음식을 먹지 않고는 한 달도 살고, 물을 마시지 않으면 일주일 정도는 버틴다고 하는데, 과연 공기를 마시지 않고 얼마나 견딜 수 있을까? 화재 사고가 났을 때 대부분 희생자들은 그 짧은 순간에 맑은 공기를 마시지 못해 숨을 거둔다고 한다. 이렇게 본다면 공기야말로 가장 중요한 것이다.

나아가 아낙시메네스는 이 공기를 영혼까지 포함하는 어떤 것으로 봤다. 고대인들은 산 사람과 죽은 사람의 차이를 "숨 쉴 수 있느냐 없느냐"에서 찾았다. 그런데 이 호흡이란 것이 결국 공기의 들락거림을 말하므로 공기가 생명 그 자체와 동일시되었던 것 같다. 또 생명이란 영혼의 존재 유무를 나타내는 것이기 때문에 공기는 생명이고 생명은 영혼이라는 전제로부터 공기가 영혼이라는 등식이 나오는 것이다.

이제 밀레투스학파의 철학사적 의의를 정리해 보고자 한다.

첫째, 모든 선입견을 버리고 자연과학적 사상에 입각해서 문제에 접근하려는 자세를 보였다. 오늘날에도 벼락에 맞아 죽은 사람을 보고 "천벌을 받지 않았을까" 하고 고개를 갸웃거리는 사람이 있는데, 하물며 지금부터 2500여 년 전에 그처럼 합리적이고 과학적인 사고를 했다는 것은 놀라운

⊙ 밀레투스에 있는 극장터
지중해 연안 터키에 있는 탈레스의 고향

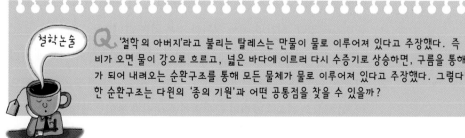

철학논술

Q '철학의 아버지'라고 불리는 탈레스는 만물이 물로 이루어져 있다고 주장했다. 즉 비가 오면 물이 강으로 흐르고, 넓은 바다에 이르러 다시 수증기로 상승하면, 구름을 통해 비가 되어 내려오는 순환구조를 통해 모든 물체가 물로 이루어져 있다고 주장했다. 그렇다면 이러한 순환구조는 다윈의 '종의 기원'과 어떤 공통점을 찾을 수 있을까?

일이다.

둘째, 현상계^{現象界}의 여러 가지 모습을 하나의 근본원리로 설명하려고 했다는 대담성이다. 철학이란 여러 말을 장황하게 하는 것이 아니다. 가령 헤겔이 '정신' 하나로 인간과 자연과 역사를 설명함으로써 위대한 관념론자가 되고 마르크스가 '정신' 대신 '물질'을 도입하여 유물론의 대표자가 되었듯이, 결국 다양한 이 세계를 하나의 원리로 설명하려는 것이 철학이다.

영원히 꺼지지 않는 불, 헤라클레이토스

이 세상은 고정되어 있을까, 아니면 끊임없이 변하고 있을까? 이에 대해 서로 견해를 달리하는 철학자들이 있다. 먼저 헤라클레이토스[●]는 "모든 것은 흐르고 변할 뿐, 정지된 것은 없다"라고 주장했다. 가령 우리가 산골짜기의 흘러가는 물속에 발을 담갔다가 꺼내어 다시 집어넣어도 그 물은 처음의 물이 아니다. 우리가 처한 상황은 항상 변하는 것이다. 또 물만 바뀌는 것이 아니라 우리 자신도 끊임없이 변화한다. 비록 짧은 시간일지라도 다시 집어넣는 우리의 발은 변했다고 봐야 한다. 이처럼 시간은 모든 것을 변하게 만든다. 산천이 바뀌듯, 아이가 어른이 되고 어른이 노인이 된다. "앞에서 오는 도적은 막아도 뒤에서 오는 백발은 막지 못한다"라는 속담이 있다. 세월 앞에서 견뎌낼 영웅호걸은 없다. 시간 속에서 영원한 것은 없는 법이다.

그런데도 헤라클레이토스는 끊임없이 변하는 겉모습의 뒤쪽에 가려진 어떤 단일성을 바라보고 있었다. 그는 만물의 근본물질을 불로 봤으며, 이 세상의 변화·발전의 근본법칙을 대립과 통일로 설명했다.

현상계

지각과 감각으로 경험할 수 있는 세계. 반대말은 예지계^{叡智界}다.

헤라클레이토스

Heracleitos, BC 535?~BC 475 | 소아시아 연안의 에페소스에서 명문가의 자손으로 출생했다. 대중을 멸시하고 민주주의를 반대했다. 인간들에게 넌더리를 내고 산속으로 들어가서 풀과 잡초로 끼니를 연명해 나갔다.

그리스 신화에 보면, 프로메테우스가 제우스의 명령을 어기고 인간에게 불을 훔쳐다 준다. 이로 인해 인간은 축복을 받았지만, 프로메테우스는 스스로 청동 쇠사슬에 묶여 매일 아침 제우스가 보낸 독수리에게 간을 쪼이는 고통을 당한다.

● 독수리에게 간을 내주는 프로메테우스
프로메테우스는 불이 없어 비참한 인간들에게 제우스가 감춰둔 불을 훔쳐다 주었고, 이 때문에 제우스의 분노를 사서 코카서스 산 바위에 쇠사슬로 묶여 독수리에게 매일 간을 쪼아 먹히게 되었다.

이러한 대가를 치러도 좋을 만큼 불은 인간에게 유익하고 요긴한 것이다. 어렸을 적 타오르는 촛불이나 아궁이의 입구에 넘나드는 불길을 바라보며 참 이상한 물질이라 여긴 적이 있었다. 분명 물질은 물질인데 일정한 모양이나 형태도 없다. 더욱이 한입에 삼키듯 다른 물질을 태워 없애기까지 한다.

바로 이 불의 변화를 가지고 헤라클레이토스는 자연의 순환 운동을 설명하려고 했다. 황금을 주고 상품을 사고 다시 상품을 주고 황금을 받듯이, 불은 만물의 교환물이고 만물은 불의 교환물이다. 우리가 돈으로 물건을 사고 팔듯이, 불과 만물은 서로 바꿀 수 있다는 뜻이다.

그런데 이 불은 공기와 마찬가지로 다만 물질적인 불만 의미하는 것이 아니라 신적인 원질原質이자 인간의 영혼 속에도 담겨 있는 불이기도 하다. 비 오는 어느 날 밤, 창호지를 비추며 불빛이 지나갔다. 부부는 놀라서 깼고, 당시에는 그 의미를 몰랐다. 이튿날 일어나 보니 팔베개를 하고 자던 아이가 죽어 있었다. 결국 그 불은 아이의 혼불이었다고 결론지었다. 말하자면 부부는 사람이 죽을 때 혼이 나간다고 믿었던 것이다. 여기서 말하는 혼불이란 바로 영혼을 가리킨다고 봐야 한다. 인간은 불에 대해 늘 정신적 의미를 부여해 왔다. 올림픽 성화는 인류의 화합과 평화를 상징하며, 케네디 무덤 앞에 있는 '영원히 꺼지지 않는 불'은 그의 위대한 프런티어 정신을 상징한다.

헤라클레이토스는 변화무쌍한 현상의 배후에 대립되는 법칙이 있다고 주장한다. 이 세상의 모든 발전은 대립적인 여러 힘의 상호 투쟁과 화합을 통해 이루어진다. 예를 들어 낮과 밤, 겨울과 여름, 전쟁과 평화 사이의 조화 가운데 우리가 살고 있으며 이념 대 이념, 인간 대 인간, 계급 대 계급, 민족 대 민족 사이의 투쟁을 통한 조화로 세계가 유지된다. 이러한 의미에서 헤라클레이토스는 "싸움이야말로 모든 사물을 생산하는 아버지이자 모든 사물을 지배하는 왕이다"라고 했던 것이다.

모든 사물에게는 자기와 반대되는 어떤 것이 필요하다는 의미에서 오히려 대립이 생산적이라고 말할 수 있다. 우리 몸속에서는 하루에도 수많은 세포가 생겨나기도 하고 죽어가기도 한다. 세포 분열이라는 활발한 전쟁을 하기 때문이며, 따라서 살아 있을 때의 긴장이 사라지고 나면 오직 죽음만이 있을 뿐이다.

과연 이 세계가 늘 변화하고 있는가, 아니면 고정되어 있는가? 이러한 물음에 대해 두 서양철학자의 견해가 대립되어 있다. 첫 번째 경우가 앞서 말한 헤라클레이토스의 사상이고, 두 번째 경우가 고정된 존재에게 집착하는 파르메니데스의 사상이다.

수가 우주를 지배한다,
피타고라스

피타고라스 🔍

Pythagoras, BC 580?~BC 500? | 그는 영혼윤회설에 입각한 인과응보를 생활신조로 삼았다.

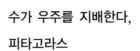

우리에게는 '피타고라스의 정리'로 더 잘 알려진 수학자 피타고라스*는 만물의 근본적 원리를 수라고 본다. 금방 눈에 보였다가 곧 없어질 것처럼 여겨지는 물질적 존재가 어떻게 이 세계

의 근본원리일 수 있겠느냐는 것이 그의 생각이었고, 따라서 순수한 형식적 원리인 수를 들고 나온 것이다.

예를 들면, 아라비아 숫자의 시작인 1은 하나라는 의미의 점(·)이며, 2는 두 점을 잇는 선(—), 3은 세 점을 연결한 면(△)이며, 4는 네 꼭짓점을 이룬 입체(△)다. 흔히들 이 세계를 3차원으로 해석하는 입장도 이와 흡사하다고 생각된다. 또한 음악에서 귀에 아름답게 들리는 협화음은 수적인 배열이 잘 이루어져 조화를 이룬 것이고, 시멘트에 쇠를 긁는 것처럼 불쾌하게 들리는 불협화음은 그 배열이 잘못되어 조화가 깨어진 것이다. 현악기도 음의 높낮이나 강약은 줄의 길이나 굵기에 의해 결정된다. 가령 기타의 줄을 길게 하거나 굵게 하면 낮은 음이, 줄을 짧게 하거나 가늘게 하면 높은 음이 난다. 그런데 결국 줄의 길이나 굵기는 어디까지나 수적인 것으로 봐야 한다.

하늘의 별들이 일정한 공간적 궤도를 따라 일정한 시간적 주기로 움직이는 것 역시 수의 지배를 받는다는 증거다. 지구는 태양과 일정한 거리를 유지하면서 하루에 한 번씩 자전하며, 태양의 주위를 1년에 한 번씩 공전한다. 만일 지구가 현재보다 조금만 더 가까이 태양에 다가가면 땅 위의 모든 것이 타버리고, 조금만 더 멀어지면 모든 것이 얼어 버린다고 한다. 또 만일 지구가 빨리 돌다가 천천히 돌고 서서히 움직이다가 갑자기 속도를 내면 어떻게 될까? 우주가 수의 지배를 받고 있는 한, 그럴 염려는 없다. 따라서 피타고라스는 이 우주가 질서와 조화를 유지하는 것은 수의 지배 때문이라고 생각한 것 같다. 이와 관련해서 그는 이 세계를 코스모스cosmos라고 불렀으며, 이 말 속에는 '우주'라는 뜻과 '질서, 조화'라는 의미가 동시에 들어 있다.

또한 별들이 똑같이 원운동을 하는 점 역시 수학적 도형 가운데 가장

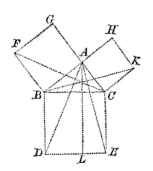

○ 피타고라스의 정리
직각삼각형의 직각을 포함하는 두 변 위의 정사각형의 넓이의 합은 빗변 위의 정사각형의 넓이와 같다는 것으로, 피타고라스가 최초로 증명했다.

완전한 도형이 동그라미▣이기 때문이라고 주장한다. 이처럼 완전한 우주의 조화에 관한 사상은 피타고라스 이후 새로운 문제로 대두되곤 했다.

그런데 지금까지와는 전혀 다르게 엉뚱한 주장을 하는데, 그것은 바로 영혼에 관한 학설이다. 그는 남부 이탈리아의 크로톤에서 교단을 조직했다. 일종의 비밀 종교단체인 이 교단은 영혼윤회설에 입각한 인과응보를 생활신조로 삼아, 신자들에게 엄격한 금욕과 규율을 요구했다. 그들은 사람의 몸이 죽더라도 혼은 없어지지 않고 계속 살아남으며, 그것이 다른 사람이나 동물에게 들어가 다시 이 세상에 태어난다고 믿었다. 이러한 영혼불멸설과 윤회설에 입각해서 "동물의 살을 절대로 먹어서는 안 된다"라는 금기를 지켰다. 왜냐하면 자기가 먹는 동물의 살 속에 조상의 혼이 깃들어 있을지도 모른다고 생각했기 때문이다. 인도 윤회사상의 영향을 받았을 것이라고 짐작되는 이 사상은 이후 플라톤과 기독교 사상에서 되살아나게 된다.

이 교단은 당시의 집권당에 대항하여 정치까지 자신들의 세력을 확대시키려 해서 사람들의 비난을 받게 되고, 마침내 반대당에 의해 추방을 당했고 교단은 강제로 해산하기에 이른다. 이후 신자들은 그리스 본토로 도망하고 피타고라스 사상을 수학 방면에서 발전시킴으로써 하나의 학파를 형성하게 된다.

피타고라스의 주장에 타당성이 있는 것도 사실이다. 하지만 수에 대한 그의 지나친 집착이 이상한 주장으로 이어지고 있음을 보게 된다. 예를 들어, 1부터 10까지의 수가 각각 의미운명이나 결혼 등를 가지고 있다거나 10은 완전한 수이므로 태양계의 행성* 수를 열 개로 봤다거나 하는 것은 무

● 행성

제자리에 고정되어 있는 항성恒星과 구별하는 의미에서 이렇게 불린다. 움직이는 별, 유성遊星이라고도 한다. 태양의 주위를 도는 행성은 수성·금성·지구·화성·목성·토성·명왕성·해왕성·천왕성 등 9개였는데, 2006년 명왕성이 제외되어 지금은 모두 8개다.

의미한 수의 장난으로밖에 볼 수가 없는 것이다.

　그런데도 그가 이 세계의 근본원리를 물질적 원소가 아니라 수적 관계 속에서 찾으려 했다는 점, 그래서 자연에 대한 형상적 원리로 조화와 질서를 문제 삼음으로써 높은 추상성을 띠었다는 점은 높이 평가할 만하다.

고정불변의 존재에 집착하다, 엘레아학파

　헤라클레이토스를 다루는 부분에서 언급했던 문제가 여기에 다시 나온다. 이 세계는 과연 끊임없이 움직이고 있을까, 아니면 우리 눈에만 그렇게 보일 뿐 실상은 고정되어 있는 것일까? 전자의 입장을 지지했던 사람이 헤라클레이토스라면, 후자의 입장에 섰던 사람들이 엘레아학파다. 그리고 원래 엘레아 Elea 는 이탈리아 서해안에 자리한 그리스인들의 식민도시였다. 크세노파네스ⓐ는 이 학파의 선구자에 해당하고, 파르메니데스는 창설자이며, 제논은 그것을 발전시킨 사람이다.

신은 하나다,
크세노파네스

　　　　　　호메로스ⓐ나 헤시오도스ⓐ가 쓴 신화에는 여러 신들이 등장해서 사랑하고 질투하고 싸우기도 한다. 심지어 도둑질도 하고 사기도 치며, 간음을 하기도 한다. 이에 대해 크세노파네스는 대담한 공격을 가한다. 즉 이것은 신화를 쓴 사람들이 자기중심적인 사고에서 벗어나지 못한 결과로, 마치 신들도 인간과 똑같은 모습을 하고 똑같이 행동할 것이라고 착각한다고 말했다. 다행인지 불행인지 인간만이 신을 그릴 수

크세노파네스

Xenophanes, BC 560?~BC 478? | 고대 그리스의 시인·철학자. 신은 유일·전능하다고 주장했다.

호메로스

Homeros | 고대 그리스의 유랑 시인. 현존하는 고대 그리스어로 쓰인 가장 오래된 서사시 《일리아드》와 《오디세이》의 작가다.

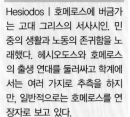

헤시오도스

Hesiodos | 호메로스에 버금가는 고대 그리스의 서사시인. 민중의 생활과 노동의 존귀함을 노래했다. 헤시오도스와 호메로스의 출생 연대를 둘러싸고 학계에서는 여러 가지로 추측을 하지만, 일반적으로는 호메로스를 연장자로 보고 있다.

있어서 그렇지, 동물들도 그릴 수 있다면 모두가 자기 입장에서 신의 모습을 그리지 않겠냐는 것이다. 가령 소는 뿔 달린 모습으로, 말은 벌판을 힘차게 달리는 모습으로, 같은 인간이라 할지라도 백인은 하얗게, 흑인은 검게 그리는 것과 마찬가지다.

그러나 개념상 최고 존재로서의 신은 오직 하나일 수밖에 없다. 이는 '가장 높은 나무'는 하나라는 논리와 같다. 그런데 하나인 신이 어떻게 여러 가지 모습으로 나타날 수 있겠는가? 그러므로 신화에 등장하는 신의 모습은 인간의 상상력이 만들어낸 인간화된 신의 모습일 뿐이다. 여기에서 나온 결론은 다음과 같다. 신은 오직 하나다. 이 신에 대해 우리는 확실하게 알 수 없다.

이상과 같은 크세노파네스의 주장이 다 옳다는 것은 아니다. 하지만 미신이나 기적 또는 윤회사상에 대해서 반기를 들고 당시의 신에 대한 시각을 정면으로 비판한 그의 용기만큼은 높이 평가해야 할 것이다.

있는 것은 있고 없는 것은 없다, 파르메니데스

파르메니데스, BC 515?~BC 445? | 엘레아학파의 대표자. 존재의 철학자라 불린다.

파르메니데스®는 이 학파의 창설자이자 가장 유명한 철학자다. 또 그는 "오직 존재자만이 있을 뿐, 무는 있을 수도 생각할 수도 없다"라고 주장했는데, "있는 것은 있고 없는 것은 없다"라는, 하나마나한 소리처럼 들리는 이 명제가 파르메니데스 철학의 출발점이다.

그는 이러한 입장에서 운동과 변화를 부정한다. 가령 운동이 있기 위해서는 무엇보다 먼저 운동할 수 있는 공간인 운동장이 있어야 하는데, 그 운동장이란 텅 비었다는 의미에서 무일 것이다. 그러나 앞에서 말한 것

처럼 무란 '있을 수 없는' 것이므로, 운동장이 있을 수 없고 따라서 운동
은 불가능하게 된다. 만일 운동이나 그에 따른 변화가 있다고 한다면, 그
것은 우리의 감각적 착각일 뿐이다. 사계절이 변하고 사람이 태어나고
죽지만, 그 속을 들여다보면 늘 되풀이되는 일일 뿐이다. 인간의 역사도
길게 보자면 항상 반복된다. 이 세상의 모든 것이 변하는 것처럼 보이지
만, 결국 변하는 것은 아무것도 없다는 뜻이다. 따라서 오직 존재하는 것
은 불변의 항구적 존재有뿐이다.

　그는 존재가 생겨나지도 않고 없어지지도 않는다고 주장하며, 이에 대
해 다음과 같이 증명한다. 첫째로 유有가 어떤 것에서 생겨난다고 가정한
다면, 그 유는 유나 비유非有 가운데 어느 한쪽에서 생겨나야 한다. 그런데
유가 유에서 생겼다면 유 이전에 이미 어떤 것이 있어야 되므로 결국 유
란 생긴 것이 아니다. 또 유가 비유에서 생겼다면 '있지도 않은 것非有'에
서 생긴 것이 되므로 말이 안 된다. 이것은 소멸의 경우에도 마찬가지로
결국 유는 생기거나 없어지는 것이 아니다. 둘째, 유는 나누어질 수 없다
고 말하며, 다음과 같이 증명한다. 만일 유가 나누어지는 어떤 것이라고
가정했을 때에는 있는 것과 있는 것을 나누기 위해서 이 두 가지를 나누
는 어떤 것, 제3자가 따로 있어야 한다. 그런데 그것은
유 이외의 어떤 것이어야 한다. 그러나 유 이외의 어떤
것이란 바로 있지 않은 것이고 비유는 없는 것이므로, 유
란 나눌 수 없는
것이다.

　이러한 주장은 매우 사변적인 데다 말장난처럼 들리
기도 한다. 그렇다면 왜 그가 이토록 존재有에 집착했을
까? 어느 시대나 그렇듯이 당시 파르메니데스의 시대
역시 여러 가지 잡설이나 궤변으로 인해 매우 혼란스러

⊕ 이탈리아 서해안의 엘레아
그리스의 식민도시로서 크세노파네스 · 파르메니데스 ·
제논 등에 의해 엘레아학파가 형성된 곳이다.

웠다. 이에 파르메니데스는 그러한 혼란의 원인을 "있는 것을 없다 하고, 없는 것을 있다" 하는 데에서 찾았으며, 이를 수습하기 위해서는 무엇보다 "있는 것을 있다 하고, 없는 것을 없다"라고 분명히 해야 한다고 주장했다.

가령 눈앞에 엄연히 존재하는 사물을 '환영'이나 '그림자'라고 주장해도 혼란스럽지만, 눈에 보이지 않는 신이나 천사를 분명히 존재한다고 말해도 헷갈리지 않을까? 이러한 상황에서 파르메니데스는 존재하는 것을 존재한다고 하고, 없는 것을 없다고 확실하게 해두는 일이 시급한 과제라고 생각했던 것 같다. 그러므로 그의 평범한 말 속에는 시대적 상황에 대한 깊은 고뇌가 들어 있었던 것이다.

물론 파르메니데스가 경직된 사고를 한다는 비판도 있다. 꽃이 피고 새가 노래하는 봄날이 있는가 하면, 나뭇잎이 떨어지는 가을날이 있는데도 그의 모습은 변화를 부정하고 고정된 존재에만 집착함으로 해서 고집스럽게 보이는 것도 사실이다. 그러나 그의 진정한 의도만은 평가해 줘야 할 것이다.

날아가는 화살은 정지되어 있다, 제논

제논

Zenon ho Elea, BC 495?~ BC 430? | 엘레아학파의 원조인 파르메니데스의 제자. 아리스토텔레스는 그를 가리켜 '변증법의 창시자'라고 했다. 엘레아의 제논이라 하며 스토아학파의 원조인 제논과 구별한다.

파르메니데스의 제자인 제논*은 스승의 학설을 변증법적 논증에 따라 옹호했다. 그는 먼저 반대되는 입장을 받아들인 다음, 그것이 모순에 빠진다는 것을 보여 주고 그리하여 맨 처음 자기의 주장이 옳았음을 증명한다.

먼저 '아킬레우스*'와 거북의 경주'를 보자. 아킬레우스는 《일리아드》에 나오는 그리스의 영웅으로서, 막 태어났을 때 그의 어머니가 '죽지 않는 물'에 거꾸로 집어넣었다가 건졌다고 한다. 그래서 전쟁에서 칼에 찔려도 죽지 않고 화살을 맞아도 끄떡하지 않아 많은 공을 세울 수 있었다. 하지만 자신의 유일한 약점인 발뒤꿈치에 화살을 맞아 죽고 만다. 어머니의 손 때문에 그 부분에는 물이 묻지 않았던 것이다.

어쨌건 이 건장한 아킬레우스와 느림보 거북이가 경주를 했을 때, 과연 아킬레우스가 거북을 따라잡을 수 있을까 하는 것이다. 물론 상식적으로는 당연히 따라잡을 수 있을 것으로 생각된다. 그것도 단숨에. 하지만 제논은 여기에서 상식을 뒤집어버린다. 아킬레우스보다 거북이 먼저 출발했을 경우, 아킬레우스는 거북을 결코 따라잡지 못한다는 것이다. 만약 거북이 아킬레우스보다 10미터 앞에서 출발했다고 가정했을 때 아킬레우스가 거북을 따라잡기 위해서는 먼저 거북이 있는 그 지점까지 와야 하는데, 그 순간에 거북은 조금이라도 앞으로 나아간다. 다시 아킬레우스가 거북이 있던 지점까지 오면, 그 순간에 거북은 조금이나마 앞으로 이동한다. '토끼와 거북의 경주'처럼 적어도 거북이가 낮잠을 자지 않는다면 말이다. 이런 식으로 하면, 비록 둘 사이의 거리는 가까워질 수 있을지언정 지구를 한 바퀴 돌아도 완전히 따라잡을 수는 없다. 결국 둘 사이에는 운동이나 변화가 일어나지 않은 것이다.

두 번째로 "날아가는 화살은 정지해 있다"라고 말한다. 시위를 떠난 화살은 날아가고 있으며, 즉 움직인다고 생각한다. 하지만 제논은 이 화살이 전혀 움직이지 않는다고 주장한다. 왜냐하면 날아가는 순간순간을 하나씩 떼어서 살펴볼 경우, 공간 안의 일정한 지점을 차지하는 이 화살은 각 순간마다 정지해 있는 것과 마찬가지기 때문이다. 또한 정지해 있는 각 지점을 연결해도 그것은 전체적으로 정지한 화살인 셈이다.

세 번째로 제논은 우리의 걸음이 불가능하다고 주장한다. 왜 그럴까?

Achilleus | 아름다운 바다의 여신 테티스는 갓난아기였던 자신의 아들 아킬레우스를 스틱스 강에 담가 상처를 입지 않는 무적의 몸으로 만들었다. 그러나 그녀가 잡고 있었던 발목 부분은 강물에 닿지 않았기 때문에, 발목 뒤 힘줄은 아킬레우스가 상처를 입을 수 있는 유일한 부분으로 남았다. 이 전설에서 치명적인 약점을 뜻하는 아킬레스건(아킬레스는 아킬레우스의 라틴어 발음이다)이라는 단어가 유래했다.

가령 우리가 1미터를 걸었다고 가정하자. 그 1미터를 100으로 나누면 100개의 지점이 그 안에 있게 되고, 그 지점들을 다시 100으로 나누면 1만 개의 지점이 있게 된다. 이런 일은 무한하게 계속될 수 있으므로, '유한자'인 인간이 '무한한' 지점들을 통과한다는 것은 불가능하며, 따라서 운동이란 있을 수 없다.

이러한 주장에는 분명 억지스러움이 있다. 논리를 떠나 현실적으로 아킬레우스는 거북을 금방 따라잡는다. 그리고 시위를 떠난 화살은 날아간다는 것이 사실이다. 왜냐하면 시간이란 지속적인 흐름으로 이루어지는 것이지, 결코 뚝뚝 끊어지는 점들로 엮인 것이 아니기 때문이다. 걸음의 경우에도 무한하게 많은 작은 부분이란 것이 사람의 생각 속에서는 가능할지 모르지만, 현실 세계에서는 무시해도 좋을만큼 미미한 것이다.

물론 제논 자신도 이러한 주장이 비현실적임을 잘 알고 있었다. 그런데도 그가 억지에 가까운 예를 든 것은 무엇 때문일까? 그것은 스승인 파르메니데스에 반대하는 사람들에게 똑같은 논리로 얼마든지 반박할 수 있음을 보여 주기 위한 것이라고 짐작된다. 당시에도 파르메니데스에게는 수많은 적들이 있었을 것이고 그들은 여러 가지 논리로 그를 공격했을 것임이 틀림없다. 이에 대해 제논은 '논리'라면 얼마든지 대항할 수 있다는 것을 직접 보인 셈이다.

엘레아학파의 주장에는 여러모로 수긍이 가는 측면도 있다. 하지만 많은 사람들이 등을 돌리는 데에도 이유가 있었다. 예컨대 생성을 부인하고 딱딱하게 굳어진 존재에만 집착하려는 편집성이라든지, 엄연히 움직이고 있는 세계를 자신의 이론 가운데 가둬 놓으려는 그 고집스러움이 사람들을 질리게 하지 않았나 생각한다.

하나와 여럿의 대립, 다원론자

지금까지의 학자들은 자연현상의 근본물질이 하나^{일원론적 자연 철학}라고 주장했다. 그러나 여기서는 많은 수의 원소들이 등장한다.

사랑과 미움, 엠페도클레스

먼저 엠페도클레스®는 이미 주장된 여러 학설들 가운데서 네 가지^{물 · 불 · 공기 · 흙}를 선택해서 만물의 원소라고 주장했으며, 이것들을 특별히 만물의 뿌리^{rizomata}라고 불렀다. 알다시피 물은 탈레스에게서, 불은 헤라클레이토스에게서, 공기는 아낙시메네스에게서 나왔고, 여기에 흙을 덧붙인 격이다. 여하튼 이 네 가지 원소가 여러 가지 비율로 섞이고 나누어지는 데서 다양한 현상이 나타난다는 것이다.

모든 식물은 그 뿌리에서 나오고 동물이나 사람에게도 혈통의 뿌리가 있듯이, 모든 사물은 뿌리에 바탕을 두고 있다. 엠페도클레스는 네 가지 원소가 불생불멸할 뿐만 아니라, 아무리 쪼개도 그 이상 쪼갤 수 없는 궁극적인 요소라고 주장한다. 그에 의하면, 어떠한 것도 새로 태어나거나 죽거나 하지 않고, 다만 이 원소들이 섞이고 나누어지는 정도에 따라 생성과 소멸이 이루어진다.

그렇다면 이것들을 혼합하거나 분리시키는 힘은 무엇일까? 그것은 바로 '사랑과 미움' 이다. 사랑의 기운이 강하면 완전하고 축복된 형태가 되면서 발전하고, 미움의 기운이 뻗치면 쪼개지고 흩어지면서 사라지고 퇴보하게 된다. 부부간에 서로 사랑하면 아이도 생겨나고 살림도 늘어나는 반면, 서로 미워하면 싸우다가 이혼하고 병들고 그러다가 심지어 죽기도 한다. 이 지구상에 사랑의 기운이 우세하면 무기 감축협상이 진행되고

엠페도클레스

Empedocles, BC 490?~BC 430? | 그리스의 철학자. 죽음의 흔적을 남기지 않음으로써 자신을 신격화하기 위해 에트나 산 화구에 투신했다는 설이 있다.

평화협정이 맺어지다가, 미움의 기운이 엄습하면 핵무기 경쟁이 벌어지고 이곳저곳에서 전쟁이 터진다. 사랑은 모든 것을 살리고, 미움은 모든 것을 죽게 만든다.

이 밖에 엠페도클레스는 진화론적 사상을 가지고 있었다. 그에 의하면, 이 세계는 절대자에 의해 창조된 것이 아니라 자연적으로 발생했다. 사랑의 힘이 서로 떨어져 있는 원소의 분자들을 소용돌이 속으로 끌어들임으로 최초의 별이 형성되었고, 계속해서 천궁天穹 · 공기 · 영기靈氣 등으로 나누어졌다. 그리고 별의 회전에 의해 흙에서 물이 떨어져 나갔고, 그 드러난 흙 위를 바람과 햇볕이 쪼임으로 최초의 생물이 생겨났다. 처음에는 아메바와 같은 단세포가 생겨났을 것이고 이것들이 점점 성장해서 하등 유기체로 바뀌고, 식물을 지나 동물로 발전하고, 그 다음에 아마 인간이 발생했을 것이다. 그리고 자연 정글에서의 치열한 생존경쟁을 통해 생존하기에 적합한 동물만이 살아남았을 것이다. 이 대목에서 우리는 다윈으로 대표되는 근대적 진화론, 즉 적자생존適者生存의 원리를 떠올리게 된다.

자석 속에 혼이 들어 있다, 아낙사고라스

아낙사고라스●는 "달이 빛을 내는 것은 태양빛을 반사하기 때문이다"라고 주장했고, 당시 신으로 숭상되던 태양을 '불타는 돌덩이'라고 불렀다. 오늘날의 관점에서 보면 매우 과학적인 사고를 한 셈이다. 하지만 신을 모독했다는 죄목으로 재판에 회부되었고, 목숨을 부지하기 위해 람프사코스로 망명했으며, 그곳에서 최고의 존경을 받다가 죽었다. 죽을 무렵에 사람들이 "타향에서 죽는 것이 얼마나 슬프냐"라고 묻자, 그는 "저승에 도달하는 거리는 어디에서나 똑같다"라고 대답했다고 전해진다.

아낙사고라스는 모든 사물의 근본 원질을 종자種子라고 불렀다. 이 세상의 모든 사물은 각각 그것의 씨앗으로부터 생겨난다. 따지고 보면, 엠페도클레스가 말한 뿌리 역시 씨에서 나온다. 채송화는 채송화 씨에서, 나팔꽃은 나팔꽃 씨에서 나온다. 소의 씨에서 송아지가 나오고, 사람의 종자에서 사람이 태어난다.

아낙사고라스

Anaxagoras, BC 500?~BC 428? | 그리스의 자연 철학자. 아테네에서 활약했으며 이원론의 입장을 취했다.

이처럼 종자란 질적으로 서로 다르며 아주 작은 물질이다. 봄철에 꽃씨를 학교에 가져가본 경험이 누구나 있을 것이다. 얼른 보기에는 똑같아 보인다. 하지만 그 씨가 움터 땅을 뚫고 나왔을 때, 채송화인지 나팔꽃인지를 비로소 알게 된다. 이 세계에 서로 성질이 다른 많은 사물들이 있듯이, 그것들을 생겨나게 한 수많은 종자가 있기 마련이다.

그렇다면 우리가 손톱이나 머리카락, 피나 뼈의 종자를 먹는 것도 아닌데 왜 그것들이 우리 몸속에서 생겨날까? 이에 대해 아낙사고라스는 "우리가 먹는 음식물 가운데 이미 그것들의 종자들이 들어 있다"라고 하는, 엉뚱한 주장을 내놓기도 한다. 그리고 물속에는 물의 종자만이 아니라 흙이나 공기의 종자도 들어 있지만, 우리가 그것을 물이라고 부르는 이유는 그 가운데 물의 종자 수가 가장 많기 때문이라고 한다.

어린 시절, 여동생이 포도를 씨까지 먹는 모습을 본 이종사촌 누나가 "너 이제 큰일 났다. 네 뱃속에서 포도나무가 자라나면 입을 뚫고 나올 것이다"라고 동생을 놀렸다. 여동생은 입을 벌린 채 울어댔고, 결국 누나는 달래느라 진땀을 뺐다. 씨가 자라난다는 말에 깜박 속아 넘어갔던 것이다.

한편 아낙사고라스는 이 종자를 움직여 생성과 변화를 가능하게 하는 힘을 누스 Nūs로라고 불렀다. 단지 물질적인 것만으로는 이 세계의 운동과 변화를 설명할 수 없기 때문에 최초의 일격을 가하는 원동자原動者로서 어떤 비물질적인 것, 즉 정신적인 원리가 필요하다는 데에 착안했던 것이다. 가령 스스로 움직이는 로봇이 있더라도 본래 그것을 움직이게 만든 쪽은 사람일 것이다. 태엽이 감겼다가 풀어지면서 움직이도록 만든 장난감 자동차도 애초에 힘을 공급하는 어떤 것이 있어야 한다는 뜻이다. 이 세상의 변화가 아무리 기계적인 인과성에 의해 움직인다 해도, 적어도 처음에는 정신적인 어떤 힘이 작용해야 한다는 것이다.

트랜지스터라디오 뒤를 뜯어내면 지남철자석이 나오고 그 자석으로 모랫속을 헤집어 가느다란 쇳조각을 모은 다음, 그것들을 손으로 떼어 종이 위에 올려놓는다. 그리고 그 아래에 자석을 이리저리 움직이면 쇳조각들이 움직인다. 아마 탈레스도 이런 장난을 했던 모양이다. 그래서 그는 "자석이 쇳조각을 움직일 수 있는 것은 그 자석에 혼이 들어 있기 때문이다"라고 말했다. 죽어 있는 물질인 쇳조각이 스스로 움직일 수는 없다고 여겼던 것이다. 그런데 아낙사고라스는 탈레스의 이러한 견해를 넓혀서 모든 운동이 정신적인 작용으로 움직인다고 생각하기 시작했다. 가령 사람이 움직이는 것은 육체가 아니라 정신에 의해서다. 비록 육체가 움직일망정 그 명령을 내린 쪽은 정신마음이기 때문이다. 마찬가지로 물질적인 이 세계가 움직인다면 그것을 움직이게 하는 어떤 정신이 있어야 하고, 그것이 바로 누스라는 것이다.

사실 지금까지 모든 자연 철학자들은 오직 물질에서 근본원소를 찾으려 했다. 그런데 아낙사고라스에 이르러 비로소 사유하는 정신의 원리가

인간을 움직이는 것은 겉으로 보이는 육체가 아니라 정신입니다.

철학사에 최초로 등장했다. 그래서 아리스토텔레스는 "소크라테스 이전의 철학자들이 대부분 술에 취한 채 비틀거리는 주정꾼들이었다면, 그중에서도 유일하게 맑은 정신으로 깨어 있었던 사람이 바로 아낙사고라스다"라고 칭송했다고 한다.

있는 것도 있고 없는 것도 있다,
데모크리토스

앞에서 살펴본 것처럼, 파르메니데스는 "무無는 있을 수도 생각할 수도 없다"라고 했으며, 운동과 변화도 없다고 주장했다. 왜냐하면 무로서의 텅 빈 공간이 있어야만 운동이 가능한데, 그 운동장이 없기 때문에 운동 자체가 불가능하다는 것이다. 언뜻 보면 이 주장이 옳은 것 같다.

그러나 만일 그의 주장이 옳다면, 이 세계는 오직 한군데로 엉켜 붙어 있어 옴짝달싹 못해야 한다. 왜냐하면 사물과 사물 사이에 있어야 할 공간이 없기 때문이다. 이것은 마치 독립기념관에 전시된 일제의 고문 기구처럼 생각만 해도 끔찍하다. 벽에 사람의 형태를 파서 그곳에 집어넣은 채 하루 종일 꼼짝도 못하게 했다는 그 기구 말이다.

이런 면에서 파르메니데스보다는 데모크리토스Democritos, BC 460?~BC 370?가 더 상식적이었던 것 같다. 그가 보기에 이 세계는 엄연히 운동하고 있었고, 계절의 변화나 밤낮의 바뀜, 생명체의 발생과 움직임 등은 도저히 부정할 수 없는 현실이었다. 우리가 이러한 것을 인정한다면 운동장, 즉 무가 있음을 인정해야 한다고 주장한 것이다. 여기에서 바로 "유도 있지만, 무 역시 유 못지않게 있다"라고 하는 명제가 나온다.

이 세계는 존재자존재하는 모든 것와 그 존재자가 채우고 있는 텅 빈 공간무

❉ 데모크리토스의 초상화
〈데모크리토스〉, 헨드리크 테르브뤼헨,
1628, 암스테르담 국립미술관 소장
그는 철학사에서 원자론을 예견한 사
람으로 익히 알려져 있다. 어떤 물질을
계속해서 나눠서 결과적으로 분해되지
않는 과정까지 가게 되면 원자라고 불
렀다. 이 그림은 그가 인간의 어리석음
을 보고 포복절도하는 '(비)웃는 철학
자'였음을 가장 잘 보여 준다고 할 수
있다.

으로 되어 있다. 그리고 이 공간, 즉 무는 물체와 물체 사이뿐만 아니라 물
체의 안에도 존재한다. 왜냐하면 모든 물체는 그 속에 각각 텅 빈 공간, 즉
구멍을 가지고 있기 때문이다. 예컨대 단단한 돌처럼 속이 꽉 찬 물체는
그 구멍들이 작을 것이고, 부드러운 목재처럼 헐렁한 물체는 그 구멍들이
클 것이다.

　그렇다면 존재는 무엇으로 구성되었을까? 이를 알아보기 위해서는 우
리가 그것을 쪼개 나가면 된다. 가령 분필의 근본을 알아보려면 그것을
계속 쪼개야 하고, 쪼개고 쪼개서 그 이상 쪼개지지 않는 가장 작은 입자
까지 이를 수 있는데, 데모크리토스는 이것을 '더 이상 쪼개질 수 없다'
라는 의미에서 불가분의 것, 즉 원자原子, atom라 불렀다. 그리고 이 작고
수많은 알맹이들을 정반대로 붙여 나가면 결국 본래의 분필이 되므로, 분

원자

핵

Atom은 고대 그리스어 a-tomos
에서 온 것으로서, '더이상 나눠
질 수 없는(a-: 부정, tomos: 쪼갬)'
이라는 뜻을 갖고 있다.

필은 그 알맹이들이 결합하여 만들어진 것임을 알 수 있다. 따라서 모든 사물은 원자의 결합으로 생겨나고, 원자의 분해로 없어진다. 여기에서 우리는 원자야말로 모든 사물의 근본임을 알 수 있다.

데모크리토스는 원자론의 창시자로 알려진 레우키포스의 대표적인 제자다. 그런데 이 원자는 아낙사고라스가 말한 종자와 달리, 동일한 물질로 이루어져 있다. 가령 볍씨와 보리씨가 다르듯 씨앗이 서로 각각인 데 비해, 원자는 서로 질이 같다는 뜻이다. 그런데도 칠판과 분필에서처럼 각각의 사물이 서로 다르게 나타나는 것은 왜일까? 그것은 사물을 구성하는 원자의 수가 다르고 또 각각의 원자가 갖는 크기와 무게, 배열 순서와 위치 등이 서로 다르기 때문이다. 예컨대 다이아몬드와 석탄이 똑같은 원소로 구성되어 있는데도 그 양적 차이로 인해 아주 다른 성질이 나오듯이, 질質의 차이가 아닌 양量의 차이가 사물의 차이를 가져오는 것이다.

레우키포스

Leukippos | 원자론 창시자. 제자 데모크리토스에 의해 그의 원자론은 완성되었다.

또한 데모크리토스에 의하면, 영겁永劫의 과거로부터 수많은 원자들이 무한한 공간 안에서 중력의 법칙에 따라 활동한다고 말한다. 그것들은 서로 부딪쳐 튕겨지면서 공간 안에 움직인다. 때로는 빙빙 돌다가 모아져 물체를 만들기도 하고, 때로는 흩어져 그 물체를 소멸시키기도 한다. 모든 것은 원자의 활동으로 생겨나기도 하고 없어지기도 한다. 그러므로 우주가 발생한 것도 이를 계획하거나 이끌어 가는 어떤 정신에 의한 것이 아니며, 또 사랑과 미움에 의한 것도 아니다. 그렇다고 우연에 지배되는 것도 아니다. 모든 것은 원자의 활동에 의한 것이고, 또 모든 존재자 안에 들어 있는 자신의 기계적인 법칙성에 의해 끌려 가는 것이다.

사물만 원자로 되어 있는 것은 아니다. 인간의 신체와 영혼 역시 마찬가지다. 신체는 어차피 특수한 성격의 '물질'로 보기 때문에 새삼스러울

것이 없다. 반면, 물질이 전혀 섞이지 않은 것 같은 영혼마저 원자로 되었다는 주장에서 데모크리토스의 유물론적 경향을 엿볼 수 있다. 물론 영혼이란 가장 미세하기 때문에 가장 활발한 원자로 구성되어 있다는 단서를 붙이긴 했지만 말이다.

그는 인간만이 아니라 모든 사물이 어느 정도는 이 영성靈性 원자를 포함한다고 주장한다. 다만, 인간의 경우에는 그것을 비교적 많이 포함하기 때문에 다른 물체에 비해 영성이 두드러지게 나타나는 것뿐이다. 결국 일반 물체와 영혼의 차이란 원자들의 양적 차이에 불과하다.

따라서 애초에 인간이 생겨난 것 자체가 원자의 결합인 것처럼, 인간이 죽는다는 것도 그를 형성했던 원자들이 흩어진다는 것과 같다. 육체를 구성했던 원자가 흩어지면 육체가 없어지고, 정신을 구성했던 원자가 흩어지면 정신 역시 사라져 버린다. 그래서 인간에게 사후死後 세계란 없다. 사람이 죽으면 한갓 무로 돌아갈 뿐, 천국이나 지옥 또는 극락 같은 곳은 없다는 뜻이다.

우리가 죽은 다음, 단지 무 또는 흙으로 돌아간다는 입장에서는 "살아 있는 동안이나마 즐겁게 살자"라는 주장이 자연스럽게 나올 수 있다. 데모크리토스의 유물론적 세계관에 입각해서 보면, 쾌락주의 윤리가 나올 수밖에 없는 것이다. 예컨대 사람이 죽은 다음 천국이나 지옥, 극락이나 심판이 없다면 누가 애써 양심대로 살 것이며 누가 힘써 사람의 도리를 지키려 할까? '하늘 무서운 줄 모르고' 마치 개나 돼지처럼 먹고 마시고 즐기며 한평생 보내려고 하지 않을까? 수단 방법을 가리지 않고 돈을 벌거나 권력을 잡아 맘껏 휘두르며 살려고 하지 않을까? 이 대목에서 우리

* 이와 관련해서, 로마의 철학자 루크레티우스는 "우리는 죽음과 절대로 만날 수 없다. 왜냐하면 우리가 살아 있는 동안에는 죽음이 없으며, 죽음이 올 때에는 우리가 이미 살아 있지 않기 때문이다"라고 말한 바 있다.

는 쾌락주의자 에피쿠로스가 왜 데모크리토스의 원자론을 채택했는지 짐작할 수 있으며, 사실 오늘날의 한탕주의 · 생명 경시 풍조 · 물질주의 · 퇴폐주의 등은 이처럼 천박한 사상적 바탕 위에서 나온 것이라 해도 지나치지 않다.

오늘날 현대 과학의 학설이 데모크리토스의 주장과 배치되는 것도 사실이다. 가령 원자가 오직 한 종류가 아니라 100여 가지는 넘는다고 밝혀졌고 원자보다 더 작은 미립자가 발견되었으며, 물질적 존재가 질에 따라서 서로 다르다는 점도 알려졌다. 그러나 그의 원자론이 오늘날의 과학에 선구적 역할을 한 것은 부인할 수 없는 사실이다. 나아가 그는 질적 차별을 양적 차별로 환원시키려는 자연과학적 사상을 가지고 있었는데, 알다시피 자연과학의 특징은 질적인 것을 양화量化°하는 것이기 때문이다.

양화

질적인 것을 양적인 것으로 바꾼다는 의미다. 가령 일기예보에 있어서 "때때로, 곳에 따라 비가 옵니다" 대신에 "오늘 비가 올 확률은 85%입니다" 하는 식이다. 또 "매우 흥분되었다"라는 표현 대신 "심장 박동 수가 1분에 100회로 증가되었다"라는 표현이 이에 해당한다.

제2장

아테네기의 철학

제1기인 자연 철학 시대에 이어 서양 고대 철학의 제2기가 도래하는데, 이때에는 당시 그리스의 수도였던 아테네를 중심으로 철학 사상이 전개되었기 때문에 '아테네기의 철학'으로 불렸다. 페르시아 전쟁® 이후 자연을 탐구 대상으로 삼았던 자연 철학 대신에, 인간의 문제가 철학의 중심 주제로 등장하게 되었던 것이다. 외부에 골몰하던 철학자들이 마침내 자기 자신에게로 시선을 돌린 셈인데, 마치 어린아이가 처음에는 천장에서 돌아가는 바람개비나 엄마에게 눈을 맞추다가 사춘기가 지나면서 자기 자신의 몸이나 자아에 몰두하는 것과 같다고 할 수 있을 것이다.

제2기는 그리스 철학의 전성기에 해당하며, 다시 인성론의 시기와 체계의 시기로 나눌 수 있다. 인간의 본성을 밝히고자 했던 전반기에는 소피스트와 소크라테스가 활동했고, 모든 영역에 체계를 수립하고자 했던 후반기에는 플라톤과 아리스토텔레스의 이름이 들어 있다.

오만한 이름, 소피스트

페르시아 전쟁이 그리스의 승리로 끝나자 아테네는 정치와 문화의 중심지가 되었다. 갑자기 삶의 여유가 생겨난 시민들에게는 고상한 교양을 쌓고자 하는 욕구가 팽배해질 수밖에 없었다. 또한, 민주주의가 발달하게 되자 국민의회에서 연설을 하거나 재판소에서 원고나 피고로서 자기의 입장을 개진할 필요성이 생기게 되었다. 특히 출세를 꿈꾸는 사람들에게는 웅변가로서의 훈련이 필요했던 것이다. 바로 이러한 때에 여기저기 떠돌아다니면서 여러 가지 말하는 기술을 가르쳐 주는 '지식인 그룹'이 있었다. 그들은 스스로 '지혜의 스승'이라는 의미를 가진 '소피스타이Sophistai'라고 불렀기 때문에, 우리는 그들을 소피스트Sophist● 혹은 궤변론자라고 부르는 것이다.

　그들은 '고상한 철학자'라기보다는 '현실에 민감한 실천가'로 불려야 마땅한데, 어차피 옳고 그름에 대한 기준이 없는 바에야 어느 편이 더 재치 있게 자기의 입장을 주장하고 뜻을 이루는지가 중요하다고 믿었다. 말하자면 어떤 행위의 동기나 과정보다는 결과를 늘 주목했다. 어느 편이 이기고 어느 쪽이 더 큰 성과를 올리느냐에 따라 선과 악이 구별된다고 주장한 것이다. 우리 속담에 "이기면 충신이요, 지면 역적"이라는 말이 있다. 수단 방법을 가리지 않고 쿠데타에 성공한 사람은 부귀영화를 누리는 반면, 법을 지키다가 패한 사람은 감옥에 가거나 죽는 사회, 혹은 법망을 교묘히 빠져나가며 돈을 번 사람은 대접을 받고, 양심을 지키다가 가난뱅이가 된 사람은 비웃음을

> 사람들은 우리를 궤변론자라고 말하지만 우리야말로 웅변과 문장의 달인으로서 진정한 지혜의 스승이라오.

소피스트

돈은 왜 받니?

멍-

● **소피스트**

페르시아 전쟁에서 아테네가 승리하게 되어 아테네 사회가 부와 권력을 가지게 되자 소피스트들은 아테네를 중심으로 그리스 전역을 돌아다니면서 소위 민주주의 사회를 이루었다. 떠돌이 교사로서 혹은 외교관 자격으로서 아테네의 관습과 문화를 바꾸는 데 주역할을 했다. 대략 기원전 5세기부터 4세기까지 출현했던 이들은 각각 서로 다른 지방에서 왔고, 대표적으로 프로타고라스·고르기아스·히피아스·프로디쿠스 등이 있다. 변론술과 백과사전적 지식을 가르치고 많은 보수를 받았으나, 후기에 이를 악용하는 경향이 있어 궤변가를 뜻하게 되었다.

사는 사회는 "정의란 오직 강자強者의 이익권리에 불과하다"라는 소피스트의 주장이 들어맞는 경우라고 해야 할 것이다.

어쨌든 우리가 그들에게서 별로 좋지 않은 인상을 받게 된 것은 다음과 같은 몇 가지 이유 때문이기도 하다. 첫째, 인간의 본성이 진리와 정의에 대한 객관적 가치 기준을 인정하고 싶어 하는 데 반해, 그들은 그 기준을 부인했다는 점이다. 둘째, 소크라테스가 보수를 받지 않고 제자들을 가르쳤던 데 비해, 그들은 그 대가로 적지 않은 돈을 받았다는 점이다. 이는 오늘날 촌지 때문에 뉴스거리가 되곤 하는 학교의 경우들을 생각하면 더욱 이해가 갈 것이다. 그리고 마지막으로, 플라톤이 앞장서 이끌어간 그들에 대한 투쟁 때문이다. 다시 말해서 자기의 스승인 소크라테스와 항상 대립적이었던 소피스트들에 대해 플라톤은 부정적으로 묘사했을 것이고, 현재 우리가 만날 수 있는 대부분의 자료는 플라톤의 저작물들이기 때문에 사실 이 요인이 가장 크게 작용했을 수도 있다.

인간이 만물의 척도다, 프로타고라스

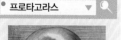

Protagoras, BC 485?~BC 410? | 대표적인 소피스트. 그가 주장한 교육의 목적과 방법은 플라톤에 의해 쓰인 대화록 《프로타고라스》에서 비판적으로 토론되었으며, 그의 철학 사상의 골자를 이루는 주관주의 역시 플라톤의 《테아이테토스》에서 진지하게 논의되었다. "인간은 만물의 척도다"라는 말로도 유명하다.

먼저 프로타고라스●는 인간척도론의 제창자로 유명하다. 이는 인간이 모든 사물의 진리성을 측정하는 척도기준라는 뜻이다. 보통의 경우, 사물이 진리의 기준이 된다. 가령 분필의 색깔이 하얀 색을 띠는 것은 분필 자체가 항상 하얗기 때문이라고 여긴다. 그러나 황달에 걸린 사람의 눈에는 그것이 노랗게 보인다. 건강한 사람의 눈에는 하얗게 보이고, 황달●에 걸린 사람의 눈에는 노랗게 보인다. 건강한 사람에게는 하얗다는 것이 진리이고, 황달에 걸린 사람에게는 노랗다는 것이 진리다. 만일 황달에 걸린 사람이 "하얗다"라고 대답한다면 그가 거짓말을 하고 있든지, 오히려 '잘못' 보고 있는 셈이 된다. 그렇다고 해서 그가 "하얗다"라고 말할 때 "당신이 틀렸다"라고 말할 권리는 아무에게도 없다. 물론 그 사람이 건강을 회복했을 때에는 다시 하얗게 보이는 것이 진리이겠지만 말이다.

이처럼 진리의 기준은 사물을 받아들이는 인간 쪽에 있다. 같은 사물일지라도 누가 받아들이냐에 따라서 달라진다. 나에게는 나에게 나타나는 그대로이고, 너에게는 너에게 나타나는 그대로일 뿐이다. 그러므로 인간 척도론에서 말하는 '인간'이란 그때마다 제각기 다른 주장을 펴는 개개의 인간을 가리킨다. 또한 동일한 인물일지라도 그가 어떤 상황에 놓였는지에 따라 달라질 수밖에 없다. 분명 건강할 때와 황달에 걸렸을 때는 분필의 색깔이 달라 보이는 것이다.

또한 감각이란, 대상이 우리의 감각기관눈·코·입등에 작용함으로써 생겨난다. 그러나 앞에서 살펴본 것처럼 감각 그 자체도 늘 변하고, 감각의 대상 역시 환경에 따라 끊임없이 변한다. 한낮에 하얗게 보이던 분필의 색깔이 황혼녘에는 노랗게 물들어가는 것과 같은 경우다. 그러므로 감각에 의해 성립되는 지식이란 상대적일 수밖에 없으며, 결국 이 세상에 보편타당한 지식이란 있을 수 없게 된다. 여기에서 성립하는 프로타고라스의 감각론적 지식론이란 결국 상대주의로 귀착되고 마는 것이다.

예를 들어, 아무리 맛있는 음식이라도 병이 난 사람의 입에는 쓰게 느껴지는 반면, 비록 소찬일지언정 건강하고 배고픈 사람에게는 산해진미로 느껴지기 마련이다. 또 같은 음악을, 같은 사람이 들어도 그날 마음 상태에 따라 천국의 멜로디로도 들리고 지옥의 절규로도 들린다. 똑같은 옷이라도 사랑하는 사람이 입었을 때에는 너무나 멋있어 보이다가도 싫어하는 사람이 걸치면 어쩐지 멋이 없어 보인다. 거리를 걷다 보면 너무

● 황달

피부색이 누렇게 되고 똥과 오줌의 색이 변하며, 오한과 현기증이 일어나는 병이다. 혈액 중에는 빌리루빈이라는 황색을 띤 담즙 색소가 어느 정도 포함되어 있는데, 이것을 함유하는 양이 많아져서 피부나 점막, 특히 눈의 흰 부분이 황색으로 된다.

나 어울리지 않는 연인이나 부부를 볼 수 있는데 어떻게 두 사람이 만났을까 의아해하지만 사랑을 하게 되면 눈에 콩깍지가 씌는 법이다. 반대로 사랑할 때는 아름답게만 보이던 것들이 막상 결혼해 살다 보면 상대방의 단점으로 보이게 된다.

이처럼 우리가 겪는 일상적 경험만 봐서도 "진리는 객관적 사물에 있는 것이 아니라 그때그때의 상황에 따른 우리들의 주관에 있다"라고 하는 프로타고라스의 주장에 타당성이 있음을 알 수 있다.

모든 것을 의심하다, 고르기아스

고르기아스

Gorgias, BC 483~BC 376 | 대표적인 소피스트. 외교관으로서 아테네로 갔으며, 그의 말은 많은 사람들을 감동시켜 성공적인 외교 활동을 했다. 변론술 교사로 생활했고, 저서에 《비유론 非有論》이 있다.

회의주의

'의심을 품는다'라는 뜻으로, 인간의 인식은 주관적이고 상대적이라고 보며 궁극적인 판단을 배제하는 태도를 말한다. 회의론이라고도 하며, 크게 '철학적 회의주의'와 '종교적 회의주의'로 나뉜다.

프로타고라스에 버금갈 만한 또 한 사람의 유명한 소피스트가 고르기아스[*]인데, 그 역시 상대주의적 입장을 취했다. 가령 A에게는 달콤하게 느껴지는 것이 B에게는 씁쓸하게 느껴질 수가 있으며, 이편에서는 참인 것이 저편에서는 거짓일 수 있다. 그러므로 되도록 많은 사람들에게 좀더 진실인 것처럼 보이는 것이 진짜 진실이다. 누구나 그렇게 믿도록 설명하는 것이 쓸모 있는有用 변론인 것이다.

이 밖에 고르기아스는 회의주의懷疑主義[*]적인 사상도 표명한다. 그에 따르면 첫째, 아무것도 존재하지 않는다. 이 세상의 모든 것이 우리 인간의 눈으로 보면 모두 존재하는 것처럼 보이지만, 흘러가는 물이나 스쳐가는 바람처럼 참으로 존재하는 것은 아무것도 없다는 뜻이다. 사람도 이 세상에 났다가 죽고 사물들도 잠깐 나타났다가 사라진다. 세월 앞에서 영원한 것은 없다. 존재하는 것으로 보이는 것은 우리의 주관적인 착각일 뿐, 모든 것은 결국 무로 돌아간다.

둘째, 비록 존재하는 것이 있다 해도 우리는 그것을 알 수 없다. 설사 무엇인가 존재한다 할지라도, 유한한 우리 인간의 능력으로는 그것을 제대로 알 수가 없다. 일종의 불가지론不可知論[*]이라고 할 수 있다. 거대한 우주에서 봤을 때 지구는 먼지보다 작은 별일 뿐이고, 더욱이 인간은 영원으로 흐르는 시간 가운데서 찰나를 살다가 갈 뿐이다. 그런 우리가 알면 얼마나 알까? 바닷가의 모래알처럼 우리가 아는 것은 모든 지식의 아주 작은 일부분일 뿐이고, 또 그것마저 정확하다고 말할 수 없다. 왜냐하면 지금까지 인류의 역사가 진행되어 오면서 과거의 지식들을 수없이 부정해 왔고, 지금 우리의 지식들 역시 끝없이 부정되면서 앞으로 새로운 지식들이 나올 것이기 때문이다.

○ 고르기아스의 필체
고르기아스가 남긴 고문서로 추정된다.

셋째, 설사 그 존재하는 것이 인식된다 해도 그것을 남에게 전달할 수 없다. 설령 우리가 무엇을 알 수 있다고 해도 다른 사람에게 나의 생각을 완벽히 전달할 수 없다는 것이다. 솔제니친이 쓴 《이반 데니소비치의 하루》라는 소설이 있다. 주인공이 하루 동안 겪은 일들을 한 권의 책 속에 담아 놓았는데, 사실 제대로 표현하자면 단 한 시간의 삶도 완벽하게 표현하기란 불가능하다. 사랑을 해본 사람은 어떤 말로도 상대방에게 마음을 제대로 전달하기가 어렵다는 것을 잘 알 것이다. 아무리 말을 잘하고 글을 잘 쓰는 사람일지라도 자기의 감정과 사상을 그대로 완전하게 표현하기란 거의 불가능하다. 그래서 입에서 입으로 전해지는 사건들은 늘 왜곡되고 과장되는지도 모른다.

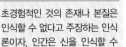

• 불가지론

초경험적인 것의 존재나 본질은 인식할 수 없다고 주장하는 인식론이자, 인간은 신을 인식할 수 없다고 주장하는 종교적 인식론이기도 하다.

이중 삼중으로 쳐놓은 덫처럼, 이보다 더한 회의적 방법은 없는 듯 보인다. 하지만 만약 고르기아스의 주장이 사실이라면 그의 생존 자체나 주장 또한 우리에게 전달될 수 없다는, 코미디 같은 모순에 부딪치게 되는 셈이다.

우리는 대개 소피스트를 '말도 안 되는 소리'를 해서 사람들을 현혹시키는, 이상한 궤변론자쯤으로 알고 있다. 그러나 두 사람에게서 보듯이 이들의 주장에는 무작정 비웃어 버리거나 무시하기에는 뭔가 꺼림칙한, 일종의 진리가 있는 것도 사실이다. 예를 들어, 어떤 소피스트가 어제는 A당의 정책을 찬양하더니 오늘은 그것을 비판하고 B당의 정책을 옹호했다고 하자. 이럴 경우, 사람들은 줏대 없는 인간이라느니 간에 붙었다 쓸개에 붙었다 하는 간신배라며 욕을 할지도 모른다. 하지만 그의 입장에서 보면 옳은 것을 그르다고 하거나 그른 것을 옳다고 하는 것이 아니라, 옳은 것에 대해 좀더 유력한 근거를 제시하는 것일 뿐이다.[●] 어떤 사람의 단점보다 장점을 들춰 말하는 것과 비슷하다고나 할까. 이 세상에 진실로 객관적인 진리가 없다고 한다면 상황에 따라 말을 바꾸는 것은 이상하지 않으며 오히려 바람직한 것이 아닌가도 여겨진다.

그러나 많은 문제에도 불구하고 소피스트들이 갖는 철학사적인 의의가 있다. 첫째로 자연에 대한 관심을 인간에게로 전환시켰다는 점이다. 이전의 철학자들은 자연과 세계의 근본물질에 대해서만 관심을 기울였다. 그런데 비로소 "인간이 만물의 척도다"라는 프로타고라스의 주장에서 처음으로 '인간'이 철학의 중심 주제로 떠올랐던 것이다.

둘째는 인식의 조건과 가능성에 대한 비판이 가해졌다. 당시에는 인간의 인식 능력에 대해 맹목적이고 막연한 신뢰를 가지고 있었다. 그러나 고르기아스는 "인간이 과연 무엇을 얼만큼 알 수 있는가"를 묻고 있다. 이러한 인식론적 문제는 이후 영국의 로크나 독일의 칸트에 의해 본격적으로 다뤄지게 된다.

셋째로 소피스트들은 이 세상에 절대적 진리가 없는 것처럼 객관적 도덕 기준도 없다고 말하면서 윤리학적 논쟁을 불러일으켰다. 이 세상에서

● 이와 관련해서 중국에서 전해 오는 이야기가 있다. 공자의 청년 시대에 등석鄧析이란 사람이 있었는데, 어느 날 유수洧水에 홍수가 나서 정나라의 부잣집 노인이 빠져죽었다. 그의 시체를 건진 사람은 공갈을 쳐서 많은 재물을 얻고자 했다. 이에 먼저 부잣집 사람들이 등석을 찾아가자, 등석은 "그 사람은 부잣집밖에 시체를 팔 수 없을 것이기 때문에 시체를 사지 말라"라고 일러주었다. 이번에는 조급해진 그 사람이 등석을 찾아왔다. 그러자 등석은 그 사람에게도 같은 뜻의 말을 했다. "부잣집은 다른 곳에서 시체를 살 수 없기 때문에 반드시 당신에게 온다. 더구나 시체가 썩어 가는 마당에 오지 않을 리 없다"라고 일러주었다. 이것이 이른바 양가지사兩可之辭인데, 옳은 듯하면서도 그르고, 가可도 아니고 불가不可도 아닌 이론이다.

선은 항상, 어느 곳에서나 선일까? 조선 시대에 선이던 것이 오늘날에는
악이 될 수 있고, 한국에서의 몰염치가 미국에서는 예의가 될 수도 있다.
이처럼 윤리학적 가치척도까지도 합리적으로 따져봄으로써 윤리학을 철
학의 체계 안에 통합시킬 수 있는 가능성을 제시했다.

그들은 실제적인 웅변술이나 문장론에 힘을 쏟으면서 언어학과 문법
론의 발전에도 큰 성과를 가져다주었다. 그들의 의의를 과소평가할 수
없는 이유는 그 뒤를 이어 아테네 철학의 전성기가 시작된다는 점 때문이
기도 하다.

건장한 추남, 세계 4대 성인 소크라테스

세계 4대 성인 중의 한 사람인 소크라테스*는 아테네에서 조각가인 아
버지와 산파産婆인 어머니 사이에서 태어났다. 그의 얼굴은 크고 둥근 데
다 이마는 벗겨지고 눈은 툭 불거졌으며, 코는 뭉툭하고 입술은 두툼한
데다 키는 땅딸막했다. 게다가 배가 불룩하여 걸을 때에는 오리처럼 뒤
뚱거렸다. 누가 봐도 추남이라고 부를 만했지만, 신체만은 건강한 편이
어서 추위나 더위에도 대단한 인내력을 발휘했고, 밤새워 술을 마시고도
끄떡없었다고 한다. 그가 전쟁에 참가했을 때, 혹독한 겨울날씨에도 그
는 맨발로 얼음 위를 걸어갔다. 한여름철에는 이른 아침부터 꼬박 밤을
새우기까지 연병장 한가운데에 서서 깊은 사색을 했고, 해가 떠오르자 태
양을 향해 기도를 드린 후에 비로소 그 자리를 떠났다고 한다. 그는 세 번
이나 전쟁에 참가하여 용맹을 떨쳤으며, 모든 동료가 도망칠 때에도 장군
과 함께 아군과 적군을 돌아보며 태연하게 걸어갔다고 한다.

소크라테스

Socrates, BC 470?~BC 399
| 문답을 통해 사람의 무지를 깨
닫게 한 것으로 유명하다. 돈을
받고 지식을 파는 소피스트로 인
해 혼란해진 아테네에는 새로운
스승이 절실히 필요했는데, 그가
바로 소크라테스였다. 그러나 그
의 말년은 불운하게도 시기하는
자들에 의해 신을 모독하고 청년
을 타락시켰다는 혐의를 받고 독
배를 마셔야만 했다.

그는 부친의 직업을 이어받는 일이나 가족을 부양하는 일에 무관심했고 제자들을 가르치는 일에만 전념했다. 가난했기 때문에 누추한 옷차림으로 아테네 거리에서 아무에게나 말을 걸었다. 그의 뒤에는 항상 많은 제자들이 따랐으며, 그 가운데는 상류사회 출신도 많이 끼어 있었다. 하지만 그는 무보수로 제자들을 가르쳤고 대개 저녁 한 끼로 만족했는데, 소피스트들이 수업을 제공하는 대가로 적지 않은 보수를 받아온 것과는 대조적이다.

소크라테스에 못지않게 유명한 인물이 그의 아내 크산티페다. 그녀는 남편이 철학자라는 직업을 갖지 못하게 하려고 온갖 방법

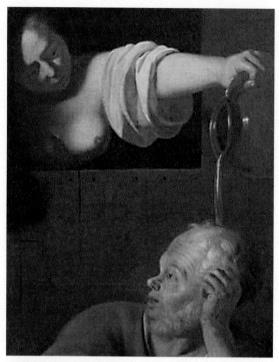

● 소크라테스와 아내 크산티페
어느 날 크산티페가 소크라테스의 제자들 앞에서 그에게 호통치며 물벼락을 안기자, 그는 "저것 봐, 천둥 뒤에는 항상 소나기가 쏟아지는 법이야" 하면서 시치미를 뗐다고 한다. 그러나 악처의 대명사로 알려진 그녀가 소크라테스에게는 결과적으로 철학에 몰두하게 만든 사람이기도 하다.

을 다 썼으며, 집에서는 마치 지옥을 방불케 할 정도로 남편을 못살게 굴었다. 이 때문에 소크라테스는 서둘러 집을 나와 거리에서 그의 제자들과 철학적 담론에 빠져들었고, 소크라테스는 비로소 소크라테스가 될 수 있었다. 이와 관련해서 어떤 제자가 "선생님, 결혼하는 것이 좋습니까, 안 하는 것이 좋습니까"라고 묻자 그는 "결혼하게, 온순한 아내를 얻으면 행복할 것이고 사나운 아내를 얻으면 철학자가 될 테니"라고 대답했다고 한다. 여하튼 가장의 의무를 소홀히 한 소크라테스를 볼 때, 악처의 대명사인 크산티페에게 오히려 동정의 눈길을 보낼 수도 있을 것이다.

아이는 산모가 낳는다,
산파술

소크라테스의 교육 방법은 질문과 응답을 통한 대화로 진행되었는데, 처음에는 단순한 문제부터 시작해서 점점 심오한 문제로 파고들어 갔다. 예컨대, 다음과 같은 경우다.

"덕이란 무엇인가?" "예, 덕이란 좋은 것입니다." "그렇다면 좋은 것에는 건강도 있고, 명예도 있고, 권력도 있을 텐데, 이런 것들이 과연 덕인가?" "아니, 그렇지는 않지요." "그럼 덕이 무엇이란 말인가?"

이런 식으로 대화를 이끌어감으로써 결국 상대방이 자기의 무지를 인정하고 더 깊은 진리를 깨닫도록 하는 방법인데, 이를 두고 우리는 '소크라테스적 반어법'이라고 부른다.

또한 이러한 식의 문답법을 산파술産婆術이라고도 하는데, 이것은 그의 어머니의 직업에서 따온 것으로 보인다. 산파는 산모가 아이를 낳을 때

중생들이여! 너 자신을 알라!

너나 잘하세요~!

친절한 금자씨

옆에서 도와주는 역할만 하는 것이지, 출산이 더디다고 해서 산모 대신에 아이를 낳아줄 수는 없다. 아무리 고통이 크더라도 아이는 산모 자신의 힘으로 낳아야만 한다. 마찬가지로, 진리라고 하는 옥동자玉童子는 배우는 사람 스스로에 의해서 산출되는 것이지, 스승이 대신해서 낳아줄 수는 없다. 가르치는 사람

49

은 배우는 사람이 스스로 깨닫도록 도와주면 되고, 또 그래야만 한다. 말을 물가로 끌고 갈 수는 있으나 억지로 물을 마시게 할 수는 없는 법이다.

이렇듯 스승과 제자 사이의 대화를 통해 진리를 추구해 가는 광경이야말로 교육의 아름다운 이상이다. 오늘날 중·고등학교는 물론 초등학교나 유치원마저 일류대학에 들어가기 위한 기관으로 전락해 버리고 공교육보다는 사교육에 더 열심을 내다 보니, 교사와 학생의 인격적인 대화는 기대할 수조차 없게 되었다. 사회 지도층이 이러한 병폐를 고치기보다는 오히려 앞장서 부추기는 형국이니, 소크라테스의 교육 방법은 오늘날 우리에게 교훈하는 바가 크다고 볼 수 있다.

무지함을 깨닫는 사람이
현명하다

소크라테스가 마흔 살 되던 무렵, 그의 친구이자 제자인 카이레폰이 델포이 신전에 가서 아폴론 신에게 물었다. "아테네에서 가장 현명한 사람이 누굽니까?"

그러자 신전의 무녀는 "소포클레스는 현명하다. 유리피데스는 더욱 현명하다. 그러나 소크라테스는 모든 사람 중에서 가장 현명하다"라고 대답했다. 이 소식을 전해 들은 소크라테스는 즉각 이름난 현자들을 찾아다니며 여러 가지를 물었다. 그러나 그들이 참된 지혜를 알지도 못하면서 아는 것처럼 자만하고 있음을 발견했다. 그래서 그는 왜 신이 자기를 가장 현명한 사람으로 지목했는지 깨달았다.

신전의 양쪽 기둥 밑의 비명碑銘에 새겨진 "너 자신을

○ 아폴론 신에게 신탁을 구했다는 델포이 신전

알라"를 평소 외치고 다녔을 만큼 그는 스스로 무지하다고 생각했던 데 비해, 이름난 현자들은 자신들이 무지하다는 사실조차 모르고 있었다. 소크라테스는 이른바 현자들보다 적어도 한 가지는 더 알고 있었던 셈이고, 바로 이것이 '무지無知의 지知'*인 것이다.

많이 안다고 자랑하는 사람에게 진리가 나타날 수 없다. 모든 진리는 무지를 자각하는 사람에게만 파악된다. 즉 진리는 겸손한 자에게만 스스로를 나타내는 것이다. 왜냐하면 자신의 무지를 자각한 사람만이 지혜를 열렬히 사랑하게 되고, 그런 애지자愛智者만이 영혼을 잘 가꿔 진정한 행복에 도달할 수 있기 때문이다.

● 무지의 지

자기가 어떤 것을 모르고 있다는 것을 스스로 깨닫는 지知를 말한다. 소크라테스는 인간이 진정한 지에 이르려면 자신의 무지를 자각해야 한다고 강조했다.

지식과 행동은 일치한다

그러나 소크라테스가 말하는 지식은 다만 지식을 위한죽어 있는 지식이 아니라, 아는 만큼 반드시 행하는살아 있는 지식이었다. 선을 알고 나서도 그 선을 힘써 행하지 않을 사람은 없다고 그는 생각했다. 가령 선이 이쪽인데도 정반대의 길로 달려가서 일부러 악을 행하는 사람은 없다고 생각했기 때문이다. 모든 악은 인간이 선을 잘 모르는 데서, 즉 무지에서 나온다. 그러므로 사람들에게 선악을 잘 가르칠 필요가 있다.

그러나 어떤 사람은 "이 세상에는 모르고 악을 행하는 자보다 알고도 악을 행하는 자가 더 많다"라고 말한다. 예를 들어 보자. 많이 배운 사람일수록 교묘하게 법망을 피해 세금을 빼먹고 눈치껏 부동산 투기를 하며 서민들은 상상하지도 못할 엄청난 재산을 축적한다. 온갖 기술을 다 동원해서 돈세탁을 하고 자녀들의 명문학교 진학을 위해 위장 전입을 감행하며, 병역을 회피하거나 외국 국적을 취득해도 부끄러워하지 않는다.

이러한 일에 대해서도 소크라테스는 사람이 올바르지 못한 행위를 하는 것은 그 당시의 생각이 욕망이나 무지에 의해 흐려졌기 때문이라고 말한다. 예컨대 장관의 물망에 오른 사람이 미리 그 사실을 알았다면 감히 불법적인 일은 하지 않았을 것인데, 이는 긴 인생의 과정에서 부도덕한 행위가 언젠가는 손해로 다가올 것임을 깨닫지 못했기 때문이다. 그러므로 그러한 사람에게는 욕심을 절제하며 사는 것이 더 좋다는 것을 가르쳐 줘야 하고, 또한 바르게 사는 습관이 몸에 배도록 스스로 훈련하게 해줘야 한다.

이렇게 보자면 소크라테스가 말하는 지식이라는 개념은 우리가 흔히 이해하는 것보다 훨씬 더 넓은 의미다. 가령 "잘 아는知 목수가 좋은善 목수다"라는 말처럼 앎과 좋음이 일치하는 것이다.● 좋은 목수, 즉 기술이 좋은 목수가 되기 위해서는 무엇보다 먼저 많이 알아야 하는 것처럼, 우리가 선을 행하기 위해서는 그 선에 대해 우선 많이 알아야 한다.

● '잘함'과 '좋음'이라는 두 가지 의미를 동시에 가지고 있는 말이 덕(그리스어로 arete)이다.

악법도 법이다

소크라테스는 두 가지 죄목으로 고소를 당하는데, 그 내용은 다음과 같다. 첫째, 청년들을 부패하게 했다. 둘째, 국가가 지정한 신 대신에 이상한 신을 믿는다. 청년들이 소크라테스의 가르침을 깨닫고자 사색에 잠기는 경우가 많았는데, 이를 보고 고소인들은 그것을 마

철학논술

Q 소크라테스는 끊임없이 대화를 즐겼으며, 절대적 진리와 보편적 이성에 대한 강한 믿음을 가지고 있었다. 즉 절대적 진리에 대해 무한한 신뢰를 보냈고, 누구라도 이성적 사유를 바탕으로 대화를 하다 보면 동일한 결론에 이를 수 있다고 확신했다. 프랑스의 여배우인 브리짓 바르도가 한국의 개고기를 먹는 풍습을 야만적이라고 비난했다. 소크라테스가 한국 사람이었다면 그녀의 말에 과연 어떻게 반응했을까?

치 타락하여 흐느적거리는 것으로 간주했다. 물론 이는 가당치도 않은 것이었다. 소크라테스는 평소에 자기가 옳지 않은 일을 할 때는 그것을 반대해온 내면적인 양심의 소리 Daimon[●]를 듣곤 했는데, 이것을 두고 아테네 시민들은 그가 새로운 신을 믿는다고 매도했던 것이다.

그러나 이러한 표면적인 이유 외에 실제로는 소크라테스의 정치적 기반이 허물어졌다는 사실이 더 중요할지도 모른다. 상업 지향적인 문화도시 아테네와 군국주의적 농업국가인 스파르타 사이에 동족상잔의 비극인 펠로폰네소스 전쟁[●]이 일어났고, 이 전쟁에서 결국 스파르타가 승리하게 되자 아테네에는 스파르타 방식의 귀족정치와 과두정치[●]가 수립되었다. 서른 명으로 구성된 과두체제는 공포정치를 실시했는데, 소크라테스는 이 위원회에 끌려가 "당신의 교육을 그만두라"라는 경고를 받았다. 그러나 그는 이 명령에 복종할 필요가 없다고 생각하고 교육을 계속했다. 주위에서는 그가 처형될 것이라고 걱정했으나 그는 태연했다. 위정자들의 잘못된 요구에 대한 그의 태도는 너무나 분명했는데, 여기에는 나름대로 믿는 구석이 있었다. 즉 과두파 인물 중에 그의 제자와 플라톤의 큰아버지가 있었던 것이다.

그러나 이 과두체제가 8개월 만에 무너지고 다시 민주주의자들이 권좌에 올라서게 되자 소크라테스는 정치적 기반을 상실하고 말았으며, 결국 앞서 말한 누명을 쓴 채 고소를 당하게 되었다. 또한 서른 명의 참주들이 어떤 사람에게 부당한 누명을 씌워 정치적으로 살인하려는 데 대해 소크라테스는 동조하지 않았고, 이것이 그들에게 증오감을 심어 주었다. 당시 아테네를 지배했던 부정한 야심가들에게 '모든 진리의 기초를 도덕에 둔' 소크라테스는 눈엣가시였던 것이다.

재판 당시의 배심원은 500명이었는데 신에 대한 불경죄의 경우 일단

다이몬

신과 인간을 매개하는 중재자. 참고로 영어 demon은 악마, 도깨비라는 뜻과 함께 신과 인간의 중간에 위치하는 수호 신령으로 해석되기도 한다.

펠로폰네소스 전쟁

페르시아 전쟁 이후, 아테네를 중심으로 델로스 동맹이 맺어졌는데, 아테네가 스스로 교만해져서 횡포를 부렸기 때문에 이에 반대하여 스파르타를 중심으로 펠로폰네소스 동맹이 맺어졌다. 결국 양 진영으로 나뉘어져 30년 동안 전쟁을 겪었는데, 이 전쟁에서 스파르타가 승리하긴 했으나 에너지를 소진한 그리스의 도시국가들은 이후 차츰차츰 몰락해 갔다.

과두정치

적은 수의 우두머리가 조직을 꾸려 나가는 정치 체제를 말한다. 아리스토텔레스는 과두정치를 귀족정치의 타락한 정체라고 했다.

유죄냐 무죄냐만 판결을 내렸다. 결과는 280대 220이라는 근소한 차이로 유죄였다. 다음에 형량을 놓고 다시 판결을 내리는데, 원고 측이 요구한 형량은 사형이었고 소크라테스 측에서 요구한 형량은 벌금형으로, 그것도 처음에는 단 1므나를 제시했다. 결국 플라톤 등이 그를 설득하여 30므나로 정해지긴 했지만, 자신에게 죄가 없다고 믿었던 소크라테스는 벌금 1므나를 내는 것도 억울하다고 생각했던 것이다.

● 당시에는 서른 살 이상의 아테네 시민으로서 국가에 빚이 없으면 누구나 배심원을 지망할 수 있었고, 지망자가 많을 때에는 추첨으로 500명을 뽑았다. 아테네 법정은 신에 대한 불경 소송의 경우 우선 유죄냐, 무죄냐만 판결한다. 그런 다음 유죄인 경우, 형량을 투표로 결정한다.

마침내 재판이 열렸다. 그러나 소크라테스는 재판정에서 누구에게 사과하거나 애원하지 않았고, 오히려 시민들과 배심원들을 꾸짖으며 정의와 진리의 길을 설파했다.

"당신들은 자신들의 지갑을 가능한 한 많이 채우고, 명성과 존경을 받으려고만 노심초사하고 있구려. 더구나 그것을 부끄러워하지도 않고 도덕적인 판단과 진리, 그리고 당신들의 영혼을 개선하는 데에는 조금도 관심이 없으며, 또 노력조차 하지 않으면서……."

● 그의 제자 플라톤이 쓴 《소크라테스의 변명Apologie》에 나오는 내용이다.

죽음에 대해서도 두려워하는 기색이 전혀 없었다.

"우리는 죽음을 재앙이라고 생각하지만, 죽음은 두 가지 가능성 가운데 하나입니다. 첫째로 죽음이 완전히 무로 돌아가는 것일 경우, 모든 감각이 없어지고 꿈도 꾸지 않을 만큼 깊은 잠을 자는 것과 같을 것인데, 그보다 더 즐거운 밤이 어디 있겠습니까? 둘째로 죽음이 이 세상에서 저 세상으로 가는 여행길과 같은 것이라면, 생전에 만났던 훌륭한 사람들을 다시 만나볼 수 있으니, 이 또한 얼마나 좋은 일입니까? 나는 죽음을 통해 귀찮은 일로부터 해방되는 것을 오히려 다행이라 여깁니다. 따라서 나를 고소하거나 유죄로 투표한 사람들에게 화를 내지 않습니다. 이제 떠날 시간이 되었습니다. 나는 사형을 받기 위해, 여러분들은 살기 위해……. 그러나 우리 가운데 어느 쪽 앞에 더 좋은 것이 기다리고 있을지는 신 외에는 아무도 모를 것입니다."

그의 제청과 마지막 변론은 결국 그에게 무죄를 판결한 배심원들의 비위까지 거슬러 360대 140이라고 하는 큰 표 차로 사형을 선고 받는다. 여기에서 소크라테스의 죽음에 대한 관점을 살펴볼 필요가 있다. 그에게 죽음이란 몸에서 영혼이 빠져나가는 것, 즉 육체로부터 영혼이 분리되는 것을 의미하는데, 지혜를 추구하는 참된 철학자라면 육체로부터 마땅히 해방되려 할 것이다. 왜냐하면 육체가 영혼의 활동을 방해하는 일이 종종 있기 때문이다. 가령 우리의 영혼이 육체적 욕망이나 감각에 사로잡혔을 때에는 진리를 제대로 포착할 수 없을 뿐만 아니라, 육체를 먹여 살리기 위해 마음에도 없는 비진리를 말해야 할 때도 있다. 육체적 질병으로 인한 괴로움도 크거니와, 더구나 육체에서 파생된 자녀들 때문에 얼마나 많은 고통을 받는가 말이다. 그러므로 죽음을 회피하는 사람은 지혜를 사랑하는 자愛智者, 즉 진정한 철학자가 아닌, 고통과 죄악의 덩어리인 육체를 사랑하는 자가 되고 만다.

◆ 소크라테스가 최후를 맞이했던 감옥

이러한 주장을 듣고 제자 가운데 한 사람이 물었다. "그렇다면 우리가 자살이라도 해서 죽음을 택해야 하지 않겠습니까?"

그러나 소크라테스는 자살은 죄악이라고 말한다. 인간과 신의 관계는 짐승가축과 인간의 관계처럼 주종主從 관계인데, 종이 주인의 허락도 없이 자살해 버린다면 주인이 무척 노여워할 것이기 때문이다. 다시 말해 소나 돼지가 자기들 멋대로 골짜기에 투신자살해 버렸을 때 그 주인이 속상해할 것과 마찬가지로, 우리가 신의 허락도 없이 자살해 버린다면 신 역시 속상해할 것이다. 자살은 신에 대한 반역이고, 범죄 행위다. 그렇다면 어떻게 해야 할까? 열심히 살다 보면 언젠가 신이 부를 때가 있다. 우리는 그때까지 기다렸다가 그의 허락이 떨어졌을 때 기꺼이 떠나야 한다. 만일 그때에도 삶에 집착해서 살려고 발버둥을 친다면, 그 역시 올바른 태도가 아니다.

아테네 법률에 의하면, 사형선고를 받은 사람은 24시간 안에 처형을 받게 되어 있었다. 그러나 신에게 감사의 제물을 바치러 떠난 배가 돌아오

◐ 사형선고를 받은 소크라테스
〈소크라테스의 죽음〉, 자크 루이
다비드, 캔버스에 유채, 1787
독배를 드는 소크라테스의 모습

지 않기 때문에 그 집행이 연기되었다. 마침내 배가 들어온 날 아침, 감옥에서 친구들은 "돈이 얼마나 들든지 간에 간수를 매수할 테니 도망쳐라"라고 그를 설득하려고 했다. 이때 그는 "내가 지금까지 아테네 법률을 지키며 잘 살아왔는데, 나에게 불리해졌다고 해서 법을 어기는 것은 비겁한 일이지 않은가"라며 탈출을 거절한다. 바로 이것이 "악법도 법이다"라는 유명한 말이 나오게 된 배경이다. 이것만 보면, 재판정에 섰을 때 이미 소크라테스는 신의 부름을 받았다고 생각했는지도 모른다.

사형집행 시간은 해가 지는 때로 정해져 있었다. 그러나 대개는 해가 진 다음에도 음식을 원하는 대로 먹고 마신 후 독배를 마셨다. 그러나 소크라테스는 크리톤에게 약을 빨리 가져오도록 재촉한다. 독이 든 잔을 간수에게서 받아들고, 그는 태연하게 기도를 올린다. 그런 다음 조용히 마셔 버린다.[*] 크산티페를 비롯한 여자들을 이미 밖으로 내보낸 후였는데, 왜냐하면 "태어날 때와 마찬가지로 죽는 순간은 사람에게 대단히 중요하고, 그래서 사람은 조용히 죽어야 하는데, 사람이 있으면 방해가 된다"라고 생각했기 때문이다. 그는 감옥 안을 거닐다가 다리가 무겁다고 하면서 반듯이 누웠고, 간수는 종종 그의 손과 발을 살펴보다가 발을 꼭꼭 누르면서 감각이 있느냐고 물었다. 없다고 대답하자 간수는 몸이 점점 식어간다고 말했다.

하반신이 거의 다 식었을 때, 소크라테스는 얼굴에 가렸던 천을 제치면서 "오! 크리톤, 아스클레피오스에게 닭 한 마리를 빚졌네. 기억해 두었다가 꼭 갚아 주게"라고 부탁했고, 이에 대해 크리톤은 "잘 알았습니다. 그 밖에 할 말은 없습니까"라고 물었다. 하지만 이 물음에는 더 이상 아무 대답이 없었다. 어떤 사람은 소크라테스가 죽음에 이르러서야 그 일을 반성했다고 말하지만, 여기에서 '아스클레피오스'는 의약醫藥의 신을

[*] 아테네 법률에 의하면 사형선고를 받은 사람은 24시간 안에 처형을 받게 되어 있었다. 그러나 마침 델로스 섬에 있는 아폴로 신에게 감사의 제물을 바치러 떠난 배가 돌아오지 않았기 때문에 소크라테스에 대한 사형집행이 연기되었다. 그리고 한 달 후에야 배가 돌아왔는데, 그날 해질 무렵 간수들이 독배를 가지고 왔다.

의미한다. 당시에는 어떤 사람이 병이 들었다가 나을 경우, 감사의 뜻으로 닭 한 마리를 신에게 바치는 풍습이 있었다고 한다. 그러므로 소크라테스의 마지막 말은 "인생의 모든 병에서 벗어났다"라는 의미로 해석할 수도 있다.

독일의 철학자 야스퍼스가 "소크라테스에게 죽음은 비극이 아니었다. 그는 죽음을 초월하고 있었다"라고 말했듯이, 진리와 정의를 향한 그의 철학 정신 앞에 죽음은 결코 장애물이 될 수 없었다. 물론 저서를 한 권도 남기지 않았기 때문에, 그의 핵심 사상은 잘 알려져 있지 않다. 그런데도 인류에 커다란 발자취를 남긴 것은 살아생전의 독보적인 인품과 더불어 죽음의 순간에 보여 준 위대하고 장엄한 모습 때문이라고 생각된다.

소피스트들이 상대적이고 회의적인 태도에 머물렀던 데 반해, 소크라테스는 이 세상에 절대적인 진리와 객관적인 도덕이 있음을 믿어 의심치 않았다. 그리고 이것을 많은 사람들에게 논리적인 방법을 동원해서 열심히 설파했다. 그는 현실 생활에서 직접 써먹을 수 있는 처세술 대신에 인간의 본질과 정의로운 행위를 밝히는 데 노력을 다했다. 윤리학에서도 천박한 행복주의에 머물지 않고, 인간이 도달해야 할 순수한 이상을 추구했다. 그러나 무엇보다도 그를 세계 4대 성인의 반열에 올려놓고 또 우리에게 기꺼이 철인哲人으로 부르도록 만든 것은 진리에 대한 무한한 사랑과 삶에 대한 그의 진지한 자세 때문이 아닐까 한다.

철인 ▼ 🔍
단순히 철학을 공부하고 가르치는 사람을 '철학자'라고 한다면, 자신의 철학을 확립하고 그 철학에 따라 살고 죽을 수 있는 사람을 '철인'이라 불렀다.

소小소크라테스학파

소크라테스가 죽은 후, 그의 정신을 온전히 계승하여 발전시킨 사람은 물론 플라톤이다. 그러나 그 사상의 어느 한쪽만을 발전시킨 제자들이 있었는데, 이들을 통틀어 우리는 소小소크라테스학파라고 부른다. 키니코스학파는 덕을, 키레네학파는 행복을, 메가라학파는 지식을 강조했다.

먼저, 키니코스학파는 안티스테네스*에 의해 창시되었다. 그는 인간에게 덕이 가장 중요하며 덕이 있는 사람은 그 자체로 행복하다고 했다. 그리고 이 덕이란 모든 욕심을 버리는 무욕無慾한 생활로만 얻어질 수 있다고 주장했으며, 이러한 사상을 실천에 옮긴 사람이 바로 그의 제자인 디오게네스*다.

디오게네스가 삶의 목표로 삼은 것은 무욕과 자족, 그리고 무치無恥다. 아무런 욕심 없이 현재의 처지에 스스로 만족하며, 아무것도 부끄러워하지 않는 생활이 그가 꿈꾸는 삶이었다. 그리고 항상 이러한 삶을 살아가는 동물로 개를 꼽았다. 개는 아무것도 갖지 않고, 남의 눈치를 보는 일도 없으며, 주는 대로 먹고 아무데서나 잠을 잔다. 이러한 생활이야말로 그가 추구하는 이상적인 삶이었다. 그는 큰 통 속이나 개집에서 개와 함께 살았는데, 가진 재산이라고는 물을 떠먹기 위해 필요한 그릇뿐이었다. 그러던 어느 날, 한 어린아이가 손으로 물을 떠 마시는 것을 보고 이 그릇마저 내동댕이치고 말았다고 한다. 키니코스Kynikos라는 말은 'Kyon개'이라는 그리스어에서 유래하며, 또 그들을 견유학파犬儒學派라고 부르는 것도 개와 관련되어 있음을 나타낸다.

특히 그는 무치와 관련해서, 우리가 행복을 얻기 위해서는 본능적 욕망을 간단하고 편리하게 채우면 된다고 주장했다. 가령 배고플 때 먹는 행

안티스테네스

Antisthenes, BC 445?~BC 365? | 아테네 출신의 철학자. 고르기아스의 제자로서 소크라테스를 따르는 한편 플라톤의 이데아 설에는 반대했다. 키니코스학파를 열어 디오게네스와 스토아학파에 영향을 주었다.

디오게네스

Diogenes, BC 412?~ BC323? | 그리스의 철학자로 키니코스학파의 대표적 인물이다. 흑해 남부의 시노페 출신이지만 아테네에 나와 안티스테네스의 제자가 되었다. 대낮에도 등불을 들고 다녔는데, 이에 대해 "내 눈으로는 현자를 찾기가 힘들기 때문이다"라고 대답했다고 한다.

위를 탓할 수 없듯이, 남녀가 사랑하는 일 또한 비난받아서는 안 된다는 것이다. 인간의 타고난 욕망을 충족시키는 일은 떳떳한 일이기 때문이다. 그런데도 우리가 괜스레 부끄러워하는 것은 무슨 까닭일까?

그것은 자연에 거슬러 인간의 본능을 짓누르려는 우리의 잘못된 풍습이나 문명 때문이다. 따라서 우리는 이러한 반反

❍ 노숙하는 디오게네스
디오게네스는 견유학파의 가장 대표적인 인물이다. 그는 무욕과 자족, 그리고 무치를 행복의 목표로 삼고 생활했다.

자연적인 것에 맞서서 그것들을 없애려 노력해야 한다. 디오게네스에 의하면, 원래 자연은 인간이 아무것도 갖지 않아도 살아가도록 창조하였다. 따라서 우리는 문화를 지나치게 즐기는 것에서 벗어나 원시 상태의 단순함과 순수함으로 되돌아가야 한다는 것이다.

디오게네스는 사회의 관습이나 풍속뿐만 아니라 국가의 법률까지도 귀찮은 것으로 봤다. 인간에게는 보편적인 이성이 있으며, 이에 따라 누구나 보편적인 법을 좇을 것이기 때문에 굳이 개별적인 국가의 테두리 같은 것이 필요 없다고 주장했던 것이다.

어느 날, 세계를 정복한 알렉산드로스 대왕이 '현자를 찾기 위해 낮에도 등불을 들고 다니는' 기인奇人 디오게네스를 방문하고자 그의 집을 찾았다. 대왕은 "그대가 가장 바라는 것이 무엇이냐"라고 물었고, 디오게네스는 "다른 것보다 햇볕이나 가리지 말아 주십시오"라고 응수했다. 그러자 대왕이 "내가 알렉산드로스가 아니라면 기꺼이 디오게네스가 되겠다"라고 말하면서 돌

키니코스학파 — 소크라테스의 덕에 대한 사상을 이어받았죠.

키레네학파 — 그분의 행복에 관한 사상을 이어받았습니다.

메가라학파 — 그분의 지식에 대한 사상을 이어받았죠.

아갔다는 에피소드는 너무나 유명하다.

　물론 디오게네스의 행동을 우리가 현실의 삶에서 그대로 흉내를 낸다는 것은 무리다. 그러나 스스로 만들어낸 물질문명에 압도당하고 자기들이 창조해낸 문화에 오히려 얽매여 가는 오늘날의 현대인들에게 문명에 대한 그의 날카로운 비판과 자연으로 복귀하자는 정신만은 여전히 생명력을 지닌다. 특히, 자원고갈과 환경오염 그리고 인간성의 상실 등을 뼈저리게 경험하고 있는 우리에게 그의 사상은 "과연 문명의 발달이 인간을 행복하게 만들었는가"라고 하는 근본적인 물음을 던져 주고 있다.

　다음으로, 키레네학파는 키레네에서 태어난 아리스티포스°가 그 창시자이며, 쾌락주의를 주장한다. 아리스티포스는 "덕이 행복이다"라는 소크라테스의 명제로부터 "쾌락이야말로 우리가 추구해야 할 최고의 선"이라는 주장을 이끌어냈다.

　여기서 말하는 쾌락은 정신적 쾌락뿐만 아니라 물질적·육체적 쾌락까지를 모두 포함한다. 그러나 이 학파의 학자들은 점차 그 쾌락을 얻기가 쉽지 않음을 깨닫게 되었고, 특히 극단적인 육체적 쾌락은 반드시 고통과 후유증을 가져온다는 점에서 초기의 쾌락주의는 후기에 들어와 염세주의厭世主義로 바뀌었다.

　마치 처음에는 적은 양으로도 만족하다가 차츰차츰 그 양을 늘려가야 똑같은 쾌락을 느끼게 되는 마약중독자처럼, 쾌락이란 항상 더 강하고 큰 자극을 요구하게 마련이다. 따라서 이 땅에서 누릴 수 있는 쾌락의 클라이맥스를 경험한 사람에게 인생이 허무하게 느껴지고, 끝내는 자살과 같은 끔찍한 일을 저지르기도 한다. 가난한 나라보다 사회보장제도가 잘 발달되어 있는 북유럽의 선진국에서 자살률이 높고, 쾌락을 마음껏 누릴 수 있는 부유층에서 오히려 자살이 많은 것도 이러한 이유 때문이 아닌가

아리스티포스

Aristippos, BC 435?~BC 355? | 소크라테스학파의 한 사람으로서 키레네학파의 시조다. 인생 최고의 목적은 개개인의 쾌락을 향수하는 데 있다고 주장했다.

생각된다.

마지막으로, 메가라학파는 메가라 지방 출신인 에우클레이데스[●]에 의해 창시되었다. 그는 "덕은 지知다"라고 한 소크라테스의 주장으로부터 지식을 중요하게 보고 또 그것을 선과 같은 것으로 간주하는 주지주의主知主義를 고집했다.

● 에우클레이데스 ▼ 🔍

Eucleides, BC 450?~BC 380? | 소크라테스의 제자이며, 시비꾼 에우클레이데스라는 별명이 있다.

● 플라톤 ▼ 🔍

Platon, BC 427~BC 347 | 소크라테스의 제자이자, 《대화편》의 저자이며, 아리스토텔레스가 공부했던 아테네 소재 아카데메이아의 설립자. 영국의 철학자 화이트헤드는 "서양의 2천 년 철학은 모두 플라톤의 각주에 불과하다"라고 말했으며, 시인 에머슨은 "철학은 플라톤이고, 플라톤은 철학"이라 평했다. 그의 얼굴은 알려져 있지 않으며, 단지 상상을 통해 만들어진 초상만 남아 있을 뿐이다.

노예로 팔리다, 플라톤

플라톤[●]은 아테네의 명문 집안 출신으로 일찍부터 귀족의 자녀에 어울리는 교육을 받았다. 넓은 이마를 가지고 있었던 그는 체격이 훌륭했으며, 그림 공부와 함께 서정적인 시와 비극을 썼다고도 한다.

원래 그는 정치가가 되려는 꿈을 갖고 있었다. 당시 30명의 과두정권을 이끈 크리티아스는 그 어머니의 사촌오빠였으며, 아버지가 죽은 다음 어머니와 재혼한 퓌릴람페스는 당시 최고 통치자 페리클레스와 아주 절친한 명망가였기 때문이다. 그러나 스무 살 때 비극 경연대회에 나갔다가 극장 앞에서 소크라테스의 강연을 듣고 크게 감동한 그는 "이제 저에게는 당신이 필요합니다"라는 고백과 함께 가지고 있던 비극 대본을 불태워 버리고 즉각 소크라테스를 따랐다. 이때 전 생애를 바쳐 철학에만 전념하기로 결심했고 21세부터 28세까지 소크라테스를 스승으로 섬겼다. 그는 항상 "나는 야만인으로 태어나지 않고 그리스인으로 태어난 것, 노예로 태어나지 않고 자유인으로 태어난 것, 여자로 태어나지 않고 남자로 태어난 것, 그리고 특히 소크라테스 시대에 태어나 그를 만날 수 있었던 것을 신에게 감사한다"라고 말할 정도로 스승을 존경했다. 그러나 스

승 소크라테스에 대해 아테네가 부당한 판결을 내리고 그를 죽음으로 내
몬 일에 충격을 받아 이때부터 민주주의 제도 자체를 경멸하기도 했다.

그러나 소크라테스를 구하려 했던 일이 민주주의 지도자들의 의심을
사게 되었고, 이에 위협을 느낀 그는 메가라로 도망하여 숨어 있었다. 그
후에 이탈리아와 이집트를 거쳐 아테네로 돌아왔다. 한때 그는 디오니시
오스 1세를 만나 자신의 정치적 이상을 실현해 보려고 애썼다. 그러나 이
전제군주는 너무나 약하고 무절제했을 뿐만 아니라 플라톤의 건의를 받
아들이기는커녕 오히려 그를 의심했다. 결국 음모에 걸려든 플라톤은 시
장에 노예로 팔리고 말았는데, 이때 안니케리스라고 하는 돈 많은 상인이
그의 몸값을 갚아주어 겨우 석방될 수 있었다.

플라톤은 아테네로 돌아와 그 돈을 갚으려 했으나 받지 않자 헤
로스 아카데모스 신전 근처의 한 정원을 사들여 교육기관을
세웠고, 학비를 받지 않은 채 학생들을 가르쳤다. 이렇게
해서 신전 이름을 딴 '아카데메이아 Akadēmeia' 라는 유럽
최초의 대학이 한 철학자를 판 몸값으로 세워지게 되었
다. 이곳에서 그가 가르친 과목은 철학 · 수학 · 동식물
학 · 천문학 등이었는데, 특히 입구에는 "기하학자가 아닌
자는 들어올 수 없다"라고 하는 글귀가 쓰여 있었다고 한다. 그의 강의는
너무나 유명하여 귀부인들은 심지어 남자 옷을 입고 들어와 강의를 들을
정도였으며, 또 어떤 농부는 밭을 갈다 말고 와서 강의를 들었다고도 한
다. 아리스토텔레스 역시 이곳에서 20여 년 동안이나 배웠다.

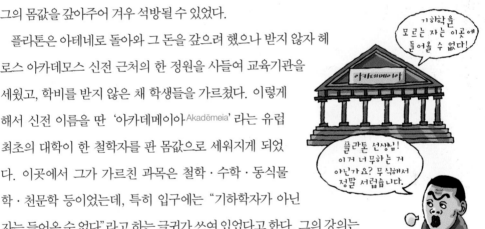

아마 많은 사람들이 '플라토닉 러브 Platonic love'•라는 말을 알 것이다.
흔히 육체적인 욕망과는 구별되는 마음 상태, 즉 연인에 대한 존경을 바탕
으로 한 정신적인 사랑으로 해석할 수 있다. 그러나 이 말에는 조금 오해

> • 플라토닉 러브
>
> 이상주의적이고 관념론적이며
> 순수한 정신적 사랑을 말한다.
> '플라톤'이라는 이름에서 유래
> 하는 호칭이나, 정작 플라톤의
> 사상과는 거의 관계가 없다.

의 여지가 있다. 왜냐하면 첫째, 플라톤은 여자에 대해 특별히 존경을 나타낸 적이 없기 때문이다. 플라톤은 "여자란 남자보다 덕이 훨씬 뒤처지고 남자보다 약한 족속이며 잔꾀가 많고 교활하다"라고 주장하기도 했다. 또한 그는 "여자는 천박하고 쉽게 흥분할 뿐만 아니라 화를 잘 내며, 남을 비방하기 좋아하는 데다 소심하며 미신을 잘 믿는다"라고도 했다. 심지어 "여자로 태어난 것은 저주임이 틀림없다. 그 이유는 이 세상에서 절제할 줄 모르던 남자, 비겁하고 의롭지 못했던 남자들이 그에 대한 벌로 죽은 다음 다시 여자로 태어나기 때문이다"라고 분명하게 말하기도 했다.

또한 플라톤은 결혼에 대해서도 아이를 낳아서 잘 기른다는 관점에서만 봤다. 따라서 국가는 남자에게 적당한 배우자를 골라주어야 한다고 했으며, 심지어는 여자란 전쟁에서 승리한 남자에게 상으로 주어졌다. 극단적으로 말하면 남자들의 공동소유로 간주되었다. 플라톤이 생각한 남녀 사이의 사랑이란 애정이 넘쳐흐르는 것과는 전혀 거리가 멀다. 결국 '플라토닉 러브'라는 용어는 플라톤의 이상적이고 관념적인 철학에 대한 막연한 유추로 생겨난 것이 아닌가 생각된다.

○ 이데아론을 주창한 플라톤(좌)과 그와는 학문적 방법이 달랐던 제자 아리스토텔레스(우)
라파엘로가 그린 〈아테네 학당〉에서 플라톤은 우주론에 관한 책을 든 채 하늘을 가리키고 있으며, 반면 아리스토텔레스는 윤리학에 관한 책을 들고서 일상에서 펼쳐지는 삶에 대한 관심을 표현하는 양 자세를 취하고 있다. 당시에는 이렇게 플라톤과 아리스토텔레스를 정반대의 성향을 지닌 사람들로 묘사하기를 좋아했다.

플라톤이 남긴 저서는 소크라테스와의 대화를 기록한 것이 대부분이다. 《대화편》 속에는 소크라테스의 사상과 그 자신의 사상이 서로 뒤섞여 있기 때문에 어디까지가 소크라테스의 것이고 또 어디서부터가 플라톤의 것인자 구별할 수 없을 정도다. 중요한 것만을 골라 보면 《소크라테스의 변명》《향연》《파이돈》*《국가론》《우주론》《법률》 등이 있는데, 그의 저작들은 약 50여 년에 걸쳐 방대한 규모로 이루어졌다. 하지만 그가 저작 활동을 그저 '아름다운 유희' 정도로만 여기고 강의에 더 큰 의미를 두었던 일을 생각하면, 실로 놀라운 일이다. 80세에 영면하자마자 당장 그를 신성시하는 전설이 생겨났으며, '아폴론의 아들'로 불리기도 했다.

우리가 보는 것은 죄다 그림자다, 이데아론

파이돈

플라톤의 《대화편》 중 하나로, 아테네의 감옥에서 죽음에 직면하여 소일하던 소크라테스의 나날을 파이돈이 에케크라테스에게 이야기하는 형식으로 되어 있다.

플라톤 철학에서 가장 핵심적인 사상은 이데아^{idea}●라는 개념이다. 이데아란 어떤 개별적인 사물이 없어지더라도 계속해서 존재하는 그 사물의 원형이며, 감각적 세계에서 마주치는 사물의 모범이자 개별자에 의해 마침내 실현되어야 할 이상, 즉 사물의 전형典型을 말한다. 예를 들어, 우리의 현실에는 많은 동그라미▣가 있는데, 그것들이 아무리 완전한 것 같아도 엄밀하게 보면 어딘가 흠이 있기 마련이다. 이 세계에는 절대적으로 완전한 의미의 동그라미는 있을 수 없으며, 어쩌면 우리는 한 번도 그 이데아를 못 봤을지도 모른다. 그런데도 우리가 '저' 동그라미보다 '이' 동그라미가 더 동그라미에 가깝다고 말하는 것은 우리 마음속에 그리고 있는 완전한 모양의 동그라미와 비교하기 때문이다. 그때, 우리의 머릿속에 그려지는 그 동그라미야말로 동그라미의 이데아에 해당하는 것이다.

이데아

플라톤 철학의 기본 개념으로 동사 이데인idein(보다, 알다)의 파생어다. 원래는 '보이는 것', 모양, 모습, 그리고 물건의 형식이나 종류를 의미하기도 했다. 플라톤 철학에서는 육안이 아니라 영혼의 눈으로 볼 수 있는 형상을 의미한다. 따라서 그것은 아이데스(보이지 않는 것)라고 불리며, 이성만이 파악할 수 있는 영원불변하고 단일한 세계를 이루기 때문에, 끊임없이 변천하는 잡다한 감각 세계의 사물과는 구별된다.

그렇다면 감각 세계와 이데아 세계란 어떻게 다를까? 이를 알기 위해 플라톤이 《국가론》에서 들고 있는 '동굴의 비유'를 살펴보기로 하자. 우리 인간은 태어나면서부터 온몸이 의자에 묶여 있는 감옥동굴 안의 죄수와 같다. 그리고 머리의 방향조차 제대로 돌릴 수 없어서 항상 출입구와 맞서 있는 동굴의 벽밖에 볼 수 없다. 이 갇혀 있는 자의 등 뒤인 입구 쪽에는 동굴을 가로질러 사람 키만 한 벽이 있고, 그 뒤에는 불이 타오르고

플라톤의 '동굴의 비유'
플라톤은 《국가론》에서 동굴의 비유를 통해, 자신의 인식론을 요약한다. 동굴 안에는 쇠사슬에 묶인 죄수들이 있고 그 뒤에 있는 벽을 따라 나란히 놓인 조각상들의 그림자가 안쪽 벽에 비춰진 것을 바라보고 있다. 이 죄수들은 세상의 일을 간접적으로 얻는 인류의 대부분을 대변한다. 그림은 16세기에 그려졌다.

있다. 또한 그 불과 벽 사이를 사람들이 지나다니고 있으며, 이때 이 벽보다 높이 솟아난 부분의 그림자가 동굴의 입구를 지나 벽에 비춰진다. 그 순간 왕래하는 사람들이 내는 소리라든가 동물의 울음소리가 죄수들의 귀에 들린다고 했을 경우, 죄수들은 그림자가 그 소리를 낸다고 착각할 것이다. 하지만 그들 가운데 누군가가 동굴에서 나와 대상 자체를 불빛 속에서 직접 본다면 깜짝 놀라게 될 것이다. 나아가 태양 아래에 있는 인간과 동물 그리고 사물들을 직접 본다면 자신이 그동안 엄청난 착각에 빠졌다는 것을 깨닫게 될 것이다.

이미 밝은 세계를 체험한 사람이 동굴 안으로 들어와 동료 죄수들에게 "너희들이 보고 들은 것들은 참된 현실이 아니다"라고 설명해 준다고 한들, 아무도 이를 믿지 않고 비웃기만 할 것이다. 그런데도 이들을 참된 세

계의 빛으로 인도하려고 계속 노력한다면 그 사람은 오히려 죽임을 당할
지도 모른다.

　이 비유에서 동굴이란 우리가 실제로 살아가는 이 감각적 세계를 의미
하며, 죄수란 우리 자신을 가리킨다. 인간은 감각이라는 캄캄한 동굴에
갇혀 참다운 진리의 세계를 보지 못하다가 어느 날 우연히 동굴에서 빠
져나와 우리의 영혼이 이념의 세계로 돌아오는 경우가 있다. 이때 다
시 일상생활로 돌아온 철학자_{진리를 갈망하는} 자는 이웃에게 참다운 진리
를 설파하지만 아무도 믿어 주지 않는다. 그렇지만 끝까지 진리를 전
하는 일이야말로 철학자의 사명이며, 이 일을 위해 소크라테스는 죽
음마저 사양하지 않았던 것이다.

　'동굴의 비유'에서 말하는 참된 세계가 이 땅의 실
재적이고 시공간적인 세계를 가리키는 것은 아니
다. 이 세계는 진실로 존재하는 이데아의 세계를 흉내
낸 첫 번째 것에 불과하며, 이것을 다시 흉내 낸 것이 벽
에 비친 그림자의 세계다. 이를 거꾸로 이야기하자면
그림자의 세계는 이 땅의 존재에 바탕을 두었으며, 이
땅의 세계는 다시 이데아의 세계에 바탕을 두고 있고,
이 이데아의 세계는 다시 절대자에게 바탕을 둔다.

　결국 플라톤이 '동굴의 비유'를 통해 주장하는 것은 죄수가 동굴의 밑
바닥을 차고 일어나 밖으로 나와야만 태양을 볼 수 있는 것과 마찬가지
로, 우리의 영혼이 이념의 세계로 비약해야만 보편적인 이데아를 파악할
수 있다는 것이다.

　여기에서 플라톤의 이원론_{二元論}적인 세계관이 확립된다. 즉 동굴 안의
세계는 물질·육체·비진리·변화무쌍·찰나·무가치·무의미 등으

로 표현되고, 동굴 밖의 세계는 정신·영혼·진리·불변·영원·가치·의미 등으로 묘사된다.

물론 앞에서 말한 동그라미뿐만 아니라 그 밖의 사물이나 인간의 행위에 대해서도 이러한 예를 적용시킬 수 있다. 하지만 이데아란 가장 이상적인 형태이면서도 결국 우리의 관념 속에 머물 수밖에 없다고 하는 한계성을 가지고 있다. 그리고 각 사물마다 각각의 이데아가 있지만, 최고의 이데아는 이데아의 이데아, 곧 '선의 이데아'다. 모든 존재는 이 '선의 이데아'에 의해 지배되며, 최고의 절대목적인 이것에 의해 통일된다. 태양이 모든 사물을 키우듯, 선의 이데아는 전 세계를 지배하는 이성이며, 이런 의미에서 우주적 이성이자 신이라고 말할 수 있다.

그렇다면, 우리는 이러한 이데아를 어떻게 포착할 수 있을까? 플라톤은 오직 철학에 대해 강한 충동을 느끼는 자만 그것을 잡아낼 수 있다고 봤으며, 이 충동을 에로스Eros*라고 불렀다. 생식이나 본능의 뜻을 가진 에로스는 사랑의 신을 의미하기도 한다. 하지만 아름다운 육체에서 느끼는 쾌감은 가장 저급한 에로스이고, 그 다음에 음악과 수학 등이 자리하고 있으며, 마지막으로 진리를 향한 강렬한 철학적 충동에 의해서만 참다운 세계를 볼 수가 있다. 아카데메이아 앞에 세워 놓은 에로스 동상은 이러한 의미를 지니고 있다.

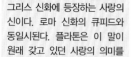

에로스

그리스 신화에 등장하는 사랑의 신이다. 로마 신화의 큐피드와 동일시된다. 플라톤은 이 말이 원래 갖고 있던 사랑의 의미를 없애고 철학 용어로 사용했다.

에리스

그리스 신화에 등장하는 불화의 여신이다. 트로이 전쟁에 관한 이야기로 잘 알려져 있다. 망각의 화신 레테를 낳았다.

과연 전생은 있는가, 상기설

나는 전생에 어떤 사람이었을까? 이런 생각은 누구나 한 번쯤 해봤을 것이다. 그런데 과연 우리의 전생은 있는 것인가? 이와 관련해서 《국가론》의 끝 부분에 에리스Eris* 신화가 나오는데, 그 내용을 보면 다음과 같다. 우리의 혼이 육체를 덧입고 이 세상에 태어날 무렵, 불볕이 내리쬐는 긴 들판을 건너야 한다. 물도 없는 그 들판이 다 끝나갈 즈음 강이 하나 나타나는데, 그것은 레테Lethe강이며 그 강물을 마시자마자 우리의 영혼은 과거의 기억을 모두 잊어버리게 된다.

모든 혼이 육신으로 다시 태어날 무렵 어쩔 수 없이 마시게 되는 이 강물로 인해, 우리는 전생에 대한 모든 기억을 잊어버린 채 이 세상에 태어난다. 그런데 이 세상에서 후천적인 교육을 받거나 경험을 쌓으면서 잊어버렸던 전생의 기억을 되살리게 된다. 다시 말해 우리가 이 세상에서 무엇을 배운다는 것은 새로운 내용을 알아가는 것이 아니라, 이미 전생에서 알고 있었던 것을 다시 기억하는 것일 뿐이다. 지식은 곧 상기想起인 것이다. 그리스어로 진리를 'aletheia' 라고 하는데, 'a' 는 부정을 나타내는 접두사이기 때문에 'aletheia' 는 비非망각 상태를 의미한다. 즉 이 용어는 바로 레테 신화와 관련되어 있는 것이다.

이 상기설은 플라톤의 영혼불멸설을 증명하는 데에도 이용된다. 즉 상

❍ 망각의 강 레테를 순례하는 단테
구스타프 도레(1832~1883)의 작품
이 그림은 단테가 지옥 · 연옥 · 천국을 차례로 돌아보던 중, 푸른 숲속 온통 꽃으로 둘러싸인 레테의 강을 건너는 모습을 표현했다. 천사 베아트리체의 안내를 받으며 둘러보는 장면이 묘사되었다.

철학논술

Q 최근 러시아에서 〈리니지2〉 게임을 하던 두 유저User가 게임 도중에 시비가 붙었고, 실제 만나서 결투하기에 이르렀다. 결국 한 명은 심하게 두들겨 맞았고 병원 이송 도중에 사망하고 말았다. 그런데 이후로도 다른 유저를 구타해 죽였던 그 유저의 동료들은 죽은 유저의 가족을 협박하기에 이르렀다. 과연 무엇 때문에 이런 일이 벌어졌을까? 플라톤의 '동굴의 비유'를 통해 이 현상을 설명해 보자.

기설을 받아들인다면, 그 자체로서 우리의 영혼이 전생에서도 살아 있었다는 증거가 되며, 따라서 육체가 없어지는 후생^{내세}에서도 살아 있을 것이라는 추리가 가능하게 된다.

사람의 몸과 마음과 덕은 하나다, 영혼론과 윤리학

플라톤에 의하면 인간의 신체는 머리 · 가슴 · 배의 세 부분으로 되어 있으며, 그것들이 하는 기능^{영혼의 활동}은 이성 · 의지 · 욕망 등이다. 또한 각각의 영혼이 추구하는 덕은 지혜 · 용기 · 절제이며, 이것들이 모두 합해져서 정의를 이룬다. 국가에도 이에 해당하는 세 계급이 있는데 머리 부분에는 지혜가 뛰어난 통치 계급이, 가슴 부분에는 용기 있는 군인 계급이, 배 부분에는 절제심을 발휘하는 생산 계급이 있다. 이처럼 플라톤에서는 영혼론 · 윤리학 · 국가론 등이 서로 유기적인 관련을 맺고 있다.

한 개인의 육체적 건강은 몸의 세 부분이 각각 자기의 기능을 잘 수행할 때 달성되고, 영혼의 내적 평화는 각각의 영혼이 자기의 임무를 수행하여 그 분수를 넘지 않게 함으로써 가능하게 된다. 마찬가지로 이상국가의 정의는 각각의 계급들이 서로 간섭하지 않고 자기의 직분에 충실했을 때 달성된다. 그러므로 플라톤이 생각하는 가장 바람직한 인간이란 신체가 건강할 뿐만 아니라 영혼의 세 부분이 조화를 이룬 상태에서 국가 생활에서도 자기의 계급에 맞는 위치를 잘 지켜나가는 자다. 신체의 세 부분 중에서도 특별히 머리가 중요하게 취급되는 것처럼,

국가 계급에서도 통치 계급은 그중 금金 계급이며 이상국가를 실현하는
데 중추적인 역할을 담당한다.

플라톤은 스스로 왕이 되려 했는가,
국가론

그런데 개인이 아무리 도덕적
이라 해도 나라 전체가 도덕적이어야만 진정한 정의가 실현될 수 있다.
각각의 계급들이 임무를 잘 수행할 때 국가는 비로소 도덕적인 조직체가
되고, 그 가운데서 선의 이데아가 실현되는 것
이다. 앞에서 말한 바와 같이, 플라톤은 국
가 계급을 셋으로 나누었다.

먼저, 금金에 해당하는 통치 계급에는 정
치 지도자나 철학자처럼, 지혜로 국가에 봉사하는 사
람들이 포함된다. 이들은 물질이나 명예에 대한 욕
망을 버리고, 어떻게 하면 이상국가를 만들어 나갈
것인지에 대해 전념해야 한다.

은銀에 해당하는 군인 계급에는 외부의 적을
물리치는 군인이나 무사 또는 내부의 혼란을 방지하는 경찰이나 하급 공
무원 등이 속한다. 이들은 명예와 권력을 가질 수는 있으나 사유재산이
나 처자가족를 갖지 못하고 또한 그밖의 향락을 금지해야 한다. 이상의 통
치 계급과 무사 계급을 합쳐 '지배 계급'이라 부르는데, 플라톤이 이들에
게 개인적인 재산이나 가족을 갖지 못하게 한 이유는 무엇일까? 그것은
그렇게 해야만 부정부패를 방지할 수 있다고 믿었기 때문이다. 스스로
돈을 만지고 주변의 가족들이 유혹을 당하면 아무리 청렴한 사람이라도

부정부패의 늪에 빠질 수밖에 없다는 것이다.

철(鐵)에 해당하는 생산 계급은 나라를 다스리거나 지키는 의무로부터 벗어나 있다. 대신에 모든 국민이 소비해야 할 물질을 충당해야 할 의무가 있다. 농민이나 기업인, 상인과 어부, 기타 서비스업 종사자 등 모든 생산 계급은 국가의 물질적 필요에 응해야 할 책임이 있는 반면, 가족이나 사유재산을 가질 권리가 있다. 땀 흘려 일하는 수고 뒤에 가족과 더불어 돈을 쓸 수 있는 행복을 누릴 수 있게 한 것이다.

이처럼 모든 개인에게는 그 계급에 알맞은 권리와 의무가 있기 마련이다. 그러므로 모두가 서로에게 간섭하지 않고 자기의 임무에만 충실히 할 때 이상국가를 실현할 수 있다는 것이다. 예컨대 정치인이 돈을 많이 벌어 보겠다고 부동산 투기를 한다거나, 군인들이 정권을 잡아 보겠다고 쿠데타를 일으키거나, 또 기업인이 정치를 하겠다고 나서는 것은 결국 국가를 혼란으로 몰고 갈 뿐이라고 플라톤은 경고하고 있다.

물론 이러한 플라톤의 국가론은 현실과 동떨어진 면이 많이 있다. 그런데도 이상 세계를 실현하고자 하는 그의 강렬한 열망은 마치 혁명사상가의 열망과 닮아 있다. 그 자신이 직접 시칠리아 섬으로 달려가 이상국가를 실현해 보려다 실패한 일도 있듯이, "철학자가 왕이 되든지, 제왕이

철학논술

Q 플라톤은 가장 지혜로운 철학자가 나라를 다스려야 한다는 철인정치론을 폈다. 그는 지혜·용기·절제라는 덕에 따라 통치 계급과 군인 계급, 그리고 생산 계급으로 나누었다. 또한 이상국가를 위해 서로의 역할에 간섭하지 말고 맡은 바에만 몰두하라고 했다. 이러한 플라톤의 사상과 우리나라의 군부 정권의 독재와 닮은 점은 무엇일까? 그리고 이상국가론의 관점에서 군사 정권의 문제점을 지적해 보자.

철학을 공부하든지 해야 한다"라는 주장도 펼쳤다. 이른바 철인왕哲人王 사상을 피력한 것인데, 즉 사물의 본질을 꿰뚫어보고 전체적인 사고를 하는 데에 숙달된 철학자가 나라를 다스린다면, 올바른 정치를 펼 수 있을 것이라는 말이다. 그러나 그의 소박한 생각이 많은 오해를 일으키기도 했다. 여기에서 말하는 왕이란 플라톤 자신을 가리키며, 그에게는 왕이 되려는 정치적 야심이 있었다는 것이다.

○ 환상의 시칠리아
플라톤은 자신이 직접 시칠리아 섬에서 이상국가를 실현해 보려다가 실패하고 말았다.

균등한 교육과 등록금은
나라가 해결해야 한다, 교육론

교육이란 무엇일까? 개인의 능력을 계발하는 것일까? 아니면 국가社會에서 필요한 인재를 양성하는 것일까? 이 질문에 대해, 플라톤은 후자를 선택한다. 즉 교육이란 나라가 원하는 인재를 양성하는 것 외에 아무것도 아니라는 것이다. 교육의 목적이 그렇다면, 당연히 국가는 아이들의 출생 신분을 막론하고 모두에게 똑같은 교육 기회를 주어야 한다.

그가 생각하는 이상적인 교육 과정은 다음과 같다. 유년 교육에서 필수 과목은 체육과 음악이다. 체육은 튼튼한 체력을 위해 필요하기도 하지만, 인내심·용기·자제력과 같은 정신적 능력도 함께 길러 준다. 그러나 마음을 더욱 부드럽게 하고 유연한 성품을 갖추기 위해서는 음악도 함께 가르쳐야 한다. 상급생이 되면 약 스무 살이 될 때까지 계산법·수학·논리학·극기 훈련 등을 배우게 되는데, 이 모든 과정이 끝나면 시험을 치르게 한다. 그리고 여기에서 통과된 학생들에게만 약 10여 년간 다시 고등교육을 시키고, 이 가운데서 학생을 다시 뽑아 5년 동안 철학을 중심으로 지적 훈련을 시킨다. 그 후 15년 동안은 실제 생활에서의 경험·민첩성·경쟁 등을 배우도록 하고, 비로소 오랜 교육 과정이 끝나게 된다. 그리고 이러한 과정을 모두 거친 사람이라면 어떠한 공직에 임명해도 아무 탈 없이 임무를 잘 수행하게 된다는 것이다.

　모두에게 균등한 교육 기회를 제공하고 오랫동안 나라에서 등록금을 해결해 주는 파격적인 정책이긴 하지만, 각 단계마다 놓여 있는 '시험'이라는 지뢰밭은 피해 갈 수 없었다.

❍ 플라톤과 그의 제자들
아카데메이아에서 제자들을 가르치고 있는 플라톤의 모습이다.

'선의 이데아'를 향한 국가 철학

　　　　　이데아의 개념 자체가 상징하듯, 플라톤 철학은 이상적이면서 동시에 관념적이다. 이 두 가지가 긍정적인 면과 부정적인 면을 갖고 있다. 먼저 부정적인 면은 《국가론》에서 그는 개인보다 국가를 지나치게 강조했다는 점과, 그의 주장이 현실과 동떨어져 있다는 점이다.

　첫째, 개인은 스스로의 의지에 따라 행동하기보다는 국가 전체를 위해 자신에게 주어진 일만 할 수 있다. 이러한 상태에서는 개인의 자유로운 창의력이나 자율성이 보장받을 수 없다. 나아가 플라톤은 개인의 자유에 대해 국가가 얼마든지 간섭할 수 있다고 주장했다. 예를 들어, 종교적 이단자에 대해서는 무자비한 박해를 가할 수도 있고, 예술을 검열할 수 있으며, 더 나아가 유전병자나 무능력자를 거세(去勢)하는 등의 극단적인 우생학적 조치도 정당화될 수 있다고 했던 것이다. 이러한 그의 주장은 "전체를 위해 개인은 얼마든지 희생해도 좋다"라는 전체주의의 편에 서 있다고 보는 것이 타당하다.

둘째, 국민에게 너무 높은 수준의 도덕을 요구하는 것은 비현실적이라는 점이다. 가령 지배 계급에게는 물질과 가족에 대한 지나친 금욕을 요구했는데, 이것은 남자의 소유욕을 과소 평가한 것이다. 나라를 위해 오랜 세월 자기의 욕망을 억제하는 일이 과연 가능한 일일까? 그것도 수많은 사람들이 일사분란하게 그 일에 동참할 수 있을 것인가? 이것은 현실적으로 어려운 일이다. 또한 플라톤은 가족과의 관계에서 우러나오는 애정이나 우정, 애향심 같은 인간의 감정을 철저히 무시했다.

나아가 우리가 경험하듯이 '경제를 지배하는 사람이 정치력을 갖게 되는' 정경政經 상호간의 불가분적 관계라는 것이 있다. 다시 말해 생산 계급에게만 재산을 갖도록 하면 언젠가는 그 물질로 권력을 잡아 지배 계급으로 올라가고, 반대로 가난한 통치 계급이나 무사 계급은 권력을 잃어버리고 말 것이라는 뜻이다.

이러한 비판에도 플라톤 철학에는 긍정적인 요소 또한 많다는 것이 사실이다. 첫째로 그 이전의 모든 사상, 가령 오르페우스 교리와 피타고라스의 이론을 통해 나타난 윤회나 해탈에 대한 믿음과 그리스적인 이성

◑ 짐승들에게 둘러싸여 연주하는 오르페우스

그리스 신화에 나오는 시인이자 악사다. 고대 그리스에서 비밀 의식을 행하던 종교인 오르페우스교의 창시자로 알려져 있다. 이 비교秘敎는 후세의 시인이나 철학자에게 많은 영향을 미쳤다.

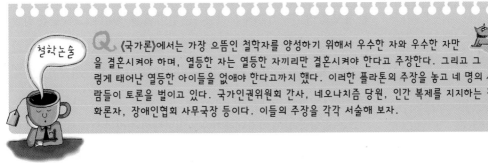

철학논술

Q 《국가론》에서는 가장 으뜸인 철학자를 양성하기 위해서 우수한 자와 우수한 자만을 결혼시켜야 하며, 열등한 자는 열등한 자끼리만 결혼시켜야 한다고 주장한다. 그리고 그렇게 태어난 열등한 아이들을 없애야 한다고까지 했다. 이러한 플라톤의 주장을 놓고 네 명의 사람들이 토론을 벌이고 있다. 국가인권위원회 간사, 네오나치즘 당원, 인간 복제를 지지하는 진화론자, 장애인협회 사무국장 등이다. 이들의 주장을 각각 서술해 보자.

철학이 플라톤에게서 서로 융합된다. 그래서 그의 철학은 신플라톤주의를 거쳐 중세 기독교 철학에도 강력한 영향을 끼치게 된다. 둘째로, 그는 최초의 관념주의자로서 어떤 높은 이상을 제시하고 그것을 달성하도록 인간들을 독려한다. 비록 현실 세계에 많은 문제점이 있다 하더라도, 인간은 도덕적 이상을 추구해야 한다고 말한다. 그러므로 '선의 이데아'를 향한 그의 국가 철학은 연약한 인간에 대한 일종의 채찍질이자 격려인 셈이다.

말더듬이였던 아리스토텔레스

● 아리스토텔레스 ▼ ◎

Aristoteles, BC 384~BC 322
| 그리스의 철학자이자 플라톤의
제자다. 모든 생성 과정을 질료
가 형상으로 발전해 가는 것으로
설명하고, 이 원리를 우주와인간
사회에 이르기까지 모든 현상에
적용함으로써 고대에서 가장 웅
장한 학문 체계를 세웠다. 이론
학(제1철학 · 수학 · 자연학), 실천학
(윤리학 · 경제학 · 정치학), 제작술
과 논리학에 이르기까지 실로 그
의 연구는 광범위하다.

아리스토텔레스의 아버지는 마케도니아 왕국의 필리포스 2세 국왕의 주치의여서 자연히 그는 아버지의 많은 재산을 물려받아 자유롭게 학문을 연구할 수 있었다. 그런데 아리스토텔레스는 흔히 떠올리는 철학자들의 이미지와는 달리 이 세상의 물건들을 충분히 갖는 것도 행복의 조건으로 봤으며, 호화로운 집에서 많은 하인들을 거느리며 편안한 생활을 하는 것에도 큰 가치를 두었다. 또 화려한 옷을 입고 손가락에 반지를 끼고 머리를 손질하는 등 외모를 치장하는 일에도 신경을 썼다고 한다. 그렇다고 해서 그의 외모가 뛰어났던 것은 아닌 모양이다. 오히려 보잘것없는 용모를 더 가꾸기 위해 노력했다는 편이 옳을 것이다. 그의 눈은 작았고 대머리인 데다 혀가 굳어 말을 더듬거렸다. 키도 작았으며 다리는 가늘었다. 또 그의 성격은 겁이 많고 우유부단하고 현실 도피적이었으며, 여자같이 나약하고 세심했다.

그는 열일곱 살에 아카데메이아를 입학해서 플라톤 밑에서 20여 년 동안 학문을 배웠다. 또한 일찍부터 왕실과 가까웠던 그는 알렉산드로스 대왕●의 왕자 시절에 개인교사가 되어 7년 동안 가르쳤다. 정신적 세계의 제왕플라톤을 스승으로 삼고, 현실 세계의 제왕알렉산드로스 대왕을 제자로 삼은 그는 역사상 보기 드문 행운아였다고 할 수 있다.

그의 지칠 줄 모르는 근면성과 탁월한 재능으로 플라톤은 그에게 '책벌레'라거나 '아카데메이아의 예지'라는 별명을 붙여줄 정도로 특별히 사랑했으며, 그가 지각을 할 때에는 도착할 때까지 강의를 시작하지 않았다고 한다. 아리스토텔레스 역시 스승을 매우 존경했다. 하지만 플라톤이 죽자 "스승이냐, 진리냐"를 외치면서 자신의 독자적인 학설을 주장했고, 아카데메이아의 새 원장으로 별로 대단하지도 않은 플라톤의 조카가 임명되자 비위가 상하여 그곳을 뛰쳐나오고 말았다.

그러나 그가 스승에 대해 좋지 않은 감정을 갖고 있거나 교만했던 것은 아니며, 다만 학문적 방법이나 성향이 서로 달랐을 뿐이다. 플라톤이 천재적 영감의 소유자로서 시인에 가까웠다면, 아리스토텔레스는 냉철한 분석적 사고의 소유자로서 산문가에 가까웠다고 할 수 있다.

알렉산드로스 대왕

Alexandros the Great, BC 356 ~BC 323 | 필리포스의 왕위를 계승한 후 인류 역사상 넓은 제국들 가운데 하나인 알렉산드로스 제국을 세운 마케도니아 왕국의 왕으로서, 그의 업적을 그려 대왕이라 받들어진다.

리케이온

아리스토텔레스가 학문을 가르친 곳이다. 나중에는 많은 나라에서 '학교'를 가리키는 말로 사용했다.

아리스토텔레스는 나 알렉산드로스가 존경하는 위대한 스승이었소.

디카로 사진 한 장 찍어줘.

그에게 학문과 세상을 다 배웠소.

아리스토텔레스

알렉산드로스대왕

아리스토텔레스는 아테네의 시 외곽에 리케이온Lykeion●이라는 학원을 세워 항상 나무가 우거진 가로수 길을 산책하면서 강의를 했다. 여기에서 소요학파逍遙學派라는 이름이 유래되었는데,

이곳에서 그는 12년 동안 제자들을 가르쳤다.

아리스토텔레스는 외국의 헌법을 모은다거나 동식물 표본을 모으는 일에 제자 알렉산드로스 대왕의 덕을 톡톡히 보았다. 그러나 대왕이 죽고 나자 아테네에 반反마케도니아 운동이 일어나 그 역시 고소를 당하게 되었다. 죄목은 신을 모독하고 국가의 종교를 위반했다는 것이었다. 그러나 소크라테스가 죄 없이 사형을 선고받고 의연히 독배를 마셨던 것과 반대로, 그는 "아테네 시민이 두 번 다시 철학에 죄를 짓지 않도록 하기 위해 떠난다"라는 말을 남기고 칼키스로 망명해 버렸다. 그러나 이듬해 위장병으로 세상을 떠났다. 아리스토텔레스의 저서에는 《논리학》《자연학》《형이상학》《니코마코스 윤리학》《정치학》 등이 있다.

사유 자체를 대상으로 하는 학문,
논리학

학문이 무엇이냐고 묻는다면, 어떤 대상을 사유하는 행위라고 답할 수 있다. 모든 학문에는 대상이 있다. 그러나 논리학은 생각하는 행위, 즉 사유 자체를 대상으로 한다. 즉 밖에 있는 무엇을 생각해야 하는 다른 학문과는 달리, 논리학은 우리 안에 있는 사유를 다룬다. 물론 우리 마음을 다루는 학문으로 심리학도 있지만, 심리학은 '우리 마음의 흐름을 있는 그대로' 묘사하는 것인 데 반해, 논리학은 '우리 생각이 올바른 방향으로 흐를 수 있도록' 가르치는 것이다. 다시 말하면, '어떻게 생각해야' 우리가 오류推理에 빠지

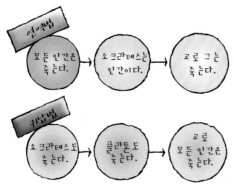

지 않고 올바른 사고를 할 수 있는지를 다룬다. 논리학은 올바른 사유를 위한 형식과 방법에 관한 이론이다.

정신병원 의사가 복도를 지나가는데, 환자가 세숫대야에 물을 떠놓고 낚시질을 하고 있었다. 의사는 짐짓 "고기가 잘 잡힙니까"라고 물었고 이에 환자는 "야! 이 미친 놈아. 여기서 무슨 고기가 잡히겠냐"라고 쏘아붙였다. 누군가가 지어낸 우스갯소리긴 하지만, 우리는 자신의 말과 행위가 전혀 일치되지 않는 경우를 흔히 본다. 이 경우와 꼭 같은 건 아니지만, 요즘 젊은이들과 대화하다 보면, 말은 유창하게 잘하는데 논리성이 결여되어 있다는 것을 종종 느낀다. 또한 논리성의 부족으로 학교나 직장에서 구성원들끼리 의견 충돌이 일어나는 경우도 있고, 산업 현장에서 노동자와 기업인 사이에 대화가 단절되는 경우도 있다. 우리 사회가 진득하게 사고하도록 만드는 환경이 아니다 보니 이로 인해 많은 사회적 비용이 들어가는 것이 아닌가 싶다.

모든 학문이란 올바른 사유가 없이는 성립될 수 없다. 생각을 올바르게 하는 것이 학문의 기본이기 때문에 논리학이야말로 학문을 하기 위한 가장 기초적인 과정인 셈이다.

존재하는 것을 존재하게끔 만드는
형이상학

일반 사람들도 '형이상학적'이라는 말을 자주 쓰는데, 대개 고상하다거나 관념적이라는 의미로 사용하는 것이 아닐까 생각된다. 그러나 '형이상학'이라는 말은 이보다 훨씬 범위가 넓고 철학적이다. 원래 이 말은 그리스어의 'meta ta physika^{자연학} ^{의 다음}'라는 말에서 유래한다. 이것은 아리스토텔레스가 자신의 저서를 내는 순서에서 형이상학이라는 과목이 자연학의 다음에 따라 나왔기 때문에 붙은 이름이다. 아무 뜻도 없이 붙여진 이름이 시간이 흘러가면서 점점 자연학의 배후 또는 '그것을 초월한 어떤 것에 대한 학문' 이란 뜻으로 바뀌어 갔다. 다시 말해 '눈으로 보거나 손으로 만질 수 있는 자연을 넘어서 있는 어떤 것, 비록 나타나지는 않지만 자연의 피안^{저편}에 자리 잡고 있으면서 존재하는 것을 존재하게끔 만드는 바로 그것에 관한 학문' 이란 의미로 바뀌어 간 것이다. 그래서 오늘날에는 '사물의 일반적 원인이나 존재의 근원을 다루는 철학의 한 분과' 로 이해하게 되었는데, 이 단어가 '형이상학' 으로 번역된 것은 《주역》의 〈계사편〉 상전 12장에 나오는 "형이상자^{形而上者}를 위지도^{謂之道}요, 형이하자^{形而下者}를 위지기^{謂之器}요"[●]에서 유래한다.

● 형상보다 위인 자를 도라 하고, 형상보다 아래인 자를 기라 한다.

플라톤이 이데아의 세계란 감각적인 세계를 떠나 존재하는 독립적인 세계라고 주장한 데 대해, 아리스토텔레스는 이데아란 개별적 사물 가운데 들어 있는 형상^{形相}이라고 주장했다. 즉 현실의 감각 세계를 초월한 이데아의 세계가 따로 있는 것이 아니라, 오히려 우리 눈앞에 보이는 개개의 사물이야말로 참다운 의미에서 실재이자 실체라는 것이다.

아리스토텔레스는 실체가 질료와 형상으로 되어 있다고 말한다. 질료란 실체의 재료이며 형상을 목적으로 삼아 그 형상이 될 어떤 가능성을 가지고 있다. 그렇기 때문에 가능태라고 불리기도 한다. 이에 반해, 형상이란 실체를 현재의 모습대로 존재하게 하는 것으로서 현실태라고 불린다. 예를 들어, 소나무를 깎아 기둥을 만들었다고 하면 소나무는 질료이고 기둥은 형상이다. 그러나 만일 그 기둥으로 집을 지었을 때에는 기둥이 질료가 되고, 집은 형상이 된다.

이와 같이 모든 사물은 저차원의 단계에서 고차원의 단계로 향해 커다

란 체계를 이루고 있다. 저차원의 것은 고차
원의 것을 실현하기 위한 수단으
로 질료가 되고, 고차원의 것은
저차원의 것에 대한 목적으로서
형상이 된다. 이처럼 이 세계
의 모든 것은 유기적으로 서로
연관되어 있어서 어떤 목적을
향해 무한히 발전해 나가는 과정
에 놓여 있다.

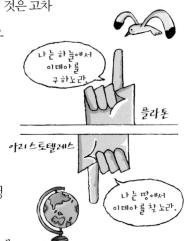

　　그런데 우리가 질료의 질료를 계
속해서 찾아가면 어떠한 형상도 포함하지 않은, 순수한 질료인 제1질료
와 맞닥뜨리게 된다. 이와 똑같은 방식으로 형상의 형상을 계속 추구하
다 보면 어떠한 질료도 포함하지 않는 가장 순수한 형상, 즉 제1형상을 만
나게 될 것이다. 아리스토텔레스는 이것을 신神이라 불렀다.

　　이 세상의 모든 사물은 제1질료부터 제1형상을 향해 끊임없이 움직여
나간다. 그러나 순수 형상인 신은 어떠한 질료도 포함되지 않기 때문에
결코 다른 형상을 목적으로 움직이지 않는다. 그러면서도 그 아래의 다
른 질료를 움직이게 하므로 그것은 부동의 동자●가 된다. 이처럼 스스로
는 움직이지 않으면서 타자를 움직이게 하는 것, 부동의 동자가 절대자
이자 신이다. 나아가 이 신은 자기 이외의 어떤 것도 생각하지 않으므로,
사고하는 자와 사고되는 자가 여기에서 일치한다. 즉 신은 사고의 사고
이기도 하다.

　　이렇게 볼 때, 아리스토텔레스에게 형이상학은 존재론이자 곧 신학이
기도 하다. 존재의 근원을 다루는 형이상학에 의해 존재개체가 질료와 형

> **● 부동의 동자** ▼ 🔍
>
> 아리스토텔레스가 파르메니데스
> 의 부동의 일자一者, the One에
> 서 좀더 발전시킨 개념이다. 스
> 스로 움직이지 않으면서 다른 것
> 을 움직이게 하는 존재다. 즉 그
> 가 규정한 신의 개념이다. 신이
> 란 '스스로 존재하는 자'다. 그
> 러므로 그것은 다른 어떤 것에
> 의해서도 움직이지 않으면서 동
> 시에 다른 것들을 움직이게 하는
> 존재다.

상의 결합으로 이루어져 있음을 밝혀내고, 형상의 형상을 계속 추구해 가
다 보면 순수 형상으로서 정신적 존재인 신과 맞닥뜨리게 되는 것이다.

무기물과 유기체, 자연학

철학자는 이 세상의 모든 것을 탐구의 대
상으로 삼는다. 이러한 입장에서 아리스토텔레스는 물리학의 기본 개념
인 공간 · 시간 · 물질 · 원인 · 운동을 고찰하기도 하는데, 이렇게 해서
우주의 전체적인 모습을 구성하려고 했던 것이다.

또한 그는 '죽어 있는 것' 뿐만 아니라 '살아 있는 것' 에 대해서도 연구
를 계속했는데, 가령 모든 생명체의 특징을 "스스로 움직일 수 있다" 라는
점에서 찾는다. 그런데 실제로 운동하고 있는 것 운동자이 육체라고 한다
면, 그 운동을 일으키는 것 원동자*은 정신에 해당한다. 여기에서 육체는
질료가 되고, 정신은 형상이 된다. 이를 다시 말하면, 정신은 육체의 목적
이 되고, 육체는 정신의 도구가 된다.

그런데 이 도구라는 말에서 유기체Organismus라는 개념이 파생되어 나
왔다. 살아 있는 생물체, 즉 유기체 가운데에는 식물 · 동물 · 인간이 있
다. 그리고 각 존재는 삶의 목적이 있기 마련이다. 가령 식물은 영양을 섭
취해서 성장하고 씨를 퍼뜨림으로써 자기의 기능을 다했다고 말할 수 있
다. 그러나 동물은 그것만으로는 부족하다. 영양과 번식 기능 외에 밖의
사물을 감각하고 공간적으로 이동하는 운동 능력이 더해져야 하는 것이
다. 그리고 인간은 위에서 말한 여러 가지 기능 위에 사유 능력이 덧붙여
져서 작용해야 한다. 만약 인간이 식물처럼 먹고 마시는 일 외에 하는 일
이 없다면 그는 문자 그대로 '식물 인간' 이 되고 말 것이며, 또 본능과 욕
구에 따라 이리저리 뛰어다니는 데 그친다면 금수禽獸와 다를 바가 없을

● 원동자

자신은 움직이지 않고 다른 것을
운동하게 하는 주체다.

것이다. 그렇다면 어떻게 해야 할까? 다행스럽게도 인간에게는 다른 존재에 부여되지 않은 인간만의 고유한 능력, 즉 사유 능력이 있다. 그렇다면 이 사유 작용의 본래 처소인 이성이야말로 인간의 본성을 이루고 있다고 해야 마땅할 것이다. 인간은 이성을 소유하면서 비로소 인간일 수 있다.

⊕ 고대의 대표적인 철학가들
〈아테네 학당〉, 산치오 라파엘로, 프레스코 벽화, 1509~1510
라파엘로의 그림 가운데 가장 널리 알려진 그림이다. 중앙에 있는 사람 중 왼쪽이 플라톤, 오른쪽이 아리스토텔레스다. 그 앞 계단 한복판에 비스듬히 누워 있는 사람이 디오게네스다. 왼쪽 앞에 쭈그려 앉아 뭔가 열심히 쓰고 있는 약간 대머리의 남자가 피타고라스이며, 그 주변은 그의 제자들이다. 그 오른쪽에는 대리석 탁자에 기댄 채 사색에 잠긴 헤라클레이토스가 있고, 뒤에는 앞머리가 벗겨지고 들창코인 소크라테스가 사람들에게 뭔가 설파하고 있다. 가장 오른쪽 아래에 허리를 굽혀 컴퍼스를 돌리는 유클리드가 있으며, 이 그림의 작가 검은 모자를 쓴 라파엘로도 보인다.

이성과 중용의 덕,
인간학과 윤리학

이성 외에 인간을 다른 생물들과 구별하게 만드는 특징은 어떤 것이 있을까? 여기에는 손과 언어, 곧은 자세와 크게 자란 두뇌 등을 들 수 있으며, 아울러 정신^{Noũs}이 있다. 손으로 무엇을 만들어내고, 그 과정에서 언어^말가 필요했을 것이며, 말을 자주 사용하다 보니 두뇌가 발달했을 것이며, 그 발달된 두뇌로 문화를 만들어냈다고 추측해볼 수 있다.

그렇다면 인간에게 왜 구태여 정신^{이성} 작용이 필요하게 된 것일까? 여기에는 이런 사정이 있다. 사실 우리가 감각기관을 통해 받아들이는 감각은 사물의 어느 한 측면만을 우리에게 알려줄 뿐이다. 우리 앞에 소금 한 덩이가 있다고 생각해 보자. 그것을 눈으로 받아들일 때는 오직 하얀 색깔만 보이고, 혀로 감각을 느낄 때는 짠맛만 느껴지며, 손으로 만질 때는 딱딱한 촉감이 느껴질 뿐이다. 그렇다면 이렇게 제각각인 감각들을 통일시켜 주는 어떤 특수한 능력이 있어야 하지 않을까? 바로 그것이 정신의 기능이라는 것이다. 우리의 정신 작용은 하얀 색과 짠맛, 딱딱한 촉감을 종합하여 "아! 그것은 소금이구나"라는 인식에 도달하게 한다.

많은 사상가들과 마찬가지로, 그 역시 최고선은 행복에 있다고 했다. 그러나 그에게 행복이란 모든 생물이 자기의 타고난 능력을 완전히 발휘하는 데에서 달성된다. 이것이 아리스토텔레스 윤리학의 핵심이다. 식물은 영양을 섭취하고 번식 기능을 다할 때, 그리고 동물은 여기에 덧붙여 감각기능을 하고 운동 능력을 충분히 발휘할 때 그들의 덕을 다한다. 이와 마찬가지로 인간은 그 본성인 이성 능력을 완전히 발휘할 때 가장 좋은 상태에 이르며, 심지어 신의 본질까지 다가갈 수 있다.

여기에서 보듯, 아리스토텔레스는 플라톤처럼 우리가 초월적인 이데아를 좇아갈 것이 아니라 우리의 본래부터 타고난 능력을 잘 계발해 나가기만 하면 얼마든지 최고선의 경지에 도달해서 행복을 이룰 수 있다고 주장한다. 세계적인 물리학자인 아인슈타인[°]도 자기 능력의 20퍼센트밖에 발휘하지 못했다는 이야기가 있듯이, 우리는 밖에 있는 무엇을 향해 달려갈 것이 아니라 우리 속에 있는 능력이라도 충분히 계발할 필요가 있는 것이다.

이렇듯 인간의 덕은 잠재된 능력, 즉 이성을 잘 발휘하는 데에 있다. 그런데 다시 덕에는 두 가지, 즉 이론적 덕과 실천적 덕이 있다. 이론적 덕이란 지혜나 식견과 같이 이성 그 자체를 높여서 생기는 덕을 말하고, 실천적 덕이란 본능적 충동을 억제하기 위한 이성의 지배력을 말한다. 그리고 이러한 실천적 덕은 우리가 양쪽 극단을 피하여 중용中庸을 지키는데서 성립하게 된다.

알다시피, 중용이란 과도지나침와 부족모자람의 중간 상태를 의미한다. 그렇다고 해서 5와 1의 중간이 3이라는 식의 산술적인 의미는 아니다. 마치 때 · 상태 · 목적 · 사람에 따라 달라지는 적당한 양의 식사라고 할 수 있다. 몸집이 큰 사람은 많이 먹고 몸집이 작은 사람은 적게 먹는 것이 중용이고, 배고플 때에는 많이 먹고 배부를 때에는 적게 먹는 것이 중용이다. 다시 말하자면 건강을 유지하기 위한 적당한 양의 식사가 포식과 소식의 중용인 것이다.

이것을 다른 예에 적용해 보자. 풍차를 보고 검을 빼어 달려드는 돈키호테는 만용의 예이고, 아버지의 원수를 눈앞에 두고도 망설이는 햄릿은 비겁의 예다. 이때의 중용은 나아갈 때 나아가고 물러설 때 물러설 줄 아는 용기일 것이다.

● 아인슈타인

Albert Einstein, 1879~1955 | 특수상대성 이론과 일반상대성 이론을 제안한 것으로 유명한 유대인 이론 물리학자다. 1921년 이론 물리학에 대한 기여 및 광양자설을 제안한 업적으로 노벨 물리학상을 수상했다. 위 사진은 1947년 오렌 J. 터너가 찍은 사진이다.

마찬가지로 돈을 물 쓰듯 해대는 낭비도 덕일 수 없듯이, 자린고비처럼 인색하기 그지없는 인간도 바람직하지 않다. 이때의 중용은 아낄 때 아끼고 쓸 때 쓸 줄 아는, 즉 관대라고 하는 덕이다. 그리고 아무데서나 화를 버럭버럭 내는 다혈질이 사람들에게 상처를 주긴 하지만, 그렇다고 아무 잘못도 없이 굽실거리기만 하는 사람도 결코 보기에 좋지 않다. 즉 분노와 굴종의 중용은 온후라는 덕이다.

하지만 악의·무염치·질투·절도·살인 등에는 중용이 있을 수 없으며, 이것들은 무조건 악이다. 가령 사람을 많지도 적지도 않게 적당하게 서너 명 골라서 죽였다고 해서 이것이 중용이 될 수 없고, 도둑질을 알맞게 하는 것 역시 마찬가지다.

또한 사람의 행위에는 의도하지 않은 행위무의적 행위와 의도된 행위유의적 행위가 있다. 어떤 사람이 천재지변이나 폭풍 등으로 피해를 입었을 경우 우리는 동정을 보내고 힘껏 도와주어야 하지만, 마약 복용처럼 자신의 의지로 행동했다면 마땅히 비난을 받아야 한다. 교통법규를 잘 지키며 자동차를 운전했는데도 사고를 당했을 경우 당연히 동정해야 하지만, 음주 운전하다가 사람을 치었을 경우에는 응당 벌을 받아야 한다. 또한 어린아이의 실수는 무지에서 나온 것이므로 용서해야 하는 반면, 술에 취해 나온 난폭한 말은 애초 취하게 된 동기가 자신의 유의적 선택에 있었기 때문에 스스로 책임을 져야 한다.

한편, 어떤 개인들이 자신의 선을 힘껏 실천했다고 해서 나라 전체에
최고선이 실현되는 것은 아니다. 이 때문에 모든 구성원이 참여하는 국
가 생활의 윤리학, 즉 정치학이 필요한 것이다.

민주주의가 최상의
정치 형태는 아니다, 정치학

아리스토텔레스는 인간을 정치적 동
물로 규정한다. 인간은 결코 혼자 살 수 없다. 인간은 자기의 삶을 지키고
완성시켜 나가기 위해 다른 사람이 필요하며, 여기에서 공동체의 윤리가
나온다. 선을 추구하는 사람들끼리 만나 법률과 도덕을 바탕으로 하여
윤리적 공동체를 만드는 일이야말로 가장 고귀한 일이며, 이러한 공동체
를 다스리기 위해 등장한 것이 바로 정치다.

◆ 아리스토텔레스의 《정치학》
이 그림은 책의 필사본에 있는 것
으로, 장인들의 봉기 장면을 그린
것이다. 아리스토텔레스의 《정치
학》은 그가 전혀 예측치 못한 방향
으로 중세 전체에 영향을 미쳤다.

비록 우리나라에서는 정치나 정치인에 대한 이미지가 별로 좋지 않으나 정치 자체가 나쁜 것은 결코 아니며, 도리어 우리가 살아가는 데 없어서는 안 될 요소인 것이다. 그런데 아리스토텔레스는 시기와 장소에 따라 여러 가지 형태의 정치가 나올 수 있다고 주장한다.

통치자의 수를 중심으로 살펴보자면 먼저 1인이 지배하는 '군주제'가 있고, 몇몇 소수가 지배하는 '귀족제'*가 있으며, 여러 사람이 통치에 참여하는 '민주주의' 체제가 있다. 그리고 이것들이 변질되어 전제정치*·과두제·우민정치 등의 잘못된 정치가 나오게 된다.

물론 이 가운데 어느 쪽이 절대적으로 좋다고 말할 수는 없다. 다만 어떤 체제든지 해당 국민과 그 시대의 구체적 필요에 합치되어야 한다는 사실이 중요하다. 굳이 가장 좋은 정치 형태를 선택하자면, 귀족주의와 민주주의의 요소를 조화해서 중간 계급이 나라의 중심에 서도록 하는 방식이 아닐까 생각된다. 그렇게 해야만 지속성을 유지할 수 있으면서 동시에 국가의 양쪽 극단 귀족과 평민, 부자와 빈자 등을 물리칠 수 있기 때문이다.

정치 분야에서 스승의 사상과 비교해 보자면, 아리스토텔레스 역시 플라톤처럼 도시국가와 같은 작은 공간 안에서 이상국가를 실현해 보려고 노력했다. 그러나 그는 다른 그리스인들과 마찬가지로 노예 제도를 당연한 것으로 받아들였으며, 부부·가정·공동체에 대해서는 높이 평가를 했다. 그러나 국가를 '개별적인 인간들이 모여 만든 어떤 통일적 체제'라고 본 플라톤의 입장을 비판하고, "국가란 작은 단위의 공동체로 구분된 하나의 전체자여야 한다"라고 주장함으로써 개인을 중시하는 경향을 나타냈다.

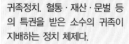

귀족제

귀족정치. 혈통·재산·문벌 등의 특권을 받은 소수의 귀족이 지배하는 정치 체제다.

전제정치

민주주의·입헌주의·공화제의 반대 개념이다. 지배자가 국가권력을 장악하여 어떠한 법률적 제제도 받지 않고 운용하는 정치 체제다. 아리스토텔레스는 군주정치가 타락한 형태를 참주정치僭主政治라 불렀는데, 이것도 전제정치의 일종이다.

교육이란 개인의 잠재 능력을
계발하는 것이다, 교육론

　　　　　　교육이란 그 사람의 잠재된 능력을 최대한 발휘하도록 도와주는 일이라고 아리스토텔레스는 생각했다. 그러나 이러한 신념에 따라 플라톤처럼 국가가 개인의 교육을 평생 감독해야 한다거나 시를 짓는 일까지도 국가의 목적에 따라야 한다고 주장하지 않았다. 오히려 예술이나 시 등은 개인마다 가지고 있는 소질에 따라야 한다고 주장해서 교육이란 인간의 자연적 소질을 완성하는 것이라는 교육관을 드러냈다.

즉 아리스토텔레스에 의하면 국가의 임무란 폴리스^{polis}적 동물인 인간의 본성을 완성시키는 데 있을 뿐, 결코 이데아적 생활을 준비하기 위한 기관이 아니다. 이에 따라 그는 플라톤과 달리, 개인의 교육 기간을 7세부터 21세까지로 한정했다.

현실에 충실한 체계적 사상가

　　　　　　아리스토텔레스는 이전의 학설들을 모두 집대성해서 새롭게 체계를 세웠다. 특히 자연에 대한 그의 해박한 지식은 후세 사람들에게까지 많은 도움을 주었으며, 기독교 신학에 기반을 둔 중세 철학 역시 그의 영향을 많이 받았다고 말할 수 있다. 독일이 플라톤 철학을 중시했다면, 영국에서는 아리스토텔레스 철학에 더 기울어져 있었으며 영국의 많은 대학에서는 수백 년 동안 그의 윤리학과 정치학을 소중하게 다루기도 했다. 그렇다면 아리스토텔레스와 그의 스승 플라톤의 사상은 어떤 차이가 있을까?

첫째, 형이상학에서 플라톤은 시간과 공간을 초월한 이데아야말로 사물의 진정한 이상이자 실재인 데 반해, 우리의 현실에서 마주치는 개별적 사물이란 그 이데아를 불완전하게 흉내 낸 그림자에 불과하다고 주장했다. 이처럼 플라톤이 초월적인 이데아를 진실한 존재라고 강조한 반면, 아리스토텔레스는 진실한 개체는 질료와 형상의 결합으로만 이루어진다고 하여 내재적인 형상을 주장했다.

둘째, 윤리학에서 플라톤은 인간을 초경험적 세계로 높여서 최선의 이데아를 알게 해야 한다는 이상주의적 도덕을 추구했다. 이에 대해, 아리스토텔레스는 인간이 자기의 본성인 이성을 잘 계발해 나가기만 하면 가장 좋은 상태까지 이를 수 있다고 하는 현실주의적 윤리관을 피력했다.

셋째, 《국가론》에서 플라톤은 국가란 통일적 전체이며, 개인은 국가에 종속되어야 하고 국가를 위해 희생할 수도 있다고 주장했다. 이와 같이 플라톤이 국가 위주의 전체주의적 사상을 가졌던 것에 비해, 아리스토텔레스는 국가란 개인들이 모여서 구성된 전체자에 불과하다고 봤으며 어디까지나 개인을 중시하는 국가관을 갖고 있었다.

○ 리케이온에서 공부하는 사람들
〈4대 학부〉, 구스타프 아돌프, 프레스코화, 1883~1888
아리스토텔레스는 그의 나이 49세 때 아테네로 돌아와 리케이온을 설립했고 큰 성공을 거두었다.

넷째, 교육론에서도 플라톤은 늘 국가 위주의 교육을 강조했다. 교육이란 국가에 필요한 인재를 양성하는 것이며, 국가가 개인의 교육에 대해 50세까지 간섭해야 한다고 했다. 이에 대해, 아리스토텔레스는 인간의 자연적 소질을 완성하는 것이 교육의 임무라고 봤으며, 그러므로 개인의 교육을 국가가 평생 간섭해야 한다고 하지 않았다.

다섯째, 신을 보는 관점에서 플라톤은 초월적인 유신론인 반면, 아리스토텔레스는 내재적 범신론이었다. 즉 플라톤은 신이 존재하되 이 세상을 초월한 어떤 곳에 있다고 본 반면, 아리스토텔레스는 "자연과 세계 곳곳에 신이 깃들어 있다"라고 하는 범신론의 입장에 서 있었던 것이다. 그러나 플라톤의 신은 데미우르고스*를 통해 세계와 연결되어 있으며, 아리스토텔레스의 신은 현실계 안에 존재하면서도 또한 세계를 초월하며 자족하는 존재다.

다시 말해 플라톤이 이데아를 추구하는 이상주의자였다면, 그의 제자인 아리스토텔레스는 현실에 충실한 체계적 사상가였다.

● 데미우르고스

dēmiourgos | 제작자라는 뜻의 그리스어다. 호메로스의 서사시에서는 금속세공사·도공 등의 직공이나 의사를 뜻하는 말로 사용되었다.

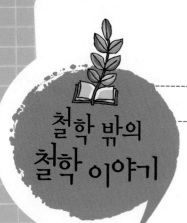

철학 밖의
철학 이야기

탈레스, 헤라클레이토스, 아리스토텔레스

먼저, 탈레스에 대한 에피소드다.

탈레스는 수학과 천문학에 대한 풍부한 지식을 가지고 있었다. 이집트 여행을 통해 기하학을 배워 온 그는 피라미드의 높이를 그 그림자의 길이로 추산해 낸다거나, 육지의 두 관측 지점에서 바다 위에 떠 있는 배까지의 거리를 계산하는 방법 등을 잘 알고 있었다. 그러나 어떤 사람이 그에게 "학문 따위는 쓸모없는 것이라오. 당신같이 학문만 하는 사람은 언제나 가난하게 살지 않소?"라고 말하며 조롱했다. 탈레스는 이에 굴하지 않고 자신의 천문지식을 바탕으로, 다음해 가을에는 틀림없이 올리브 농사가 풍작일 것이라고 예견했다. 그리고는 겨울 동안에 자신이 갖고 있는 돈을 다 털어서 밀레토스 일대의 올리브 착유기를 싼 값으로 모두 사들였다. 다음해 가을이 되자 과연 그의 예상대로 그곳은 풍년이 들었고, 착유기를 빌리러 사람들이 몰려왔다. 이때 탈레스는 이들에게 비싼 값으로 기계를 빌려 주고 순식간에 많은 돈을 벌어들였다.

이 에피소드를 전하면서 아리스토텔레스는 "학자는 마음만 먹으면 부자가 될 수 있다. 그러나 학자의 목적은 부자가 되는 데 있지 않다는 것을 탈레스는 세상 사람들에게 가르쳐준 것이다"라고 말했다고 한다.

다음으로, 헤라클레이토스에 관한 설이다.

헤라클레이토스는 산속으로 들어가 풀과 잡초로 끼니를 연명해 나가다가 결국 수종증에 걸려 쇠똥 치료를 했는데, 그의 죽음에는 두 가지 설이 있다. 하나는 쇠똥을 온몸에 바르고 뜨거운 햇볕 아래 누워 있다가 죽었다는 설과 쇠똥을 바르고 누워 있는 헤라클레이토스를 개들이 시체인 줄 알고 모조리 먹어치웠다는 설이 그것이다.

이 세계는 여러 갈래로 나뉘어져 있다. 게다가 같은 존재자 안에도 대립이 있다. "바닷물은 가장 깨끗한 물인 동시에 가장 더러운 물이기도 하다. 물고기에게는 없어서는 안 될 생명수지만 인간에게는 마실 수 없을뿐더러 심지어 위험하기까지 하다"라고 그는 말했다.

마지막으로, 아리스토텔레스가 고대를 대표하는 철학자로서 평소 습관을 알 수 있는 에피소드다.

아리스토텔레스의 제자들은 스승의 괴팍한 면을 주의 깊게 관찰하곤 했는데, 그 가운데서도 특히 그의 잠자는 모습이 특이했다. 그는 항상 배 위에 뜨거운 기름을 담은 가죽 주머니를 놓고 잤다. 그가 지병인 위장병으로 고생하다가 죽었다는 사실로 미뤄 보아 그 주머니는 반드시 필요했을지도 모른다.

그러나 제자들이 더욱더 궁금하게 여긴 것은 "어떻게 해서 스승이 수면 시간을 줄였으며, 또한 어떻게 해서 재빨리 잠에서 깨어나 사유하는 자세로 돌아오는가" 하는 것이었다. 그들이 관찰한 바에 따르면, 아리스토텔레스는 휴식을 취할 때 손에 청동으로 된 구슬을 쥐고 그 밑에는 그릇을 놓아 둔다. 그렇게 해서 스르르 잠이 들라치면 구슬이 그릇에 떨어질 때 나는 소리에 깜짝 놀라 깨어나서 철학적인 사색을 계속할 수 있었던 것이다.

제3장

헬레니즘—로마 시대의 철학

　마케도니아의 알렉산드로스 대왕은 스무 살에 왕위에 올라 그리스를 정복하고 페르시아의 왕 다리우스의 연합군을 격파했으며, 시리아와 이집트를 점령했다. 동쪽 인도까지 쳐들어갔으나 실패하고 돌아오는 길에 바빌론에서 사망했는데, 이때가 아리스토텔레스가 죽기 1년 전인 기원전 323년이었다.

　알렉산드로스 대왕이 사망한 이후로 그리스 문화에 동양적 요소들이 흘러들어 왔고, 이로 인해 지금까지 없었던 아주 독특한 세계주의적 인류 문화로 변모해 갔다. 이때의 문화를 두고 19세기 독일 역사학자인 드로이젠은 헬레니즘이라 불렀다.

　고대 철학의 제3기에 해당하는 이때를 가리켜 '헬레니즘—로마 시대의 철학'이라고 부르기도 하는데, 구체적인 시기를 보자면 아리스토텔레스가 죽은 기원전 322년부터 유스티니아누스Justinianus 황제에 의해 아카

⊕ 유스티니아누스 1세의 모습
삼촌인 유스티누스 1세에 이어 제국을 통치했으며, 비잔틴 제국의 영토를 넓히고 성 소피아 성당을 재건하는 등 많은 업적을 쌓았다.

데메이아가 폐쇄된 기원후 529년까지의 시기를 말한다.

그렇다면 이때에는 어떤 철학이 발달했을까? 철학은 항상 그 시대의 상황과 밀접한 관련이 있는 법이어서, 가령 이때에는 알렉산드로스와 그 후계자들에 의해 오랫동안 전쟁이 이어졌기 때문에 마케도니아 사람들은 자연히 혼란스러운 밖의 세계보다는 자신의 내면에서 구원과 행복을 얻으려고 했다. 고대 그리스 사람들 역시 정치적 자유를 잃고 있던 터라 국가사회에 대한 관심은 사라지고, 내면 세계로 가라앉아 자기의 안심입명安心立命만을 구했다. 그래서 철학이 논리학·형이상학·윤리학 등으로 한정되기 시작했고, 그 가운데서도 특히 개인의 처세를 둘러싼 윤리학적 문제가 중요한 관심사가 되었다.

또한 이 시대의 후반부에 들어와서는 로마의 지배를 받으며 신음하던 여러 민족들이 세상의 허무함과 인간의 무력감을 느끼고 초인간적인 신에게서 구원을 얻으려고 했다. 이때부터 많은 종교 사상들이 여기저기에서 어지럽게 나타나게 되었는데, 예수가 등장한 이후 기독교에 의해 비로소 종교 분야가 통일에 이르게 된다.

금욕주의, 스토아학파

스토아학파의 창시자는 키티움 출신의 제논*이다. 그의 고백에 따르면, 사실 그는 우연히 철학을 하게 되었다고 한다. 본래 돈을 많이 벌어 성공한 장사꾼에 속했던 그가 어느 날 배가 침몰하면서 많은 재산을 한꺼번에 잃고 말았다. 크게 낙심하여 아테네 거리를 하릴없이 떠돌다가 발길이 닿는 대로 어느 한 책방에 들렀는데, 거기서 무심코 한 권의 철학책을 발

* 제논

Zenon ho Kyprios, BC 335?~BC 263 | 그의 철학은 절욕節慾과 견인堅忍을 가르치는 것이었으며, '자연과 일치된 삶'이 그의 목표였다. 또한 그의 철학은 윤리학이 중심이며, 인생의 목표인 행복은 우주를 지배하는 신의 이성, 즉 로고스를 따르는 일이라고 했다. 엘레아의 제논과 구분된다.

견했다. 그는 그 책을 다 읽고 나서 평생 철학에 전념하게 되었으며, 그 후 "배의 침몰이 나에게는 매우 유익한 사건이었다"라고 자랑했다고 한다.

그렇다면 스토아라는 이름은 어떻게 얻게 되었을까? 본래 이 말은 '얼룩덜룩하게 색이 칠해진 복도Stoa poikile'라는 말에서 유래하며, 제논과 그의 젊은 제자들이 바로 이곳에 모여 학문을 논했다. 둥근 기둥들이 죽 늘어선 서양식 복도를 상상해 보자. 의무를 준수하고 절제하고 극기하는 의지의 사나이 제논이 이 엄격하고 진지한 건축물의 보호를 받았다는 상징성이 '스토아'라는 말 속에 있으며, 이것은 쾌락의 사도 에피쿠로스˚가 포근하고 따사로운 정원의 뜰 안에 머물렀던 것과 대조된다.

과연 제논은 어떻게 생겼을까? 그는 몸이 조금 마른 편이었고, 항상 머리가 갸우뚱하게 한쪽으로 기울어져 있었으며, 지나칠 정도로 수줍음을 타서 자신을 보기 위해 몰려드는 사람들을 피해 도망 다닐 정도였다고 한다. 그의 외투는 형편없이 낡은 것이었고, 먹고 마실 때에도 매우 절제했으며, 이러한 사정은 연애를 할 때도 마찬가지였다. 이러한 그를 아테네 시민들은 매우 존경하여 그에게 황금으로 만든 월계관을 씌워 주고, 그의 동상을 세워 주었으며, 그가 살아 있을 때 이미 그의 묘비까지 세워 주었다고 한다.

이성에 따르는 삶, 형이상학

스토아학파는 이 세계에 대해 어떤 가치관을 갖고 있었을까? 일단 그들은 모든 근본을 물질로 보는 유물론˚적 세계관을 취했다. 인간의 육체나 영혼 그리고 신은 말할 것도 없고, 보통 마주치는 사물의 성질이나 인간의 덕과 정욕마저도 물체라는 것이다. 또한 헤라클레

에피쿠로스

Epicouros, BC 341~BC 270 | 원자론에 기초를 둔 에피쿠로스학파를 창시했다. 에피쿠로스는 그를 따르는 친구와 학생들을 데리고 아테네로 이주하여, 기원전 307년에 작은 정원kepos을 구입하여 그곳에 학원을 세웠다. 이와 비슷한 시기에 제논은 스토아학파를 창시했다.

유물론

만물의 근원을 물질로 본다. 고대 그리스의 원자론에서 비롯되었다.

◎ 시민의 광장, 아고라
고대 그리스에서는 아고라라 불리는 시민생활의 광장이 있었다. 여기에는 신전·회의소·보고 등과 나란히 주랑, 즉 '스토아' 라고 하는 독특한 건축 양식이 있었다. 이 아고라의 스토아가 만들어내는 그늘 아래에서 함께 소식을 교환하고 정치를 논하면서 민주 정치의 싹을 틔우는 잠재력을 쌓아 나갔다.

이토스와 마찬가지로, 만물의 근본원소를 불로 봤다. 불이 이 세계의 물질에 힘을 불어넣어 주는 로고스logos이며, 그런 의미에서 불은 곧 신과 같다고 말했다. 신으로서 불은 또한 정신이기 때문에, 이 우주Cosmos는 이성적인 것이 되어 서로 질서와 조화를 이룬다는 것이다.

이 우주에 질서가 있는 것은 그 안에 로고스가 있기 때문이다. 가령 지구가 태양의 주위를 규칙적으로 돌고 또 달이 지구의 주위를 정확하게 도는 것, 별들이 각각 자기의 위치를 지키며 우주 전체가 조화를 이루도록 하는 것 등은 어떤 법칙원리이 그 가운데 작동하기 때문이다. 이와 마찬가지로 인간의 이성에도 로고스가 들어 있기 때문에, 인간은 함부로 행동하지 않고 절제하면서 자기 자신을 지켜 나간다. 로고스가 이 우주를 지배하는 법칙이라면, 이성은 인간을 지배하는 법칙이어야 한다. 우주가 로고스에 따를 때 질서를 이루는 것처럼, 인간은 이성에 따를 때 절도 있는

97

행동이 나온다. 그러므로 우리가 이성에 충실한 생활을 할 때, 그것이 바로 자연^{순리}에 순응하는 삶이 된다. 여기에서 "자연^{이성}에 순응하여 살라"라고 하는 스토아학파의 모토가 나오게 된다.

금욕주의, 윤리학

　　　　　스토아학파의 윤리학을 우리는 보통 금욕주의라고 부른다. 이들은 참된 행복이 쾌락에서 나오는 것이 아니라고 한다. 그것은 우리의 의무를 잘 준수하고 자칫 감정에 사로잡히기 쉬운 자신을 이겨내며 욕정을 단념하는 데에서 생겨난다. 아리스토텔레스가 말했던 대로 인간의 본성은 이성이기 때문에 그 이성에 따라 사는 것이 덕이며, 그것으로 인해 인간은 얼마든지 행복해질 수 있다.

　그렇다면 "쾌락이 행복을 가져다준다"라고 하는 쾌락주의자들의 주장은 어떨까? 만일 그 말대로 인간이 쾌락만을 따른다고 하면, 어린이는 평생 걸음걸이를 배우지 못하고 말 것이다. 걸으려다가 넘어져서 화가 나고 아파서 고통스러운데 누가 힘들게 걸음을 배우려 할 것인가 말이다. 그러나 실제로 어린이는 걸음 배우는 일을 포기하지 않고 기어이 그 일을 해내고야 만다. 이러한 사정은 우리 인간의 행동을 지배하는 것이 단순한 쾌락이나 충동이 아니라는 것을 증명해 준다. 다시 말해 삶에 길을 제시해 주는 어떤 법칙, 즉 자연과 세계를 지배하는 객관적인 이법^{理法}이 있다는 것이다.

　　앞에서 우리는 이성에 따라 사는 것이 덕이라고 하는 스토아학파의 주장을 들었다. 그런데 어떻게 덕과 부덕^{不德}을 구별할 수 있을까? 그것은 밖으로 드

러나는 행위에 있다기보다 그 사람의 정신적 태도에 달려 있다. 누군가 "인간은 무엇이 되느냐보다 어떻게 사느냐가 중요하다"라는 말을 했다. 이렇게 본다면, 우리가 갖고 있는 건강·재산·생명·명예·권력· 병·가난 등에 대해 그 자체로 선하다거나 악하다거나 말할 수 없다. 가령 돈이 많은 어떤 사람이 선하다고 말할 수도 없지만, 그렇다고 악하다고 할 수도 없다. 오래 사는 것이 바람직스러울지는 모르지만, 그 자체가 선이나 악은 아니다. 말하자면, 이러한 것들은 선악이 구별되지 않는 '중립적인 것adiaphora' 에 불과하다.

현자가 진실로 추구해야 할 것은 어떤 특정한 사물이 아니라, 어떤 것을 선택해야 하는지를 아는 지혜다. 그것은 마치 훈련을 하는 사수射手의 목적이 과녁 자체가 아니라, 사수 자신의 숙련도를 높이는 것과 마찬가지다. 우리가 어떤 행위에 대해 도덕적 가치를 내리는 것은 그 사람의 행동이나 그 결과가 아니라, 과연 바른 행위를 하고자 하는 의무 의식과 내면적인 심정이 있었느냐 하는 것이다.

그러므로 우리가 선도 아니고 악도 아닌 '중립적인 것'에 마음을 빼앗기는 것은 부끄러운 일이다. 이러한 사정을 잘 아는데도 크든 작든 그러한 것들에 대해 신경을 쓰지 않을 수 없다. 가령 건강이 나빠지는데 신경쓰지 않을 사람이 얼마나 있을 것이며, 가난에 허덕이는데 가난으로부터 초연할 사람이 얼마나 될까? 인간은 누구나 나약하여 가난과 질병을 늘 두려워하기 마련이다. 우리가 '현자'라는 말을 들을 정도로 그러한 것들에 완전히 무관심하려면 꾸준히 수양을 쌓아야 하는데, 이는 오직 수양을 통해서만 외부적인 것에 흔들리지 않는 부동심apatheia 을 얻을 수 있기 때문이다. 이처럼 우리가 외부 사건으로부터 벗어나 있으면서 또한 감정의 소용돌이를 완전히 지배할 수 있을 때, 우리에게 진정한 자유가 찾아

아디아포라

차이가 없음 또는 무관함의 의미를 가지고 있다. 그 자체로 옳지도 그르지도 않은 행위나, 법의 테두리에서 권하지도 금하지도 않는 행위를 언급할 때, 또는 도덕적 중립성에 관련된 것을 언급할 때 이 용어가 사용된다. 교부教父들 가운데서 이 용어는 고기를 먹는 것과 같은 행위에 적용되었는데, 그 자체로 옳지도 그르지도 않은 행위에 적용되었다.

아파테이아

어떤 것에 의해서도 흐트러지지 않는 완전히 평정한 마음의 상태를 말한다.

99

온다. 그래서 스토아학자들은 아파테이아를 유지하는 현자야말로 진실로 행복하고, 자유롭고, 부유하다고 말한다.

하지만 이 부동심이란 그저 소극적으로 머물러 있어서는 안 되며, 그야말로 저돌적인 정념을 극복할 수 있을 만큼 강인한 것이어야 한다. 이러한 형편을 잘 아는 스토아학자들은 이 부동심을 얻기 위해 생사生死까지도 가볍게 봤으며, 심지어 숨을 멈추거나 스스로 자살을 택한 사람도 많았다. 구차하게 살아남아 '중립적인 것'에 지배되면서 매일매일 삶 속에 허우적거리기보다는 용감하게 목숨을 끊는 편이 낫다고 생각했던 것이다.

제자의 손에 죽다

클레안테스

Cleanthes, BC 331~BC 232? | 스토아학파 철학자. 스승 제논의 뒤를 이어 스토아학파의 지도자가 되었다. 치통을 앓다가 가난했기 때문에 앓던 치통을 단식으로 고치려다 죽었다는 설이 있다.

제논과 클레안테스도 자살했다. 특히 클레안테스는 의지가 강해서 스스로 굶어 죽었다. 그러나 보통 사람들이 생각하는 것과는 달리, 철학자들 가운데 자살한 경우는 그리 많지 않다. 소크라테스는 자살한 것이 아니라 사형을 당했고, 실존주의 철학자 키르케고르는 길을 걷다가 졸도하여 숨졌으며, 니체는 병마에 시달리다 죽었고, 가장 염세주의자로 알려진 쇼펜하우어 역시 베를린에 유행하던 콜레라를 피해 도망쳤다가 한참 후에 심장마비로 죽었다. 그러므로 초기 스토아학자들의 행태는 상당히 특이한 경우에 속한다.

후기 스토아학자인 세네카는 그 제자인 네로 황제에 의해 죽임을 당했다. 로마의 5대 황제였던 네로는 처음에는 좋은 정치를 했으나 점차 성질이 거칠어지면서 스승인 세네카와 어머니 그리고 아내인 황후까지 죽였다. 또 로마에 불을 질렀다가 민심이 흉흉해지자 그 죄를 기독교인들에게 떠넘겼고, 이들을 체포하여 경기장에 모아 놓은 뒤 굶주린 사자를 풀어 잡아먹게 하는, 그야말로 몸서리쳐지는 대학살을 자행했다. 그의 혹독한 공포정치는 급기야 전국 여러 지역에서 반란이 일어나게 했고, 사면초가에 몰린 네로는 마침내 겨우 서른한 살의 나이에 칼로 자신의 목을 찔러 스스로 목숨을 끊고 말았다.

그의 스승인 세네카는 네로의 의심을 사서 사형선고를 받았다. 처음엔 동맥을 끊었으나 평소에 조식粗食만 했기 때문에 피가 나오지 않자 허벅다리를 베고 모든 동맥을 끊었다. 그래도 죽지 않았다. 독약에도 효과가 없었으며 손발을 묶었으나 얼음처럼 차가워져서 피가 나지 않았다. 끝내는 뜨거운 물에 집어넣었는데, 이때 세네카는 하인에게 "이 물은 주피터신의 거룩한 물"이라고 말하면서 죽었다고 한다. 다른 설에는 당시의 자살 방법대로 손발의 핏줄을 통해 독약을 흘려 넣은 뒤, 한증탕의 열기 속에서 죽어가게 했다고도 한다. 엄격한 금욕주의에 입각해서 내면적인 덕을 얻는 데 온 힘을 다했던 세네카는 결국 세기적인 패륜아인 제자의 손에 죽임을 당하고 말았던 것이다.

후기의 스토아학자로는 이외에 노예 출신의 에픽테토스●와 황제였던 아우렐리우스가 있다. 오현제五賢帝의 한 사람으로서 게르만족의 침입을 막고 중국의 후한과도 외교를 맺었던 아우렐리우스는 비록 황제였지만, 사치와 안락을 누리지 않았고 전쟁터에서도 평범한 군복을 입으며 병사와 함께 생활했다고 한다.

🔾 **마르쿠스 아우렐리우스의 흉상**
'철인황제哲人皇帝'로 불리며, 로마 제국의 5현제 중 마지막 황제. 자신의 사색과 철학에 관한 내용을 토대로 쓴 《명상록》이라는 에세이를 남겼다.

● 세네카 ▼ 🔍

Lucius Annaeus Seneca, BC 4?~ AD 65? | 고대 로마의 스토아학파에 속했던 철학자. 클라우디우스 1세 때에 그 왕비의 모략으로 코르시카 섬에 유배되었다가 새 왕비 아그리피나의 청으로 소환되어 그 아들 네로의 교사가 되었다. 네로 왕 초기 때에는 신임을 얻었으나 점점 네로가 스승을 싫어하여 그에게 모반했다는 누명을 씌워 결국 자살하게 한 것으로 알려져 있다. 《사도행전》의 18장 12절에 나오는 '갈리오'는 그의 동생이다. 세네카는 우리의 영혼이 육체와 구별되어 있을 뿐만 아니라, 육체보다 우위에 있다고 주장했다. 엄격한 금욕주의에 입각해 내면적인 덕을 얻는 데 온 힘을 다했다. 세네카가 죽은 후, 네로의 치세는 오래가지 못했다. 68년 갈리아를 필두로 전국에서 반란이 일어나자, 근위대와 원로원마저 그에게 등을 돌렸던 것이다.

● 에픽테토스 ▼

Epiktētos, 50?~138? | 로마 노예 출신이면서 스토아 철학을 배웠다. 그는 철학자라기보다 철인이었다.

이처럼, 모든 스토아학자들은 엄격한 금욕주의에 따라 외부에 흔들리지 않고 내면적인 덕, 즉 부동심을 얻는 데 뼈를 깎는 노력을 기울였다. 그래서 때로는 무서울 만큼 강한 인내력과 자제력을 발휘했던 것이다.

식사할 때에는
자신의 음식만 먹어라

첫째, 스토아학파는 모든 인간이 똑같이 이성을 가지고 있다는 전제에서 출발해서 세계주의로 나아갔다. 인간이라면 누구나 이성을 갖는다는 보편성에 입각해서 개인과 개인 사이에 있을 수 있는 국가적 제한이나 민족적 편견을 부수고 전 인류의 공통적인 정신을 불러일으켰던 것이다. 그들의 세계주의는 정치적으로는 세계를 지배하고 다스리려는 로마 제국의 정책과 절묘하게 맞아떨어졌을 뿐만 아니라, 종교적으로는 선민選民 사상*에 따라 배타적이기만 했던 유대교를 개방적인 기독교로 발전시키는 데 주요한 역할을 담당했다. 특히, 스토아 사상과 기독교는 몇 가지 공통점을 가지고 있다. 예컨대 엄격한 금욕주의적 윤리를 예찬한 점이나 재물돈을 가볍게 본 점, 그리고 민족과 계급의 차이를 넘어 모든 인간들이 서로 사랑해야 한다고 주장한 점 등이다.

둘째, 이와 같은 맥락에서 모든 개인은 이성적 존재이면서 전체의 한 부분이기도 하기 때문에, 사실 서로 친척 관계에 있다고 봤다. 흑인이건 백인이건, 미국인이건 한국인이건 모든 인간은 서로 형제자매라는 것이다. 그래서 적敵에게도 친절을 베풀어야 하고 이방인을 차별하지 말아야하며, 또한 국가의 이익을 도모하는 것 못지않게 인류에 대한 사랑도 실천해야 한다.

셋째, 스토아학파는 자연법自然法 사상을 불러일으켰다. 자연법이란 인

선민 사상

이스라엘 사람들이 느끼는 종교적이고 민족적인 우월감이다. 곧 하나님이 세계의 모든 사람들 가운데에서도 유일신唯一神을 믿는 이스라엘 백성만을 선택했다고 믿는 사상이다.

간의 기본적인 권리·자유·평등·생명권 등 어느 나라와 시대를 막론하고 항상 지켜져야 하는 영원한 법이다. 실정법實定法●과 대립되는 의미인 이 자연법은 키케로를 통해 로마 법률에 흘러들었다. 당시 로마법은 노예나 여자 또는 미성년자를 차별했는데, 스토아 사상을 가진 황제들이 자연법 사상을 끌어들여 만민법萬民法●의 기초가 되게 했다. 나아가 자연법은 근세의 계몽주의나 민주주의 이념의 뿌리가 되었다.

마지막으로, 스토아학파는 철학이란 머리나 입으로만 하는 것이 아니라, 삶을 통해 직접 실천해야 한다고 주장했다. 가령 에픽테토스가 "식사를 할 때에는 식사법에 관해 말을 하지 말고, 자신의 음식만 먹어라"라고 한 것이나, 세네카가 "규칙적으로 일을 하는 사람에게는 어리석은 짓을 할 시간이 없다. 게으름을 잊기 위한 가장 확실한 수단은 일이다"라고 말한 것 등이 이를 반영한다. 이러한 실천적인 윤리는 사변적인 것을 배척하려는 로마인들의 기본 성향과도 무관하지 않다.

실정법

사회에 현실로 행해지는 법이다. 실증법 또는 제정법이라고도 하며, 역사와 더불어 변천하고 국가 또는 민족에 따라 서로 다르다. 실정법은 결국 인간이 만든 법이므로 불완전할 수밖에 없다.

만민법

로마 시민 외에 로마 시민권이 없는 외지인에게도 적용된 법률로 거래법이 그 주요 내용이며, 시민법과 대치되는 개념이다. 이 법은 세계적인 의의를 가지는 로마 채권법의 중심을 이루었으며, 보편성과 공통성의 개념을 중개로 자연법의 개념과 결합했다.

쾌락주의, 에피쿠로스학파

스토아학파와 같은 시대에 살면서 같은 주제에 대해 서로 반대되는 입장에 서 있었던 사람들이 바로 에피쿠로스학파다. 이 학파의 시조 에피쿠로스는 사모스 섬에서 태어났다. 그는 아테네 도시 외곽의 정원 안에 학교를 설립하고 제자들을 가르쳤다. 이 때문에 에피쿠로스학파를 정원庭園학파라고 부르기도 한다. 그런데 에피쿠로스에 대한 사람들의 평가는 분명하게 엇갈린다.

먼저 그를 방탕한 쾌락주의자로 욕하는 사람들은 그가 너무 많이 먹고

○ 사모스 섬의 전경
에피쿠로스가 태어난 곳이다. 피타
고라스의 출생지이기도 하다.

마셨다고 말한다. 너무 많이 먹은 탓에 하루에도 몇 번씩 먹은 것을 토해내야 했으며, 밤마다 벌어지는 잔치에 자신의 정신력을 모두 없애버릴 정도였다는 것이다. 지나치게 향락에 빠졌다는 비난도 함께 받았는데, 유부녀와 자주 편지를 주고받은 일과 여자들을 은근히 유혹하는 것처럼 느껴지는 편지들이 사람들의 입에 오르내렸다. 특히 에피쿠로스가 그 여자들 가운데 한 명과 그의 집에서 함께 살았다는 사실은 당시 대단한 스캔들이었다. 사람들은 에피쿠로스가 이처럼 문란한 짓을 하느라 학문 연구를 게을리 했다고 말하면서 그를 여지없이 깎아내렸다. 어떤 사람은 열두 통의 음란한 편지를 그가 직접 쓴 것이라고 고발하기도 했다. 심지어 또 어떤 사람은 에피쿠로스와 그의 제자들을 '돼지들'이라고까지 불렀다.

이와 반대로, 그의 제자들과 추종자들은 이 학파에 대해 전혀 다른 평가를 한다. 에피쿠로스학파는 어쩌다가 가끔 딱 한 잔의 포도주만을 마셨을 뿐, 대개는 물을 마시는 것으로 만족했다는 것이다. 경제적 형편이 아주 어려운 시절에는 거친 콩 요리로 겨우겨우 목숨을 이어갔다고도 한다.

약하지만 지속적인 쾌락이 좋다, 윤리학

에피쿠로스는 인생의 목적을 행복이라고 말한다. 이것은 소크라테스를 비롯한 대부분 철학자들도 동의하는 것이다. 그러나 과연 무엇이 행복이며, 인간은 어느 때 행복하냐에 따라 주장이 달라진다. 가령 스토아학파들은 덕을 실현할 때 행복하다고 했다. 그러나 에피쿠로스는 우리에게 행복을 가져다주는 것이 쾌락이라고 말한다. 인간은 즐거울 때 행복하고, 불쾌할 때 불행하다. 가령 개그 프로그램을 보거나 즐거운 놀이를 할 때 우리는 행복을 느낀다. 이와 반대로 벌을 받고 있거나 몸이 아플 때, 또는 기분이 우울할 때에는 어쩐지 인생이 불행하다고 느껴진다. 즉 모든 행복은 즐거움과 관계되어 있다는 뜻이다. 이러한 면에서 보자면, 인생의 목적인 행복에 이바지하는 쾌락즐거움은 우리에게 좋은 것선이 되고, 불행을 가져오는 불쾌는 우리에게 나쁜 것악이 될 수밖에 없다. 즉 쾌락은 선이고 불쾌는 악이다.

여기에서 감각적인 개념인 쾌락과 불쾌가 어느새 도덕적 개념인 선악으로 바뀌어 있음을 알 수 있다. 고통을 피하고 쾌락을 얻고자 하는 것은 모든 생명체의 본능적 특성이자 인간의 본성이기도 하다. 그러므로 결국 우리에게 쾌감을 가져다주는 것은 선이 되고, 고통과 불쾌를 가져다주는 것은 악이 된다. 이렇게 보자면 학문도 인류에게 고통보다는 즐거움을 안겨 주는 것이어야 하고, 도덕이라는 것도 그 자체가 목적이 아니라 모든 사람에게 즐거움을 주기 위한 수단이어야 한다. 종교 또한 사람들에게 마음의 평안과 위로를 가져다줄지언정, 공포감을 조성하거나 협박하는 것이 되어서는 안 된다. 정치와 경제, 문화와 예술 역시 궁극적으로는 사람들에게 즐거움을 선사하는 것이어야 한다.

그러나 에피쿠로스가 무조건 눈앞의 쾌락을 추구하라고 주장한 것은 아니다. 과연 무엇이 진정한 쾌락을 가져다주느냐를 잘 살펴야 한다는 뜻이다. 키레네학파와는 달리, 그는 쾌락에도 질적

인간의 행복은 당연히 쾌락에 있지. 쾌락없이 고통만 당한다면,

즐~~

차라리 죽는 게 낫지 않겠어?

○ 오늘날의 키레네
기원전 7세기에 건설되었으며, 아
리스티포스가 키레네학파를 창설
한 곳으로 유명하다.

차이가 있음을 인정한다. 가령 섹스 · 음주 · 마약
처럼 육체적 욕망을 채우는 데서 얻어지는 강하고
순간적인 쾌락이 있는가 하면, 문화와 예술을 감상
하는 등 정신적 욕구를 충족시키는 데에서 오는 약
하고 지속적인 쾌락이 있다. 모두가 다 그렇지는 않
지만, 대개 육체적 쾌락은 강력한 반면 짧고, 정신
적 쾌락은 약한 대신에 길다.

만약 쾌락이 인생의 최고선이자 목표라고 한다
면 우리가 사는 동안 되도록 많은 쾌락을 누리는 것이 상책일 것이다. 만
약 우리가 하루살이라고 한다면 길게 볼 것 없이 그저 하루 동안 짧고 강
한 쾌락을 누리며 살면 된다. 하루살이에게 '내일'을 말하는 것은 무의미
하기 때문이다. 그러나 인간은 보통 몇십 년 이상을 살기 때문에 인생의
모든 기간을 통해 쾌락의 양을 조절할 필요가 있다. 되도록 쾌락의 양이
고통의 양보다 많도록 해야 하는데, 흔히 우리가 경험하듯 육체적 쾌락
뒤에는 더 큰 불쾌가 따라오기 마련이다. 실컷 술 마시고 그 다음 날 후회
한다든가, 한꺼번에 돈을 다 써버리고 욕을 먹는다든가 하는 일은 결코
바람직스럽지 못하다. 그러므로 강하고 짧은 육체적 쾌락보다는 차라리
약하고 지속적인 정신적 쾌락을 선택하는 편이 더 현명할 수 있다. 이 때
문에 우리에게는 지속적인 행복을 위해 크고 작은 고통을 참아야 할 때가
있는가 하면, 먼 훗날의 큰 행복을 위해 지금의 작은 쾌락을 포기해야 하
는 경우도 생기는 것이다.

현명한 사람이라면 즉시 쾌락을 선택하거나 즉시 고통을 피하려 하지
않을 것이다. 예컨대 지금 공부하면서 받는 고통을 피하고 대신에 마음
껏 뛰어노는 행복을 누리고 싶어 하는 학생이 있다고 하자. 우리는 그에

게 어떻게 충고해야 할까? 순간의 고통을 인내하고 나면 미래에 많은 시간을 행복하게 보낼 수 있기 때문에, 지금 열심히 노력하라고 말해야 할 것이다. 이처럼 가장 단순한 상식 속에도 쾌락주의의 원리가 숨어 있는 것이다.

이러한 사정을 잘 알면서도 우리는 조급한 마음에 서둘기 마련이고, 바삐 무언가를 성취하려고 한다. 그러므로 우리가 진정 인생의 모든 기간을 통해 쾌락의 양이 고통의 양보다 많도록 하기 위해서는 평소의 훈련을 통해 어떤 경지에 이르러야 한다. 그 경지란 바로 어떤 일에도 산란되지 않는 안정된 마음, 즉 아타락시아ataraxia●의 상태다. 동물은 그때그때 쾌락과 본능에 따라 움직인다. 하지만 인간은 육체적 쾌락보다 정신적 쾌락을 더 낫게 보고 기꺼이 그것을 선택할 줄 안다.

인간은 정신적 동물이다. 그렇기 때문에 정신적 쾌락의 강도는 육체적 쾌락보다 더 강하다. 인간은 정신력으로 육체적 고통을 제압할 수도 있다. 그래서 에피쿠로스는 "나에게 빵과 물만 있다면, 나의 행복을 제우스 신의 그것과 견주리라"라고 말했던 것이다. 가난과 질병 가운데에서도 행복을 느낄 줄 아는 존재가 바로 인간이다.

스토아학파와 에피쿠로스학파의 윤리학은 공통점과 차이점이 있다.

> ● **아타락시아**
>
> 안정된 마음 상태를 말한다. 에피쿠로스는 인간의 행복이 신이나 죽음, 사후의 운명 등에 관한 공포로부터 벗어나 아타락시아를 보존하는 데 있다고 주장했다.

철학논술

Q 스토아학파는 이성적 판단에 따라 행동하는 사람을 정상이라고 봤으며, 언제나 이성적으로 판단하고 행동하려고 노력했다. 그리고 욕심을 절대악으로 보고 그 욕심이 마음에 있으면 이성적 판단이 마비되고 그릇된 생각을 품게 된다고 생각했다. 그래서 스토아학파는 욕심이 전혀 없는 상태인 아파테이아를 추구하며 금욕주의를 실천했다. 그렇다면 스토아학파의 금욕주의와 성 프란체스코 같은 중세 수도사들의 금욕주의는 어떠한 차이가 있을까?

○ 견유학파의 생활상
도메니코 페티(1589~1624)의 작품
당시 전형적인 견유학파犬儒學派 철
학자들의 모습을 보여 주는 그림이
다. 이 그림은 디오게네스의 제자
크라테스다.

이 두 학파는 모두 인생의 목적을 행복에서 찾는다. 그러나 키니코스학
파견유학파●의 영향을 받은 스토아학파가 행복을 '덕스러운 생활'에 있다
고 봄으로써 금욕주의의 입장에 섰던 반면, 키레네학파의 전통을 이어온
에피쿠로스학파는 "행복이란 곧 쾌락에 있다"라고 주장함으로써 쾌락
주의의 입장에 섰다.

그런데도 선을 달성하기 위한 수단에서 두 학파는 일치한다. 즉 스토아
학파는 아파테이아부동심를, 에피쿠로스는 아타락시아무욕를 주장하는데,
결국 이것들은 비슷한 의미로 봐도 무방할 것이다. 다만 스토아학자들이
도덕의 사회성을 강조한 데 비해, 에피쿠로스학파는 매우 개인주의적이
어서 보편적 법칙에 대한 존중을 찾아볼 수 없다는 점이 다를 뿐이다.

● 키니코스학파 ▼ 🔍
소크라테스의 제자 안티스테네
스가 시조다. 자신의 본성에 따
라 자연스럽게 생활하는 것을 이
상으로 삼았다.

국가는 개인을 위한
수단일 뿐이다, 국가론

국가를 보는 관점에서도 에피쿠로스학파는 매우 소극적이다. 그래도 스토아학파들은 가정·이웃·국가에 대한 의무를 중요하게 여겼고, 여기에서 한 걸음 더 나아가 모든 인류가 서로 사랑해야 한다는 세계주의로 나아갔다. 그러나 에피쿠로스학파들은 국가역시 개인들의 편리를 위해 존재하는 것으로 계약에 의해 이루어진 것에 지나지 않는다고 말했다. 말하자면 개인들이 마찰을 일으켜 서로 불행해지는 것을 방지하기 위해 이를 중재하기 위한 기구로 국가를 만들고 법률도 제정했다는 것이다.

요컨대 에피쿠로스학파에 의하면 전체보다는 개인이 우선이고, 객관적 정의보다는 각 개인마다의 쾌락이 먼저다. 즉 옳고 그름이라든가 바르고 사사로움이라는 것도 다른 사람公共을 위해서 가급적 불쾌한 것을 금지하고 유쾌한 것을 조성하기 위한 하나의 수단에 지나지 않는다는 것이다. 우리는 국가의 이익을 도모하기보다는 되도록 국가의 속박에서 벗어나 스스로 행복한 생활을 누려야 한다. 그러므로 현명한 사람이라면 불필요하게 사랑을 하지도 않으며, 굳이 가정을 갖지도 않으며, 또 괜스레 에너지만 낭비하는 정치 활동에도 참여하지 않는다는 입장이다.

우리는 죽음과 절대로
만날 수 없다, 자연학

앞에서 말한 바와 같이, 에피쿠로스는 학문이나 도덕이 인간의 쾌락에 이바지하지 못하는 한 아무 쓸모없는 것이라고 봤다. 예컨대 우리가 자연이나 세계에 대해 열심히 탐구하는 것은 헛된

망상과 미신에 대한 공포심을 없애고 마음을 유쾌하게 갖기 위해서다. 이러한 입장에서 에피쿠로스는 데모크리토스의 원자론이 그 목적에 매우 적합하다고 봤다.

알다시피 원자론에 의하면, 이 세상에 존재하는 것은 오직 빈 공간無과 그 안에서 운동하는 원자뿐이다. 그리고 세계 만물은 이 원자들이 모이고 흩어지는 것에 불과하기 때문에, 이 세상에 신이나 절대자, 불가사의한 요괴 같은 것은 있을 수 없다. 그래서 에피쿠로스는 신들이 이 세계를 지배한다는 것 자체가 미신이라 생각했고, 심지어 무녀巫女였던 자기 어머니의 주술마저도 믿지 않았다.

보통 사람들이 가장 두려워하는 두 가지가 있는데, 그것은 신과 죽음이다. 죄에 대해 심판을 가하는 신이 무섭게 느껴지고, 또 그러한 신과 직접 만나게 되는 죽음을 두려워하는 것이다. 그러나 에피쿠로스에 의하면 신도 없고, 사후 세계도 없다. 그러므로 우리는 그것들을 하등 두려워할 필요가 없다. 이것을 그는 어떻게 증명했을까?

첫째, 만일 신이 있다면 그 개념상 가장 완전한 존재일 텐데, 무엇 때문에 '스스로 완전한 존재'가 새삼스럽게 세계를 창조해서 그것을 지배하는 무거운 짐을 지려 할까? 더구나 이 세상은 늘 불완전해 죄악이 들끓고 있는데, 만일 신이 이 세계를 창조했다면, 완전한 신이 왜 이처럼 불완전한 세계를 만들었는지 이해할 수 없다. 그러므로 신이 이 세계를 만들어 지배하고 또 더 나아가 인간의 일까지 간섭한다는 것은 천부당만부당한 생각이며, 따라서 우리는 있지도 않은 신을 결코 두려워할 필요가 없다.

둘째, 인간은 무엇보다도 죽음을 두려워한다. 사실 질병이나 가난 또는 갑작스런 사고 등에 대해 불안해하는 인간 심리의 밑바탕에는 죽음에 대한 공포가 깔려 있다. 그렇다면 왜 인간은 죽음을 두려워할까? 그것은 사후의 세계에 대해 잘 알지 못하기 때문이며, 나아가 은연중에 벌이나 지옥을 염두에 두기 때문이다. 익숙지 않은 곳에 끌려가 죽지 않을 만큼 두들겨 맞고, 이글이글 타오르는 불에 자신의 몸뚱이를 처넣는 장면이 머리에 상상되면서 부르르 몸을 떠는 것이다.

그러나 에피쿠로스에 의하면, 우리는 이러한 걱정을 전혀 하지 않아도 된다. 왜냐하면 이 세상에 존재하는 것은 오직 원자와 공간이기 때문에, 죽음이란 육체를 형성했던 원자가 흩어지는 것에 불과하다. 인간의 영혼 역시 매끈매끈하고 아주 작아서 움직이기 쉬운 불의 원자火性原子로 되어 있으며, 일종의 뜨거운 숨결에 지나지 않는다. 죽는 순간, 우리의 육체뿐만 아니라 영혼의 원자 역시 흩어져 버릴 뿐이다.

그렇기 때문에 육체가 죽은 후에도 영혼이 살아남아 내세에 머무는 일은 있을 수 없는 일이다. 사후의 세계는 없으며, 인간은 죽음과 함께 무로 돌아갈 뿐이므로 우리는 죽음을 두려워할 필요가 없다. 이와 관련해, 루크레티우스*는 "우리는 죽음과 절대로 만날 수 없다. 우리가 살아 있는 동안에는 죽음이 없으며, 죽음이 다가왔을 때에는 우리가 이미 살아 있지 않기 때문이다"라고 말했다.

고상한 쾌락주의자

언뜻 천박하게 느껴지기도 하고 때로는 가당치 않다 여겨지면서도, 에피쿠로스학파의 주장에는 귀 기울일 만한 대목들이 있다.

첫째, 이들은 삶을 긍정한다. 삶의 충만함과 활기 그리고 지칠 줄 모르

루크레티우스

Titus Lucretius Carus, BC 94?~BC 55? | 로마의 시인이자 철학자. 에피쿠로스를 찬미했으며, 유물론자로서 영혼과 신에 대한 편견을 비판했다.

111

는 그 힘을 긍정한다. 심지어 죽음에 대한 공포마저도 이들이 갖는 마음의 평안을 방해하지 못한다. 인생이라는 열차가 어차피 죽음이라는 종착역에서 멈춘다면, 이왕 죽는 날까지 기쁘고 즐겁게 사는 것이 현명한 일이 아닐까?

둘째, 에피쿠로스학파의 생활 철학은 스스로 분수를 아는 일이었고, 그래서 절제나 고요함 가운데 침잠과 마음의 평화 같은 것들을 소중하게 여겼다.

셋째, 스토아학파가 도시국가나 세계시민적 생활과 같은 다소 거창한 것을 강조했던 반면, 에피쿠로스학파는 마음에 맞는 몇몇 친구들의 모임과 같은 작고 사소한 것에서 행복을 찾고자 했다.

이 밖에도 창시자인 에피쿠로스의 인품은 아주 온후했던 것으로 알려져 있다. 이 때문에 그는 많은 사람들의 존경을 받았으며, 알아듣기 쉬운 강의로 여자들까지 그 문하에 모여들었다고 한다. 이러한 사정으로 미루어볼 때, 그는 육체적인 향락보다는 오히려 정신적인 쾌락을 추구했던 것 같다. 즉 사람들과 대화를 나누고 아름다운 음악에 귀를 기울였으며, 예술 작품을 감상하고 무엇보다도 진정으로 철학을 추구했다. 한마디로 에피쿠로스는 고상한 쾌락주의자였던 것이다.

철학논술

Q. 에피쿠로스학파는 진정한 쾌락을 얻기 위해서 육체적 욕구를 줄이고, 절제하여 검소한 생활을 해야 한다고 주장했다. 이는 시대적 배경과 무관하지 않은데, 절제와 검소를 통해 로마인들의 방만함과 육체적 쾌락을 바로잡고자 했다. 이러한 관점에서 오늘 우리 시대의 과소비와 음식 쓰레기 문제에 대한 대안을 제시해 보자.

판단을 중지하라, 회의학파

회의학파는 모든 것을 의심하고 부정하려는 학파를 가리키는데, 이 학파의 대표자는 단연 피론이다.

피론은 이 세상에 누구나 인정하는 보편타당한 진리란 있을 수 없다고 한다. 왜냐하면 지식이란 것이 밖에 있는 사물과 우리 안에 있는 주관과의 관계에 지나지 않을 뿐, 그것이 외부 사물의 진실한 모습과 일치한다고는 말할 수 없기 때문이다. 그러므로 우리는 어떠한 사물에 대해서도 "이렇다"라거나 "저렇다"라는 식으로 단정해서 말할 수 없고, 다만 우리에게는 "이러이러하게 보인다"라고 말할 수밖에 없다. 보통 일상의 경험을 통해 보더라도 학력이 낮은 사람일수록 자기의 주장을 강하게 하는 반면, 학력이 높은 사람은 그 주장을 겸손하게 한다. 물론 우물쭈물하거나 이러지도 저러지도 못하는 우유부단을 칭찬하려는 것이 아니라, 그만큼 진리 앞에서 겸손해야 한다는 뜻이다.

우리가 일상을 살아가는 데에는 지식이 필요하기 마련이고, 그러므로 먼저 사물의 진리를 알고 나서 그에 대한 우리의 태도를 결정하는 것이 타당하다. 그러나 앞에서 말한 것처럼, 우리는 근본적으로 사물의 참 모습을 알 수 없다. 사정이 그렇다면, 차라리 사물에 대한 우리의 판단 자체를 중지하는 것이 행복에 도움이 되지 않을까? 왜냐하면, 우리가 어떤 사물에 대해서 판단을 성급하게 내린다면, 나중에 그 판단이 잘못되었음을 알고 실망하기 때문이다. 또한 그 사물에 대한 일정한 이미지를 머릿속에 가질 때 그것을 좋아하거나 싫어하는 마음을 미리 가질 수 있다. 차라리 처음부터

피론

Pyrrhōn, BC 360?~BC 270? | 그리스의 철학자. 데모크리토스와 소피스트 사상의 영향을 많이 받았던 것으로 보인다. 회의론에 대해 가장 먼저 체계적으로 설명했던 사람이다.

113

우리가 사물 혹은 사건에 대한 모든 판단을 중지해 버린다면, 그것이 어떻게 되든 모든 사물에 대해 마음을 비울 수 있을 것이다. 이러한 배경에서 피론은 에포케epoche●를 주장했던 것이다.

그에 관해 다음과 같은 에피소드가 전해진다. 그가 어느 날 오후에 산책을 하다가, 어떤 노인이 개천에 빠져서 헤어나지 못하는 것을 봤다. 그것을 보고 피론은 그 노인을 구출해 주는 것이 과연 좋을지 어떨지를 판단할 수가 없어 그냥 지나쳐 버렸다. 이것을 안 사람들이 그의 냉혹한 처사를 비난하면서 달려와 그 노인을 구해냈다. 그런데 알고 보니 그 노인은 바로 피론의 스승이었으며, 선생은 그를 나무라기는커녕 자신의 가르침을 충실히 행동으로 옮겼다며 오히려 칭찬했다고 한다.

이처럼 철저했던 피론의 회의설이 카르네아데스●에 이르러 조금 누그러졌다. 그 역시 신이나 진리에 관해서 확실한 이론을 내세워 논쟁하는 일이 쓸데없는 일이라고 봤다. 그러나 카르네아데스는 우리가 살아가는 동안 일상적으로 어떤 행동을 하기 위해서는 개연적 판단, 즉 "아마 그럴 것이다" 하는 정도의 판단은 필요하다고 주장했다.

이들은 인식론에서와 마찬가지로, 윤리학에서도 회의적인 태도를 그대로 유지한다. 가령 카르네아데스에 의하면, 이 세상에 객관적 정의란 없다. 만일 정의가 살아 있다면 로마 제국은 점령지를 되돌려주고 원래의 작은 땅덩어리로마로 돌아와야 옳다. 하지만 결코 그럴 리는 만무하다. 이처럼 현실적으로 여러 국가들의 권력욕은 늘 정의와 반대되는 길을 가고 있으며, 이 세상에는 정의와 어긋나는 일들이 너무나 자주 일어난다.

또 한 사람의 회의학파 아이네시데모스●에 의하면, 모든 판단은 물론 자기 자신이 무지하다는 판단조차도 중지해야 한다. 왜냐하면 그 판단 역시 어떤 면에서는 틀릴 수 있기 때문이다. 그러나 이 세상을 살아가기

● 에포케

피론을 중심으로 한 회의학파들이 '판단 중지'라는 뜻으로 사용한 용어다. 항상 좋다, 나쁘다 혹은 있다, 없다로 판단할 수 없으므로 '판단을 보류하는(에포케를 하는)' 수밖에 없다고 말한다.

● 카르네아데스

Carneadēs, BC 214?~BC 129? | 회의학파 철학자. 그가 제시한 문제 '카르네아데스의 널빤지'로 유명하다. 문제는 다음과 같다. 기원전 2세기 그리스에서 배가 난파되어 승무원 전원이 바다에 빠졌다. 혼자만이 매달릴 수 있는 널빤지 한 조각을 붙잡고 간신히 살아난 사람이 있었는데, 거기에 다른 한 사람이 나타나 그 판자에 매달리려 했다. 매달려 있던 사람은 두 사람이 매달릴 경우 널빤지가 가라앉아 둘 다 죽게 된다고 판단하고 그 사람을 밀어내 빠져 죽게 만들었다. 이후 매달려 있던 그는 구조되어 재판을 받게 되었는데, 무죄를 선고받았다.

위해 필요하다면 관습에 따라, 혹은 자기 생각과 욕망에 따라 행동할 수도 있다고 했다. 그는 우리가 어떠한 진리도 알 수 없는 이유에 대해, 열가지 항목을 들어 증명한다.

아이네시데모스

Ainesidemos, BC 100~BC 40 | 피론주의의 회의설을 재건한 그리스 철학자다. 확실한 인식은 이성적 판단으로도 불가능하다고 주장했다.

· 모든 생명체가 서로 다르다.

· 인간도 서로 다르다.

· 인간의 감각기관 눈·코·입·귀 등은 서로 다른 구조를 가지고 있다.

· 기분과 같은 주관적 상태도 사람마다 다르다.

· 인식되는 대상의 위치와 거리, 공간적인 주변 상태가 서로 다르다.

· 인식의 대상이 다른 종류와 혼합되어 있을 수 있다.

· 어떤 대상이 가지고 있는 양과 체질에 따라 서로 다른 결과를 가져오게 할 수도 있다.

· 모든 현상과 그것을 지각하는 우리의 의식 사이에는 상대성이 있다.

· 어떤 인상印象이 자주 되풀이되거나 혹은 가끔 나타나는 데서 오는 인식의 차이가 있다.

· 개인의 교육·습관·풍속·종교관·철학관 등이 서로 다른 데서 오는 차이가 있다. 이런 수많은 제약 때문에 우리 인간은 진리를 제대로 인식하지 못하는 것이다.

회의학파들은 "모든 것을 알 수 없다"라는 사실을 통찰했고 우리가 판단을 중지해야 한다고 힘주어 강조했다. 그리고 그것을 마음의 평정에 다다르기 위한 하나의 전제 조건으로 삼았다. 그러나 모든 것에 대해 '판단을 중지'해야 한다면, 위와 같은 회의학파의 주장 역시 언어로 표현되어서는 안 된다고 하는, 웃지 못할 모순에 빠지고 만다.

자기의 생일을 저주한 철학자

플로티노스®는 자신이 육체로서 존재한다는 사실에 대해 몹시 부끄럽게 여겼다. 그가 육체의 실재를 혐오했다는 몇 가지 예가 있다. 먼저 그는 자신의 출생·부모·고향에 대해 한 번도 말해본 적이 없었고, 출생일조차 비밀로 했다. 사람들에게 '심히 유감스러운 사건'이라 말하며, 자신의 생일을 축하하지 못하도록 한 것이다. 그는 또한 자신의 초상화를 절대 그리지 못하게 했다. 그래서 당시 제자들은 유명한 화가를 그의 강의실에 몰래 들여보내 스승의 모습을 기억시킨 다음, 다시 다른 곳에서 초상화를 그리게 했을 정도였다.

플로티노스는 자신의 육체를 극도로 멸시했다. 병에 걸려도 약 먹기를 거부했고, 심한 고통을 안겨 주는 위경련이 일어났을 때도 그 처방인 위세척을 거절했다. 대신 음식의 양을 지나치게 줄이기 시작했고, 준비해둔 빵 한 조각을 먹는 것까지도 자주 잊어버렸다. 불면증까지 얻게 된 그는 결국 앓아누운 채 야위어 갔다. 나이가 들어서는 목소리도 제대로 나오지 않았으며, 손발이 곪아터지기 시작했다. 이렇게 되자 제자들과 서로 얼싸안고 인사하는 습관을 가지고 있던 그는 사랑하는 제자들과 교제하기도 힘들어졌다. 마침내 그의 추종자들마저 점점 그를 멀리하고 말았다.

그렇다면 플로티노스가 육체를 학대한 이유는 과연 무엇이었을까?

그는 물질이 정신이나 영혼에 비해 비천한 것으로서 모든 악의 근원이라 봤다. 그래서 일종의 물질에 불과한 육체도 역시 영혼보다 한없이 낮고 천한 것, 극복해야 할 어떤 것이다. 결국 아무런 가치도 없는 육체를 위해 먹고 마시는 일, 육체가 생긴 날을 기념하는 일, 육체를 그려 보관하는 일 등은 그에게 어리석기 짝이 없는 짓이었다.

그 외에도 플로티노스는 도둑을 첫눈에 알아보는가 하면, 사람의 마음 상태를 투시하고 또 주위 사람들이 겪게 될 운명까지도 꿰뚫어볼 수 있었다고 한다. 또한 그는 불우한 이웃을 도와주고 불쌍한 어린이들을 돌봐주었다. 그러면서 자신은 아무 욕심 없이 수면과 음식을 최소한으로 줄이고, 또한 결혼도 하지 않았다.

　그는 네 번이나 신과의 황홀한 엑스타시스를 체험했다고 하며, 그리하여 서양 신비주의의 시조로 일컬어지고 있다. 그리고 "이제 나는 내 안에 있는 신적인 것이 우주 안에 있는 신적인 것 속으로 들어가도록 애쓰려 한다"라는 마지막 말을 남기고 숨을 거두었다. 그러자 그 순간 한 마리의 뱀이 나타나더니 담 틈바구니로 사라져 버렸다. 이 모습을 지켜본 제자들은 플로티노스의 죽음을 '불멸의 영혼이 육체의 속박을 벗어던지고 해방된 것'으로 이해했다. 🛋

● **플로티노스**

Plotinos, 205?~270 | 그리스 철학자. 신플라톤학파의 시조다. 그가 추구하는 바는 육체로부터 우리의 영혼을 정화시켜 모든 사고를 끊어 버리는 망아忘我(엑스타시스)의 경지였다. 이 상태에서 그는 신과 직접 만나고자 했다.

제2부

중세 철학

알렉산드로스 대왕 이후 유행한 군주 신격화의 경향은 로마의 대영토 통치라는 국가정책과 결합하여 황제숭배교라는 이름으로 전국에 퍼졌다. 이때 유대로부터 건너온 기독교는 이와 대립하면서 민간에 확대되기 시작했는데, 결국 다른 종교들을 압도하고 고대와 중세 동안 유럽 사상계를 통일하게 되었다.

Medieval philosophy

제1장

기독교 사상

기독교의 기원

철학이 존재의 근원, 즉 세계의 근본물질을 찾아가는 작업이라고 한다면, 기독교적 세계관이란 '전능하신 여호와 하나님이 이 세상을 창조하고 또한 이끈다는 것'을 믿는 입장이다. 로마 시대 이후 천 년 동안 서양 사회를 지배했던 '기독교 중심의 철학'이 바로 중세 철학이다.

그렇다면 로마인들이 그토록 혐오했던 기독교를 어떻게 로마의 국교로 받아들이게 되었는지 그 배경부터 살펴보자. 로마인들은 본래 원시적인 수준에서 자연을 숭배하는 다신교의 입장이었다. 그러나 고대 그리스인과의 교류가 시작되면서 동쪽 지방의 열두 신을 믿게 되었다. 특히 로마가 동방 세계까지 지배한 이후에는 이집트의 밀교密教나 페르시아의 미트라Mithra교⊙와 같은 신비주의 종교가 로마 제국에 전해졌고, 그로 인해 로마인들은 현세에 대한 관심보다는 내세에 대한 소망을 품게 되었으며 또한 자연스레 숙명적인 인생관을 갖게 되었다.

게다가 마케도니아 왕국의 알렉산드로스 대왕 이후에 유행하기 시작한 군주 신격화의 경향은 로마의 대영토 통치라는 국가정책과 결합하여 황제숭배교로 전국에 퍼졌다. 그러나 당시 유대이스라엘로부터 건너온 기

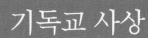

미트라교

고대 페르시아의 종교. 미트라신은 인도와 이란 민족 사이에 원래 하늘을 맡은 신으로서, 기원전 3세기 무렵부터 신봉되어 왔다. 인도 베다 신화의 태양신 미트라가 이 신에 비교되기도 하나 교리에서는 오히려 조로아스터교의 계통이라 할 수 있으며, 나중에 파생한 마니교의 모태가 되기도 했다. 위 사진은 미트라 신상이다.

독교는 오직 유일신만을 섬기는 종교기 때문에 황제를 신으로 모시라는
로마의 신앙과는 도저히 합쳐질 수 없었다. 여기에서 서로 치열한 대립
과 갈등이 빚어질 수밖에 없었는데, 초기 신자들의 처절한 순교가 이어지
면서 기독교는 민간인들 사이에서부터 점점 확대되기 시작했다. 결국 황
제숭배교뿐만 아니라 다른 종교들까지 압도하고 이후 중세 전체를 통해
유럽 사상계를 통일하게 된 것이다. 그렇다면 기독교가 어떻게 발생했으
며, 그것이 중세 철학사에 어떠한 영향을 끼쳤을까?

《구약 성경》을 중심으로 살펴보면 다음과 같다. 하나님이 말씀으로 천
지를 창조하는 장면이 나오는데 빛과 어두움, 땅과 하늘, 바다와 육지, 식
물과 동물을 만들고 제일 끝에 인간 아담과 하와을 창조한다. 사람들이 점점
번성해지자 그들은 죄를 짓기 시작하고 이에 화가 난 하나님이 의로운 사
람 노아를 부른다. 그리고 그에게 방주를 짓게 하고 대홍수를 통해 모든

○ 바벨탑의 전경
〈바벨탑〉, 브뤼겔, 1563
이 사건은 창세기 11장에 전해지는 이
야기로 인류가 쓰던 언어와 이에 따른
욕심 · 비극을 주제로 한다. 바벨은 히
브리어로 '혼돈'이라는 뜻이다.

인간들을 땅에서 쓸어 버리고 오직 노아와 그 가족만을 구원한다. 이것이 '노아의 홍수'다. 이후 하늘 끝에 닿으려고 하는 인간의 교만을 쳐부순 '바벨탑 사건'이 이어지고, 마침내 믿음의 조상 아브라함이 태어난다. 갈대아 우르 지방에서 우상을 만들어 파는 사람 데라의 아들로 태어난 아브라함은 "네 친척, 본토, 아비 집을 떠나라"라는 하나님의 부름을 받고 갈 바를 알지 못한 채 그 명령에 순종한다. 우르에서 하란으로, 하란에서 베델Bethel로, 다시 애굽으로 이어지는 그의 여정은 오직 하나님의 인도에 따른 것이었고, 그의 신앙은 백 살 때 얻은 아들 이삭을 번제로 드리라는 하나님의 명령에 순종하면서 극에 다다른다. 이 세상에 과연 누가 자기 늦둥이 아들을 칼로 잡아 사각형으로 각을 뜬 다음, 재가 될 때까지 불로 태워 드리는 무시무시한 번제의 제물로 바칠 수 있을까? 물론 이삭은 극적으로 목숨을 구하긴 하지만, 이 순종의 행위로 인해 우상숭배의 가정에서 태어난 아브라함은 기독교뿐만 아니라 유대교와 이슬람교에서도 믿음의 조상으로 세워지게 된다.

아브라함이 아내인 사라에게서 약속의 씨앗인 이삭을 얻기 전에 이보다 먼저 사라의 몸종인 하갈에게서 서자庶子 이스마엘을 생산했었다. 이것이 오늘날 중동 전쟁으로까지 이어질 줄 누가 상상이나 했을까? 적자 이삭이 태어나자 손위 형이자 서자인 이스마엘은 그 어미인 하갈과 함께 집에서 쫓겨나게 된다.

☯ 이삭을 제물로 바칠 준비를 하는 아브라함
이 조각상은 로렌초 기베르티(1378~1455)가 피렌체 대성당의 문에 조각한 것이다.

한편, 간신히 죽음에서 벗어난 이삭은 나중에 쌍둥이 형제 에서Esau와 야곱Jacob을 낳는데, 팥죽 한 그릇에 장자의 권리를 팔아 버린 형 에서는 끝내 집을 나가고 여러 가지 권모술수로 형의 권리를 빼앗은 야곱이 큰아들의 적통을 이어받는다. 야곱을 미워하던 에서는 결국 같은 처지인 이스마엘과 결합해서 이른바 에돔족을 형성하게 되는데, 이 혈통에서 이슬람교의 창시자 마호메트가 태어나게 된다. 그리고 그 반대편인 이삭에서 출발하여 다윗·솔로몬·예수가 등장한다. 아브라함을 똑같은 조상으로 두었지만, 이삭·야곱이스라엘, 미국과 서방 쪽과 이스마엘·에서이슬람과 아랍 세계라고 하는 양대 세력이 오늘날까지 맞서고 있으며, 이스라엘의 수도인 예루살렘 역시 전통적인 유대교인과 기독교인, 그리고 이슬람교의 세력으로 나뉘게 되었다.

◐ 우르파 도시
아브라함이 살았던 도시다. 현재는 터키의 땅이다.

믿음의 사람들

야곱이 이스라엘후에 나라 이름이 됨로 불리게 되며, 야곱의 열두 아들이 이스라엘의 열두 지파를 형성하게 된다. 그런데 이 가운데 열한 번째 아들인 요셉은 형들의 모함으로 이집트애굽에 팔려간다. 그는 온갖 고초를 당한 끝에 그곳 파라오의 눈에 들어 총리대신이 되는 영광을 얻는다. 한편, 가나안오늘날의 팔레스타인 지방에 가뭄과 흉년이 들자 굶어죽게 생긴 야곱은 마침내 이집트로 길을 떠나고 그 후 막내아들 요셉과 함께 그곳에 정착하면서 이스라엘 백성들은 400년 동안 노예 생활을 하게 된다.

애초 70여 명에 불과했던 야곱의 식구들은 세월이 흐르는 동안 200만 명 이상의 대인구로 불어나게 되는데, 바로 이때 민족의 지도자 모세가 태어난다. 유대인들의 출산 능력이 뛰어난 데 대해 불안감을 느낀 파라오는 남자아이들을 다 잡아 죽이라는 명령을 내리게 되고, 이에 모세의 어머니는 갈대상자에 그를 넣어 강물에 띄운다. 마침 강에 목욕을 나왔던 파라오의 딸^{공주}이 모세를 건져냈고, 모세는 이를 지켜보던 누이의 지혜 덕분에 생모의 보살핌을 받으며 애굽의 궁궐에서 왕자로 성장하게 된다. 문무를 겸한 지도자의 자질을 갖춘 모세가 마흔 살 되던 해, 히브리인과 싸우던 애굽 사람을 맨주먹으로 때려죽이고 이것이 탄로 나자 광야로 도망치고 만다. 양을 치며 그렇게 40년의 세월을 보내던 모세에게 하나님이 나타나 민족의 사명^{구원}을 주는데, 조력자로 그의 형 아론을 세운다.

이집트로 들어간 모세는 파라오와의 맞대결을 통해 마침내 이스라엘 민족을 이끌고 이집트를 탈출한다. 이 탈출 과정에서 홍해가 갈라지는가 하면, 반석이 터져 생수가 나오고, 하늘에서 만나^{Manna}가 내리는 기적을 체험한다. 시나이산^{시내산}에서 하나님으로부터 십계명을 받은 후 밤에는 불기둥, 낮에는 구름기둥의 인도에 따라 또다시 40년 동안 민족을 이끌던 모세는 느보산^{비스가산} 꼭대기에 올라 멀리 바라다 보이는 가나안 땅을 바라보며 죽어간다. 그리고 그의 몸종이자 후계자인 여호수아로 인해 14년간의 치열한 전쟁은 끝나고 마침내 '젖과 꿀이 흐르는' 가나안 땅, 즉 오늘날 팔레스타인 지역으로 들어가게 된다.

기원전 1400년에 가나안 정복이 끝난 후 이어서 열두 지파에게 땅을 분배함으로써 사사^{士師} 시대로 들어간다. 종교·정치·군사 부분에 이르기까지 당시 최고의 지도자인 사사에는 여성 지도자로 유명한 드보라, 삼백 용사를 선발한 기드온, 그리고 드릴라와의 욕정 때문에 처절하게 멸망해갈 수밖에 없었던 삼손 등이 있다.

마지막 사사인 사무엘에 의해 사울이 왕으로 기름 부음을 받아 비로소

만나

'이것이 무엇이냐'라는 뜻이다. 출애굽한 이스라엘 백성들이 광야에서 생활할 때 하나님이 내려주신 양식으로, "깟씨 같고 희며 맛은 꿀 섞은 과자 같았다"라는 기록이 있다.

사사

'재판하다' '다스리다' '구원하다'라는 뜻으로, 이스라엘 백성들이 가나안을 정복한 후부터 사울이 왕으로 기름 부음을 받기까지의 기간(BC 1390~BC 1050)에 이스라엘을 다스린 지도자들을 말한다. 이들은 하나님의 부르심을 받아 침략 시에는 백성을 이끌고 나가 군사 지도자로 활약했고, 평상시에는 정치 지도자로 활약했다. 대개의 경우 이들의 통치와 권위는 특정 지파와 위기의 시기에만 국한되었다. 대표적인 사사로는 옷니엘·드보라·기드온·삼손 등이 있다.

이스라엘의 왕정王政 시대가 열린다. 그러나 백성들로부터 인기를 한 몸에 차지하는 신하 다윗을 끝없이 쫓아다니며 죽이려다가 비참한 최후를 맞이하고, 그의 사위이기도 했던 다윗이 그 뒤를 이어 왕위에 올라 남쪽 유대와 북쪽 이스라엘을 통일함으로써 마침내 통일왕국의 위업을 달성한다. 위대한 성군 다윗은 그러나 부하 장수를 죽이고 그의 아내 밧세바를 취하는 죄를 범하게 되며, 결국 그 여인과의 사이에서 태어난 솔로몬이 그의 후계자로 등극하게 된다.

솔로몬은 궁전의 웬만한 물건들을 금으로 치장했으며, 처첩이 일천 명에 이를 정도로 부귀영화를 누린다. 그러나 역사상 최고의 전성기를 구가하던 그도 노년에 이르러 수많은 여인들 때문에 우상숭배에 빠지게 되지만, 하나님도 다윗과의 약속 때문에 차마 그를 벌하지는 못한다. 그 후 솔로몬이 죽고 그의 아들 르호보함이 왕위에 오르자 하나님은 마침 기다렸다는 듯이, 이스라엘을 남 유대와 북 이스라엘로 쪼개고 만다. 이후에 두 나라는 힘이 약해져서 북쪽 이스라엘은 아시리아아수르에 망하고, 남쪽

◐ 율법책 《토라》를 읽고 있는 유대교의 랍비

125

유대는 바빌로니아에 의해 차례로 정복당하고 만다. 그래서 유대인들은 한때 바빌로니아의 포로로 잡혀가게 되는데, 이때가 기원전 6세기경이 었다. 이 무렵 바빌로니아에는 네부카드네자르 2세ㄴ부갓네살라는 무서운 압제자가 등장하는데, 얼마 전 이라크의 독재자 후세인은 스스로를 '제2 의 느부갓네살'이라고 표현한 바 있다. 아마 이스라엘 역사상 가장 치욕 적인 시기를 상기시킨 말이 아닌가 생각된다.

그렇다면 이스라엘인들은 이 어려운 시기를 어떻게 견뎌냈을까? 본래 이스라엘인에게는 고대 동방의 유일한 일신교로서 야훼Yahweh●에 대한 믿음이 있었다. 그렇게 오랜 정치적 핍박 속에서도 오히려 그 종교가 비 약적인 발전을 거듭하며 원시적인 민간신앙에서 일신교의 조직 체계를 갖추게 되는데, 이것을 유대교●라 부른다.

기름 부음 받은 자, 메시아

무엇보다도 기독교가 생겨나는 데 커다 란 영향을 미친 것은 메시아messiah 사상이다. '기름 부음을 받은 자'라는 뜻을 가진 메시아는 '구세주'로 번역되는데, 그리스어로는 'Christos크리 스토스'라고 한다. 여기에 오늘날 예수를 구세주로 받아들이는 종교를 크 리스트교그리스도교라 부르고 이것을 한자로 말하면 기독교基督敎가 되는 것 이다.

옛날부터 유대인들은 메시아가 나타나 이 땅에 하나님의 도를 세우고 모든 인류를 구원한다는 사상을 가지고 있었다. 이러한 사상은 유대인의 정치적 몰락으로 인해 더욱 강렬하고 배타적인 성격을 갖게 되었고, "메 시아가 나타나면 모든 이교도다른 종교를 믿는 자는 멸망하고 유대인을 중심 으로 세계가 통일될 것이다"라고 하는 선민 사상으로 바뀌어 갔다.

야훼

《구약 성경》에서 이스라엘인이 숭배한 하나님의 이름이다. 만물 의 창조주로서 우주의 통치자다. 여호와라고도 한다. 이스라엘 민 족이 믿었던 유일신으로서, 시나 이 산에서 모세에게 나타난 이후 부터 이스라엘 민족과의 계약 관 계가 시작되었다. 전지전능하고 무소부재無所不在(있지 않은 곳이 없음)한 속성을 가지고 있다.

유대교

《구약 성경》을 경전으로 삼는 유 대인의 민족 종교다. 이스라엘인 들의 여호와 신앙을 기반으로 하 며, 기원전 538년 바벨론의 포 로 상태에서 해방된 후 예루살렘 성전을 중심으로 성립되었다. 엄 격한 율법을 강조하는 일신교一 神敎다. 회당을 중심으로 조직되 었고, 예배의 의식을 맡는 랍비 를 따로 둔다. 오늘날 남자 아이 의 포경수술과 흡사한 할례는 중 요한 의식 가운데 하나며, 이집 트의 탈출 사건을 기념하는 유월 절을 축제일로 지킨다.

이처럼 강인한 종교심에 의지해서 오랜 세월을 버티던 유대인들 가운데에는 사자 굴에 던져졌다가 극적으로 살아난 다니엘 같은 인물도 있다. 이후 운이 좋게도 페르시아 왕 키루스 2세^{고레스}의 칙령에 의해 바빌로니아 포로 생활에서 풀려난 이스라엘인들은 제1차는 스룹바벨에 의해, 제2차는 에스라에 의해, 그리고 제3차는 느헤미야에 의해 각각 고향 땅으로 돌아온다. ^{BC 445} 이때 황폐해진 예루살렘을 재건하고 무너진 성전을 다시 짓는다. 그리고 약 400여 년이 흐른 후 세례 요한이 등장한다. 예수보다 6개월 먼저 태어난 이종사촌이던 세례 요한은 가죽옷을 걸치고 석청과 메뚜기를 먹으며 광야에서 "회개하라"라고 외친다. 그는 머지않아 메시아가 출현할 것이라고 예언했는데, 마침내 요단강에서 직접 그의 세례를 받은 나사렛 출신의 예수가 스스로 하나님의 아들이라 칭하며 그의 교훈을 설교하자 이스라엘 민중들이 메시아로 숭배하게 되었다.

이 무렵, 로마의 정치 상황은 원로원^{Senatus}●의 전제 시대에서 군인 독재 시대로 들어가고 있었다. 이후 빈민당의 거두 카이사르^{Caesar}●가 귀족당의 우두머리였던 폼페이우스와 또 다른 정치가 크라수스와 함께 이른바 삼두三頭정치를 실시했다. 카이사르는 기원전 45년에 로마를 통일했으나 1년 후 공화주의자에게 암살되고, 그의 조카인 옥타비아누스가 안토니우스·레피두스 장군과 함께 다시 삼두정치를 세웠다. 기원전 41년 옥타비아누스가 지중해를 통일한 이후, 로마는 오랫동안 평화 시대에 접어들게 된다. 이후 오현제五賢帝●가 다스리는 동안^{96~180} 로마는 크게 발전했고, 그

❂ 카이사르의 조카이자 삼두정치를 폈던 옥타비아우스 황제

원로원

고대 로마의 입법·자문 기관으로 로마의 건국자인 로물루스가 설치하여 로마 건국 때부터 존재했다고 한다. 왕정 때 씨족의 장로로 구성된 것으로 추측되며, 공화정 때 의원 수 300명이고 뒤에는 600명이 되었다(카이사르 때는 900명). 처음에는 귀족만으로 구성되었으나 차차 평민도 참가했다.

카이사르

로마 황제의 칭호. 한글판《성경》에는 가이사로 표기되어 있으나, 본래는 로마 최대의 정치가인 가이우스 율리우스 케사르의 성이었으나, 후에 로마 황제의 칭호로 사용되었다.《성경》에는 네 명의 카이사르가 등장하고 있는데, 아구스도·디베료·글라우디오·네로 등이다.

오현제

네르바·트라야누스·하드리아누스·안토니누스 피우스·마르쿠스 아우렐리우스 등 로마 제국 역사상 최고의 전성기를 이끈 다섯 명의 황제를 말한다.

동안 로마의 문화는 식민지 속국의 방방곡곡까지 보급이 되었다. 따라서 동쪽 유대 나라의 예수는 정치적으로는 안정되어 있으면서도 조국이 로마의 속국으로 전락해 있는 신정神政체제에서 살았던 것이다.

예수는 좁은 의미의 유대교 신앙에 대해 비판했다. 그에 의하면, 모든 인류는 하나님 앞에서 평등하고 모두가 같은 동포이자 형제자매다. 그러므로 유대인만이 아니라 다른 민족, 다른 사회적 입장을 가진 사람들도 얼마든지 구원받을 수 있다. 이러한 예수의 가르침은 로마의 사해동포주의四海同胞主義와 서로 통하는 것이기도 하다. 또한 예수는 "하나님 나라는 여기도 저기도 아닌, 바로 너희들 마음속에 있다"라고 하는 내면적 신앙을 강조했고, 이 땅의 부와 권력이 부질없는 것이라고 강조했다.

예수가 부와 권력을 부정하고 영혼의 구원을 강조하자, 당시 희망을 잃고 편견에 신음하던 가난한 백성들과 로마의 노예 계급은 그에게 열렬한 지지를 보냈다. 그러나 자신이 여호와 하나님의 아들이요 메시아라고 주장하자, 이를 못마땅하게 여긴 바리새인과 제사장을 비롯한 유대인들은 그의 행동이 유대교 교리에 어긋났다는 이유로 십자가에 못 박아 죽이고 만다.

그러나 예수는 3일 만에 다시 살아났고 이 땅에 40일 동안 머물다가 하늘로 올라갔으며, 그로부터 10일 만에 120여 명이 모여 기도하던 마가의 다락방에 성령보혜사이 내려오면서 새로운 역사가 시작되

십자가 위의 예수

유대교 신앙
유대인만이 하나님의 선택된 민족이라고 하는 신앙

사해동포주의
이 세상의 모든 사람들이 한 형제요, 자매이기 때문에 서로 사랑해야 한다는 사상이다. 다시 말해 인종적 편견이나 국가적 이기심을 버리고, 인류 전체의 복리 증진을 위해 모두가 평등하게 사랑해야 한다는 입장이다.

당시 유대교의 율법에 의하면, 안식일에 병을 고치는 일이나 세리 혹은 매춘부와 함께 식사하는 일 등이 금지되어 있었다. 그러나 예수는 이러한 일에 개의치 않았고 이는 바리새파 종교 지도자들과 제사장들의 분노를 샀다.

128

었다. 예수가 십자가에 못 박혀 힘없이 죽어 버리자 자기 살 길을 찾아 뿔뿔이 흩어졌던 제자들이 예수의 부활을 직접 보고 성령까지 받아 새로운 힘을 얻게 된 것이다. 베드로를 비롯한 열두 제자들은 죽음을 무릅쓰고 복음을 전파하는 일에 힘쓰다가 거의 순교를 당했다. 그 뒤를 이어 스데반 같은 사람은 돌에 맞아 죽어 가면서도 "저들을 용서해 달라"라고 하늘을 향해 기도했다. 이렇게 수많은 순교자를 배출하면서 기독교는 세계적인 종교로 발전하게 된다.

여기에는 1세기경에 사도들의 선교 활동이 중요한 역할을 했는데, 특히 사도 바울의 세 번에 걸친 전도 여행과 로마 순교는 선교의 촉매제가 되었다. 본래 이름이 사울^{큰 자}이었던 바울은 스데반이 돌에 맞아 죽을 때, 그 옆에서 옷을 지키던 사람이었다. 이때 그는 죽어 가면서도 흔들리지 않는 스데반의 신앙에 충격을 받는다. 그리고 이후 예수를 믿는 자들을 잡아들이라는 대제사장의 체포 영장을 가지러 다메섹^{다마스커스}으로 가다가 길에서 예수를 만난다. 여기에서 이름까지 바울^{작은 자}로 바꾸는 신앙의 결단이 생겨나고, 결국 그는 이제까지의 삶과는 정반대로 예수가 '하나님의 아들이자 구세주'임을 전하기 위해 목숨을 바치게 된다.

🔾 초대 교회의 사도 바울

64년에서 68년 사이에 베드로와 더불어 로마에서 순교했을 것으로 추정되는 바울의 생애와 그 자신이 기록한 《신약 성경》에 힘입어 기독교는 비약적으로 발전했고, 2세기 중엽에는 로마 제국 안의 여러 곳에서 기독교 단체가 생겨났다. 그러나 로마인들은 이런 단체에 대해 국가 종교를 파괴하고 공공질서에 대해 적대하는 것으로 간주하여 국가적 차원에서 조직적인 박해를 가했다. 사자의 밥이 되면서까지 신앙을 지킨 초기 기독교 신자들의 삶이 얼마나 비참했는지는 지금도 로마 시내 곳곳에 남아 있는 카타콤^{지하묘지}에 가보면 여실히 알 수 있다. 그들은 말을 탄 로마 병사들이 쫓아오지 못하도록 땅속 깊숙한 곳에 들어가 미로처럼 연결된 곳에 여러 개의 방을 만들고, 그곳에서 먹고 마시고 예배하며 하나님을 경배했다. 아이가 태어나면 그곳에서 키우고, 사람이 죽으면 벽을 파서 시신을 그대로 묻었다.

놀라운 사실은 겉보기에 교양과 윤리적 풍모를 갖춘 로마의 황제일수록 기독교 탄압에 대해서 지독한 강경 정책을 썼다는 점이다. 폭군이자 패륜아인 네로는 말할 것도 없고 여기에는 도미티아누스·트라야누스· 마르쿠스 아우렐리우스^{스토아학자} 같은 황제도 끼어 있었다. 아마 그들은 '신흥 이단 종교'인 기독교를 제압하는 것이 진정한 애국의 길이요, 백성을 보호하는 일이라 여겼던 것 같다.

하지만 탄압이 혹독하면 할수록 더욱 기독교를 강화시키는 결과로 나타났는데, 말하자면 신자들은 예수를 위해 죽는 일을 큰 영광으로 받아들이면서 그들만의 도덕적 품성과 인내심을 높여 나갔던 것이다. 이처럼 기독교 신자 수가 크게 늘어나자 313년 마침내 콘스탄티누스 1세는 〈밀라노 칙령〉으로 기독교를 공인하기에 이르렀다. 325년 니케아공의회에서는 아리우스파^{Arius}를 쫓아냈고, 급기야 성부와 성자가 영원히 동질적이라고 하는 아타나시우스파^{Athanasius}의 교리가 교회의 정통 교리로 채택되었다. 392년에는 기독교 이외의 다른 종교에 대한 숭배가 금지되었고, 395년 테오도시우스 1세는 기독교를 로마의 국교로 선포했다. 그리고 마침내 529년 유스티니아누스 1세는 아테네의 아카데메이아를 폐쇄하고 기독교 이외의 철학을 모두 금지시켜 버렸는데, 이것은 그리스의 이성주의 철학 대신에 기독교 신앙이 시대적 이념으로 등장했음을 상징적으로 보여준 사건이라 해야 할 것이다.

🔵 **콘스탄티누스 1세**
콘스탄티누스 황제는 〈밀라노 칙령〉으로 로마에서 기독교를 공인했다.

예수는 4대 성인 중 하나인가

사람들은 세계 4대 성인 가운데에서도 유독 예수에 대해서만큼은 두 가지 관점을 가지고 있다. 하나는 문자 그대로 성인聖人 가운데 한 '사람'으로 보는 것이고, 다른 하나는 '하나님의 아들', 즉 신으로 보는 것이다. 과연 예수는 인류에 커다란 가르침을 준 위대한 성인인가, 아니면 기독교에서 말하듯이 신의 속성을 지닌 하나님의 아들인가?

이와 관련해서 《성경》에는 "육신으로는 다윗의 혈통에서 나셨고 성결의 영으로는 죽은 자들 가운데서 부활하사 능력으로 하나님의 아들로 선포되셨으니 곧 우리 주 예수 그리스도시니라"로마서 1장 3~4절라고 되어 있다. 즉 예수의 인성과 신성을 모두 인정하고 있는 셈이다.

예수는 유대에서도 변두리에 있는 갈릴리의 조그만 마을 나사렛에서 가난한 목수의 아들로 태어났다.• 당시 로마에서는 아우구스투스가 황제로 즉위했고, 유대가 속한 팔레스타인의 분봉왕어느 일정한 지역을 관할하는

•예수의 생년이 서력의 출발로 되어 있으나, 실제로는 BC 5년부터 AD 4년까지 학설이 다양하다. BC는 'Before Christ'의 약자로서 주전主前을 의미하고, AD는 'Anno Domini'라는 라틴어로서 주후主後라는 뜻이다.

131

○ **동방박사들의 경배**
세 사람이 아기 예수에게 황금과 유
황과 몰약을 선물하고 있다.

왕에는 헤롯^{헤로데스}이 임명되어 있었다. 이에 대해 《성경》은 "헤롯 왕 때에 예수께서 유대 베들레헴에서 나시매 동방으로부터 박사들이 예루살렘에 이르러 … (중략) … 그들이 떠난 후에 주의 사자가 요셉에게 현몽하여 이르되 헤롯이 아기를 찾아 죽이려 하니 이집트로 피하라고 현몽하다 일어나 아기와 그의 어머니를 데리고 애굽으로 피하여 … (중략) … 헤롯이 죽기까지 거기 있었으니 … (중략) … 헤롯이 죽은 후에 … (중략) … 이스라엘 땅으로 들어가니라 … (중략) … 그러나 아켈라오가 그의 아버지 헤롯을 이어 유대의 임금 됨을 듣고 … (중략) … 갈릴리 지방으로 떠나가 나사렛이란 동네에 가서 사니"^{마태복음 2장}라고 되어 있다.

여기에서 출생지가 나사렛이 아닌 베들레헴^{떡집이란 뜻으로 다윗의 고향}이 된 것은 아마 그를 다윗 왕가의 후손으로 기록하기 위해서가 아니었을까 하는 의견이 있다. 결과적으로 예수는 나사렛 동네에서 자랐다. 예수가 태어날 때 동방박사들이 가져온 선물에도 중요한 의미가 들어 있는데, 가령 황금은 예수의 인성과 왕권을 상징하고, 유향은 성전에서 제사지낼 때 분향을 위해 바치는 향료이기 때문에 예수의 신성을 나타내며, 몰약은 시체에 바르거나 사형수에게 마취제로 사용되었기 때문에 예수의 십자가 수난과 죽음을 암시한다고 볼 수 있다.

그의 탄생과 관련해서 《성경》은 "예수 그리스도의 나심은 이러하니라 그의 어머니 마리아가 요셉과 약혼하고 동거하기 전에 성령으로 잉태된 것이 나타났더니 그의 남편 요셉은 … (중략) … 가만히 끊고자 하여 이 일을 생각할 때에 주의 사자가 현몽하여 이르되 … (중략) … 그에게 잉태된 자는 성령으로 된 것이라 아들을 낳으리니 이름을 예수라 하라"마태복음 1장 18~21절라고 되어 있다. 이를 다시 설명하자면 다음과 같다. 본래 요셉과 마리아는 한 동네에서 자란 총각 · 처녀로 둘은 결혼하기 전의 상태, 즉 약혼 상태에 있었다. 따라서 동침하기 전에 아이를 가졌다는 말이 되는 데, 당시 처녀가 임신을 하면 돌로 쳐 죽이는 관습이 있었다. 이때 약혼남 은 그저 고발만 하면 책임으로부터 벗어날 수 있었다. 그러나 자비로운 성격의 요셉은 그렇게 하지 않고 조용하게 사건을 매듭지으려 했던 것 같 다. 이 와중에 하나님이 보낸 천사가 요셉의 꿈에 나타나 "이 아이는 특 별히 하나님의 영으로 잉태되었으니 아내를 의심하지 말라"라고 하는 말 과 함께 그 아이의 이름까지 정해 준다. 결국 예수의 탄생에 요셉과 마리 아는 그저 몸을 빌려 준 셈이 된다.

여기에서 왜 하나님의 아들이 굳이 사람의 육체로 이 땅에 올 수밖에 없었는가 하는 의문이 생기는데, 이것 은 예수 본성의 이중성과도 관련이 있다. 먼저 아담의 타락으로 인해 인류는 원죄를 가졌고 이 죄의 대가로 인간은 영원히 죽을 수밖에 없는 운명에 놓여 있었다. 이러한 인간을 구원하기 위해서는 구약 시대의 제물처 럼 반드시 피가 필요했다. 왜냐하면《구약 성경》은 "피 흘림이 없은즉 죄 사함이 없다"라고 말하기 때문이다. 그리고 피란 영靈이 아닌 인간의 몸에서만 흘러나올 수 있기 때문에, 예수는 인간의 육신을 입고 태어난 것이 다. 둘째로 예수가 인간으로 계속 머물지 않고 부활하 기 위해서는 특별한 신적 능력이 필요했다. 그래서 그 는 인간의 씨앗이 아닌 성령으로 잉태되었던 것이다. 남자의 씨가 아니

○ 예수를 묘사한 모자이크
라벤나의 산 아폴리나레 누오보 성
당에 있는 6세기경의 모자이크다.

133

라 성령으로 잉태된 데에는 '흠 없는 어린양'처럼 죄의 씨앗을 전혀 갖지 않는 제물이 필요했기 때문이기도 하다.

예수의 아버지 요셉과 어머니 마리아는 손수 벌어먹고 사는 평범한 사람이었다. 물론 당시에는 생활이 매우 단순했으므로 부자의 특권이 별로 없었고, 가난하게 사는 것도 결코 부끄럽지가 않았다. 그의 가족은 많았던 것 같으나 친형제는 잘 알려져 있지 않다.

예수는 암기식으로 읽기와 쓰기를 배웠다. 그러나 율법학자들이 가르치는 상급학교에는 다니지 않았다. 그는 《구약 성경》을 읽고 깊은 감명을 받았는데, 메시아에 대한 이야기는 큰 관심사였다. 이 땅에 내려오는 메시아, 차례로 멸망하는 나라들, 천지의 대변동 같은 예언은 예수에게 아주 자연스러운 것이었다. 그는 귀신을 믿었고, 기적은 그에게 이상한 일이 아니라 지극히 정상적인 것이었다. 세상의 모든 일은 신의 자유로운 의지에서 나온 결과라고 믿었기 때문이다.

예수의 어린 시절에 대해서는 자세하게 알려져 있지 않다. 다만 《성경》에는 열두 살 되는 해 유월절Passover●에 예루살렘으로 올라갔다가 요셉과 마리아가 그를 놓아둔 채 고향으로 돌아가는 바람에 사흘 만에 다시 만났다는 대목이 나오고, "예수는 지혜와 키가 자라가며 하나님과 사람에게 더욱 사랑스러워 가시더라" 누가복음 2장 52절라는 구절이 적혀 있을 뿐이다. 또 서른 살이 되던 해에 요단강에서 세례 요한으로부터 세례를 받기 전까지 그는 아버지의 직업을 이어받아 목수 일을 했을 것으로 추측된다.

세례를 받은 이후에 예수는 광야에서 40일 동안 금식하고 세 가지 시험을 받는다. 이를 무사히 통과한 예수는 갈릴리 지방에서부터 복음을 전하기 시작했으며, 가나 지방의 한 혼인잔치 집에서 첫 번째 기적을 보였다. 잔치의 마지막 순간에 포도주가 다 떨어졌을 무렵, 그는 항아리에 물

● **유월절**

유대인의 3대 축제일 중 하나로, 이스라엘 민족이 이집트에서 탈출한 것을 기념하는 절기다. 누룩 없는 떡을 먹는 무교절과 연결되어 있기 때문에 두 절기는 함께 지칭된다. 이날은 이스라엘 민족의 해방을 의미하는 중대한 경축일이요, 실질적인 이스라엘의 건국일로, 하나님 은혜의 표징이 되었다. 유월절이라는 명칭은 문에 피를 바른 집은 죽음의 사자가 넘어갔다는 데서 유래된다.

을 가득 채우게 한 다음, 그것을 맛이 뛰어난 포도주로 변하게 한 것이다. 떡 다섯 개와 물고기 두 마리로 오천 명이 넘는 사람들을 먹인 오병이어五餠二魚●의 기적도 있으며, 스스로 물위를 걷는가 하면, 제자 베드로에게 물위를 걸어오게도 했다. 또한 중풍병자와 열병환자를 고치고, 귀신 들린 자에게서 귀신을 쫓아내고, 열두 해 동안 혈루증하혈 증세을 앓던 여자를 고치고, 소경의 눈을 뜨게 하고, 벙어리의 입을 열게 하고, 앉은뱅이를 일으켜 스스로 걷게하는 등 많은 기적을 일으켰다.

그의 사역은 이처럼 사람들을 치료하고, 제자들을 가르치고, 또 하나님의 나라를 전파하는 데 모아졌으며 이러한 일은 약 서른 살부터 3년 남짓 이어졌다. 당시 로마는 식민지 땅의 어느 청년이 센세이션을 일으키며 대중을 떼 지어 몰고 다니는 행위가 결코 통치에 도움이 되지 않는다는 판단을 하게 되고, 이에 로마 총독으로 유대에 파견 나와 있던 폰티우스 필라투스본디오 빌라도가 예수의 죽음에 관여하게 된다. 유대의 지도자에 속하는 제사장·서기관·바리새파들에게도 예수라는 존재는 참으로 거추장스럽고 불편했을 것이다. 나름대로 유지되고 있던 그들의 기득권이 예수 때문에 여지없이 짓밟힐 처지에 놓였기 때문이다. 결국 이들은 평소부터 돈에 집착했던 예수의 제자 가롯 출신의 유다에게 접근하여 스승을 고발하게 만든다.

> ● 오병이어
>
> 어린아이가 도시락에 담아온 보리떡 다섯 개와 물고기 두 마리로 오천 명을 먹이고 열두 광주리에 차고 넘칠 만큼 남았다고 하는, 예수의 기적이다.

십자가 위의 죽음

마침내 예수가 붙잡히자 그토록 충성을 다짐했던 수제자 베드로는 변절을 했고 '닭이 울기 전에' 세 번씩이나 예수를 부인하는 일이 벌어진다. 그의 죽음에 관해서 〈마태복음〉에 나와 있는 내용을 요약해 보면 다음과 같다.

● 예수를 부인하는 베드로
렘브란트, 유화, 1660
닭이 울기 전, 베드로는 예수를 세 번 부인했다고 한다.

135

❖ 예수가 십자가에 못 박혀 죽은 골고다 언덕

*예수는 현재 시간으로 금요일 오후 3시경에 운명했으며, 그날 오후 6시부터 안식일이 시작되었다. 안식일에는 활동이 금지되었으므로 세 시간 안에 예수의 시체를 장사지내야만 했다.

총독 필라투스가 예수에게 "네가 유대인의 왕이냐"라고 묻자 예수는 "네 말이 옳다"라고 대답한다. 대제사장과 장로들은 예수를 십자가에 못 박아야 한다고 언성을 높였고, 병사들은 옷을 벗기고 홍포紅布를 입힌 후 가시 면류관을 씌우고 오른손에 갈대를 들게 했다. 침을 뱉고 때리면서 갈바리아골고다 언덕로 끌고 가다가 시몬을 만나 그에게 억지로 예수의 십자가를 대신 지게 했다. '해골'이라는 뜻의 갈바리아에 이르러 예수에게 쓸개즙을 탄 포도주를 마시게 했으나 조금 맛보고 거절했다. 이때에는 예수의 주변에 제자들이 아무도 없었다. 로마 병사들은 예수를 십자가에 못 박은 후 제비를 뽑아 그의 옷을 나누었고 십자가 밑에서 그가 죽을 때까지 지켰다. 머리 위의 팻말에는 '유대의 왕 예수'라고 쓰여 있었고, 함께 못 박힌 강도 중 한 명과 구경 온 유대인들은 그를 조롱하고 욕했다. 육시정오부터 어두워지기 시작하더니 구시오후 3시쯤에 예수가 크게 소리 지르며, "나의 하나님, 나의 하나님! 어찌하여 나를 버리셨나이까"라고 한 후 숨을 거두었다.

당시 죄인으로 잡혀온 사람에는 예수 외에 바라바Barabbâs라고 하는 반항 운동 단체의 추종자가 있었다. 유월절의 관례는 이 둘 중에 한 사람을 풀어 주도록 되어 있었는데, 유대인들은 바라바가 아닌 예수를 십자가에 못 박으라고 소리를 질렀다. 당시 십자가형을 받은 사람은 그 십자가를 지고 시내를 돌아다니게 했는데, 그 이유는 첫째 이로써 경계를 삼고, 둘째 혹시 무죄일 경우 누군가가 재심을 요청하면 이를 받아들이기 위해서였다. 하지만 예수의 경우에는 아무도 무죄를 주장하는 사람이 없었다.

또한 십자가형은 너무나 잔인무도하여 평소 점잖은 자리에서는 입에 올리는 것조차 금기시했다. 그 이유는 첫째, 완전히 발가벗겨진 치욕적인 모습으로 손목과 발에 못이 박힌 채 공중에 높이 매달리며 더없는 고통을 당해야 했기 때문이다. 예수에게 홍포를 입힌 것은 왕의 옷을 빗댄 것이고, 가시 면류관은 왕관을, 그리고 갈대는 왕이 드는 홀笏을 의미했다. 이것은 예수가 스스로 '유대의 왕'이라고 자처한 데 대한 조롱이었던 것이다.

둘째, 십자가형은 인간이 갖는 인내심의 한계를 초월하는 것이었다. 죄수는 스스로 약 80킬로그램의 십자가를 지고 가파른 언덕을 올라야 했으며, 이때 몸이 약한 예수는 여러 차례 쓰러졌기 때문에 길옆에서 구경하던 구레네 지방 출신의 시몬을 붙잡아 억지로 십자가를 지고 가게 했다. 물론 십자가에 못이 박힌 후에는 얼마 가지 않아 피가 멈춘다. 하지만 고통에 몸부림치다 보면 못이 박힌 자국에서 다시 피가 흘러나오고, 이 때문에 온몸에 있는 피를 다 쏟고 나서야 숨을 거두는 것이다. 이 과정이 길어지면 보통 이틀이나 사흘, 심지어는 일주일까지도 죽지 않은 채 버티게 되는 무서운 형벌이다. 하지만 다행인지 불행인지 몰라도 몸이 극도로 약해져 있던 예수는 못 박힌 지 불과 여섯 시간 만에 숨을 거뒀다.

그가 숨을 거두는 순간, 땅에서는 지진이 일어나 주변에 있던 사람들이 매몰되고 예루살렘 성전의 휘장이 위에서 아래로 찢어졌다고 한다. 그것은 하나님과 인간들 사이에 죄로 가로막혀 있던 벽이 예수의 죽음으로 인해 화해가 되었고, 이제 누구나 하나님 앞으로 직접 나아갈 수 있다고 하는 영적 의미를 갖는다. "다 이루었다"라고

○ 로마 총독 폰티우스 필라투스(본디오 빌라도)는 예수를 십자가형에 처했다.

예수의 사랑은 십자가의 고통에서 잘 알 수 있습니다.

하는 그의 말처럼, 그가 이 땅에 내려온 목적이 다 달성된 것이다.

그가 숨을 거두자 로마 병사들은 옆구리에 창을 찔러 죽음을 확인했고, 원래는 만에 하나 살아나더라도 도망가지 못하도록 다리까지 뒤로 꺾도록 되어 있었으나 이미 죽음을 확인했기 때문에 그럴 필요가 없었다. 해가 저물자 부자 요셉이 빌라도에게 예수의 시체를 달라고 요구했고, 그 시체를 바위 속에 판 자기의 새 무덤에 넣고 큰 돌을 굴려 무덤 앞에 막아 놓고 갔다. 이튿날은 안식일토요일이었으며 그 안식 후 첫날일요일 새벽에 막달라 마리아와 다른 마리아가 무덤을 보러 왔다. 그러나 무덤은 이미 비어 있었다. 예수가 다시 살아났다는 소식을 천사로부터 전해 들은 그들은 이 사실을 제자들에게 급히 알렸고, 그들보다 앞서 갈릴리로 내려간 예수는 500여 명에게 자신의 몸을 보인 후 40일 동안 이 지상에 머물다가 제자들에게 '땅 끝 전도'로 요약되는 마지막 유언을 남기고 하늘로 올라갔다.

❂ 예수의 십자가형
독일의 화가 그뤼네발트(1472~1528)의 작품
십자가에 못 박힌 예수의 비참한 모습은 가장 보편적인 기독교적 이미지가 되었다. 십자가형은 예수가 견디지 않으면 안 될 고통을 나타내기 위해 오랫동안 많은 화가들이 그려온 주제였다.

비겁하게 도망쳤던 제자들이 다시 회개를 했고 마가의 다락방에 모여 열심히 기도를 했다. 그러다 "홀연히 하늘로부터 급하고 강한 바람 같은 소리가 있어 그들이 앉은 온 집에 가득하며 마치 불의 혀처럼 갈라지는 것들이 그들에게 보여 각 사람 위에 하나씩 임하여 있더니 그들이 다 성령의 충만함을 받고 성령이 말하게 하심을 따라 다른 언어들로 말하기를 시작하니라."^{사도행전 2장 2~4절} 말하자면 성령이 이 땅에 내려왔고 예수 혼자서 감당해야 할 사역들이 동시다발적으로 여러 곳에서 한꺼번에 일어나는 여지가 생긴 것이다. 이러한 의미에서 예수는 "내가 하늘로 올라가는 일이 너희에게 오히려 유익"이라고 말했던 것이다.

예수는 하늘 보좌 우편에 앉아 지금도 모든 인류를 위해 중보仲保[●]기도하고 있으며, 보혜사保惠師[●] 성령이 이 땅에 내려와 예수가 재림할 때까지 그의 사역을 대신한다는 것이 기독교 사상의 대략적인 요점이다.

예수의 사상

세상의 종말이 가까웠으니
회개하여 구원을 얻으라

예수는 3년 반 동안 공생애公生涯를 통해 제자들과 많은 사람들에게 교훈을 설파했다. 그 메시지의 핵심은 세상의 종말이 가까웠으니 회개를 하고 신앙을 통해 구원을 얻으라는 것이다. 오늘날 여러 가지 징후를 보고 세계의 종말을 말하는 사람들이 있다. 노스트라다무스[●]의 대예언이 있었고, 미확인 비행물체^{UFO}가 출몰한다는 보고가 있었으며, 인구폭발·자원고갈·환경오염·핵무기 등에 의한

중보

서로 대립되어 있는 양자 사이에서 화해와 일치를 도모하는 일. 구약에서는 주로 선지자와 제사장들이 하나님과 백성들 사이에서 중보자 역할을 했다. 영원한 대제사장인 그리스도는 중보자로서 완전한 자격을 갖췄고, 또 사명을 감당해냈다.

보혜사

'변호자' '탄원자' '중보자' 라는 뜻으로, 성경에서 보혜사는 그리스도 또는 성령을 가리킨다. 예수가 승천한 후 성령을 보내 성도들과 함께 있게 하면서 기도한다고 한다.

노스트라다무스

Nostradamus, 1503~1566 | 프랑스 의사이자 점성가. 《제세기諸世紀》라는 예언집으로 유명하다.

제3차 세계대전 발발 가능성도 대두되었다.

그러나 이보다 더 심각한 문제는 인간의 마음속에 자리 잡은 수많은 악들이 아닌가 생각된다. 사실 인류에게 가장 무서운 적은 서로간의 시기와 질투, 미움과 증오, 분쟁과 갈등, 욕망과 탐욕, 음란과 방탕, 뿌리 깊은 이기심이다. 오늘날 대한민국에서 일어나는 수많은 죄악들이 외부에서 오기보다는 사람의 잘못된 마음에서 오는 경우가 대부분이다. 부동산 투기가 횡행하고, 한탕주의가 판을 치며, 음란사이트와 자살사이트가 유행병처럼 번지고 있다. 알코올중독에 마약중독, '묻지 마 범죄'에 이르기까지 모든 사회적 병리 현상이 잘못된 마음에서 비롯된다는 뜻이다.

예수는 하나님 나라가 이미 인간의 마음속에 있다고 말한다. 천국의 신호인 예수의 인격 · 행위 · 메시지가 이미 인간의 마음속에 있기 때문에, 우리가 비참한 최후를 맞지 않으려면 예수를 본받아야 한다는 의미다. 그는 하나님의 아들에 그치는 것이 아니라, 직접 행하며 본받도록 가르쳤다. '하나님을 사랑하고 이웃을 사랑하면' 얼마든지 이 땅에서도 천국을 누릴 수 있다.

어렸을 적 들었던 이야기다. 사람이 죽으면 천국이나 지옥으로 가게 되는데, 양쪽 다 밥을 나눠 준다고 한다. 그런데 죽은 사람은 팔이 굽혀지지 않는데, 지옥에서는 이기주의자들만 모였기 때문에 서로 자기 입으로만 밥을 넣으려고 하니 모두가 쫄쫄 굶게 되고, 천국에서는 이타주의자만 있어서 맞은편에 있는 상대방에게 밥을 먹여 줘서 골고루 배부르게 먹는다는 이야기였다. 지금 이 세상에는 식량과 자원이 넘쳐난다. 그런데도 굶어 죽어가는 사람이 널려 있고, 자원이 없어 아우성을 치는 곳이 이토록 많을까? 그것은 가진 자가 더 많이 가지려는 탐욕과 이기심에서 비롯된다. 우리가 진정 마음을

예수는 하늘에서 뜻을 이룬 것처럼 땅에서도 하나님 나라를 이루고자 했다.

비워 서로가 서로를 사랑한다면, 이 세상이 천국이 될 것이다.

그렇다면 천국이란 과연 어떤 세상일까? 단순히 환경이 조금 좋아지고 살기가 약간 편해지는 곳이 아니다. 이 세상과는 질적으로 전혀 다른 세계다. 가난도 질병도 고통도 눈물도 없는 곳, 불의한 자가 없고 오직 의인들만 모여 서로 사랑하며 영원히 주님과 함께 살아가는 곳, 인간이 상상할 수 있는 최고의 유토피아가 바로 천국이다.

물론 세상의 종말은 벌써 일어난 것이 아니라 앞으로 다가올 암시일 뿐이다. 즉 어떤 순간에도 찾아올 수 있다는 말이다. 그렇기 때문에 예수는 "깨어 있으라"라고 충고한다. 마치 등을 들고 신랑을 맞으러 나간 처녀들처럼 말이다.※

그러나 인간의 의지로 하나님 나라를 가져올 수는 없다. 오직 하나님의 뜻에 의해서만 우리는 천국을 누릴 수 있다. 종말이 온다는 것은 분명한 사실이지만, 인간이 그때를 알 수는 없다. 《성경》은 "너희는 그날과 그때를 알지 못하느니라"〈마태복음 25장 13절〉라고 말한다. 그러므로 가령 몇 날 며칠에 예수가 오고 그때 하늘로 간다는 식의 주장은 명백한 오류이다.

새 하늘과 새 땅,
혁명 사상

현재 우리가 살고 있는 세계는 악의 지배 아래에 있다. 사람이 아무리 선을 추구하고 정의를 논해도 그 반대의 경우들이 판을 친다. 돈의 위력은 생각보다 더 강하다. 아무리 도덕적인 사람이라도 돈의 유혹 앞에서 버티기가 쉽지 않다. 그 때문에 이 세상에서는 늘 의로운 사람이 박해를 당하고 손해를 보며, 착한 사람들은 괴로움 속에서 눈물을 흘린다. 이와 반대로 악한 자들은 잘 먹고 잘 입고, 남부럽지 않게 잘

※ 〈마태복음〉 25장 1~3절에 나오는 말씀으로 예수는 천국을 일반 사람들에게 설명해 주기 위해 주로 비유를 사용했다. 기름을 예비한 처녀들은 신랑이 올 때 즐거운 마음으로 함께 혼인잔치에 참여하게 되지만, 예비하지 않은 처녀들은 잔치에 들어가기 전에 문이 닫혀 버린다는 일화를 말한다.

141

도 산다. 법망을 요리조리 잘도 빠져나가고, 양심의 가책도 없으니 오히려 잘산다. 그러나 현재의 세계와는 완전히 질이 달라지는 세상, 선인과 악인의 처지가 뒤바뀌는 시절이 반드시 온다고 《성경》은 말한다.

예수가 살아 있을 당시 사람들은 이것을 이해하지 못했다. 그들은 오직 이 땅에만 관심이 있었기 때문에, 예수를 시험하고자 답변하기 곤란한 질문을 던졌다. 말하자면 카이사르가이사에게 세금을 바치는 것이 어떠냐고 물었던 것이다. 만약 세금을 바치지 말라 하면 국가정책에 반하는 발언이라고 잡으려 들 것이요, 그 반대로 세금을 바치라 하면 "당신이 말하는 하늘나라는 어디 있느냐"라고 따질 판이었다. 이러한 바리새인 Pharisees®들의 계략적인 물음에 예수는 "가이사의 것은 가이사에게, 하나님의 것은 하나님께 바치라"마태복음 22장 21절라고 하는 절묘한 답변으로 위기를 넘겼다.

예수를 따르는 많은 무리, 물론 제자들 중에도 그에게 정치적 메시야의 역할을 기대했다. 당시 이스라엘이 로마에 종속되어 있었던 상황에서 유대의 정치적 독립과 자유를 갈망했던 것은 어쩌면 자연스런 일이었는지도 모른다. 그러나 예수의 생각은 달랐다. 그는 국가권력과의 급박한 충돌을 원하지 않았다. 그것이 비극을 초래하리라 여겼기 때문인지도 모르고, 그러한 방식이 오히려 방해가 된다고 생각했기 때문인지도 모른다. 결국 그는 정치와는 관계가 없는 피

바리새인

'분리된 자들'이라는 뜻. 사두개파 · 에세네파와 함께 유대 3대 당파 중의 하나다. 율법, 특히 정결에 대한 규례를 철저히 준수하며 부활을 믿었고, 헬레니즘의 영향에서 벗어나 율법을 지키며 성결에 힘쓴 무리들에서 유래되었다. 로마 시대에는 6천 명 이상의 당원을 가졌고, 유대인의 신앙적 지도자로 자처했으나 지나친 율법주의에 빠져 예수와 세례 요한의 책망을 받았다.

❂ 제자들을 가르치고 있는 예수

난처를 마련했다. 예수에게는 이 땅에서 자유 · 평등 · 행복을 누리는 것보다 영혼의 자유가 더 중요했다. 짧은 찰나를 사는 이 세상에 비해, 영원한 삶을 사는 저 세상의 삶이 훨씬 더 소중했던 것이다. 그래서 그것을 깨닫지 못하는 제자들을 늘 질타할 수밖에 없었다. 그렇다고 해서 예수가 이 땅의 질서를 모두 무시한 것은 아니었다. 왜냐하면 이 세상은 천국으로 가기 위한 '다리'의 역할을 감당해야 하기 때문이다.

그렇다면 예수는 돈에 대해 어떤 자세를 취했을까? 예수의 완전한 형제가 되는 첫 번째 조건은 자기의 재산을 가난한 사람들에게 나누어 주는 것이었다. 어떻게 해야 구원을 얻을 수 있느냐고 부자 청년이 물었을 때, 예수는 전 재산을 가난한 자들에게 나누어 주라고 말했다. 하지만 그 부자 청년은 그 말에 따르지 못했다. 물론 돈 자체가 중요한 것은 아니다. 다만 그 돈을 사용하는 인간의 마음이 문제인 것이다. 말하자면 예수는 매우 철저하게 인간들을 물질의 탐욕으로부터 높은 정신의 세계로 이끌고자 했던 것이다. 물질이 불필요한 것은 아니지만, 그것이 우리 삶의 전부가 되어서는 안 된다. 이러한 연장선상에서 초대 기독교는 유대의 여러 종파와 마찬가지로 재산공유共有주의를 따랐다. 이후 기독교의 도덕은 탐욕에 아주 엄격해서, 심지어 "부자가 하늘나라에 가는 것은 낙타가 바늘귀로 통과하기보다 더 어렵다"라는 극단적인 선언을 했다.

어쨌든 예수가 전하는 하나님 나라는 가난하고 약한 사람들 편이었다. 복음은 힘이 없는 어린이와 노약자들, 이 세상에서 천대받는 사람들, 사람들로부터 손가락질 받는 이단자와 세리稅吏●, 사마리아인이나 이교도와 같은 사람들을 위해서 존재했다. 그는 가난한 민중들을 사랑했고, 그들과 함께 있으면 평안을 느꼈다. 당시 바리새인들과 학자들이 꺼리는 계층인 세리나 창녀, 죄인들과도 기꺼이 함께 식사를 했다. 그는 형식이

● **세리**

세금을 징수하는 관리. 신약 시대 이들은 로마 정부에 바치는 세금을 거둬들이는, 로마의 앞잡이로 여겨졌다. 이들 중에는 부당한 세금 징수로 축재 · 치부하는 자들이 종종 있었기 때문에, 유대인들 사이에서 배척의 대상이 되었다.

나 외모를 조금도 중요하게 여기지 않았고 불필요하게 잘난 척하거나 근엄한 척하지도 않았다. 형식적인 율법에 얽매이는 일이나 마음에도 없는 제사를 드리는 일보다 약자에게 자비 베푸는 일을 더 소중하게 여겼다. 이 때문에 그는 안식일安息日에도 고통에 신음하는 병자를 고쳐 주었고 이 일이 안식일을 거룩하게 지키는 일보다도 더 시급하다고 여겼다. 유대교에서 중시하는 형식과 율법 대신에 신앙과 사랑을 강조했던 것이다.

이렇듯 예수는 기존의 유대교 율법을 뒤엎는 언행을 자주 했고, 당시로서 그의 사상은 혁명적이었다.

원수까지 사랑하라, 윤리 사상

예수는 이 세상이라는 구조 안에서 윤리적 체계를 잡는 일이 대단하다고 생각하지는 않았다. 언급했듯이 세상은 천국을 향해 건너야 할 다리에 불과하며, 따라서 그 위에 집을 짓는다는 것은 불필요하고도 무의미한 일이기 때문이다. 그러나 한편으로 이 세상은 우리가 육신을 입고 있는 한 살아가야 할 곳이기 때문에, 무조건 배척할 수도 없다. 돈 그 자체가 죄가 아니라 다만 '돈을 하나님보다 더 사랑하는 것'이 모든 악의 뿌리라고 말했을 뿐이다.

또한 예수는 사랑의 윤리를 제창하면서도, 구약의 율법을 완전히 없애 버리려고 했던 것은 아니다. "내가 율법이나 선지자를 폐하러 온 것이 아니라 온전케 하려고 한다"라는 말을 통해, 기존의 유대교를 인정하는 선에서 자신만의 주장을 덧붙이려 했다. 즉 십계명의 율법주의 위에 자신의 사상을 얹어 놓으려 했던 것이다.

갈릴리 가버나움 부근의 산에서 행해진 이른바 산상수훈山上垂訓에는

안식일

하나님이 세상을 창조하실 때 엿새 동안 일하시고 7일째 되는 날 쉬신 것에서 연유한다. 히브리인들은 1주의 마지막 제7일인 토요일, 즉 금요일 해질 때부터 토요일 해질 때까지를 안식일로 지켜 왔으며, 그날에는 불 피우는 것을 비롯하여 일하는 모든 것들이 금지되었다. 물론 사도 시대에 이르러서는 예수께서 부활하신 날을 기념하여 1주의 첫날인 일요일을 주일로 지키게 되었다.

산상수훈

《신약 성경》 가운데 《마태복음》 5~7장에 실려 있는 예수의 가르침으로, 신앙생활의 근본원리가 간명하게 정리되어 있다.

그의 윤리가 유대교의 그것보다 훨씬 철저하고도 내면적이라는 것이 잘 나타나 있다. 그는 먼저 이른바 팔복八福에 대해 언급한다. "심령이 가난한 자는 복이 있나니 천국이 그들의 것임이요, 애통하는 자는 복이 있나니 그들이 위로를 받을 것임이요, 온유한 자는 복이 있나니 그들이 땅을 기업으로 받을 것임이요, 의에 주리고 목마른 자는 복이 있나니 그들이 배부를 것임이요"마태복음 5장 3~6절라고 말하고, "너희는 세상의 소금이 되고 빛이 돼라"라고 충고한다. 그리고 모세의 십계명을 바탕으로 자신의 윤리 사상을 전한다.

예를 들어, 살인하지 말라는 계명 대신에 "형제에게 노하는 자마다 심판을 받게 되고"마태복음 5장 22절, 간음하지 말라는 계명 대신에 "음욕을 품고 여자를 보는 자마다 마음에 이미 간음하였느니라"마태복음 5장 28절를 얹어 놓았다. "눈은 눈으로, 이는 이로 갚으라"에 대해서는 오히려 "누구든지 네 오른편 뺨을 치거든 왼편도 돌려 대며 … (중략) … 누구든지 너로 억지로 오 리를 가게 하거든 그 사람과 십 리를 동행하고"마태복음 5장 38~41절라고 했으며, "네 이웃을 사랑하고 네 원수를 미워하라"에 대해서는 "너희 원수를 사랑하며 너희를 박해하는 자를 위하여 기도하라"마태복음 5장 44절라고 역설한다.

또한 "비판을 받지 아니하려거든 비판하지 말라 … (중략) … 어찌하여 형제의 눈 속에 있는 티는 보고 네 눈 속에 있는 들보beam●는 깨닫지 못하느냐"마태복음 7장 1, 3절 하고, 이어서 "무엇이든지 남에게 대접을 받고자 하는 대로 너희도 남을 대접하라"마태복음 7장 12절라고 말한다. 특히 후자의 내용은 공자●의 "네가 하고 싶지 않은 일을 남에게 시키지 말라己所不欲 勿施於人"라는 황금률과 마찬가지로, 상호성의 원리에 입각해 있다. 역지사지易地思之라는 말처럼, 서로 상대방의 입장에서 생각해 보면 이해하지 못

● 들보
지붕을 받치기 위해 두 기둥에 가로질러 걸쳐놓은 나무다. 솔로몬 성전과 궁전 건축 시 백향목 들보가 사용되었다. 예수는 남의 허물을 보면서 자기 허물은 보지 못하는 어리석은 인간을 이 들보의 비유를 들어 책망했다.

● 공자

孔子, BC 551~BC 479 | 유교의 시조始祖로 떠받드는 중국의 사상가다. 공자는 인간이 갖춰야 할 네 가지 사상(안仁—어질, 의義—옳음, 예禮—예의, 지智—지혜)을 제시했고, 그중 군자의 덕목으로 강조한 안仁을 중요시했다. 정치 면에서는 제도와 형벌을 중시하는 법가와 달리, 도덕적 정당성에 기반을 둘 것을 주장했다.

할 것이 없다는 뜻이다. 그러나 예수의 경우 악을 행하지 않는 소극적인 태도에 머물기보다는, 적극적인 선을 권장함으로써 한 발 앞선 윤리 사상으로 평가받는 것이 사실이다. 살인하지 않는 데 그치기보다 적극적으로 이웃을 사랑하는 편이 훨씬 더 바람직스럽고, 남의 물건을 도적질하지 않는 데 머물기보다는 가난한 이웃에게 자기의 소유를 나누어 주는 일이 훨씬 더 아름답다는 뜻이다.

기독교의 교리는 단순하다. 열심히 율법을 지키라는 것도 아니고, 부지런히 선을 행하라는 것도 아니다. 그저 예수를 잘 믿기만 하면 구원을 얻고 천국에 갈 수 있다고 말한다.

여기에서 잠깐 그리스의 윤리와 기독교의 윤리를 비교해 보기로 하자. 먼저, 그리스인은 현재 세상에서 자기완성을 위해 용기의 덕을 장려했다. 이에 비해 기독교인은 내세의 생활을 갈망하며 소극적이고 무저항적인 용기를 중시했다. 그리스인들은 이 땅에서 선한 인간이 되고자 자존심과 명예를 소중하게 여겼는데, 기독교인은 전능의 하나님 앞에서 자기의 미약함을 깨닫는 겸허의 덕을 강조했다. 그리스인들이 이 땅에서 행복을 누리고자 중용과 절제의 덕을 중시했다면, 기독교인은 천국에 들어가고자 현세에 대한 금욕을 강조했다. 그리스의 철학이나 윤리학은 상위의 지배 계층이 제시했던 데 반해, 기독교의 그것은 피지배 계층, 즉 가난하고 억눌린 자와 고통 받는 자를 위한 신앙이었다고 할 수 있다.

예수는 중간 선지자에 불과하다, 기독교와 이스라엘의 관계

기독교와 이스라엘은 서로 어떤 관계가 있을까? 예수는 분명 이스라엘 사람, 즉 유대인이었다. 그런데 오늘날 전 세계에 교세를 확장해 가는 기독교가 유독 이스라엘에서는 왜 맥을 추지 못하는 걸까?

아직도 이스라엘 사람들은 예수를 중간 선지자로 받아들이고, 전통적인 유대교 신앙을 고집하는 그들은 여전히 메시아를 기다리고 있다. 이 땅에 구세주는 오지 않았다는 것이다.

일찍이 예수는 "예루살렘의 딸들아 나를 위해 울지 말고 너와 네 자녀들을 위해 울라"라고 말했다. 그가 예언한 대로, 예루살렘은 로마의 티투스 장군에 의해 기원후 70년에 멸망했고,[*] 하나님이 아브라함에게 약속했던 가나안 땅^{지금의 팔레스타인}에서 쫓겨나게 되었다. 그 후 유대인들은 전 세계로 흩어져^{디아스포라} 1900년간 나라 없는 설움을 맛보며 유랑 생활을 해야 했다. 그러나 1948년 5월, 제2차 세계대전 전까지 영국의 위임통치령에 놓여 있던 팔레스타인에 이스라엘 공화국이 건설되었고, 유대인들은 아랍 세력을 몰아냈다. 이후 1967년 6월의 제3차 중동 전쟁에서 225만 명의 이스라엘은 14개국이 연합한 아랍 제국의 군대를 물리친 다음 시나이 반도를 점령하고 예루살렘을 회복했으며, 골란 고원을 탈환하여 전쟁 이전보다 세 배가 넘는 영토를 차지하게 되었다.

일이 이렇게 되자 이곳에 2천 년 동안 살고 있던 약 110만 명에 이르는 아랍 난민들이 전체 땅의 80퍼센트를 차지하는 유대인들을 몰아내고 옛 땅을 도로 찾자는 운동이 일어났는데, 이것이 바로 '팔레스타인 해방 운동'이다.

앞에서 말한 것처럼, 결국 오늘날 '세계의 화약고'라 불리는 중동에서 전쟁이 끊이지 않는 것은 첫째, 혈통적으로 아브라함이 하나님의 약속을 믿지 못하고 아내^{사라}의 몸에서 적자^{이삭}를 낳기 전에 첩^{하갈}에게서 서자^{이스마엘}를 낳아 버린 불신앙으로 인해 이삭의 후손인 이스라엘과 이스마엘

[*] 로마군에 끝까지 저항한 저항군이 마사다 요새에서 전원 자살을 했다. 이후 전 세계에 흩어진 유대인들은 율법과 토라, 안식일을 철저히 지키며 살았다.

147

○ 유대인과 아랍인에게 모두 성지
가 되는 예루살렘

의 후손인 아랍이 싸우는 형국이 되어 버렸기 때문이다. 따라서 믿음의 조상인 아브라함은 유대인이나 아랍인 모두에게 조상이 되는 셈이다.

둘째, 종교적으로는 유대인들의 전통적인 종교인 유대교, 혹은 예수에 의해 생겨난 기독교와 아랍 민족의 후손으로 태어난 마호메트의 이슬람교의 대립 국면이다. 그런데 이스라엘의 수도인 예루살렘은 유대교·기독교·이슬람교 모두에게 성지로 간주되기 때문에, 그 어느 쪽도 양보할 수 없는 입장에 놓여 있는 것이다.

혈통적으로, 종교적으로, 영토적으로 도저히 합의점을 찾을 수 없을 것만 같은 팔레스타인의 비극은 과연 언제쯤 끝이 날까?

제2장

교리의 확립

사도 바울의 회심 사건

흔히들 로마가 세계를 세 번 통일했다고 한다. 첫 번째는 카이사르^{시저}의 무력에 의한 통일, 두 번째는 로마법에 의한 통일, 그리고 세 번째는 기독교에 의한 통일이다. 그런데 이 마지막 통일이야말로 가장 위대하고 영속적인 통일이었다고 일컬어진다. 그렇다면 아시아에서 발생한 기독교가 어떻게 서양인 로마로 전해질 수 있었을까?

앞에서 잠깐 언급했듯이, 유대교는 스데반의 순교 이후 기독교에 대해 광범위하게, 그리고 극렬하게 박해를 했다. 이들은 예루살렘 교회 전체를 압박하기 시작했고, 이에 기독교 신자들은 열두 사도만 예루살렘에 남긴 채 유대·사마리아·다마스쿠스로 도망했다. 그러나 기독교 신자들은 가는 곳마다 예수를 전했고, 결과적으로는 기독교에 대한 박해가 오히려 기독교의 영역을 확대하는 쪽으로 흘러갔다.

게다가 예수 믿는 자들을 잡으러 다니던 사울이란 청

○ 회심하는 바울
다마스커스로 가던 길, 초자연적인 빛과 음성 때문에 바울이 쓰러졌다고 기록되어 있다. 이름이 사울에서 바울로 바뀌는 순간이다.

149

년이 회심해서 바울로 이름을 바꾸고 전심전력으로 기독교 복음을 전하기 시작했다. 예수 믿는 자들을 박해하던 자가 갑자기 예수를 전하니, 주변에서 그를 믿지 않는 것은 당연한 일이었다. 이에 바울은 아랍 사막으로 가서 3년 동안 수도 생활을 하고, 그 후 고향인 길리기아의 다소^{Tarsus}로 돌아가 약 10년 동안 조용히 지내게 된다. 그러다가 예루살렘과 안디옥으로 가서 기독교를 이방인과 로마 세계에 전하기 위해 전도 활동을 시작한다.

세 차례에 걸친 세계 전도 여행 중 제2차 여행에서, 바울은 유럽으로 건너가 전도하는 것을 보류하고 소아시아 쪽으로 방향을 돌리려 했다. 그런데 이때 어떤 사람이 환상 중에 나타나 "바다를 건너 마케도니아로 와서 우리를 구해 달라"고 말하는 것을 듣게 된다. 이 순간 바울은 의사인 누가^{누가복음과 사도행전의 저자}와 함께 소아시아의 끝 드로아에서 바다를 건너 유럽의 첫 번째 도시인 빌립보로 들어서게 되는데, 바로 이 사건이 아시아보다 유럽^{로마}에 먼저 기독교가 전파되게 된 결정적인 순간이 된다.

마침내 새로운 로마의 총독 베스도^{Festus} *에게 바울을 고발하는 고소장이 제출되었다. 총독은 재판을 열었으나 바울의 죄를 증명할 수 없었다. 원래부터 제국의 수도인 로마에서 복음을 전해야겠다는 열망을 품고 있던 바울은 "로마에서 직접 황제의 재판을 받고 싶다"라는 뜻을 전했다. 이는 로마 시민권을 가진 사람의 특권이기도 했다. 이에 베스도 총독은 피고 신분의 바울을 로마까지 호송했다. 우여곡절을 겪은 끝에 드디어 바울은 쇠사슬에 묶인 모습으로 로마에 도착했으며^{61년}, 이 장면을 보기 위해 수많은 사람들이 몰려들었다. 로마에서 바울은 비록 지키는 병사가 있긴 했으나 상당히 큰 집에서 살도록 허락을 받았다. * 그는 그곳에서 유대인들을 모아 놓고 "예수야말로 유대인들이 오랫동안 기다려 왔던 메시

> **●베스도**
>
> 60년, 로마의 유대 총독. 짧은 치세였지만 어진 성품 때문에 신망이 두터웠다고 전해진다.

> *일종의 가택 연금이며, 2년 동안 〈빌레몬서〉·〈빌립보서〉·〈골로새서〉·〈에베소서〉를 기록했다.

아"임을 설파했다. 또한 이사야 선지자의 말을 인용하여 "유대인들이 처음으로 복음을 듣긴 하지만, 이를 받아들이지 않았기에 그 복음은 이방인에게 먼저 전파된다"라고 말했다. 2년 동안 복음을 전하던 바울은 그 후에 로마의 네로 황제에 의해 순교된 것으로 알려져 있다.

그 후 기독교는 로마의 체계적인 국가 조직과 법, 잘 발달된 도로망을 타고 급속도로 널리 전해지기 시작했고, 제국의 확장과 더불어 그 교리 역시 새롭게 거듭나야만 했다. 왜냐하면 필연적으로 많은 나라 간의 서로 다른 언어 사용을 가져왔고, 여기에서 '논리'의 필요성이 대두되었기 때문이다. 말하자면 이제는 '단순히 예수를 믿기만 하는' 것이 아니라, '과연 왜 예수를 믿어야 하는지'에 대해 논리적이고 합리적인 설명이 필요하게 된 것이다.

이때 사용된 것이 주로 그리스 철학이었다. 즉 유대에서 전해져 온 기독교는 이성주의 논리로 무장된 그리스 철학이 필요했고, 바로 이 그리스 철학은 기독교 교리를 조직하고 이교도異敎徒의 논리를 파괴하는 데 이용되었던 것이다.

아우구스티누스의 등장

사도 바울이 그 의의를 밝혀 놓은 기독교 복음은 원래 단순하고 소박했다. 그러나 같은 말이라도 사람에 따라 해석이 달라지듯이, 《성경》을 해석하는 입장에 따라 서로 다른 설敎理이 나오게 되었다. 그래서 어떤 해석을 이단적인 것으로 봐서 물리칠 것인지, 또 어떤 것을 정통으로 선택할 것인지에 대한 문제가 대두되기 시작했다. 바로 이러한 문제를 해결해

아우구스티누스

Augustinus, 354~430 | 교부 철학의 대성자다. 본문에서 자세히 설명된다.

수사학

좀더 효과적으로 변론하기 위해 화법을 연구하는 학문. 이후 키케로 등을 거쳐 단순한 웅변술보다 훨씬 넓은 전인교육이 되었으며 중세에 크게 발달했다.

가면서 초기 기독교 교리의 조직에 힘쓴 사람들이 교부교회의 아버지들이며, 그 가운데 가장 대표적인 사람이 아우구스티누스다. 아우구스티누스에 의해 마침내 논리를 앞세우는 철학과 믿음을 강조하는 종교가 상호 긍정적으로 합쳐지고 화해하면서 발전하게 된다.

성聖 아우구스티누스는 이교도인 아버지와 독실한 기독교 신자인 어머니 모니카 사이에서 태어났다. 어려서는 공부에 취미가 없어 장난과 유희에 몰두했고, 청소년기에는 불량한 친구들과 어울려 도둑질과 거짓 연애 등 나쁜 일을 저지르기 시작했다. 남의 집 정원에서 배를 훔쳐 먹는 것 정도는 아무렇지 않게 여기기도 했다.

당시 대부분의 젊은이들이 그랬던 것처럼 매우 자유분방했던 그는 열아홉 살 때 어머니의 허락을 받지 않고 노예 출신의 여자와 함께 살면서 아들까지 낳았다. 그러나 어머니의 반대로 끝내 결혼하지 못한 채 사랑하는 여자와 눈물을 흘리며 헤어져야만 했다. 그 후 어머니의 권유로 열두 살의 양가집 딸과 약혼을 했다. 그러나 그는 얼마 후 다른 여자를 가까이 했다. 약혼녀가 너무 어려 2년 후가 아니면 결혼할 수 없었기 때문이다. 이렇게 청년기를 방탕하게 보냈던 그를 두고 장차 '서양의 가장 위대한 교부'가 되리라고 예상한 사람은 아무도 없었다.

아우구스티누스는 수사학修辭學을 배

당신이 쓴 《참회록》을 읽고 저의 죄가 생각나 많이 울었습니다.

우는 학생으로 로마에 머물고 있었는데, 바로 이때 키케로의 논문을 접하고 철학에 전념하게 되었다. 그러나 이 시기에 마니교Manichaeism●에 홀려 스물여덟 살까지 이 사상에 얽매여 있었다.

서른두 살 되던 해의 늦은 여름, 밀라노 정원에서 "펴서 읽어라"라고 하는 어린이들의 노랫소리를 듣게 되었다. 불현듯 느끼는 바가 있어 《성경》을 집어 우연히 펼친 곳을 읽어 내려갔다. 거기에는 "낮에와 같이 단정히 행하고 방탕하거나 술 취하지 말며 음란하거나 호색하지 말며 다투거나 시기하지 말고 오직 주 예수 그리스도로 옷 입고 정욕을 위하여 육신의 일을 도모하지 말라"로마서 13장 13~14절라고 쓰여 있었다. 이 순간, 아우구스티누스는 크게 회개하고 곧바로 학교에 사직서를 제출한 뒤 세례를 받기 위한 준비에 들어갔다. 그리고 387년, 마침내 그는 영세를 받고 기독교로 개종했다. 개종 이후 마니교파와 정신적으로 대결하면서 《자유의지론》을 써 나갔으며, 391년에 서품●을 받고 395년에는 히포의 주교가 되었다.

인생의 말년에 그는 자신의 모든 죄를 일일이 회개했다. 학생 시절 공부보다 놀기를 더 좋아한 일, 극장에 자주 간 일, 심지어 젖먹이 때 젖을 더 달라고 보채며 큰소리로 울었던 일조차 죄를 지은 것이 아닌가 하고

● 마니교

페르시아의 현인 마니Mani(216?~276)의 이름을 딴 종교다. 페르시아의 조로아스터교를 바탕으로 하고 불교와 기독교의 교리, 바빌로니아의 원시 신앙을 뒤섞어 만든 일종의 자연 종교다. 매우 빠른 속도로 로마 제국의 변경까지 퍼졌으며 14세기까지 마니교를 믿는 집단이 많이 생겨난 것으로 기록되어 있다.

● 서품

주교가 안수하여 사제나 부제로 임명하는 일을 말한다.

철학논술

Q 중세 철학에서 철학과 신학을 진지하게 고민하기 시작한 사람은 교부 철학의 대부인 아우구스티누스다. 그는 기독교 교리를 체계화하려고 했으며, 플라톤 철학의 이데아론을 빌려 천국과 현실 세계로 나누어 이해하고자 했고, 인간도 영혼과 육체를 분리시켜 이해했다. 하지만 이러한 중세 철학은 이분법적인 사고를 낳기도 했다. 이분법적 사고의 잘못된 결과는 무엇일까?

반문할 정도였다. 그러나 한편으로는 그가 그렇게도 한탄해 마지않았던 젊은 시절의 방황이 없었다면 그 역시 한갓 냉혹한 신학자나 자기 신념에만 매달리는 고지식한 철학자에 머물렀을지도 모른다. 인간적인 고뇌와 방탕한 생활, 수많은 죄로 인해 인간성에 대한 통찰의 깊이가 더해지고 이해의 폭이 넓어졌으며, 그의 위대함은 오히려 더 빛을 발하게 되었다.

나타나는 방식만 다를 뿐, 결국 하나다

기독교의 신앙을 한마디로 요약하면 이렇다. 신하나님이 그 하나뿐인 아들 예수 그리스도를 이 세상에 보내어 십자가에 못 박혀 죽게 함으로써 인간을 죄에서 구원한다는 것이다. 그러므로 무엇보다 하나님과 예수 그리스도, 그리고 인간에 대한 상호관계를 정립하는 일이 가장 중요하고도 급했다. 이 가운데 하나님과 예수 그리스도에 대한 문제는 이미 니케아공의회●에서 성부하나님와 성자예수 그리스도가 영원히 동질적이라고 하는 아타나시우스파의 교리가 정통교리로 채택되면서 해결되었다. 여기에 381년의 콘스탄티노플공의회에서는 성령이 보태져 삼위일체설三位一體設이 이루어진 것이다.

니케아공의회

325년 로마 제국의 황제 콘스탄티누스 1세에 의해 니케아에서 열린 공의회다. 니케아 신경에 의한 신앙고백을 통해, 기독교의 중요 교리 중 하나인 삼위일체 교리를 확립했다. 그리고 예수를 피조물이라고 주장한 아리우스를 이단으로 규정했으며, 그를 교회에서 추방했다.

하나가 셋이고 셋이 하나라고? 통 모르겠어.

삼위일체설이란 천지만물을 창조하신 하나님과 인간의 육신을 입고 이 땅에 내려온 그의 아들 예수 그리스도, 그리고 예수가 죽어 하늘로 올라간 후 그를 대신해서 이 땅에 내려온 성령이 하나라는 이론이다. 즉 각각 나타나는 방식으로서의 위격位格은 달라도 결국 한 몸이라고 하는 교리다.

사실 보통 상식으로서는 이해할 수 없는 이론이긴 하지만 이 이론은 매우 중요하다. 기독교는 예수가 하나님이자 동시에 완전한 인간이라고 하는 신인설神人說을 믿기 때문이다.

《성경》에 의하면, 인간은 하나님의 피조물이다. 그리고 예수 역시 인간으로 태어났다. 그런데 피조물이 어떻게 하나님과 동등할 수 있을까? 과연 예수는 사람일까, 하나님일까? 그 사정은 이렇다. 마치 태양에서 빛이 방사되는 것처럼 예수는 아버지인 하나님의 본질로부터 내적 필연성에 따라 생긴다. 그러므로 예수는 하나님의 피조물이 아니라 하나님과 완전히 일체를 이룬다. 예수는 하나님의 아들임과 동시에 하나님 자신이다. 물론 이에 대한 여러 가지 반론도 있었지만 결국 기독교 역사가 진행되는 동안 교리로 굳어지게 되었다.

그리고 성령은 예수가 승천한 이후 그가 다시 올 때까지 이 땅에서 그를 대신해서 여러 가지 사역을 펼치는 자를 말한다.

• 기독교의 역사상 삼위일체에 대한 많은 논의들이 있었는데, 예수의 인격에 대한 많은 오해들로 인해 아리우스파 · 네스토리우스파 · 유티커스파 등과 같은 수많은 이단들이 생겨났다.

인간은 원초적으로 죄인이다

하나님은 흙에 생기를 불어넣어 최초의 인간 아담을 만든 후 그의 갈비뼈를 빼내어 평생의 배필 하와를 만들었다. 그리고 이 둘을 에덴동산에서 아무 부족함 없이 잘 살 수 있도록 배려했다. 모든 생명나무를 허락하되 단 한 가지, 선악과만은 따먹지 말라고 명령했는데, 뱀의 유혹에 넘어간 하와가 남편인 아담을 끌어들여 하나님의 명령을 어기고 그 과실을 함께 따먹었다.

이에 대한 벌로 아담은 평생 땀을 흘려야 음식을 먹을 수 있게 되었고, 하와는 해산의 고통을 받게 되었으며, 뱀은 배로 땅을 기며 '여자의 후손'이 발뒤꿈치로 그 머리를 깨도록 하는 저주를 받았다. 땅도 저주를 받아 가시와 엉겅퀴를 내고, 영원히 살 수 있던 인간들은 반드시 죽어야 할 존재로 전락하고 말았다. 말하자면, 인간은 유토피아인 낙원을 상실하고 만 것이다.

뱀과 하와가 먼저 선악과를 따먹었지만, 하나님은 그 책임을 아담에게 물었다. 그리고 그의 씨를 받고 태어나는 모든 인간은 죄의 피를 물려받았기 때문에 태어날 때부터 예외 없이 죄인이 된 것이며, 이것이 바로 원

○ 선악과를 따먹는 아담과 하와
하나님이 인간에게 준 자유의지로 인해 이 둘은 결국 선악과를 따먹게 되었다.

죄설原罪說이다. 최초의 인간이자 모든 인류의 조상이기도 한 아담이 죄를 범했기 때문에 그의 씨앗을 물려받은 모든 인간은 타고날 때부터 원초적으로 죄인이라는 것이다.

그러므로 여기에서 말하는 인간의 죄는 개인적으로 지어진 것이 아니다. 특별히 도둑질을 했다거나 거짓말을 했기 때문이 아니라, 본래부터 죄인으로 태어났다는 뜻이다. 그렇기 때문에 어떤 사람이 도덕적으로 깨끗하고 윤리적으로 흠이 없다고 해서 죄가 없다는 것도 아니라는 의미다. 여기에는 그 누구도 예외가 없으며, 인간은 그가 인간으로 태어났다는 사실 자체만으로도 이미 죄인이 된 것이다.

죄악은 피조물임과 동시에 자유의지●를 가진 인간에게만 나타난다. 그런데 불행하게도 최초의 인간 아담은 하나님이 금지한 선악과를 따먹고 말았다. 선보다 악을 택했던 셈이다.

⦿ 자유의지 ▼ 🔍
어떤 사람이 선택할 수 있는 대안이 있을 때, 신이나 자연 따위에서 벗어나 행동할 수 있는 의지를 뜻하는 말이다.

그렇다면 왜 하나님은 인간에게 자유로운 선택이 가능하도록 창조해 놓고, 또 그 자유를 잘못 사용해서 죄를 범하게 내버려 뒀을까? 애초부터 자유를 주지 말든지, 기왕에 자유를 주었다면 악을 피하고 선을 선택하도록 만들었어야 하지 않을까?

이에 대해, 아우구스티누스는 그 역시 하나님의 사랑이라고 말한다. 즉 하나님이 인간을 너무 사랑한 나머지, 진정 자유로운 의지를 갖도록 창조했다는 것이다.

인간은 믿음으로 구원 받는다

스스로 죄인이 된 아담의 후손인 인간은 그 창조자 하나님 앞에서 하나도 의로울 것이 없다. 감옥에 갇힌 죄수가 스스로를 구해낼 수 없듯이, 인간 역시 자신을 절대로 구원할 수 없다. 하지만 하나님이 보낸 아들, 즉 예수로 인해 인간은 구원받을 수 있다고 한다. 누구든지 예수가 하나님의 아들임을 믿고 고백하기만 하면 지옥의 영벌을 벗어나 천국의 영생을 얻을 수 있다는 것이다. 바로 이것이 사도 바울이 주장하고 아우구스티누스가 강조한 기독교의 정통 교리다.

본래 이스라엘 사람들은 자신들의 크고 작은 죄를 씻기 위해 신 앞에 '흠 없는 어린양'을 잡아 그

하나님

세상의 구원을 위해 독생자 예수를 보냈다.

157

피를 제단 위에 뿌리는 제사 방법을 사용하고 있었다.[*] 마찬가지로 인류의 죄를 대신 지기 위해서는 모든 인간들 가운데 오직 예수만 제물이 될 수 있었다. 예수의 이 피로 인해 아담 이후의 죄는 씻을 수 있게 되었다.

아우구스티누스는 "누구든지 진정으로 하나님을 사랑하고 마음이 깨끗한 자는 구원받을 수 있다"라고 말했다. 아우구스티누스의 이러한 교리를 통해 로마 교회는 든든한 터를 잡을 수 있었다. 반석처럼 견고한 믿음을 갈망하던 당시 사람들은 이렇게 해서 마음의 평안과 만족을 얻을 수 있었던 것으로 보인다.

기독교에서 이단이란 무엇인가

요즘 여기저기에서 "이단異端[*]이 판을 치고 다닌다"라는 말을 많이 듣는다. 예수를 믿지 않는 자들 가운데 이단의 폐해를 강조하며, 마치 그들 때문에 교회를 나가지 못하겠다는 식으로 말하는 것을 흔히 보게 된다. 그렇다면 무엇을 두고 이단이라 할까?

이단은 기독교와 전혀 다른 종교, 예컨대 불교나 이슬람교에 대해 적용하는 말이 아니라, 기독교 안에서 혹은 기독교의 탈을 쓰고 나타나는 단체를 말한다. 왜냐하면 그들 역시 《성경》을 말하고 예수를 주장하기 때문이다. 물론 무엇이 이단의 기준인지에 대해서는 논란이 많고, 또한 누구든지 스스로 이단이라고 하는 경우는 절대로 없다.

첫째, 이단의 특징은 《성경》의 내용에서 무엇을 보태거나 빼는 일이 많다. 《성경》의 권위를 부정하거나 자기 멋대로 해석하는 경우인데, 이와 관련해서 《성경》에서는 일점일획이라도 더하거나 감하지 말라고 충

[*] 자신의 죄를 용서받기 위해서 드리는 제사로 어린 암컷 양이나 염소를 제물로 드렸으며, 경제적 형편에 따라 비둘기, 또는 에바라는 가루로 된 곡물을 제사에 사용하기도 했다.

● 이단

2007년 12월을 기준으로 나온 주요 교단과 기관 등의 공식 입장 목록을 보면 약 54개의 단체들을 한국 교회의 대표적인 이단으로 규정해 놓았다.

고한다.

둘째, 이단의 특징은 《성경》보다 어떤 개인의 사상이나 이념을 전파하는 경우가 많다. 이것을 믿게 하기 위해 그들은 교주의 우월성·탁월성·신비성을 홍보한다. 허황된 말로 사람들을 현혹하거나 협박하기도 한다. 그들은 거짓 예언을 함부로 하며 스스로 우월감에 사로잡힌 채 교만에 빠져 과대망상증 환자가 되거나, 영웅주의 또는 인기주의에 심취해 간다.

셋째, 특별히 절기와 때, 그리고 음식물에 대해 율법적이라는 사실이다. 가령 무슨 날에 무슨 음식을 먹으면 큰일 난다거나, 주일일요일에는 식당에서 밥을 사먹어서는 안 된다고 강하게 주장하고 이를 강압적으로 강요한다. 물론 이 말이 전혀 비성경적인 것은 아니지만, 영혼의 평안과 내면의 참 자유를 선포해야 할 종교가 오히려 신자들을 옭아매는 쪽으로만 나간다면, 기독교의 본질에서 한참 벗어난 일일 것이다.

넷째, 이단들은 배타적인 행태를 많이 보인다. 이 세상에서 자기들만 구원을 받았다느니, 하나님이 자기들만 특별히 사랑하신다느니 하는 식이다. 《성경》에 등장하는 숫자를 아전인수 격으로 해석하기도 한다.

다섯째, 이들은 예수를 믿지 않는 자들을 전도의 대상으로 삼는 것이 아니라, 이미 교회에 출석하고 있는 기존 신자들을 포교의 대상으로 삼는 경우가 많다. 마치 《성경》에서 말하듯, '양을 훔쳐가는 이리떼'와 같은 행동을 하는 셈이다.

여섯째, 이단들은 비상식적인 행동을 하는 경우가 많다. 예컨대, 세상의 종말이 얼마 남지 않았으니 가정도 직장도 다 버려야 한다고 말하기도 한다. 집단 자살을 행하거나 방조하는 일, 반대자들을 폭력으로 제압하려는 행태 역시 건전한 상식과 어긋난다. 처음에는 헌금을 강요하지 않

다가 나중에는 전 재산을 모두 바치도록 유도하는 행위 역시 어처구니없
는 일이기는 마찬가지다.

적그리스도

종말이 다가오면 예수라고 자칭
하는 자가 사람들을 미혹하고 세
상을 혼란에 빠트린다고 한다.
〈요한계시록〉에서는 정치적인
적그리스도와 종교적인 적그리
스도를 두 마리의 짐승으로 표현
한다.

일곱째, 일찍이 예수가 "적敵그리스도°가 등장하리라"라고 예언했듯
이, 이들 가운데에는 스스로를 '재림 예수'라고 주장하는 이들이 많다.
우리나라에 살아 있는 예수가 수십 명이라는 통계도 있듯이, 아직 오지도
않은 예수를 빙자해서 사람들을 유혹하는 일들이 비일비재하다.

여덟째, 이들은 유독 기적이나 이변을 강조하며, 한쪽에 치우치는 경
우가 많다. 예를 들어 귀신을 쫓아내는 일이나 병 고치는 일 등이《성경》
에도 기록되어 있긴 하지만, 이러한 것들만 너무 강조하다 보면 그 본질
을 잊어버리는 경우가 생긴다는 뜻이다. 또 "복 받으려면 예수를 믿고,
예수를 믿으면 무조건 복을 받게 되어 있다"라고 하는 일종의 기복주의祈
福主義 신앙에 빠지는 일 또한 경계해야 한다.

기독교란 '하나님의 형상대로' 창조된 인간이 지정의知情意의 인격을
갖춘 신의 참뜻을 살피고, 그 뜻에 순종하며 살아가는 삶의 자세를 가르
친다. 자신의 욕망을 달성하기 위해 교회를 이용하거나 신을 협박하는
자세는 안 되며,《성경》에 바탕을 둔 건전한 신앙을 갖고 예수를 닮기 위
해 노력하는 상식적인 태도야 말로 그리스도인의 가장 이상적인 모습이
아닐까 싶다.

제3장

스콜라 철학

스콜라라는 이름

중세 유럽, 수도원 한켠에 설립된 학교에서 성직자들을 교육하고 지도하는 목적으로 일종의 교과학습^{Scholastik}이 성행했는데, 스콜라라는 이름은 여기에서 유래한다. 일반 학생들이 아니라 장차 교회의 사제들, 오늘날로 말하면 목사나 신부들을 양성하기 위한 교육기관이기 때문에 주로 가르치는 내용은 《성경》이었다. 가르치는 목적은 교부 철학 시대에 거의 완성해 놓은 기독교의 교리를 설명하고 논증하기 위함이었다.

결국 스콜라 철학의 목적은 어떤 새로운 진리를 발견하기보다는 이미 《성경》에 계시된 진리에 대해 어떻게 하면 합리적으로 뒷받침할 것인가 하는 문제였다. 이를 위해 합리적 사유의 방법인 철학을 이용했는데, 이때의 철학은 철학 고유의 목적이 아닌, 오직 기독교 신학에 그 이론적 정통성과 근거를 제공하려는 데 있었다.

다시 말하면, 과연 기독교 신앙이 이성에 맞는 것이냐 아니냐를 밝히는 것이 아니라 그것이 틀림없이 철학적 이

○ 《초본서》에 있는 의학 식물
이 시기에는 모든 형태의 지식이 더욱 대중화되어 갔다.

161

성에 맞아떨어진다는 사실을 강조하려 했고, 그 때문에 이성에 비춰 신앙을 검토하는 것이 아니라 도리어 신앙의 입장에서 모든 것을 해석하는 입장이었다. 이 때문에 철학이란 '신학의 시녀'에 불과하다는 평도 나오게 되었다.

개별자가 먼저일까, 보편자가 먼저일까

이 세상에는 수많은 개별적 존재홍길동 · 박막동 · 김말녀 등와 그 존재들을 대표하는 보편적 개념인간이 있다. 그런데 이 두 가지 중 어느 쪽이 더 근본적이고 원초적인 것일까? 각각의 사물들이 먼저일까, 아니면 그 사물들을 통칭하는 보편자일반자가 우선일까?

중세의 초기에 나타난 보편논쟁은 현실 세계에 존재하는 개별적이고 구체적인 존재보다도 그것들을 총괄하는 보편적 개념에 더 많은 의미와 가치를 부여하는 실재론實在論과, 이와 반대로 오직 개별자만이 현실적이며 일반자란 단지 우리의 관념 속에서나 존재할 수 있는 이름명목에 불과하다고 하는 유명론唯名論으로 대립되어 전개되었다.

물론 여기에서 말하는 실재론이란 눈앞에 있는 것과 검증할 수 있는 것만을 인정하고 그것에 의의를 부여하는 오늘날의 실재론*과는 그 의미가 아주 다르다. 당시의 실재론은 오히려 오늘날의 관념론에 더 가까워서 개별적 사물보다도 일반적 이념을 더 우월한 위치에 놓으려는 이론이었다. 여기에서 주장하는 것은 가령 "홍길동 · 박막동 · 김말녀 등과 같은 개별자는 언젠가 사라져 버리는 데 반해, 그것들을 총괄하는 보편개념인 '사람'은 영원히 존재하기 때문에, 후자가 더 가치 있고 중요하다"라는

> **● 오늘날의 실재론** ▼ 🔍
>
> 인식의 대상(사물, 자연)이 인식작용을 일으키는 의식이나 주관으로부터 독립하여 그 자체로 존재한다고 보는 입장이다.

점이다.

이러한 실재론의 입장은 당시 중세 교회에서 절실하게 필요
한 것이기도 했다. 왜냐하면 교회의 입장에서는 교회가 각각
개별적인 신자들의 집합체가 아니라, 하나의 보편적인 통일
체로 그 자체가 누구도 건드릴 수 없는 독보적 권위를 가지는
것임을 눈앞에 보여 줘야 했기 때문이다. 또한 기독교 교리를
설명하는 데도 오직 하나뿐인 하나님을 인정하지 않는다면,
삼위일체설이란 결국 각각의 세 신을 주장한 것이 되고 만
다. 나아가 인류라고 하는 보편적 실재를 인정하지 않는
다면 아담의 원죄나 예수의 구원도 설 땅을 잃게 되어 신앙
의 기초마저 허물어지고 말 것이기 때문이다. 이렇게 해서 교회는
유명론보다 실재론이 더 유리하게 작용할 것임을 알았고, 그것을 더 간절
히 요구하게 되었던 것이다.

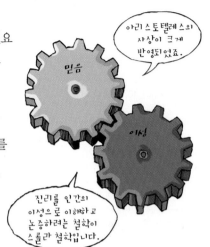

그러나 이와 반대로 우리의 일반 상식에서 생각해 보면, 오히려 개별
적 존재가 사물의 실제 모습이며, 보편적 존재란 그것을 추상적으로 생
각한 관념에 불과하다. 가령 우리의 눈앞에 실제로 존재하는 것은 홍길
동·박막동·김말녀 등과 같은 구체적인 사람들
일 뿐이고, 그 사람들을 총괄한 보편개념인 '인간'
이 존재하는 것은 아니기 때문이다. 보편이란 실
제로 존재하는 실재가 아니라, 다만 개별적인 것들
을 대표하는 언어로 일종의 음성이나 이름에 지나
지 않는다는 것이다. 바로 이러한 입장이 유명론
이다.

그렇다면 대표적인 철학자들은 누가 있을까? 먼

❶ 안셀무스의 일가족

저 실재론의 입장을 취한 학자는 에리우게나와 안셀무스이고, 유명론의 대표자는 로스켈리누스다. 그리고 이 두 진영의 대립을 조화시키기 위해 나타난 것이 아벨라르의 입장이다.

이 가운데 아벨라르는 보편개념이 개별자보다 앞선다거나 개별자가 보편개념보다 더 실제적이라고 말하지 않았다. 그는 둘 사이를 중재하는 입장에서, 개별자 '속에' 보편이 들어 있다고 주장했다. 예컨대 '사람'이라고 하는 보편개념 속에는 각각의 개별적인 존재에게 주어진 '사람다움'이라고 하는 동일한 특징이 있다. 그러나 이 보편개념은 결국 소크라테스나 플라톤 같은 개별적 인간에게만 있을 수 있다. 다시 말해, 보편은 개별자에 앞서거나 뒤서지 않는, 오직 그 개별자 가운데 들어 있다는 뜻이다.

아벨라르

Pierre Abélard, 1079~1142 | 스물두 살 때쯤 스승인 윌리엄의 학설을 논파하고 스승도 이를 인정함으로써 유명해진 중세의 신학자다. 스승의 문하생 대부분이 그에게로 몰려왔으나 나이가 어리고 아리따운 엘로이즈와 열렬한 사랑에 빠지면서 추문이 퍼졌고, 이를 계기로 그 애인의 숙부가 작당하여 그를 불구의 몸으로 만들고 말았다. 불행한 두 연인은 각각 수도원과 수녀원에 들어가야만 했는데, 그런데도 그를 질투하는 무리가 많아 이곳저곳의 수도원을 옮겨다녀야 했다. 하지만 이때에도 가는 곳마다 그를 따라다니는 문하생이 많았다고 한다.

벙어리 황소, 토마스 아퀴나스

중기는 스콜라 철학 전체를 통틀어 전성기에 해당하며, 이때의 대표적 철학자가 토마스 아퀴나스다. 탁발 수도승집집마다 돌아다니며 걸식하는 중이 되기로 결심한 토마스를 그의 형들이 성에 가두고, 그 계획을 단념시키기 위해 예쁘게 차려입은 젊은 여자를 들여보냈다. 그러나 형들의 기대와는 반대로, 토마스는 불이 붙은 장작으로 그 여자를 내쫓고 말았다. 물론 여자는 혼비백산하여 도망을 쳤고, 이에 감동한 토마스의 누이들은 그가 탈출할 수 있도록 도와주었다.

그는 어려서부터 신앙심이 깊은 데다 연구심이 강했으며 '벙어리 황소'라고 불릴 만큼 과묵하고 우직했다. 책상에 둥근 홈을 파야 할 정도로 큰 몸집을 가졌던 그는 파리에서 알베르투스를 만나 그의 문하생이 되었으며, 스승으로부터 《신학대전》의 완성을 필생의 사명으로 넘겨받았다. 아리스토텔레스 철학을 기독교 신학에 끌어들여 기독교 교리와 합치시키려고 했던 토마스는 그의 온화하고 흠 없는 성품으로 인해 이미 살아생전에 '천사와 같은 학자'로 추앙받았고, 죽은 지 50년이 흐른 뒤에는 성인聖人의 반열에 올랐다. 그는 그레고리우스 교황으로부터 리옹의 종교회의에 참석해 달라는 요청을 받고 도미니크수도회Dominican Order가 강조하는 청빈淸貧의 삶을 배우기 위해 걸어서 여행하던 중, 그만 병을 얻어 테라치나의 한 수도원에서 숨을 거두고 말았다. 저서로는 《유有와 본질에 관하여》 《신학대전》 《진리론》 등이 있다.

철학은 신학에 종속되어야 한다,
철학과 신학

중세 철학에서 늘 문제가 되었던 것은 철학과 신학의 영역을 분명히 하는 것이었다. 왜냐하면 이 둘은 서로 독립적인 것 같으면서도 또한 서로 협력하지 않으면 안 될 운명이었기 때문이다. 결국 철학과 신학, 지식과 신앙의 영역은 토마스에 이르러서야 서로의 한계가 분명하게 정해지게 되었다. 토마스는 신으로부터 나오는 '은총의 빛'과 인간 본성에서 나오는 '이성의 빛'을 구분해서 각자가 서로 자기의 한계를 갖도록 했다. 가령 하나님의 존재와 그의 세계 창조, 그리고 세상의 모든 법칙과 사실 등은 이성의 빛으로 밝힐 수 있는 철학의 대상이다. 한편 신의 삼위일체성, 육화肉化, 신자현신神子現身, 최후의 심판과 같은 초자연적 진리는 은총의 빛에 의해서만 알 수 있다.

이렇게 본다면, 두 영역 사이에는 어떠한 모순도 있을 수 없다. 종교적

알베르투스

Albertus Magnus, 1200?~1280 | 독일 라우잉겐에서 출생했고, 모든 여행을 도보로 했다. 백과전서파에 속해 있었으며, '만물박사'라는 칭호를 받았다. 사변 철학을 뛰어넘어 자연을 직접 관찰하고 기술하기를 특히 강조했다.

도미니크수도회

1215년 에스파냐의 성 도미니쿠스가 설립한 수도회로, 학문·청빈·선교 활동을 목적으로 한다. 이때 많은 학자들이 배출되었는데 그중에서도 알베르투스 마그누스와 토마스 아퀴나스 등이 대표적이다.

육화

영이신 하나님이 사람의 육신으로 이 땅에 내려왔다는 교리다.

신자현신

하나님의 아들, 즉 예수 그리스도가 인간의 몸으로 우리 앞에 나타났다는 교리다.

진리가 이성을 초월한다고 해서 그것을 이성에 어긋난다고 말할 수 없는 것과 마찬가지다. 이를 다른 말로 설명하자면, 기적이 과학을 초월하는 일이긴 하지만, 과학에 반하는 것은 아니라는 것과 같다. 이렇게 본다면, 서로 대립적으로만 보였던 두 영역은 서로를 보완하는 것이 되며, 서로 화해의 관계에 놓여 있는 셈이 된다.

그러나 끝내 두 영역 가운데 어느 한쪽을 선택한다면, 마땅히 신학이 되어야 한다. 다시 말하면, 철학이 신학 아래에 종속되어야 한다. 왜냐하면 철학이란 원래 초자연적 진리 그 자체를 증명할 수는 없고, 다만 그에 반대되는 논리를 무너뜨릴 수 있을 뿐이기 때문이다. 가령 예수의 탄생이라든가 죽은 자를 살린다거나 오병이어의 기적을 베푸는 일에 대해 철학이 설명할 수는 없다. 그것은 철학의 범주를 벗어나 있기 때문이다. 신학은 철학보다, 계시啓示는 이성보다 그 범위가 훨씬 크고 넓다. 어떤 의미에서 철학은 신학의 한 범주에 불과할지도 모른다.

또한 신학을 선택해야 하는 둘째 이유는 거의 모든 철학이 신을 인식하는 데 그 목표를 두고 있기 때문이다. 이 세상에 존재하는 철학의 목적은 바로 신학을 올바로 이해하고 거기에 이론적 뒷받침을 하기 위함이다. 이와 관련해서, 토마스는 《신학대전》에 "학문에서 신학과 모순되는 것이 있다면 그것은 거짓된 것이고, 그래서 제거되지 않으면 안 된다"라고 말한다. 철

아퀴나스는 아리스토텔레스 철학을 기독교 신학에 접목시킨 신학자입니다.

황소 같은 사람이죠.

학을 비롯한 모든 학문은 오직 기독교적 신학이 정당하다고 하는 것을 증명하는 데 그 목적이 있다.

하나님은 이러이러한 이유로 존재한다, 신의 존재 증명

기독교 신학에서 가장 중요한 문제 중 하나는 "신이 존재한다"라는 사실을 증명하는 일이었다. 그것은 신학의 출발점이자 사람들에게 하나님을 믿으라고 강조할 수 있는 최소한의 조건이기 때문이다.

그런데 토마스는 안셀무스가 일찍이 제시한 바 있는 신의 본체론적 증명방식●에 대해 거부의 뜻을 분명히 했다. 안셀무스가 주장했던 것과는 달리, "신은 존재한다"라는 말을 무조건적인 진리로 받아들이기 전에, 신의 존재를 논리적으로 증명하지 않으면 안 된다는 것이다. 다음과 같이 그는 신의 존재를 다섯 가지 방식으로 논증했다.

첫째 방법은 운동에서 찾는다. 이 세계 안에서 무엇인가 움직이고 있다는 것은 확실하며, 우리의 감각적 경험도 이것을 뒷받침한다. 그런데 운동하는 모든 것은 다른 어떤 것에 의해 움직여져야 하고, 그 어떤 것은 또 다른 어떤 것에 의해 움직여져야 한다. 이러한 소급은 논리적으로는 얼마든지 계속될 수 있다. 그리고 무한히 소급해 가는 도중에 마지막 지점에 부동不動의 원동자原動者, 즉 제1원동자가 자리하고 있는 것은 분명하다. 다시 말해서 그 이상의 소급은 불가능하게 되는데, 이것을 우리는 신으로 간주하는 것이다.

둘째 방법은 아리스토텔레스가 말한 동력인動力因에서 찾았다. 이 세상의 어떤 것도 스스로 자신을 움직이게 하는 원인動因이 될 수는 없다. 따라

● 본체론적 증명방식 ▼ 🔍

존재론적 증명방식이라고도 하며, 신의 개념 그 자체에서 신의 존재를 이끌어내려는 방식이다. 신은 그 개념상 가장 완전한 존재다. 그런데 '완전함'이라는 개념 속에는 실재함도 들어 있어야 하므로, 신은 존재하지 않으면 안 된다는 주장이다.

◐ 토마스 아퀴나스와 추종자들
아퀴나스는 계속해서 가톨릭 교회
의 공식 철학자로 지명되었으며, 모
든 가톨릭 성직자들은 그의 사상을
공부해야만 했다. 17세기에 그린
이 그림은 토마스 아퀴나스에 대한
당시 사람들의 존경심을 보여 준다.

서 자기가 존재하기 위해서는 다른 어떤 원인을 가정해야 한다. 그리고
여기에서도 조금 전 말한 것처럼 무한히 진행하는 것은 불가능하기 때문
에 제1 동력인이 있어야 하고, 이것을 우리는 신이라 부르는 것이다.

　셋째 방법은 이 세상의 우연한 사물에서 필연적인 존재로 가는 과정에
서 찾았다. 이 세상에 우연한 것이 존재하게 되는 이유는 무엇일까? 그것
은 그것을 있게 만든 필연적인 존재 때문이다. 만일 필연적인 존재가 없
다면 이 세상에 아무것도 존재하지 않게 되는데, 필연적일 수 있는 이유
를 자체 내에 담고 있는 그 무엇, 바로 이것이 신이라고 일컫는 것이다.

넷째 방법은 모든 개별적인 존재마다 지니고 있는 완전성을 향한 단계적 구조에서 찾았다. 우리는 각 개별적 존재에 대해 각각 진·선·미 또는 존재의 완성도를 비교한다. 이 경우, 서로간의 상대적인 완전성의 정도는 반드시 하나의 최고 존재를 암시한다. 다시 말하면, 각각 어느 것이 더 완전한가 또는 어느 쪽이 너 진실하고 선하고 아름다운지를 비교할 수 있기 위해서는 그 기준이 있어야 한다는 뜻이다. 그러나 물론 이렇게만 본다면 각각의 분야에서 최고 존재가 여럿 있을 수 있으므로, 그것을 갖고 신의 존재를 증명하기란 충분하지 않다. 그래서 토마스는 모든 존재의 완전성을 통틀어 그것 전체의 원인이 되는 최고의 존재가 있어야 한다고 봤으며, 이것이 바로 신이라고 주장했던 것이다. 신이란 가장 진실하고 선하고 아름다우며, 모든 분야에서 가장 완전하다.

다섯째 방법은 목적론적 방법에 따른 것으로, 모든 자연 세계의 합목적성® 구조를 관찰하는 데서부터 시작하고 있다. 〈동물의 왕국〉이라는 프로그램에서 보듯이, 우리는 인식활동조차 제대로 하지 못하는 작은 생명체마저도 자신을 지키기 위해, 또는 종족 보존을 위한 번식 활동을 위해 기가 막힌 나름의 비밀을 간직하고 있음을 보게 된다. 심지어 생명이 없는 자연적 물체_{우주 천체의 움직임, 물, 공기의 작용 등}마저도 마치 어떤 목적을 향해 나가는 것처럼 움직이고 있음을 목격하게 된다. 그렇다면 결국 여기에는 그들에게 일정한 목표로 나아가게끔 조종하는 어떤 지적 존재가 있어야 하는데, 우리는 이것을 신이라고 부르는 것이다. 다시 말하면, 이 우주 공간 안에 존재하는 생물·무생물들은 마치 거대하고도 완벽한 존재의 끊임없는 조종을 받는 것처럼 움직이기 때문에 하나님 외에 어떤 존재도 가정할 수 없다는 뜻이다.

토마스는 신의 존재를 증명하는 다른 방식에 대해서는 인정하지 않았

> **합목적성** ▼
>
> 어떤 사물의 존재는 일정한 목적에 적합하다는 이론으로 기계론과는 대립된다.

다. 예를 들어 신의 개념이 나면서부터 타고난 생래적인 개념이라는 주장이나, 앞에서 말한 것처럼 안셀무스가 완전한 신의 개념으로부터 그 실재를 이끌어낸 이른바 '존재론적 증명' 등을 받아들이지 않았던 것이다. 이처럼, 토마스의 증명방식이 기존의 방식보다는 더욱 발전된 것으로 간주할 수 있다.

최고의 권력자는 신이다,
정치 철학

당시 교황의 권위는 절대적이었고, 심지어 정치권력까지 지배할 정도였다. 토마스의 정치 철학도 정치에 영향을 주었다.

토마스는 인간을 정치적 동물 또는 사회적 존재로 여겼다. 인간은 혼자서 살 수 없는 동물이고, 인간이 과연 인간이 될 수 있는 까닭은 다른 사람과의 관계 속에 살아가기 때문이다. 그러므로 각 개인에게도 국가의 존재와 질서는 아주 중요하고, 없어서는 안 될 필수사항에 속한다. 만일 각각 자기의 이기적 목적만을 추구하는 수많은 인간들이 있는데도 그들을 통치하는 구조가 없다면, 사회의 조화와 질서는 깨지고 말 것이다. 이것은 마치 우리 신체기관의 전체 질서를 유지해 주는 어떤 통일적인 규제력이 몸 안에 없을 경우, 생명을 잃을 수밖에 없다는 것과 같은 논리다.

약육강식의 법칙이 지배하는 동물 세계에서

아쿠나스, 당신 너무 맘에 들어~!

인간이 행복해지려면 로마 교황과 사제들이 이끄는 교회에 순종해야 해. 그래야 행복할 수 있지.

는 힘 있는 짐승이 정글의 질서를 바로잡는다. 약한 자는 죽고, 강한 자는 살아남는다. 그러나 인간 사회에서는 그런 야만적인 자연법칙에 질서를 내주지 않는다. 그래서 사람들은 공동체의 안녕을 위해 많은 사람들의 의사를 모은 어떤 사회적 권력을 요청하게 되고, 이를 다스릴 수 있는 법과 제도를 만들기 시작한 것이다. 그런데 사람들의 의사를 결집해서 법을 만든다고 했을 경우, 사람들은 천성적으로 신의 뜻을 따르게 되어 있다. 그러므로 신이야말로 모든 인간들을 총괄하는 최고의 권력자이며, 결국 모든 공권력의 창시자가 되는 셈이다.

토마스는 국가의 정치 체제를 군주제·귀족제·민주주의제로 구분했으며, 이것이 변질되어 전제정치·과두정치·우민정치가 등장했다고 말한다. 여기에서 군주정치가 가장 바람직한 국가 형태인데, 군주는 이상적인 국가를 실현하기 위해 신과 같은 위치에서 그야말로 선하고도 의

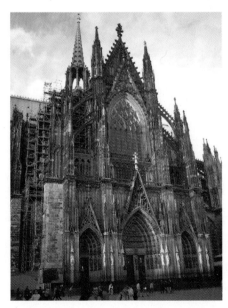

● **독일의 쾰른 대성당**
중세 고딕 양식의 진수를 보여 준다.

171

롭게 정부를 이끌어야 한다. 그런데 만일 그가 자신의 권력을 남용해서 마음대로 나라를 다스리는 전제정치가 이루어지면, 도리어 최악의 체제가 되고 말 것이다. 독재자인 왕을 견제할 수단이 없기 때문이다. 그렇다면 국민들은 이때에 어떻게 해야 할까? 왕을 몰아내고 새로운 왕을 세워야 할까?

토마스에 의하면, 일단 이런 체제가 채택되었을 경우 국민으로서는 이를 참고 견디는 수밖에 없다. 만약 이 체제를 폭력으로 바꾸려 한다면, 반드시 더 큰 불행이 따를 것이기 때문이다. "빈대 잡으려다 초가삼간 태운다"라는 속담처럼, 작은 악을 몰아내기 위해 더 큰 악을 불러올 수 있다는 뜻이다.

우리 인간의 궁극적인 목적은 하나님 나라의 축복을 누리는 데 있다. 그러나 이런 일은 이 땅의 권력자가 아니라, 사제와 로마 교황이 이끄는 교회에 의해 이뤄져야 한다. 이처럼 교회의 책임은 국가의 책임보다 더 중요했고, 따라서 각 나라의 모든 왕은 교회의 영도자, 즉 교황에게 복종해야 한다. 이러한 중세 신학자의 철학은 교황의 권력을 왕의 권력보다 훨씬 우위에 놓는 결과를 가져왔다.

성인의 반열에 오르다

토마스가 일찍 세상을 떠나자 프란체스코회
Francesco Order●학파의 신학 이론이 주된 반대 세력을 형성하여, 그의 몇 가지 기독교 교리가 프랑스 파리의 주교로부터 공식적인 비난을 받기도 했다. 그러나 결국 토마스의 사상인 토미즘Thomism●은 도미니크수도회의 철학으로 인정받게 되었고, 1322년에는 토마스가 성인의 반열에 오르게 되었다. 1879년에는 이 토미즘이 전체 가톨릭기독교 교회의 공인된 철

● 프란체스코회
1209년 프란체스코가 세운 최초의 탁발수도회. 청빈한 생활을 강조하며, 교육과 포교 등의 사업을 통해 그리스도의 사랑을 전한다. 정식 이름은 '작은 형제의 수도회'인데 수사·수녀·평신도의 3부가 있다.

● 토미즘
토마스 아퀴나스의 사상을 기반으로 한 철학과 신학의 사상 체계를 말한다.

학으로 격상되기에 이르렀으며, 1931년에는 교황청의 지시대로 모든 철
학과 사변 신학은 그의 학설에 따라서 강의되어야만 한다는 규정이 새롭
게 들어가게 되었다.

제3부

근세 철학

스콜라 철학 말기에 새로운 사상을 요구하는 소리가 안에서부터 움터 나왔다. 이 시기에 터전이 마련된 개인 중시의 경향은 개개인의 해방을 예고했고, 후기 스콜라 철학자들에 의해 인본주의 사조가 고개를 들게 되었다. 게다가 지식과 신앙을 갈라놓은 유명론은 학문의 모든 분야에 새로운 활력을 불어넣었다.

The modern ages
philosophy

제1장

근세 철학의 배경

자연과학의 발달, 나침반 · 화약 · 지동설

어떤 사상이나 철학이 새롭게 등장할 때는 반드시 그에 앞서는 여러 가지 사건들이 있다. 근세 철학이 나타났을 때도 중세에서 근세로 넘어가는 시기에 유럽에서 일어난 세계사적 사건들이 있었는데, 이때 흔히들 가장 큰 영향을 끼친 세 가지 위대한 발명이 있었다고 말한다. 첫째는 원거리 항해를 가능하게 하고 발견 시대의 서막을 장식한 나침반^{compass}, 둘째는 중세 사회 체제 안에서 기사 계급이 차지한 막강한 위치를 흔들어 놓으면서 사회의 변화를 몰고 온 화약, 끝으로 비싼 양피지parchment 대신에 값싼 종이가 보급되는 시기와 같이해서 새로운 사상들을 멀리 퍼져나가게 한 인쇄술이다. 이와 동시에 지리적 발견에도 중대한 결과를 낳았는데, 콜럼버스*는 신대륙을 발

양피지 ▼ 🔍
소 · 양 · 새끼염소의 가죽 등으로 가공하여 만든 글 쓰는 재료.

콜럼버스 ▼ 🔍
Christopher Columbus, 1451~1506 | 에스파냐 여왕 이사벨의 후원을 받아 인도를 찾아 항해했던 이탈리아의 탐험가. 3회에 걸친 항해 끝에 쿠바 · 아이티 · 트리니다드 · 온두라스 등을 발견했으며, 이는 역사상 중요한 의의를 지닌다.

가마 ▼ 🔍
Vasco da Gama, 1469~1524 | 포르투갈의 항해자. 마누엘 1세로부터 그 능력을 인정받아, 숙원이던 인도 항로 개척의 원정대장이 되었다. 그 뒤로 인도 무역은 해마다 확대되었으며, 그는 국왕의 인도 정책 고문이 되었다.

견했고 바스코 다 가마[*]는
인도 항로를 발견했다.

이 밖에 자연에 관한 새
로운 지식들이 나타났는
데, 그 대표적인 예가 코페
르니쿠스Nicolaus Copernicus,
1473~1543의 지동설地動說이
다. 당시 천동설天動說에 의
하면 대우주의 중심은 지

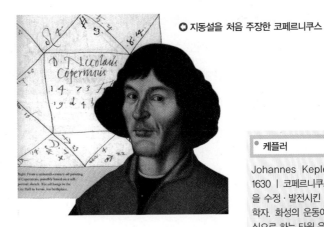

🔵 지동설을 처음 주장한 코페르니쿠스

구이며, 모든 별은 지구를 중심으로 돈다는 것이었다. 이러한 입장에서
"지구는 태양의 주위를 돌고 있는 많은 별들 가운데 하나에 불과하다"라
는 코페르니쿠스의 학설은 커다란 충격이었다. 특히 그것은 '지구를 중
심으로' 쓰인《성경》의 권위에 막대한 타격을 가하는 것이었다. 그러나
기독교에서 처음부터 코페르니쿠스의 사상에 대해 적대적 입장을 취했
던 것은 아니었다. 기독교가 지동설로 위협을 느낀 것은 그의 사상을 계
승하여 완성시킨 그 다음 두 사람 때문이었다.

두 사람 가운데 첫 번째 인물인 케플러[*]는 천체의 운동법칙을 창안해
냈다. 그는 대우주 속에 하나의 통일된 법칙성이 있음을 믿었고, 자연계
안에서 일어나는 모든 차이란 결국 양적인 문제에 불과하다고 주장했다.
이 학설이 인정받을 경우, "하나님이 이 세계를 창조하고 영원히 이끌어
간다"라는 기독교 교리는 큰 타격을 받게 될 것이었다.

두 번째 인물인 갈릴레이[*]는 순수한 양적 · 수학적 또는 기계론적 기초
위에서 자연과학의 원리를 응용했다. 그가 코페르니쿠스의 지동설을 옹
호하자, 당시 종교 재판소는 고문과 협박으로 그 이론을 포기하도록 종용

했다. 결국 갈릴레이는 자신의 신념을 포기하고 재판소 정문을 나서면서 "그래도 지구는 돈다"라는 말을 했다고 한다. 이 말은 하나의 전설처럼 전해지고 있으며, 그는 수많은 발견과 발명 이외에도 특히 역학 이론의 기초를 마련하는 데 큰 공헌을 했다.

여기서 중요한 것은 질적 측면에서 자연을 관찰하던 고대인들의 태도와 달리, 근세 초기의 과학자들은 양적 관계에 중점을 두었다는 것이다. 물론 이러한 방법이 어느 한 면을 도외시한 것은 사실이라 해도, 그것이 새로운 과학을 가능하게 해준 것은 사실이다.

코페르니쿠스와 케플러 그리고 갈릴레이의 저서는 오랫동안 금서 목록에 올랐지만, 이들의 과학적 사고는 철학자들에게도 큰 자극제가 되었다. 심지어 "훌륭한 자연과학자야말로 근대의 진정한 철학자"라는 말이 나올 정도였다.

페트라르카 ▼ 🔍

Francesco Petrarca, 1304~ 1374 | 이탈리아의 시인이자 초기 인문주의자. 교황청에 있으면서 이후 계관시인이 되었다. 작품으로는 서정시 〈칸초니에레〉, 서사시 〈아프리카〉 〈나의 비밀〉 등이 있다.

보카치오 ▼ 🔍

Giovanni Boccaccio, 1313~ 1375 | 이탈리아의 작가로서 단편소설집 《데카메론》(1348~ 1353)을 선보였다. 10인 10일 이야기로 꾸며진 이 작품은 당시 인문주의 문단으로부터 냉담한 평가를 받았지만 민중에게 큰 인기를 끌었으며, 이른바 보카치오식 산문은 오래도록 산문의 표본이 되었다.

인간을 옹호하는 휴머니즘

휴머니즘이란 말은 인본주의 · 인문주의 · 인간주의 등으로 번역되며, 이는 '사람을 위주로 하는 사상'을 일컫는다. 그런데 서양의 역사상 이러한 경향이 가장 강했던 때는 바로 고대 그리스 · 로마 시대였다. 그리고 옛 문화에 대한 관심은 페트라르카⦁나 보카치오⦁와 같은 인본주의 사상가들에 의해 촉발되었다. 이 두 사람은 고전적인 문학작품을 다시 모으고 발굴하는 데 열중했고, 이를 통해 중세의 신학적 영향을 벗어나 인간적인 것을 추구하고자 했다.

물론 휴머니즘은 문학에만 한정되지 않고 정신문화의 모든 영역으로

확산되어 갔다. 그 가운데에서 가장 유명한 휴머니즘 사상가로 에라스
무스●를 들 수 있는데, 그는 고대 철학의 진정한 의미를 되살리고자 했
다. 또한 동방의 그리스 신학자들이 고전을 연구하기 위해 이탈리아로
모여들었고, 이러한 분위기에서 플로렌스라는 도시에는 아카데메이아
가 세워지게 되었다. 이곳에서 플라톤이나 플로티노스의 저서들이 라틴
어로 번역되면서 사람들에게 그리스 문화에 대한 향수를 불러일으켰던
것이다.

　이와 반대로, 아리스토텔레스 철학은 비판을 받기 시작했다. 즉 아리
스토텔레스 철학과 기독교 교리가 일치한다는 점을 발견하기가 어려워
짐으로써 오랫동안 기독교 신앙의 버팀목 역할을 했던 그의 철학도 마침
내 종언을 고하게 된 것이다. 또한 이것은 중세를 주름잡았던 스
콜라학파의 몰락을 뜻하는 것이기도 했다.

　이제 서양 철학은 스콜라 철학의 색안경
을 벗고 아무런 편견 없이 그리스 · 로마 철
학을 고찰할 수 있게 되었다. 그리고 거
기에서 자극을 받은 다음 세대는
새로운 창조적 성과를 얻어
낼 수 있었다.

　이러한 배경에서 볼 때, 휴
머니즘은 근세 초기 사상가들
이 세계와 인간을 다시 발견한 것이나 마
찬가지이며, 나아가 인간의 자기긍정이라
고 할 수 있다. 보편적 인간성에 대한 존경과 자
아에 대한 사랑은 인류의 자유와 평등, 인간의 존엄성과 더불어

> **● 에라스무스**
>
> Desiderius Erasmus, 1469～
> 1536 | 로마 가톨릭 교회의 절대
> 권위에 대해 비판한 네덜란드의
> 인문주의자. 이는 그들의 도덕적
> 타락을 비판한 《우신예찬愚神禮
> 讚》에 잘 나타나 있다. "에라스무
> 스는 종교개혁의 알을 낳아 주
> 고, 루터가 그것을 부화시켰다"
> 라는 말이 있을 정도지만, 정작
> 그는 루터의 과격한 종교개혁에
> 동조하지 않았다.

구닥다리
스콜라 철학을 벗어버리고
우리 인간 본연의
모습을 되찾자!

스콜라 철학

쳐죽일 놈!

179

현대 철학의 특징인 자아 사상으로 나타났다. 결국 휴머니즘이란 중세를 지나는 동안 짓눌렸던 '인간성'이 새롭게 조명되고, 이제 신 대신에 인간이 철학의 중심에 서게 되는 출발점이었다.

문예의 부흥, 르네상스

단테

Alighieri Dante, 1265~1321 | 르네상스의 선구자. 시를 통해 중세의 정신을 종합한 장본인이다. 그는 고향인 이탈리아뿐만 아니라 전 인류에게 영원불멸의 거작이 된《신곡》을 남겼다.

츠빙글리

Ulrich Zwingli, 1484~1531 | 스위스의 종교개혁가. 성찬聖餐에서의 빵과 포도주를 예수의 피와 몸의 상징으로 해석한 그의 주장과 루터와의 '성찬 논쟁'은 유명하다. 그가 죽자 그가 벌인 많은 사업들이 칼뱅에게로 넘겨졌다.

르네상스Renaissance라는 용어는 '다시 새롭게 일으킨다'라는 의미다. 그리스·로마 시대에 있었던 고전적 인간형을 다시 불러일으켜서 장차 인류의 부흥을 도모한다는 뜻이다. 앞서 말한 휴머니즘이 학자들만의 관심사였던 데 반해, 그것을 바탕으로 발달한 르네상스는 학문·의학·기술·법률·상업제도·조형예술 등 모든 생활 영역으로 퍼져 나갔고, 적어도 이탈리아에서는 대중 속까지 파고들었다.

먼저 문학에서는 페트라르카와 보카치오 외에도《신곡》을 쓴 단테와 4대 비극햄릿, 오델로, 맥베스, 리어왕으로 유명한 영국의 셰익스피어, 그리고《돈키호테》를 쓴 에스파냐Spain의 세르반테스가 있다. 미술에서는 이탈리아의 보티첼리·라파엘로·미켈란젤로·레오나르도 다빈치 등이 그 대표적 인물이다. 문학 분야에서는 중세까지 터부시되었던 성性 문제 등이 자유롭게 표출되었고, 미술 분야에서는 아름다운 인간의 육체가 그림이나 조각 등으로 표현되었다.

이 밖에 이 시대를 대표하는 종교개혁가로는 마르틴 루터독일와 칼뱅프랑스 그리고 츠빙글리스위스가 있고, 통치자로서는 프란츠 요제프 1세프랑스와 엘리자베스 1세영국 그리고 카를 5세독일가 등장한다.

그렇다면 왜 우리가 철학 이외에 이러한 전반적인 사회변혁을 살펴봐야 할까? 이는 그것을 통해 당대의 위대한 철학 사상을 이해할 수 있기 때문이다. 예컨대, 끝내 자신의 철학을 고집한 채 화형에 처해진 브루노®의 감동적인 일생 역시 그 시대의 엄청난 혁명의 도가니 속에서만 이해할 수 있는 것이다.

또한 이 시대의 정신을 '수필'이라는 새로운 장르로 표현한 몽테뉴®라는 사상가가 있는데, 그의 주된 관심은 늘 인간이었다. 다시 말해 "인간이란 무엇인가"라는 물음이 그의 머릿속을 맴돌고 다녔는데, 이 역시 당시 화가들이 그리기 시작한 자화상에서 받은 느낌을 그대로 글로 표현했다고 말할 수 있다.

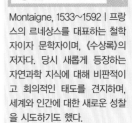

브루노

Giordano Bruno, 1548~1600 | 이탈리아 르네상스 시대의 자연 철학자다. 코페르니쿠스의 지동설을 더욱 발전시켰지만, 범신론적인 경향 때문에 교회와 마찰을 빚다가 어느 베니스인의 밀고로 종교 재판소를 거쳐 로마 당국에 회부되었으며, 7년간의 옥고 끝에 결국 로마의 광장에서 장작더미 위에서 화형을 당했다.

몽테뉴

Montaigne, 1533~1592 | 프랑스의 르네상스를 대표하는 철학자이자 문학자이며, 《수상록》의 저자다. 당시 새롭게 등장하는 자연과학 지식에 대해 비판적이고 회의적인 태도를 견지하며, 세계와 인간에 대한 새로운 성찰을 시도하기도 했다.

면죄부 판매의 부당성을 알리다

옛말을 인용하자면, "고인 물은 썩기 마련"이고, "절대 권력은 절대 부패"할 수밖에 없다. 다시 말해, 기독교가 중세 사회의 중심에 놓여 막강한 권력을 휘두르게 되었는데, 이때 교회가 썩고 성직자들이 부패하기 시작했다는 말이다. 이미 교회의 폐단을 인식하고 있던 일반 대중들은 형식적인 겉치레로 운영되는 교회나 이론에 치우친 신학에 만족할 수 없었다. 또한 무소불위의 권력을 휘두르는 교황청에 대해서도 불만의 눈초리를 보내기 시작했다. 즉 교회의 개혁이 필요하다는 데 대해서는 모두가 공감하고 있었던 셈이다.

그러나 속으로만 끓고 있을 뿐, 누구 한 사람 앞장서는 사람이 없었다. "고양이 목에 누가 방울을 다느냐"가 문제였다. 당시 교회의 권력에 맞선다는 것은 바로 죽음을 의미하기 때문이었다. 그런데 이때 분연히 일

Martin Luther, 1483~1546 | 당시 면죄부를 판매하던 교황청에 대항하여 〈95개조 의견서〉를 발표한 독일의 종교개혁자. 이것이 큰 파문을 일으켜 마침내 종교개혁의 발단이 되었다. 그 후 숨어 지내면서 《신약 성경》을 독일어로 완역, 독일어 통일에 크게 힘썼으며, '루터파 교회'가 성립되기도 했다.

어난 사람이 있었으니, 그가 바로 독일의 사제 마르틴 루터°였다.

그는 하나님과 인간 사이에서 중재자로서 그 역할을 독점하려는 교회에 반대하고, 신자들 누구나 하나님과 직접 대화할 수 있음을 공표했다. 말하자면 누구나가 제사장이 될 수 있다는 것이다.만인제사장설 예수가 십자가에 못 박혀 죽는 순간, 예루살렘 성전의 휘장이 찢어졌다. 성소와 지성소, 인간과 하나님 사이를 가로막고 있던 장막이 무너진 것이다. 이제 누구든지 예수의 이름만 갖고 나가면, 하나님을 직접 대면할 수 있게 되었다. 그런데 중세의 교황청은 이를 무시하고, 기득권을 유지하는 데에만 몰두했다. 루터의 주장은 누구나 제사장사제·신부·목사이 되어 하나님을 볼 수 있다고 지적한 것이다. 이로써 각 개인의 자립성을 분명히 한 셈인데, 이것은 종교 분야에서 일어난 또 하나의 인간 해방이었다.

종교개혁의 시발점은 교회의 면죄부 판매였다. 이 무렵, 교황청과 가톨릭 교회는 부패한 생활 때문에 재정적으로 적자에 허덕이고 있었다. 그런데도 교황 레오 10세는 산피에트로 대성당성베드로 대성당을 건축하기 위해 면죄부를 팔았다. 물론 이것은 독일의 부호인 푸거 가에서 빌린 돈을 갚기 위한 것이기도 했다. 이때 사제들은 "누구든지 회개하고 기부금을 내면 죄를 용서받을 수 있습니다. 돈이 이 상자 속에 짤랑하고 들어가는 순간, 영혼은 지옥의 불길 속에서 튀어나오게 됩니다"라고

르네상스는 고대 그리스·로마 시대의 문화로 돌아가자는 인류문화의 부흥 운동이었죠.

다빈치

설교했다. 심지어 "면죄부를 사면 성모 마리아를 범한 죄라도 용
서받을 수 있다"라고 말할 정도였다.

이러한 상황에서 마침내 루터는 1517년 10월 31일,
비텐베르크 성城 교회의 정문에 라틴어로 된 〈95개조
의견서〉*를 내걸게 되었다. 일종의 항의문인 이 의견
서는 사실 처음에는 교회 정문에 붙인 대자보 수준이
었다. 그런데 이것이 입에서 입으로 전해져서 일종
의 센세이션을 일으켰고, 나중에는 마치 요원의
불길처럼 독일 국경을 넘어 유럽 전체로 확산되
었던 것이다.

그렇다면 이러한 과정을 통해 루터가 주장한 것은
무엇인가? 인간은 오직 믿음으로 구원받을 수 있다는 것이다. 즉 성경에
쓰여 있는 하나님의 말씀을 믿어야만 구원의 가능성을 찾을 수 있다는 것
이다. 사람이 만든 형식이나 권위 같은 외면적인 것은 구원과 아무런 관
련이 없으며, 오직 도덕적 회개에 의해서 우리가 하나님을 만날 수 있고
또 영생을 얻을 수 있다고 주장하는 것이다. 기독교의 진리는 사제들의
권위에 있는 것이 아니라, 예수에게 계시된 하나님의 말씀 안에 있다. 사
람들은 이 말씀을 통해 구원을 얻는다. 모든 사람은 신 앞에 평등하고, 따
라서 우리를 옭아매는 모든 율법으로부터 자유로워지지 않으면 안 된다.

명문 에르푸르트대학을 2등으로 졸업한 그해 여름, 집으로 돌아오던
루터의 발 앞에 갑자기 벼락이 떨어졌다. 너무 놀란 그는 "살려만 주신다
면 수도사가 되겠습니다"라고 외쳤다. 그리고 이 서약 이후 수도사가 되
기로 결심한다. 그후 황제 · 귀족 · 기사 계급으로 대표되는 당시 기득권
층의 협박과 회유를 물리치고 종교개혁에 착수할 수 있었던 것은 루터만

> **95개조 의견서** ▼ 🔍
>
> 1517년 10월 31일, 루터가 교황
> 청의 면죄부 판매를 비판하며 내
> 붙인 95개의 항의문. 전문숙文이
> 라틴어로 쓰였으며, 당시 독일에
> 팽배하던 종교개혁의 움직임을
> 촉발시키는 계기가 되었다.

🔵 종교개혁 이후 세워진 루터파 교회의 내부 모습이다. 루터는 평신도들에게도 빵과 포도주를 주었다.

🔵 루터는 교황의 면죄부 판매에 항의하며 비텐베르크성 교회 정문에 〈95개조 의견서〉를 써서 붙였다.

이 가진 불굴의 의지와 신념 덕택이었다.

　루터의 종교개혁에 의해 철학 분야에서도 대변화가 일어났다. 모든 신학적 제약으로부터 벗어나 자유로운 정신에 입각해 학문을 연구할 수 있게 된 것이다. 나아가 프로테스탄티즘Protestantism●은 교회의 독재를 쳐부수는 데 결정적인 공헌을 하게 되었다. 교육기관을 교회로부터 독립시켜 세상으로 나오게 했으며, 정신적으로는 양심의 자유를 확립할 수 있었다.

　루터와 같은 시대의 종교개혁자인 칼뱅●은 현세의 생활을 함께 강조했는데, 이것은 당시 프로테스탄티즘의 보편적 경향이기도 했다. 십자가 앞에서 "주여, 주여" 부르며 눈물만 흘리는 것이 기독교의 전부가 아니라는 뜻이다. 그는 수도원 안에서 금욕 생활만 하는 대신에, 현실 세계와도 자유롭게 접촉할 것을 권장한다. 예컨대 인생은 매우 즐겁고 인간관계도 소

● 프로테스탄티즘　▼ 🔍

'protest(항의하다, 이의를 제기하다)'에서 유래한 말로, 구교(로마가톨릭)에서 분리된다는 의미에서 개신교를 가리킨다. 루터·칼뱅 등에 의해 주도된 16세기 종교개혁의 중심 사상, 혹은 여기에서 성립된 여러 교회의 신조를 기초로 한 교의를 말한다.

중하다는 사실을 강조한다. 또한 일상 속에 정치 문제나 경제 생활에도 관심을 갖고 신앙 생활할 것을 권고한다. 또 하나님이 창조하신 이 자연을 마음껏 누리는 것도 기독교인의 권리라고 주장한다. 이러한 칼뱅주의는 분명히 전통적인 가톨릭 사상과는 다른 것으로서, 근대 자본주의를 형성하는 데 결정적인 역할을 한 것으로 평가되고 있다.

칼뱅

Jean Calvin, 1509~1564 | 프랑스의 중산 계급에서 태어난 신학자이자 법률가다. 프로테스탄티즘에 대해 변호하고 개신교 복음주의 운동을 펴다가 박해를 받아 스위스로 망명했으며, 16세기 츠빙글리에 의해 촉발된 스위스의 종교개혁을 완성했다. 장로제를 도입하여 신자들이 자율적으로 교회를 운영하도록 했으며, 영혼의 구원은 하나님에 의해 이미 결정되어 있다고 하는 '예정설'을 주장했다.

근세 초기의 사회적 · 정치적 변혁

중세는 봉건 영주와 농노를 중심으로 한 농업경제에 의존하던 시대였는데, 근세에 들어와 초기 자본주의와 교통경제가 그 자리를 대신하게 되었다. 이때 새롭게 경제 질서를 담당하게 된 계급은 바로 자아의식에 충만한 부르주아bourgeois였다. 또한 일반 대중에게 결정적으로 영향력을 끼치는 계층 역시 성직자에서 평민으로 옮겨 갔다.

그런데 거대한 상업경제권을 장악하는 데에는 국가의 중앙집권이 반드시 필요했고, 바로 이 점이 왕족들에게는 유리한 국면으로 작용했다. 이때부터 왕권에 바탕을 둔 절대군주제가 실시되었고, 이것이 종교개혁과 르네상스 이후 오랜 세월 강력한 국가 형태가 되었다.

이 밖에 유럽의 여러 나라에서 서서히 일어나기 시작한 민족의식은 기독교적 세계 제국이라는 이념마저 사라지게 했고, 마침내 과거와 전혀 다른 법 이론과 국가 이론을 필요로 하게 되었다. 그렇다면 이제부터, 중세와 구별되는 사상을 두드러지게 나타낸 사상가를 살펴보자.

수단 방법 가리지 말고 이겨라,
마키아벨리

Niccolò Machiavelli, 1469 ~ 1527 | 그의 대표작 《군주론》에서 국가의 유지와 발전을 위해 어떠한 수단이나 방법도 허용된다는 '마키아벨리즘'이란 용어가 처음 사용되었다. 이 책은 정치가 도덕으로부터 구별된 고유의 영역임을 주장했는데, 곧 근대 정치 사상의 기원이 되었다.

마키아벨리즘

《군주론》에 담긴 사상으로, 권모술수나 현실정치와 같은 뜻으로 사용되기도 한다. 즉 목적을 위해서는 수단과 방법을 가리지 않는 반도덕적 행위라 해도 결과에 따라 정당화될 수 있다는 정치적 사상이다.

이탈리아 피렌체 출신의 마키아벨리는 "오직 국가의 자기 보존과 권력 장악만이 모든 정치 행위의 유일한 목적이어야 한다"라고 역설했다. 마키아벨리즘 Machiavellism 이라고 불리는 그의 사상은 "목적의 달성에 도움이 된다면 어떠한 수단도 정당화될 수 있다"라는 전제로부터 출발한다. 그에 의하면, 우리의 마지막 승리를 보장해 주는 것은 오직 기만·간계·배신·거짓맹세·폭력 등 비리로 가득한 최후 수단뿐이다.

이러한 마키아벨리즘은 인간에 대한 매우 부정적인 통찰에서 시작되었다. 이는 다음과 같다. 모든 인간은 악한 데다 미련하기까지 하다. 인간은 은혜를 모를 뿐만 아니라 지배자로부터 이익을 얻는 한 충성을 다하지만, 위험이 닥칠 때는 재빨리 물러서서 반기를 든다. 또한 인간은 필요한 경우에만 할 수 없이 선을 행하며, 기회가 있다면 언제든지 보복하려고 하는 악한 존재다. 그렇기 때문에 그 약속을 믿는 자는 멸망할 수밖에 없다. 이처럼 악하고 이기적인 인간을 지배하기 위해서는 무엇보다 힘이 필요하다. 마치 여자를 정복하기 위해서는 완력을 사용해야 하는 것처럼, 억세게 대드는 자에게만 행운이 찾아온다. 그러므로 근신보다는 무분별이 낫고, 조심스러운 사려보다는 저돌적인 결행이 더 낫다.

마키아벨리의 이러한 가치관은 국제사회에도 그대로 적용된다. 마지막 승리는 도덕이나 정당성이 아니라 군사력과 정략적 수단에 의해 결정된다는 것이다. 특히 국가권력이 미치지 않는 외국에 대해서는 법률이 아무런 효력을 발휘하지 못하기 때문에 더욱 그러하다. 만약 역사상 국가 사이의 조약이나 평화협정이 제대로 지켜졌다면 그 많은 전쟁이 있었을 리 만무하다. 국가 사이에 힘의 균형이 무너졌을 때는 언제든지 강대국이 약소국을 침략했고, 그것이 오늘날 모양만 바뀌었을 뿐 그대로 계속되고 있다.

마키아벨리의 날카로운 통찰은 군주에 대한 충고에서도 드러난다. 군주는 모름지기 국민의 믿음을 얻어야 하는데, 그것은 바로 정권의 안정을 위해서다. 신뢰받지 못한 정권은 위태롭다는 것이 엄연한 현실이기 때문에, 어떤 방법을 써서라도 그 구성원들의 믿음을 얻어내야 한다. 그리고 그 수단이 기만이나 술수라 해도 무방하며, 다만 그것이 기만이라는 사실 자체를 숨길 수 있으면 된다. 그래서 군주는 아부하는 사람을 멀리하고 누군가 간언을 하더라도 결코 싫어하지 않는다는 것을 거짓으로라도 국민에게 보여 주어야 한다.

마키아벨리가 처했던 당시 시대적 상황은 대내적으로는 이탈리아가 쪼개지고, 대외적으로는 유럽의 강대국들이 이탈리아를 나누어 가지려고 다투던 시기였다. 이때 그는 마치 자연과학자가 자연현상을 관찰하듯이, 모든 도덕적 선입견을 배제하고 유럽 제국의 정치 형태를 있는 그대로 관찰함으로써 통치자의 처세술에 대한 원칙을 도출해냈던 것이다.

언뜻 보면 그의 사상은 무자비하고 냉혈적인 것으로 비춰지기도 한다. 그러나 우리가 받는 이러한 충격은 예부터 모든 철학이 "인간은 무조건 선하고, 이 사회나 국제관계에서도 도덕적인 어떤 원리가 반드시 지배한다"라고 하는 주장에 길들여져 있기 때문이 아닐까?

그렇다고 해서 《군주론》을 읽은 후의 느낌대로 마키아벨리가 권모술수를 내둘러서 크게 남의 이목을 집중시킨 일은 없었으며, 사실상 그만한 지위에 있었던 것

> 국가권력 ▼ 🔍
>
> 국가가 정치적 기능을 수행하기 위해 행사하는 권력이다. 그것은 경찰력이나 군대 등 물리적 강제력을 가진 근대 국가의 기구 속에 나타난다.

목적 달성에 도움이 된다면 어떤 수단도 정당화할 수 있다는 군주론, 맘에 들어!

맞아!

조폭 일동

187

○ 마키아벨리의 집무실
유명한 저서 《군주론》을 썼을 듯한
그의 책상은 책의 내용과 같은 엄격
함과 엄숙함마저 그대로 보여 준다.

Thomas Hobbes, 1588 ~ 1679
| 영국의 철학자·법학자. 그는
《리바이어던》(1651)에서 전제군주
제를 이상적인 국가 형태라고 기
술했다.

도 아니다. 오히려 겁이 많은 그의 성격상 당시 막강했던 메디치Medici 가문의 신임을 얻기 위해 《군주론》을 썼다는 설에 더 일리가 있다고 본다.

현실에 대해 냉철한 관찰과 분석을 가하고 또한 그것을 가차 없이 표현할 용기를 지녔다는 점에서 우리는 그를 높이 평가해야 하며, 이는 중세에 볼 수 없었던 새로운 경향이라 할 만 하다.

만인의 만인에 대한 투쟁, 홉스

찢어지게 가난한 무명의 목사였던 홉스●의 아버지는 성격이상의 소유자였다. 한번은 토요일 밤늦게까지 트럼프 놀이를 하다가 다음 날 설교단 위에서 졸던 중 갑작스레 엉뚱한 고함을 지르는 바람에 예배에 참석했던 신자들을 놀라게 한 적도 있었다. 나중에 그는 다른 목사와 싸우는 바람에 부인과 2남 1녀의 자식을 남겨둔 채, 교회에서 쫓겨나게 되었다.

이러한 가난과 역경 속에서도 홉스는 유달리 뛰어난 재동으로 자라났다. 네 살 때에 이미 글을 읽고 쓸 줄 알았으며, 여섯 살에 그리스어와 라틴어를 익혔고, 열다섯 살에는 영국의 명문인 옥스퍼드대학에 입학했다.

갈릴레이의 기계론적·수학적 자연 해석 방법을 자세히 알고 있었던 홉스는 이 방법을 역사와 사회 이론에 처음으로 응용했다. 윤리학과 정치 이론에서도 신학적 관점을 배제하고 오직 경험에만 의존했던 것이다.

홉스는 인간을 이기적인 동물이라고 했다. 물론 모든 생명체가 자기의 생명을 무엇보다도 소중히 여긴다는 측면에서 이기적이라고 할 수 있다. 그리고 이때의 이기심은 결코 비난받을 수 없다. 영화 〈얼라이브〉에 보면 1972년 안데스 산맥에서 비행기 추락 사고가 일어났는데, 극한상황에서 72일 만에 돌아온 사람들의 이야기가 잘 그려져 있다. 이때 생존자들은 다른 탑승자의 시체를 뜯어먹으며 살아났지만, 그들에게 시체훼손죄를 적용하지 않았다. 왜냐하면, 당시 자신의 생명을 보존하기 위해서는 그 외에 다른 수단이 없었기 때문이다.

그러나 인간은 이 경우처럼 단지 생존을 위한 최소한의 방편에 만족하는 것이 아니라, '가능한 한 많은' 물질을 소유하고자 골몰하는 이기주의자다. 따라서 자연 상태에서는 모든 인간이 오직 이기적 본능에 따라서만 행동하고, 모든 사람이 모든 사람에 대해 전쟁 상태에 빠질 수밖에 없는, 즉 '만인의 만인에 대한 투쟁'이 지배할 뿐이다.

약육강식의 정글법칙이 지배하는 동물적 상태에서는 힘센 자만이 살아남는다. 세상의 물질은 결코 풍족하지 않기 때문에 그것을 똑같이 누리지 못한다. 그래서 만인萬人이 만물萬物에 대해서 권리를 가지고 있다는 말은, '아무도, 또 어느 것에 대해서도' 권리가 없다는 말과 똑같다. 결국 인간은 자기 목적을 위해 타인을 굴복시키려 하고, 결국 '모든 사람의 모든 사람에 대한 투

국가가 허용하는 것이 정의요, 금지하는 것이 불의다. 국가가 허락한 것만 종교요, 그렇지 않은 것은 미신이다.

국가

쟁'이라는 비참한 상태에 빠지게 된다. 바로 이러한 상태를 극복하기 위해서 인간은 법을 만든 것이다.

다시 말하면, 힘센 자가 약한 자를 잡아먹는 야만적 상태에서는 인간들 사이의 안전이 보장되지 않는다. 그러므로 서로의 안전을 위해서는 법적인 보호 장치를 마련하고 실질적으로 도덕 행위가 이뤄지도록 해야 하는데, 여기에서 모든 구성원의 합의에 의해 법이 만들어진다. 나아가 그 법을 원만하게 운용하기 위해서는 어떤 개인의 힘을 훨씬 뛰어넘는 강력한 힘이 필요하다. 한 개인의 힘으로 질서가 무너지지 않게 하기 위해서다. 말하자면 서로의 합의에 의해 모두가 복종할 수 있는 강력한 힘권력이 생겨나야 하는데, 그것이 바로 국가권력인 것이다.

여기까지는 사회계약설과 대부분 일치한다. 그러나 홉스는 국가권력을 지나치게 강조했다. 무엇이 정당한지를 결정하는 것도 국가이며, 무엇이 부당한지를 판정하는 것도 국가다. 국가가 허용하는 것이 정의요 금지하는 것은 불의이며, 국가의 허락을 받은 것은 종교이고 그렇지 못한 것은 미신이다. 인륜이나 도덕도 천부적인 것이 아니라 어디까지나 국가라고 하는 사회공동체 속에서 규정된 것이다.

여기에서 보듯, 홉스에게 국가의 의사는 너무도 강하여 법의 범위마저 넘어서게 되었고, 이 때문에 국가권력이 엄청나게 확대되고 말았다. 게

철학논술

Q 사회계약설을 이끌어낸 세 명의 철학자는 홉스 · 로크 · 루소다. 홉스는 민주 법치의 개념을 처음으로 만들어내기도 했다. 하지만 절대군주론을 옹호한 점도 있기 때문에 로크와 루소의 사회계약설과는 차이가 있다. 그렇다면 홉스의 사상을 오늘날의 자유민주주의와 비교했을 때 무엇이 다를까? 또한 홉스의 사상과 유사한 한국의 역대 대통령이 있었다면 누구이며, 그 이유를 기술해 보자.

● 홉스의 《리바이어던》
본래 리바이어던이란 《구약 성경》의 〈욥기〉에서 영원히 산다는 거대한 동물의 이름인데, 이 책에서는 교회권력으로부터 해방된 국가를 가리킨다. 홉스는 이 책을 통해 자연 상태를 벗어나는 유일한 대안이 절대주의임을 제안한다. 자연 상태에서 만인은 만인에 대한 투쟁을 벌이게 되며 이때 생명은 "고립되고, 비참하며, 추잡하고, 야만적이며, 짧아진다"라고 말했다.

다가 《성경》에 전해오는 '리바이어던'이라는 괴물을 자기 책의 제목으로까지 사용했다. 그에게 국가란 하나의 생멸生滅하는 신이었던 셈이다.

홉스는 국가권력에 대해 종교가 간섭해서도 안 된다고 했다. 그러므로 사실 그가 중세의 스콜라 철학에 대해 그렇게도 심한 비난을 퍼붓고, 같은 시대를 살아간 사람들에게 무신론자로 낙인찍혔다는 사실 역시 놀라운 일이 아니다.

그는 군주제를 최선의 정부 형태로 보긴 했지만, 다만 공리주의적 관점에서 접근하고자 했다. 이 때문에 《리바이어던》이 전제적 정치를 옹호했지만, 결국 의회파나 왕당파Royalists● 어느 쪽으로부터도 환영을 받지 못했다. 결국 당대의 보기 드문 천재 홉스는 고독과 피해의식에 휩싸여 살다가, 아흔한 살 되던 해에 쓸쓸하고도 기나긴 일생을 마감했다.

● 왕당파
영국의 청교도혁명 시대에 국왕 찰스 1세를 지지한 사람들이다. 여기에는 귀족이나 대토지 소유자, 온건파 가톨릭 신자들이 많이 속해 있었다.

우상론과 귀납법,
프란시스 베이컨

베이컨

Francis Bacon, 1561~1626 |
르네상스 후의 근대 철학, 특히
영국 고전 경험론의 창시자다.
냉정하면서도 유연한 지성을 가
진 현실파 인물이었다.

르네상스 시대에 정신적 업적을 남긴 과도기의 철학
자들 가운데 바로 베이컨°이 있다. 영국의 프란시스 베이컨은 궁정 대신
의 아들로 태어났으며, 어려서부터 매우 조숙하고 지식욕이 왕성했다.
그러나 막내였던 그는 아버지가 갑자기 세상을 떠난 후, 유산을 한 푼도
물려받지 못했다. 하지만 베이컨은 스스로 노력해서 변호사 자격을 얻었
고, 젊은 나이로 하원의원에도 당선되었다. 끊임없는 명예욕과 거침없는
활동가였던 그는 젊은 시절의 가난한 상태를 벗어난 이후로 국가의 최고
직위까지 승진했다. 어쩌면 돈뭉치를 뿌려대던 그의 처세가 효과를 발휘
한 덕분인지도 모른다.

정치에 대한 욕망과 문필가로서 크게 성공하려는 갈망 사이에서 끊임
없이 갈등을 겪던 그는, 잠시 공직에서 물러났던 기간 동안 학문과 문필
활동에 몰두했다. 그럼에도 그토록 많은 업적을 남겼다는 것은 참으로
놀라운 일이 아닐 수 없다.

그러나 그 후 대법관이 된 지 3년
만에 재판 결과에 불만을 품은 어떤
소송인에 의해 뇌물수수죄로 고소
당하고 말았다. 결국 그는 유죄 판
결을 받아 정치인으로서의 생명이
무참히 끊겨 버렸다. 하지만 틈틈이
했던 학문 활동으로 오래도록 세상
사람들의 추앙을 받을 수 있었다.
베이컨의 저서로는 《학문의 진보》

○ 고전 경험론의 창시자 베이컨

《신新기관론》《신新아틀란티스 섬》 등이 있다.

《신新기관론》에서 그는 인류의 진보와 자연 정복을 위해 먼저 모든 편견이나 맹목적인 오류로부터 우리의 사유를 깨끗이 해야 하며, 그 다음에 올바른 연구 방법을 터득해야 한다고 주장했다. 첫 번째 문제를 해결하기 위해 우상론偶像論을 들었으며, 두 번째 문제를 해결하기 위해서는 귀납법을 제시했다.

먼저 우상론을 살펴보면 다음과 같다. 첫째는 종족의 우상이다. 여기서는 인간인간이라는 종족의 타고난 천성 때문에 쉽게 빠질 수밖에 없는 여러 가지 착각을 논하고 있다. 고대인들이 가졌던 토테미즘Totemism●, 애니미즘Animism●, 그리고 모든 것을 사람과 동일시하는 의인관擬人觀●, 감각기관에 의한 착각 등이 여기에 속한다. 제주도의 일명 '도깨비 도로'에서 일어나는 눈의 착각이나, 회의에서 자신의 주장을 관철시키려고 고집하는 일 등도 이 범위에 속한다고 말할 수 있다.

둘째는 동굴의 우상이다. 플라톤이 말한 '동굴의 비유'에서 빌려온 용어로, 개개인마다 서로 다른 기질·교육·관점·처지에서 비롯되는 오류를 말한다. 각 개인은 마치 자기만의 독특한 동굴 속에 갇혀 있기 때문에, 누구나 편견을 갖는다. 인간은 주관적인 자기 견해에 사로잡혀 꼼짝도 못하고, 기껏해야 자신의 안경을 통해서만 사물을 본다. 《성경》에 보면 "너희 진주를 돼지에게 던지지 말라"라는 구절이 있다. 미련한 돼지는 그 진주의 가치를 제대로 모른 채, 그저 자기를 해치려는 것으로 잘못 알고 달려든다. 이와 마찬가지로 어리석은 인간에게 아무리 올바른 말로 충고를 해봐야, 알아듣기는커녕 오히려 의심하고 공격하려고 달려든다는 것이다.

셋째는 시장市場의 우상이다. 시장이란 사람들이 서로 만나 인사하고

토테미즘 ▼ 🔍

북아메리카의 토속어인 토템(신성시되는 특정한 동물·식물·자연물)에서 유래한 말로, 특정한 동물과 미개한 부족 집단 사이에 어떤 종교적인 관계가 맺어졌다고 보는 관념을 일컫는다.

애니미즘 ▼ 🔍

생물이나 무생물을 막론하고 모든 존재는 살아 있고 의식이 있다고 믿는 사상을 말한다. 나무·돌·산·강물에도 정령이 깃들어 있다고 생각한다. 철학적 의미로는 "물질에는 본래 생명력이 있다"라고 하는 물활론物活論과 같은 뜻으로 사용되기도 한다.

의인관 ▼ 🔍

인간 이외의 존재(신이나 자연)를 인격화하는 관념이다. 특히 인간의 정신적 특색을 부여하는 경향이 있으며, 신화나 종교 같은 데서 이러한 경향을 볼 수 있다.

먹는 것이 힘이다.
먹는 게 남는 것이다.

프란시스 베이컨이
한 말도 모르니?
아는 게 힘이다!

교제도 나누는 곳이다. 이러한 과정에서 언어가 생겨나는데, 여기에서는 말이 특별한 의미를 갖는다. 전혀 의미가 없는 언어라 할지라도, 그것이 사물 자체로 취급되는 경우가 있는 것이다. 예를 들어, 용이나 봉황처럼 상상 속에서만 존재하는 동물도 자주 말로 표현되다 보면 마치 실제로 존재하는 것처럼 착각한다. 이와 마찬가지로 교회에 나가지 않는 사람들은 신이나 천사 등의 개념도 사실 허황된 것으로, 인간의 사유가 만들어낸 언어에 불과하다고 생각할 수 있다.

마지막으로 극장의 우상을 경계해야 하는데, 여기서는 고대 철학자들의 뿌리 깊은 인습因襲*적 공리公理*가 문제다. 무대 위에 꾸며진 가상적인 것을 보고 환호하는 관객들처럼, 전통이나 권위의 후광을 업고 나타나는 학설을 아무런 비판 없이 받아들이는 데서 생겨나는 오류가 바로 극장의 우상이다. 유명한 철학자 이름을 들먹이며 "누가 말했다"라는 식으로 자신의 주장을 관철시키려는 태도가 여기에 속한다.

이상과 같은 우상론으로 우리의 사유를 깨끗이 청소한 다음 올바른 학문적 방법을 찾아내야 하는데, 그것이 바로 모든 것을 경험에 귀착시키는 귀납법이다. 즉 자연현상을 관찰하고 그 결과를 토대로 실험을 반복하여 어떤 법칙을 얻어내는 귀납법적 방법에 의해서만 우리는 자연을 진정으로 지배할 수 있다는 것이다.

어느 날 베이컨은 런던에서 하이게이트로 가는 길에 "과연 고기를 눈 속에 묻어두면 얼마나 오랫동안 썩지 않을까"라는 의문이 생겼다. 그는 당장 실험을 해보고 싶었다. 그래서 즉시 어떤 농가에 들어가 닭 한 마리

인습

예부터 내려오는 풍습·습관·예절 등을 좇아서 그대로 함을 일컫는다. 그저 지금까지 지켜져 왔다는 이유만으로 행해지는 경우가 이에 속한다.

공리

조건 없이 참인 것으로 가정된 명제를 뜻한다. 이는 다른 명제들을 증명하는 기본적 사실이 된다.

를 사서 배를 가른 다음, 털을 뽑아서 눈 속에 묻었다. 그러는 동안 온몸에 피로와 오한이 몰려들었고, 증상이 너무 심해져서 집으로 돌아가기도 힘들 었다. 베이컨은 결국 가까운 아런델 경의 저택으로 옮겨졌는데, 그곳에서 영영 일어나지 못하고 말았다. 이때 그는 죽어가면서도 "실험은 훌륭하게 성공했다"라고 기록했다고 한다.

베이컨은 자연에 대한 지식의 근원을 오직 경험 속에서만 찾으려 했다. 그러나 그의 귀납적 방법은 오늘날 자연과학이 활용하는 것과는 조금 달 랐다. 심지어 베이컨은 양적 관계에만 중점을 두는 수학적 방법에 대해 못마땅하게 여기기도 했다. 하지만 그는 근세를 대표하는 원조적 사상가로 꼽힐 만한 인물이다.

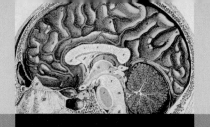

제2장

합리론과 경험론

합리론 ▼

17세기 데카르트 · 스피노자 · 라이프니츠 등 유럽 대륙의 철학자들에 의해 전개된 철학으로, 인간의 본질은 이성에 있으며 인간의 이성 또한 신의 이성의 일부라고 본다. 또한 모든 확실한 지식은 명증적인 원리로부터 오기 때문에, 후천적 경험에 의한 지식은 모두 혼란스럽고 불확실한 것이라고 간주한다.

데카르트 ▼

René Descartes, 1596~1650 | 그의 형이상학적 사색은 이른바 방법적 회의懷疑에서 출발한다. "나는 생각한다, 고로 나는 존재한다"라는 것이 근본원리다.

대륙의 합리론

근세 사상의 새싹들이 르네상스 시대에 움터 나왔다면, 17~18세기는 그들 사상에 체계를 세우는 시기였다고 볼 수 있다. 장엄하고 아름다운 근세 철학의 건축물 속에 들어가면 두 개의 큰 기둥과 맞닥뜨리게 되는데, 합리론과 경험론이 바로 그것이다.

먼저 합리론은 우리의 선천적 인식능력인 이성을 신뢰하고, 어떤 하나의 명제로부터 개별적 명제를 도출하는 연역적 방법을 주로 택한다. 이에 반해 경험론은 모든 인식이 후천적 경험에 의해서만 발생한다고 주장하며, 현실에서 마주치는 개별적인 사례들을 종합해서 결론을 내리는 귀납적 방법을 선호한다.

프랑스 · 네덜란드 · 독일 등 유럽의 대륙 쪽에서는 인간의 선천적 이성을 신뢰하고, 수학을 언제 어디서나 보편타당한 학문으로 간주하는 경향이 나타나기 시작했다. 또한 몇 가지 중요한 기본 개념들로 전체적인 철학 체계를 세우려고 노력했다. 이러한 경향이 합리론으로 불리게 되었는데, 17세기 유럽의 모든 사상은 데카르트 · 스피노자 · 라이프니츠의 철학 가운데 있다고 해도 과언이 아니다.

침대에 누워 사색하던
데카르트

　　　　　　프랑스 귀족 가문에서 태어난 데카르트는 선천적으로 몸이 약했기 때문에 학교에서조차 그의 늦잠을 허용했고, 그래서 평생 침대에 누워 사색하는 습관을 갖게 되었다. 스무 살이 갓 지나 군대에 지원해서 무보수 장교로 근무하던 중, 신으로부터 철학 전체의 체계를 새롭게 정립하라는 꿈을 꾸었다고 한다. 그 후 네덜란드에 정착해서 본격적인 학문 연구에 몰두했는데, 이때 그는 사람들과 만나는 시간을 최대한 줄이고 하루에 열 시간씩 충분히 잠을 자면서 사색하고 글 쓰는 일에만 열중했다. 찾아오는 사람들을 피하기 위해 20년 동안 열세 번이나 이사를 했으며, 아주 친한 친구들 이외에는 주소조차 가르쳐 주지 않았다고 한다.

　그러나《세계》라는 제목으로 쓴 첫 번째 글은 갈릴레이의 처형 소식이 전해진 후, 그대로 불태워 버렸다. 이 책에서 지동설을 주장했는데 당시 교회와의 마찰을 걱정했기 때문이다. 다음 저작인《방법서설》역시 익명으로 발표했고, 그로부터 다시 4년 후에 비로소 주저主著인《제1철학을 위한 명상》을 발표했다. 그 후, 적어도 이 책만은 교회의 주장과 일치된다고 믿어 파리대학에 기증했다. 하지만 얼마 가지 않아 금서 목록에 오르고 말았다.

　그의 수학적 업적은 해석기하학과 좌표기하학을 발명한 것이라고 할 수 있는데, 여기에서 얻은 연구 성과가 지식의 모형에 관한 그의 철학적 사색이나 공간에 관한 표상과 밀접한 관계를 맺는다.

데카르트는 철학을 일종의 수학으로 삼으려 했다. 다시 말해 엄격한 연역적 방법을 사용해서 모든 것을 하나의 근본개념으로부터 이끌어내고자 했던 것이다.

먼저 우리의 지식이 더는 의심할 수 없는 원리로부터 시작되어야 한다면, 무엇보다도 그 출발점이 확실한 기초 위에 서 있는지를 따져 봐야 한다. 과연 철저한 회의_{의심}를 이겨낼 만한 제1명제가 무엇일까? 이를 알기 위해, 우리는 모든 것을 의심해 봐야 한다. 학교에서 배운 내용이나 사람과의 만남을 통해 터득한 일, 나아가 이 세계가 정말 존재하는가 아니면 한낱 상상에 불과한가에 대해서도 의심해 봐야 한다.

◑ 데카르트의 초상화
데카르트도 갈릴레오처럼 지구가 태양의 주위를 돈다고 믿었다. 그러나 갈릴레오의 종교재판 소식을 듣고 나서 이 견해를 속으로만 간직했다. 위 그림은 중년을 넘어선 데카르트의 모습이다.

예컨대, 우리가 꿈속에서 돈을 줍다가 깨어나면 허전하기도 하고, 꿈속에서 사랑하는 사람이 죽었다는 사실에 눈물 흘리다가 깨어나 안도하기도 한다. 이와 마찬가지로 이 세상의 모든 사람이 지금 한꺼번에 꿈을 꾸고 있다고 가정한다면, 내가 현실에서 만나는 사람과 마주치는 사물들이 모두 허망한 것일 수 있다. 심지어 "내가 지금 존재하고 있다"라는 사실조차 믿을 수 없는 것이 되고 만다. 다시 말하면, 누구나 확실한 것으로 받아들이는 지금의 현실도 믿을 만한 것이 되지 못한다는 뜻이다.

나아가 '1+1=2'라고 하는, 가장 확실하다고 여겨지는 수학적 공식에 대해서도 일단 의심해 봐야 한다. 왜냐하면 1 더하기 1이 사실은 3인데, 우리를 나쁜 쪽으로만 이끌어가는 악마가 모든 인간을 한꺼번에 속였다고 의심해볼 수도 있기 때문이다.

그러나 절대 의심할 수 없을 뿐만 아니라 오히려 의심하면 할수록 더욱 확실하게 나타나는 한 가지가 있다. 그것은 내가 지금 이 순간에 의심을 하고 있다는 것, 다시 말하면 "생각하고 있다"라는 사실이다. 모든 것을 의심할 수 있지만, 내가 현재 의심^{생각}하고 있다는 사실은 도저히 의심할 수 없다. 그 사실을 의심하면 할수록 더욱 확실해지기 때문이다. 그렇다면 생각하는 주체로서 나 자신도 부정할 수 없게 된다. 사유의 주체 없이 사유작용이 일어날 수는 없기 때문이다.

여기에서 "나는 생각한다. 그러므로 나는 존재한다_{cogito, ergo sum}"라는 유명한 명제가 나온다. 내가 생각하고 있다는 것이 확실하다면 사유의 주체인 '나'가 있어야 한다. 데카르트는 이것을 움직일 수 없는 하나의 출발점으로 삼았으며, 나아가 이 명제처럼 우리가 직접 인식할 수 있는 것이 있다면 그것도 역시 확실한 것이 틀림없다고 봤다. 이러한 관점에서, 데카르트는 신과 세계의 존재를 확실한 것으로 도출해냈다.

다른 도움 없이 스스로 존재하는 것, 즉 '존재하기 위해 다른 아무것도 필요하지 않는 것'을 실체實體라고 부르는데, 데카르트는 먼저 영원불변한 실체로 우선 신을 들고 있다.

그리고 두 가지 실체를 더 들고 있는데, 그것은 바로 정신과 물체다. 이 두 가지는 서로 독립적으로 떨어져 있어서 서로 아무런 영향을 주고받지 않는다. 먼저 우리는 공간적인 연장延長을 반드시 함께 덧붙여 생각하지 않고도 정신 자체가 스스로 생각한다는 사실을 알 수 있다. 이와 마찬가지로, 물체 역시 정신과 전혀 관계없이 연장과 공간적 충만성이라는 성질로만 나타난다. 여기에서 정신의 속성은 사유이며, 물체의 속성은 연장이다. 정신은 사유하지만 연장이 없는 실체이고, 물체는 사유하지 않고 다만 연장을 가진 실체일 뿐이다. 이처럼 두 가지는 서로 독립적으로 존재한다.

○ 데카르트의 《방법서설》
1637년에 나온 철학책이다. "나는 생각한다. 그러므로 나는 존재한다"는 명제가 이 책에서 나왔다.

나는 생각한다. 고로 존재한다. 어떤 주식을 사야 돈을 벌까?

생각 하기 나름!

정신과 물체를 엄격하게 분리해 버린 데카르트의 입장에서는, 정신이란것이 사유하는 존재에게만 있다고 주장했다. 따라서 그는 사유 능력이 없는 동물은 단순한 기계와 다를 바 없다고 말했다. 가령, 우리가 키우는 강아지가 심한 매질을 당해 신음소리를 냈다고 하자. 이때 우리는 동정심 때문에 그 소리를 차마 귀로 듣지 못할 것이다. 그러나 데카르트의 논리에 의하면, 그 신음은 강아지의 통증이나 아픈 감정을 나타낸 것이라기보다 그냥 오르간 건반을 두드렸을 때 울리는 소리처럼 기계적인 것에 불과하다.

그렇다면 사람도 그러할까? 데카르트식으로 말하면, 인간이란 존재 역시 정신과 물체, 즉 영혼과 육체가 결합해서 이루어진 존재다. 그런데 이두 실체가 따로따로 움직인다고 가정하면, 흔히 우리가 경험하듯 육체와 정신의 상호작용을 어떻게 이해해야 할까? 가령 만일 내가 손을 움직이려고 결심하고 나서 비로소 나의 손이 움직였다면, 정신 작용이 신체 운동의 원인이 된 셈이다. 또 날아가는 새의 모습을 눈으로 받아들임으로써 그 새가 날아간다는 생각을 갖게 되었다면, 감각 작용*이 사유 작용을 일으킨 것이라고 봐야 하지 않을까? 사정이 이러한데도 데카르트는 "마치 폭풍 속에서도 태양광선이 흔들리지 않는 것처럼, 이 두 가지 실체

> **감각 작용**
>
> 데카르트는 몸과 마음 또는 육체와 정신이 송과선을 통해서 만나 의지가 결정되고, 그것이 다시 전체 몸으로 전달된다고 보았다.

철학논술

영화 〈매트릭스〉는 2199년에 기계 문명에 의해 인간이 지배되고, 인간이 기계 문명을 위한 에너지로 역이용되는 상황을 보여 준다. 평범한 회사원인 네오는 의심없이 믿었던 자신의 세계가 가상공간임을 깨닫게 되면서 심각한 충격을 받는다. 그가 살아왔던 모든 삶들이 컴퓨터가 조종하는 프로그램의 일부였던 것이다. 영화 〈매트릭스〉의 세계관과 데카르트의 철학을 비교해 보자. 그리고 네오와 데카르트의 공통점은 무엇일까?

가 서로 접촉하지 않는다"라고 주장한다.

하지만 결국 데카르트도 인간에게는 몸과 마음, 육체와 정신이 결합해서 서로 작용한다는 사실을 인정할 수밖에 없었다. 이 두 가지는 뇌 속의 송과선 pined gland●을 통해 서로 만나면서 밖에서부터 주어진 물리적 자극이 신경계통으로 전달되어 감각을 일으키기도 하고, 반대로 마음속에서 일어난 의지의 결정이 육체에 전달되기도 하기 때문이다.

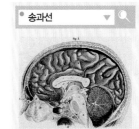

송과선

좌우 대뇌 반구 사이 셋째 뇌실의 뒷부분에 있는 솔방울 모양의 내분비 기관. 생체리듬에 관여하는 호르몬을 만들어낸다.

안경 렌즈를 닦으며 생활했던 스피노자

스피노자●는 네덜란드의 암스테르담에서 태어났는데, 그의 조상은 스페인에서 이민을 온 유대인이었다. 어려서부터 이미 뛰어난 재능을 인정받은 스피노자는 아버지의 뜻에 따라 유대교 목사직을 꿈꾸며 성장했다.

그러나 스물네 살 때에 이단으로 고발당하면서 유대교 교단에서 추방되었다. 이유는 평소에 그가 "하나님은 육체를 가지고 있을지도 모른다. 천사는 환상일지도 모른다. 영혼은 다만 생명일지도 모른다. 그리고 《구약 성경》에는 영생에 대해 아무 말도 없다"라고 주장했기 때문이다. 온갖 저주를 다 받은 채 파문당한 그는 더없는 고독에 시

스피노자

Baruch de Spinoza, 1632∼1677 | 그의 사상은 정신과 물질을 구분하는 데카르트의 이원론을 극복하려는 데서 시작한다. "모든 것이 신이다"라는 범신론汎神論의 사상을 역설했는데, 괴테가 그를 "신에 취한 사람"이라고 평한 것은 유명한 이야기다. 그는 평생 결혼하지 않았고, 당시 유대인 사회에서 파문을 당하는 등 비난과 질타를 받으면서 명성과는 인연이 없는 생활을 했다. 또한 렌즈를 닦아 생활비를 조달했는데, 러셀은 그를 "위대한 철학자들 가운데 가장 고결하고 매력적인 철학자"라고 묘사한 바 있다.

나는 오직 철학만 하고 싶어서 교수직도 거절하고 렌즈 닦는 일로 먹고살았죠.

렌즈 닦는 집

달려야 했다. 친구들이나 주변 사람들은 그를 무조건 피했고, 어디를 가건 셋방조차 빌려 주지 않았다.

그러나 이것은 결과적으로 스피노자가 모든 선입견에서 벗어나 독자적인 정신을 갖게 해준 계기가 되기도 했다. 그는 당대의 유명한 인물들과 편지를 교환하면서 지식을 넓혀 나갔고, 차츰 전 유럽에 이름을 떨치게 되었다. 1673년에는 독일 하이델베르크대학의 철학교수로 근무할 수 있었지만, 그는 이를 거절했다. 그 이유는 첫째로 교수직으로 인해 철학을 연구하는 데 방해받기 싫어서였고, 둘째는 이미 젊은 시절부터 학업을 계속하기 위한 생계수단으로 안경 렌즈를 손질하는 기술을 배웠기 때문이다.

하지만 이 직업 때문에 자기의 목숨을 단축시키는 결과를 초래하고 말았는데, 먼지투성이 작업장에서 오랜 시간 일한 결과 폐병에 걸려 버린 것이다. 44년이라는 짧은 생애 동안 많은 시간을 안경을 다듬는 데 보내면서도, 스피노자는 심오하고도 논리 정연한 철학적 업적을 남겼다.

앞서 데카르트는 실체를 '다른 것의 도움 없이 스스로 존재하는 것'이라 규정했다. 그러나 스피노자는 실체를 '모든 사물의 근저나 배후에 자리 잡고 있으면서, 모든 존재를 자체 안에 융합하거나 포괄하는 일자一者 또는 무한자'로 이해했다. 그런데 이것은 결국 신의 개념과 일치하며, 나

일자

모든 존재 사물의 원천으로, 절대자를 말하기도 한다. 로마의 철학자인 플로티노스가 처음으로 주장한 개념이다.

202

아가 모든 존재자를 총괄하고 있기 때문에 자연의 개념과도 일치한다. 여기에서 '실체=신=자연'이라는 등식이 성립하게 된 것이다.

신은 사유와 연장이라는 두 가지 특성을 지니고 있다. 그런데 모든 것은 신을 통해 존재하므로, 모든 개별적 사물 역시 두 가지 관점에서 파악되어야 한다. 즉 사고의 관점에서 보면 관념으로, 연장이라는 관점에서 보면 물체로 나타나는 것이다. 다시 말해서 두 개의 서로 다른 실체가 존재하는 것이 아니라, 두 가지 양상을 통해 관찰되는 하나의 실체가 있을 뿐이다.

인간 역시 육체와 정신이라는 두 개의 실체로 구성된 것이 아니라, 이 두 가지는 동일한 하나의 존재가 지닌 두 개의 측면에 불과하다는 것이다. 결국 데카르트의 이원론은 스피노자에 이르러 일원론으로 통합되었다.

스피노자는 《에티카》[1675]의 원고를 마지막 순간까지 책상 서랍에 감춰 두었는데, 혹시 자기가 죽은 뒤에 이 글이 분실되지 않을까 불안했기 때문이라고 한다. 그러나 이 책은 그가 세상을 떠난 해에 친구들에 의해 출판되었다.

그는 이 세상의 모든 존재가 자신의 일을 관철시키고자 노력한다고 봤다. 인간 역시 자기주장을 관철시키려는 강한 본능을 갖고 있다. 따라서 인간의 모든 행동과 감정은 자연의 필연성처럼 한 치의 오차도 없이 일관된 모습을 나타낸다. 흔히 말하듯 의지의 자유라든가 결단의 자유는 전혀 끼어들 여지가 없다는 것이다.

만일 자신이 자유롭게 어떤 선택을 했다고 생각한다면 그거야말로 큰 착각이다. 마치 공중으로 휙 던져진 돌멩이가 일정한 궤도를 따라 움직이는 것이 자신의 결정한 것처럼 여겨지는 경우와 같다. 모름지기 인간의 행동이란 모든 자연현상과 마찬가지로, 불변의 법칙을 따를 수밖에 없

에티카

스피노자의 주요 저서다. 원제대로 번역하면 《기하학적 순서로 증명된 윤리학》이다. 《에티카》에는 그의 합리주의 철학이 가장 체계적으로 나타나 있으며, 윤리학에 대한 자신의 견해를 기하학적 방법으로 풀이하고 있다. 신과 세계와의 관계를 '창조'에 의해서가 아니라, '신 곧 자연'이라는 형태로 파악하는 범신론적 체계로 설명함으로써 신의 내적 필연에 의해 모든 사물이 생긴다고 하는 결정론을 취했다. 이 책은 오랫동안 관심을 끌지 못하다가, 그가 죽은 지 약 100년 후 괴테가 그 진가를 인정했고 결국 독일 관념론에 큰 영향을 미쳤다.

❶ 스피노자의 서재
탈고된 《에티카》를 이곳에 숨기지 않았을까.

는 것이다.

사정이 이렇다면, 도대체 우리에게 윤리학이 무슨 의미가 있을까? 이에 대해 스피노자는 모든 인간이 자신의 행동에 대해 책임질 필요가 없다는 뜻은 아니라고 대답한다. 다시 말해, 우리의 행동이 자유롭든 자유롭지 않든 간에 그 동기란 어디까지나 자기 자신의 희망과 공포에서 우러나오기 때문에, 우리는 계율과 명령이 있음을 인정해야 하고 자신의 행동에 대한 책임도 져야 한다는 것이다.

자연이 자연법칙을 따를 때 최고 상태에 도달하는 것과 마찬가지로, 인간 역시 그 본연의 법칙을 따를 때 최고의 덕에 도달하게 된다. 그렇다면 인간 본연의 법칙이란 무엇일까? 그것은 이성이다. 그러므로 인간은 이성에 따라 행동할 때, 최고의 덕을 이룰 수 있다.

그러나 인간은 본능·충동·감정 등에 의해 좌우되는 존재이기도 하다. 그렇다면 이성과 감정은 서로 어떠한 관계가 있을까? 이성이란 서로 충돌하며 일어나는 여러 가지 감정들을 조절하는 역할을 맡는다. 말하자면 여러 가지 본능이 각자의 열정에만 치우치다 보면 우리에게 결코 이롭지 못하기 때문에, 전체를 살펴서 올바른 행동을 하도록 돕는 것이 바로 이성이라는 것이다. 이처럼 스피노자는 감정이나 본능을 불신하는 반면에 이성에 대해서는 무한한 신뢰를 보냈고, 여기에서 그의 합리주의적 경향을 엿볼 수 있다.

흔히 "내일 지구의 종말이 올지언정 나는 사과나무 한 그루를 심겠다"

라고 한 스피노자의 말을 상기하면서 그가 낙천적인 기질을 가졌을 것이라고 예상한다. 하지만 오히려 그의 철학에는 숙명적 체념과 같은 것이 담겨 있다. 천성적으로 타고난 동양적 성향 때문이기도 하지만, 이러한 이유로 혹자는 스피노자의 학설을 부처의 가르침과 비교하기도 한다.

똑같은 음식점에서 똑같은 음식을, 라이프니츠

유년 시절에 이미 폭넓은 교육을 받아 열다섯 살에 대학에 진학한 독일의 라이프니츠G. W. Leibniz, 1646~1716는 열일곱 살에 졸업시험을 통과했다. 그러나 대학 측에서는 나이가 너무 어리다는 이유로 박사학위 수여를 금지했고, 결국 다른 대학에서 학위를 인정해 스물한 살의 그에게 교수직을 제공했다. 하지만 속박을 원치 않았던 라이프니츠는 그것조차 거절했고, 이후로도 평생토록 대학에서는 근무하지 않았다.

그는 파리로 가서 네덜란드와 독일을 위협하는 루이 14세의 공격을 다른 방향으로 바꾸고자 애썼다. 그 구체적 방안으로 프랑스가 이집트를 공략해야 한다고 주장했는데, 아무 반응도 얻어내지 못했다. 결국 이 일은 나중에 나폴레옹에 의해 실현되었다.

파리에 머무는 동안 라이프니츠는

> **루이 14세**
>
> Louis le Grand Monarque, 프랑스 부르봉 왕조의 왕. 중앙집권을 강화하여 영토를 확장했으며 "짐이 곧 국가다"라는 말과 함께 절대왕정의 전성기를 누렸다.

데카르트와 스피노자의 윤리학 초고를 읽고 당시 대표적 인물들과 사귀었으며, 귀국하는 길에는 스피노자의 집을 방문하기도 했다. 하지만 말년의 라이프니츠는 그가 모시던 왕후의 실각으로 인해 고독하기 짝이 없었다. 그가 세상을 떠나자 프랑스 학술원이 "세계에 빛을, 독일에 영광을 가져다준 영혼"이라는 짤막한 추도사를 발표했을 뿐, 그 밖에 어떠한 격식도 없이 매장해 버렸다.

평생을 독신으로 보냈던 그는 항상 똑같은 음식점에서 똑같은 음식을 시켜 먹었으며, 다리에 신경이상이 생길 만큼 오랫동안 의자에 앉아 연구에 몰두했다.

운동이란 상대적인 것으로서, 어떤 물체가 움직이거나 움직이지 않는 것으로 보이는 것은 관찰자의 입장에 따라서 결정된다는 내용이 《단자론》monad論•이다. 이러한 견해는 아인슈타인의 상대성이론을 연상시키기도 하는데, "운동이란 결코 힘과 분리해서는 안 된다"라고 주장했다.

또한 그는 고대의 원자론에서 말한 원자의 개념을 엔텔레케이아 entelecheia•, 즉 완전현실태完全現實態를 지향하는 힘의 개념과 결합시켰다. 여기에서부터 단자Monade라는 개념이 도출된다. 그러면 그의 단자 개념을 네 가지 관점에서 살펴보기로 하자.

첫째, 단자는 점點이다. 라이프니츠는 물질을 단순한 공간적 연장으로 보지 않고 무수한 점의 집합체로 봤는데, 이것은 때마침 발명된 현미경을 보고 그가 큰 영향을 받은 것이라고 짐작된다.

둘째, 단자는 힘인 동시에 힘의 중심체다. 물체란 점 모양을 하고 있으며, 힘의 중심점으로 이루어진 복합체다.

셋째, 단자는 정신이다. 가장 하위를 차지하는 단자는 마치 몽상과 같은 혼미한 상태에 있고, 인간의 정신과 같은 단자는 의식을 소유하고 있

● 단자론

모나드론. 모나드란 원래 수학상의 용어로 '1' 또는 '단위'를 뜻하는 그리스어의 '모나스monas'에서 나온 말이다. 즉 모든 존재의 기본으로서의 실체는 단순하고 불가분한 것이며, 이를 모나드라고 이름 지었다. 만유는 비공간적이고 비물질적인 무수한 단자로 되어 있으며, 또한 그 하나하나가 전 우주를 표상할 뿐만 아니라 단자 간의 조화는 신의 예정에 의한다는 이론이다.

● 엔텔레케이아

아리스토텔레스의 철학 용어로서 '가능성으로서의 질료가 목적하는 형상을 실현하는 운동이 완결된 상태', 즉 목적을 달성하여 완전한 상태에 있는 것을 말한다.

으며, 가장 높은 층의 단자인 신은 무한한 의식, 즉 전
지전능한 힘을 가지고 있다.

넷째, 단자는 개체다. 이 세상에 똑같은 단자란
없다. 단자는 모두 각각 독특한 방법으로 우주 전
체를 반영하는 거울인 셈이다. 또한 모든 단자는
외부로부터 완전히 단절되어 있는 한, 창이 없는 개체이
기도 하다.

그런데 외부와 어떠한 교통도 없는 단자들
이 어떻게 해서 서로 협력하듯 전체적인 조화
를 이룰 수 있을까? 라이프니츠는 여기에서 유명
한 '시계의 비유'를 들고 있다. 두 시계가 똑같이 바
늘을 움직이며 가는 것은 그것들이 미리 정교하게 가공되었기 때문이라
는 것이다. 이것이 이른바 예정조화론이다.

말하자면, 신은 단자들이 각각의 법칙을 지켜가면서 전체적으로는 완
전한 일치에 도달하도록 미
리 설계해 놓았다는 것이다.
인간의 경우에도 영혼은 그
자체의 사유원리에 따라 작
용하고, 육체는 육체대로 자
연법칙에 따라 움직이지만
결국 한 사람 가운데서 조화
를 이룬다.

이 예정조화론에 의해 라
이프니츠는 데카르트의 이원

○ 라이프니츠의 초상화

론과 스피노자의 범신론을 극복하고, 신의 존재를 확실하게 해주는 기독교적 세계관을 확보할 수 있었다.

영국의 경험론

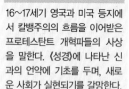

경험론이란 뜬구름 잡기식의 탁상공론이나 사변speculation●을 배척하고 모든 학문의 기초를 경험에 두려고 한 철학적 경향을 말한다. 앞서 등장한 합리론이 유럽 대륙의 철학자들에 의해 발전했다면, 경험론은 영국의 로크와 버클리 그리고 흄이라는 세 명의 철학자에 의해 대표된다.

여러 민주화의 과정에서 정치적 자유를 쟁취하고 이를 기반으로 국제적인 영향력과 사회적 복리를 증진시켜 나갔던 13~17세기의 영국에게, 민족성이란 실제적인 인간을 모범으로 삼는 것이었다. 특히 기독교적 청

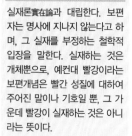

교도주의puritanism●는 엄격성과 더불어 실천적인 노동윤리로 영국의 국민성을 형성시키는 데 결정적 역할을 했다.

영국 경험론의 선구자로서 우리는 먼저 로저 베이컨을 들 수 있다. 그는 지식의 원천을 경험에서 찾으려고 했던 최초의 인물이다. 이어서 등장한 윌리엄 오컴은 유명론nominalism●을 활용해서 스콜라학파의 사변적인 경향에 타격을 주었다. 이미 살펴보았던 프란시스 베이컨은 "지식이란 오직 실험과 경험에 의해 성립되며, 그것의 목적은 자연 정복이다"라고 주장했다. 홉스는 철학을 "관찰된 결과로부터 그 원인을 인식하는 학문이다"라고 규정했으며, 물리학자 뉴턴은 코페르니쿠스·케플러·갈릴레이·호이겐스 등과 그 밖의 인물들이 이룩한 자연과학적 업적을 이어받아 이를 집대성했다. 만유인력의 법칙으로 잘 알려진 뉴턴은 귀납적

방법과 연역적 방법을 성공적으로 결합시켜 큰 업적을 이루었다.

놀면서 배워라, 로크

시골 변호사의 아들로 태어난 로크J. Locke, 1632~1704는 철학과 수학 그리고 자연과학 등을 연구했으며, 특히 의학을 공부해서 의사자격증까지 얻었다. 한때 정치에 관여하기도 했고, 권리장전 Bill of Rights●의 작성에도 가담을 했다.

그의 철학은 버클리와 흄에 의해 후대로 이어졌으며, 정치 사상은 프랑스의 몽테스키외가 발전시켜 미국의 헌법에도 구현되었다. 또한 그의 자유주의적 교육 사상은 루소에 의해 유럽 대륙으로 전파되었고, 마침내 모든 계몽주의자들의 찬사를 받았다.

과연 우리가 외부의 사물을 인식할 수 있는 것은 무엇 때문일까? 도대체 인식은 어떻게 해서 생겨나는 것일까? 이것이 바로 인식의 기원에 대한 문제다. 로크는 먼저 본유관념本有觀念●이란 결코 존재하지 않는다고 말한다. 왜냐하면 어린아이나 야만족의 정신 상태에서 보편타당한 관념이란 찾아볼 수 없기 때문이다.

그렇다면 우리의 모든 의식은 밖에서부터 받아들인 외적 경험이거나 또는 그것을 가공한 내적 경험, 둘 중 하나에서 나온다. 그러나 내적 경험 역시 외적 경험에서 나올 수밖에 없으므로, 우리의 모든 인식은 결국 외적 경험에서 유래한다고 볼 수 있다.

원래 우리의 의식은 마치 아무 글도 쓰여 있지 않은 백지tabula rasa와 같다고 로크는 말한다. 깨끗한 종이에 글씨를 써나갈 때 빈 곳이 메워지는

● **권리장전** ▼ 🔍

1689년 12월에 제정된 영국 헌장사상 중요한 의미를 가지는 의회제정법이다. 권리청원이 영국의 청교도혁명과 관련된 인권선언인 데 비해, 권리장전은 명예혁명의 결과로 이루어진 인권선언이다. 신민臣民의 권리와 자유를 선언하고 왕위 계승을 정하는 법률이다.

● **본유관념** ▼ 🔍

후천적인 경험이나 감각에 의해서가 아닌, 태어나면서부터 가진 선천적 관념을 말한다. 데카르트와 라이프니츠는 이런 관념의 존재를 역설力說했으나, 로크는 이것을 반대했다.

것처럼, 아무것도 없는 의식에서 후천적인 경험이 더해짐으로써 관념이 생기게 된다. 그리고 이러한 관념에는 외부의 인상印象을 단순히 복사한 단순관념과 그 단순관념에 오성을 결합해서 만든 복합관념이 있다.

단순관념은 외적 경험이나 내적 경험으로 생겨난다. 먼저 우리의 감각으로 받아들이는 외부 사물의 성질에는 두 가지가 있다. 첫째는 연장延長·형상모양·견고성·개수·운동·정지처럼 사물 자체가 가지는 고유한 성질이 있는데, 로크는 이것을 제1성질이라 불렀다. 둘째는 색·맛·냄새·온도 등과 같이 환경에 따라 달라지는 것으로서 이것을 제2성질이라 불렀다.

한편 내적 경험에 의해서도 관념이 형성되는데, 내적 경험은 인식과 의욕으로 구분된다. 인식이란 사물을 지각하고 기억하고 구별하고 비교하는 것 등을 말하며, 의욕이란 무슨 일을 하고자 하는 욕구를 가리킨다.

복합관념은 우리의 오성이 단순관념을 결합해서 만든 것으로서 세 가지가 있다. 첫째는 개수·공간·지속성이 속해 있는 양태와, 둘째는 신·정신·물체 등을 포함하는 실체, 그리고 셋째는 동일성과 상이성, 원인과 결과, 시간과 공간의 개념 등이 속해 있는 관계를 말한다.

◐ 로크의 초상화
그는 경험주의의 방향을 보여 주었고, 근대 인식론의 기초가 된 《인간오성론》(1690)이라는 저서를 남겼다. 위 그림은 그가 다녔던 옥스퍼드의 크라이스트처치대학 강당에 걸려 있다.

그러나 이러한 복합관념은 오성의 결합에 의해 발생하는 것이기 때문에 그 자체로서는 어떠한 기체基體의 성질도 지니고 있지 않다. 그러나 한가지 예외가 있는데, 그것이 바로 실체의 개념이다. 감각적 인상에 대한 밑받침으로서 그것들을 한데 묶는 기체의 실체는 그 자체로 존재하는 것일 수밖에 없다는 것이다. 여기에서 우리는 로크가 물체의 성질 가운데서 특히 제1성질을 인정하고 있다는 것에 유의해야 한다.

따라서 우리는 먼저 외부 사물을 감각에 의해 경험함으로써 단순관념을 얻게 되고, 이 단순관념을 결합해서 복합관념을 만들어낸다. 이것이 인식이 이루어지는 과정이다.

로크의 교육론은 매우 진보적이다. 로크는 배우는 사람들에게 어떤 틀을 뒤집어씌워서는 안 되고, 그들이 스스로 발전하도록 도와주어야 한다고 말한다. 학생들에게 교훈만 늘어놓을 것이 아니라 자신의 생각을 펼쳐가도록 도와주어야 한다. 폭력을 가할 것이 아니라 자유롭고 성숙한 개성에 이르도록 자주성을 신장시켜 주어야 한다. 이를 위해서는 학생들 한 사람 한 사람의 소질을 꿰뚫어봐야만 한다.

학생들이 놀면서 배우도록 하는 것이 로크가 생각하는 이상적인 교육이었다. 이러한 의미에서, 그는 강제적인 규칙이 따르는 공립학교보다 개인 교육이 더 낫다고 봤다. 이와 같은 자유주의적 교육은 루소에 의해 대륙으로 전파되었고, 로크 또한 계몽주의자들의 영웅이 되었다.

존재란 지각된 것이다, 버클리

버클리°는 영국 연방 중의 하나인 아일랜드 남부 지방에서 태어났으며, 시칠리아 섬의 토인들에게 문명과 기독교를

George Berkeley, 1685~1753 | 17~18세기 영국 고전 경험론을 대표하는 철학자. 아메리카 원주민에게 복음을 전하려고 했던 성직자이기도 했다. 버클리 철학의 근본명제는 "존재한다는 것은 지각된다는 것"이다.

211

전파했다. 그는 또 다른 식민지를 건설하기 위해 신대륙의 버뮤다 섬을 방문하기도 했다. 그리고 클로인에서 18년 동안 주교 생활을 한 뒤, 옥스퍼드에서 사망했다.

앞서 로크는 제1성질을 그 자체로 존재하는 객관적인 것으로 보고, 시각·청각·후각 등 제2성질만을 주관적인 것으로 간주했다. 이에 비해, 버클리는 제2성질뿐만 아니라 연장·형상·견고성·개수 등 제1성질마저도 주관적인 것에 불과하다고 주장했다.

그는 제1성질이건 제2성질이건, 우리가 지각하는 모든 것은 일종의 정신적 상태로 이해해야 한다고 주장한다. 또한 하나의 감각기관으로 얻어진 색이나 맛은 물론이고, 둘 이상의 감각기관을 통해 이루어진 관념도 모두가 정신작용에 의해서 얻어진 관념일 뿐이다. 이 모든 것은 오직 정신 속에만 존재할 수 있고, 그 밖의 다른 방법으로는 존재하지 않는다. 따라서 사물의 존재란 그것이 지각된다는 것을 의미할 뿐이다. 즉 존재는 지각된 것에 불과하다.

머리 좀 감아라.

우리가 느끼는 것, 인식하는 것, 모두 일종의 정신적 현상이야.

그러나 모든 것이 사유하는 정신을 통해서만 존재할 수 있다면, 실제로 눈으로 보이는 태양과 꿈속에 나타나는 태양, 그리고 머릿속으로 상상하는 태양은 서로 어떤 차이가 있을까? 이에 대해 버클리는 이렇게 대답한다. 실제로 바라보는 태양은 '모든 사람'의 정신 속에 존재하고, 꿈속에 나타나는 태양은 '어떤 한 사람'의 정신 속에만 존재하며, 머리로 상상하는 태양은 오직 '정신 속과 동시에 그것을 생각하고 싶을 때에만' 존재한다고 봤다.

그렇다면 실제로 보이는 태양처럼 모든 사람에게 똑같

이 나타나는 표상은 무엇 때문일까? 그것은 모든 사람들의 관념 자체를 존재하게 하는 사유 능력이 있기 때문인데, 바로 그것이 신이다.

신은 공명정대하므로 모든 인간에게 똑같은 관념을 부여한다. 또한 신은 영원불변하므로 언제나 모두에게 똑같은 방법으로 그 관념을 부여한다. 이로 인해 태양은 우리를 떠나서도 존재하는 사물, 즉 물자체 Ding an sich, 物自體●가 될 수 있는 것이다.

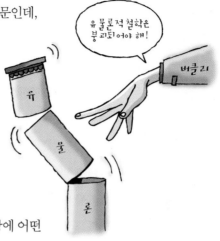

이와 같이 신의 불변성을 원천으로 우리의 표상에 어떤 법칙성이 나타날 때, 비로소 자연법칙이 생겨난다. 그리고 이것이야말로 신이 모든 인간의 관념들을 서로 연결하는 법칙이기도 하다. 또한 신의 의지가 불변할 것이라는 확신으로 우리는 장래에도 자연법칙에 따른 현상이 나타날 것이라는 기대를 할 수 있다.

그러나 우리가 자연법칙을 미리 파악하지 못하는 것은 왜일까? 그것은 신이라는 존재가 우리보다 초월적인 존재이며, 신이 생각하는 것을 우리가 잘 이해할 수 없기 때문이다. 또한 그것은 미리 논리적으로 이끌어낼 수도 없다. 다만 관찰이나 후천적 경험으로 파악하는 길밖에 없다. 바로 이런 점에서 버클리의 관념론은 영국 경험론에 닿아 있는 것이다.

> **● 물자체**
> 칸트 철학의 중심 개념이다. 인식 주관에 의해 나타나는 현상으로서의 물物이 아니라, 그 자체로 존재하는 본체本體를 말한다. 즉 우리 눈앞에 보이는 현상은 그 감각 내용을 인식 주관이 재구성하는 것이기 때문에 '사물 자체'는 아닌 것이다.

사랑하긴 하지만
그 마음은 없다, 흄

대개 회의론자라고 하면, 풍채가 빈약하고 남을 의심하는 눈초리에 비아냥거리는 듯한 입을 가진 사람을 떠올릴 것이다.

213

David Hume, 1711~1776 | 영국의 철학자 · 역사가. 로크의 경험론적 인식론을 계승했고, 실체나 인과성은 심리적 연상에 불과하다고 생각했다.

그러나 흄[●]의 얼굴은 둥글넓적하고 살이 많이 찐 편이었으며, 입은 크고 우직한 느낌을 주었다. 눈도 멍하니 생기가 없어 보였는데, 그의 그런 둔한 모습을 보면 사람들은 교양 있는 철학자의 모습을 떠올리기 힘들 정도였다.

스코틀랜드 사람인 흄은 스물여섯 살에 이미 유명한 《인성론》을 집필했다. 그러나 이 책은 사람들의 주목을 끌지 못했다. 대학교수가 되려고 했지만 무신론자라는 이유로 거절당했고, 정신이상자인 후작의 시중을 들다가 먼 친척뻘 되는 장군의 비서로 전투에 참가하기도 했다. 결국에는 에든버러대학의 도서관 사서 자리를 얻게 되는데, 이곳에서 일하는 동안 집필한 《영국사》 때문에, 그는 부와 명예를 한꺼번에 거머쥐게 된다.

그는 파리 주재 영국대사관의 서기관으로 근무하면서 루소와 같은 명사들과 교분을 맺었고, 나중에는 외무차관까지 지냈다. 비록 못생겼지만 부인들 사이에 인기가 높았다고 전해지는데, 평생 결혼은 하지 않았다. 마지막 죽음의 순간까지도 회의주의를 버리라는 권유를 완강히 거절했다고 한다.

로크와 마찬가지로 흄 역시 인간의 타고난 본유관념이란 존재하지 않으며, 의식의 모든 내용은 후천적인 경험에서 생겨난다고 주장했다. 인간의 정신에 나타나는 모든 표상은 인상impression과 관념idea으로 나뉘어진다. 여기서 인상이란 우리 밖의 사물에 대한 감각과 내부의 반성으로 얻어진 모든 표상들을 말하며, 관념이란 인상이 사라진 뒤에도 우리 마음속에 남아 있는 표상들을 가리킨다. 그러므로 인상은 관념에 앞서고, 관념은 인상에서 얻어진다. 나아가 인상과 관념을 결합해서 복합관념이 형성된다.

앞에서 우리는 로크와 버클리에 의해 물체의 제1, 2성질이 부정되는 것을 봤는데, 그 물체의 실체성이 부정되는 과정을 살펴보면 이렇다. 가령 우리가 사물에 대한 외적 인상을 아무리 똑같이 결합시킨다 해도 그 밑바닥에 자리한 물질적 실체를 이끌어낼 수 없다. 이와 마찬가지로 우리가 아무리 우리의 내적 인상인식·감정·의욕을 일정하게 결합시킨다 해도 그 밑받침이 되는 정신적 실체, 즉 영혼이 우리 가운데 존재한다고 주장할 수는 없다. 예를 들어, 분필이라는 물질적 실체에 대해 '하얗다·무미하다·부드럽다' 등의 특징을 아무리 잘 결합한다고 해도 분필이라고 하는 실체를 주장할 수 없다. 이와 마찬가지로 우리가 무엇을 알거나 느끼거나 의욕을 갖는 내부적인 움직임이 설령 우리 안에 있다 한들, 그것을 총괄하는 정신영혼이라는 실체가 존재한다고 주장할 만한 근거는 어디에도 없다는 뜻이다.

이것을 다시 말하자면, 분필의 여러 가지 감각들이 우리에게 느껴진다 해도 그 분필이 실제로 존재한다고 말할 수 없는 것과 마찬가지로, 우리 마음 가운데 여러 가지 움직임이 느껴진다 해도 그것을 일어나게 하는 정신이 실제로 우리 속에 존재한다고 말할 수 없는 것이다. 분필이 일으키는 하얀색과 부드러운 감촉은 분명히 있는데 그 분필이 '있다'라고 확실하게 말할 수 없듯이, 우리 정신이 사랑과 미움 등을 일으킨다고 할지라도 그 정신이 정말 '있다'라고 말할 수 없다는 것이다. 왜냐하면 철저한 경험론의 입장에서는 '분명하게' 드러나는 것만 인정해야 하기 때문이다.

결국 두 가지 실체로서 정신과 물체를 모두 파괴해 버린 흄에게는 관념만이 겨우 명맥을 유지할 뿐이다. 나아가 그 관념이란 어떤 필연적 원인

경험론의 완성자로 불리는 흄도 나처럼 뚱뚱하고 못생겼다지요. 저도 희망을 가지고 철학 한번 해 보겠어요.

꿀!

당구공 사이의 충돌은 인과관계를 설명하는 흄의 범례로 이용되었다. 당구는 18세기 후반 영국의 유한 계급 사이에서 유행했으며, 이 그림은 과도하게 열광하던 당시 사람들의 모습을 보여 준다.

의 결과라기보다는 언제라도 모양을 달리할 수 있는 것, 다시 말해 우연히 나타났다가 사라져 버리는 것에 지나지 않는다.

흄은 실체와 마찬가지로 인과성에 대해서도 부정적인 입장을 취한다. 예를 들어, 내가 당구를 칠 때 A라는 공을 쳐서 B라는 공이 움직였다고 가정해 보자. 이때 나는 정지되어 있는 공 B가 A의 충격을 받고서 움직였다고 판단하는 것이고, 이러한 현상을 여러 차례 반복해서 관찰할 수 있다. 이러한 경우 나는 A가 B의 원인이고 B는 A의 결과라고 말하며, 서로의 인과성을 인정하게 된다.

그러나 엄밀히 일어나는 현상 자체만을 두고 본다면 A가 움직이고 난 다음에 B가 움직였다는 사실만 관찰될 뿐, A가 B의 원인이라는 사실은 관찰되지 않는다. 즉 선후先後 관계를 나타내는 현상 자체의 계기繼起 작용만 볼 수 있을 뿐, 필연적인 인과관계를 볼 수는 없는 것이다. 그렇지만 왜 우리는 마치 두 현상 사이에 필연적인 인과관계가 있다고 생각할까?

그것은 우리가 두 현상 사이에 일어나는 동일한 상태를 언제나 시간적 또는 공간적 상관관계 속에서 관찰함으로써 이 두 가지가 내적인 필연관계에 있다는 관념을 자기도 모르는 사이에 갖는 데서 비롯된다. 하지만 이 내적 강박은 습관에 불과하며, 이것이야말로 우리에게 인과성에 관한 잘못된 관념을 지니게 만든 것이다.

그러므로 이제 우리는 이와 동일한 현상이 앞으로도 계속 되풀이되리라는 확신을 가질 수 없으며, 다만 이를 믿음의 대상으로 받아들여야 한다. 하지만 인과율은 실제적인 효용면에서 그 의의를 인정받을 수 있으며, 흄 자신도 그것을 인정한다.

물론 흄이 인간의 건전한 판단력에 반기를 들기 위해 이런 주장을 한 것은 아니다. 아마 감히 알 수 없는 것마저 알려고 달려드는 독단론적 형이상학자를 겨냥했던 것이 아닌가 생각된다. 이와 관련해서, 칸트는 흄을 통해 비로소 '독단의 잠'에서 깨어날 수 있었다고 고백한 바 있다.

일생을 일관성 있게 의심하면서 산 사람이라고!

나는 데카르트보다 더 확실하고 진정한 회의주의자 흄이다.

회의론

제3장

계몽주의의 특징

계몽주의란 무엇일까? 그것은 많은 사람들이 진보의 혜택을 누리고 정신적인 삶을 만끽하며, 좀더 과학적으로 인간과 세계를 이해할 수 있게 하려는 교양적인 이상주의다. 몇몇 소수의 사람들에게 한정되었던 사상과 문화가 그 영향력을 널리 펼쳐가는 것이다.

그러나 계몽주의는 반드시 전통과 대립을 하기 마련이다. 여기에서 환경과 자연, 인간과 인권, 이성과 과학, 휴머니티와 자유 등의 용어가 등장한다. 이 가운데서도 계몽주의자들의 주된 신념은 자연과 이성이다.

영국 계몽주의의 특징은 이신론理神論과 자유주의다. 이신론이란 신을 최초의 궁극적 원인으로 인정하면서도, 현재의 운행에 대해서는 신의 개입을 부정하는 입장을 말한다. 여기에서는 신을 그저 기

계적인 것이라고만 생각한다.

　이러한 신에게는 기적이나 계시처럼 초자연적인 것을 행할 자유가 없다. 오직 자연적인 것만 허용될 뿐이다. 그러므로 진정한 종교는 이성 안에만 있다. 기독교가 말하는 초자연적인 것들도 실은 상징적으로 이해되어야 하며,《성경》이란 우리에게 이성적인 종교를 한 번 더 알려주는 것일 뿐이다.

　영국 계몽주의의 두 번째 특징은 자유주의다. 한 사람 한 사람의 양도할 수 없는 자연권을 주장한 로크의 이론과, 국가권력의 분립과 개성의 자유로운 발달을 주장한 로크의 교육 사상은 영국에서 개인주의적인 자유주의가 싹트는 데 결정적 역할을 했다. 이러한 그의 계몽주의적 자유 사상과 인권설은 유럽과 미국은 물론, 현대의 거의 모든 헌법, 특히 기본법의 뿌리가 되어 있다.

　프랑스의 계몽주의는 영국의 그것에 비해 좀더 급진적인 성격을 띠고 있다. 영국인의 사고는 전통적인 종교에 대해서는 비판을 하면서도, 종교 자체에 대해서만은 긍정적인 입장을 취했다. 이에 비해 프랑스에서는 전통과의 단절이 훨씬 더 과격한 형태로 진전되어 나타났다. 무신론과 유물론이 번져 나갔고, 점진적인 개선보다는 급진적인 혁명을 부르짖었으며, 기독교를 개선하기보다 아예 제거해 버리려는 태도로 나타났다. 이때 '이성과 자유와 진보를 위해서'라는 표어를 내걸었다.

삼권분립을 권유한 몽테스키외

Montesquieu, 1689 ~ 1755 | 프랑스의 계몽사상가 · 정치 철학자. 계몽사상의 대표자들 중 한 사람이다. 《법의 정신》에서 삼권분립을 주장하면서 미국의 독립과 프랑스혁명에 큰 영향을 끼쳤다.

● 삼권분립 ▼ 🔍

국가의 권력을 입법 · 사법 · 행정 등 세 가지로 분리하여 서로 견제하고 균형을 이루게 함으로써 권력의 남용을 미연에 방지하고 국민의 권리와 자유를 보장하기 위한 국가 조직의 원리를 말한다.

몽테스키외●는 삼권분립三權分立●으로 유명하다. 그는 국민의 정치적 자유를 보장하기 위해서는 권력을 나눠야 한다고 주장했다. 물론 삼권분립의 이론은 자신이 창안한 것이라기보다, 영국 로크의 국가이론을 새롭게 고친 것이다.

로크는 한 나라의 '행정권'과 '입법권'을 엄격하게 분립해야 한다고 주장했으며, "행정권의 수반인 국왕은 법 위에 있는 것이 아니라, 오로지 국회의 의결을 거친 법의 구속을 받아야 한다"라고 말했다. 그래서 개인의 자유와 재산에 대해 왕이 마음대로 침해하지 못하도록 법적인 보호를 해야 한다고 했다.

그런데 몽테스키외는 여기에 다시 제3의 권력인 '사법권'을 추가했다. 행정부 · 입법부 · 사법부가 서로 독립하는 가운데 견제가 이루어져야 한다고 주장했던 것이다. 그는 만약 이 삼권분립 제도가 확립되지 않는다면, 반드시 독재가 일어나고 자유가 말살될 것이라고 경고했다.

이성 종교를 주장한 볼테르

볼테르Voltaire, 1694~1778는 재치가 있긴 하나 가볍다는 평을 받은 사람이었다. 그가 주로 공격한 대상은 교회였으며, 특히 타락한 기독교를 공격했다. 물론 예수와 산상수훈에 대해서는 열광적인 찬사를 보내면서도, 예수의 이름을 빙자해서 벌어지는 갖가지 불법에 대해서는 개탄해 마지 않았다. 이런 의미에서 그는 무신론자보다 광신狂信이 훨씬 더 해롭다고 주장했다.

볼테르는 교회의 성직자들뿐만 아니라, 교회에 무조건 복종하는 권력자들과도 끊임없이 다퉜다. 그가 쓴 갖가지 풍자적인 시 구절 때문에 당시 통치자와 충돌을 빚었고, 바스티유 감옥에 투옥되었다가 석방되기도 했다. 사람들은 그를 마치 전염병에 걸린 환자를 대하듯 경계했고, 그의 책은 금서로 지정되었다.

그의 사생활은 혼란의 연속이어서 복잡한 연애사건에 휘말리는가 하면, 재산을 탕진해서 빚을 지기도 했다. 그러다가 말년에는 부자가 되었고 명예도 얻었다. 그런데 또다시 불상사에 말려들게 되어 바스티유 감옥에 투옥되고 말았다. 그리고 석방 조건에 따라 어쩔 수 없이 영국으로 떠나야만 했는데, 볼테르는 그곳의 체류 생활을 통해 개인적 권리의 불가

◆ 젊은 시절의 볼테르

프랑스 계몽기의 사상가이자 작가. 원래는 풍자 시인이었으나, 후에 신앙과 언론의 자유를 추구하며 계몽사상가로 활약했다. 디드로·루소 등과 함께 백과전서파의 한 사람으로서 중요한 역할을 했다.

침성不可侵性에 대한 깊은 감명
을 받았다.

볼테르

볼테르의 눈에는
무엇이건 서슴없이
표현할 수 있었던 당
시 영국학자들의 정
신적 자유가 정치적 자유
못지않게 소중한 것으로
보였다. 영국인이 누리는
자유와 조국 프랑스의 지배체제를 신랄하
게 비교한 그의 저서《영국인에 관한 서한》은 고국의 동포들에게 혁명의
불길을 당기게 하는 도화선 역할을 했다. 당시 사회체제나 사상의 자유
이외에 종교 문제에 대해서도 그가 극히 현실 비판적인 생각을 했다는 것
은 다음과 같은 말로도 알 수 있다.

"그들은《성경》의 어느 구석에서도 찾아볼 수 없는 궤변을 늘어놓고
있고, 기독교의 모든 역사 속에서 유혈이 낭자한 전쟁만을 일삼고 있습니
다. 당당히 자율적인 능력을 타고난 하나의 피조물인 다른 존재에게 도
대체 무슨 권리로 자기와 똑같은 생각을 하라고 강요하는 겁니까?"

물론 우리가 그를 단순히 무신론자라고 결론지어서는 안 될 것이다.
왜냐하면 볼테르는 역사상 존재했던 종교들을 공격하면서도 이성 종교
의 필요성 또한 확신하고 있었기 때문이다.

"종교란 결코 이해하기 힘든 형이상학적 관념이나 허황한 겉치레를 통
해 얻어지는 것이 아닙니다. 그것은 오직 하나님을 경외하는 마음에 의
해 그 생명력을 이어갈 수 있습니다. 우리는 몸소 종교를 실천하기 위해

오직 선을 행해야 하며, 자기의 교리를 펴기 위해 무엇보다도 하나님께 복종해야 합니다!"

그러나 교회와의 갈등으로 피폐해진 볼테르는 정치적으로 소극적일 수밖에 없었다. 그렇기 때문에 그가 죽은 뒤 일어난 프랑스혁명°은 결코 그가 바라던 것이 아니었을 것이다. 그와 같이 극단적인 변화에 동조하기에는 그가 너무나 보수적이었고, 대중의 자발적인 통치 능력에 대해서도 의심의 눈초리를 보냈기 때문이다.

하지만 혁명에 정신적 기반을 제공했던 그가 말년에 파리로 귀환할 때의 광경은 마치 개선장군의 행차와도 같았다. 볼테르는 이와 같은 기쁨을 맛보면서 혁명 바로 직전에 숨을 거두었고, 그의 무덤에는 "인간의 정신에 강한 자극을 주고, 우리를 위해 자유를 준비했다"라고 쓰여 있다.

> **프랑스혁명**
>
> 1789년, 프랑스 부르봉 왕조를 무너뜨린 시민혁명이다. 이는 유럽 대륙의 역사에서 크게 보면 정치적인 힘이 소수의 왕족과 귀족에서 시민에게 옮겨지는 역사적 과정의 전환점이라고 할 수 있다.

◆ 프랑스 인권 선언문
1789년 프랑스혁명이 일어난 후, 국민 의회가 발표한 〈인간과 시민의 권리 선언문〉이다. 이 선언문에는 프랑스혁명정신이 그대로 담겨 있다.

223

정신도 육체의 작용일 뿐이다, 유물론자

볼테르가 기독교에 대해 가차 없는 비판을 하면서도 무신론에 대해서는 반대 입장을 취했던 것처럼, 백과전서파百科全書派● 역시 모든 종교를 적대시한 것은 아니었다. 다만 학문과 이성이라는 무기를 들고 좀더 자유롭고 행복한 시대를 맞이하려는 열망을 품고 있었으며, 이를 위해 진정한 이성 종교의 이름으로 투쟁을 전개했다.

그러나 종교와 신앙 자체를 무자비하게 공격하고 나선 사상가들이 있었으니, 이들이 곧 프랑스의 유물론자들이다. 라메트리●는《인간 기계론》에서 다음과 같이 말한다. "첫째, 세계는 스스로 움직일 수 있다. 그러므로 그것을 가능케 하는 원리가 하나님이라고 가정할 필요가 없다. 둘째, 인간의 내부에 사유하는 실체를 가정할 필요도 없다. 왜냐하면 정신 활동 역시 다른 모든 신체 기능과 마찬가지로 신체적 활동에서 비롯되는 기능에 불과하기 때문이다."

라메트리에 의하면, 종교야말로 삶의 가장 나쁜 교란자다. 그러므로 무신론자에 의해 국가가 실현되어야만, 이 세계는 평온해질 수 있다. 죄의식이나 참회와 같은 종교 행위 역시 불필요한 자학 행위에 지나지 않는다. 이러한 유물론 사상은 우리에게 무제한으로 정욕을 충족시키도록 가르치고, 그래서 얻어지는 세속적인 행복을 추구

종교야말로 어떤 최악보다도 나쁜 삶의 교란자다.

유물론

백과전서파

《백과전서》(1751~1781)의 집필과 간행에 참여한 계몽사상가 집단을 가리킨다. 한때 발행 금지 등 당국의 탄압을 받기도 했으나 결국 11권의 대사전이 완성되었다. 이 사업에 참여한 사람들은 각양각색이었지만 대부분 가톨릭 교회와 절대왕정에 반대하는 입장이었다. 디드로·볼테르·루소·몽테스키외·케네 등 당시 프랑스의 대표적 계몽사상가들이 그 핵심 인물이었다.

라메트리

Julien Offray de La Mettrie, 1709 ~ 1751 | 프랑스 유물론의 대표적인 철학자. 영혼도 육체적 성장의 소산이라고 봤으며, "발이 걷는 근육을 갖고 있는 것처럼, 뇌수는 생각하는 근육을 갖고 있다"라고 주장했다.

하도록 부채질한다.

프랑스의 유물론자 가운데서 가장 급진적이었던 카바니스®는 "육체와 정신은 하나이자 동일한 것이다"라고 말했다. 인간에 관한 학문은 하나밖에 없으며, 그것은 생리학·심리학·윤리학으로 나눠질 수 있다. 신경이야말로 인간의 모든 것이다. 따라서 영혼은 일종의 능력일 뿐, 실체가 아니라고 카바니스는 주장한다.

이들 유물론자들은 오직 존재하는 것은 물질뿐이며, 우리는 이 물질을 이해해야만 그 밖의 모든 것에 대해서도 알 수 있다고 말한다. 따라서 이들에게 어떤 정신적 원리를 추구하고자 하는 형이상학은 환상에 지나지 않는다. 종교라는 것도 사람들을 일부러 속이기 위한 신부나 목사들의 쇼에 불과하다. 그러므로 학문이 해야 할 일은 인간에게 괴로움을 가져오게 하는 모든 거짓을 없애는 데 있다. 편협한 생각에서 인류를 벗어나게 하고 좀더 이성적이고 행복이 충만한 시대를 맞이하기 위해, 올바른 의미의 계몽이 필요하다는 것이 이들의 믿음이었다.

자연으로 돌아가라, 루소

루소®는 그의 《참회록》에서 이렇게 고백한다.

"소년 시절, 여자 가정교사에게 매를 맞은 일이 일생 중 최고의 쾌락이었다. 자위행위를 하던 버릇은 평생을 따라다녔고, 노출증 때문에 몽둥이질을 당할 뻔하기도 했다."

그는 하숙집 하녀와의 사이에서 태어난 다섯 명의 아이들을 모두 고아원에 보냈는데, 그 이유는 너무 시끄러운 데다 양육비가 많이 든다는 것

카바니스

Pierre Jean Georges Cabanis, 1757~1808 | 정신물리학과 현대 일원론의 직접적인 선구자다.

루소

Jean Jacques Rousseau, 1712~1778 | 프랑스 계몽기의 사상가로서 계몽주의자들의 지성 편중과 사회의 불합리성을 격렬하게 비판했으며 프랑스혁명에서 예언자적 역할을 담당했다. 이른바 문명이 자연적인 인간 생활을 왜곡시켜 사회적 불평등을 조성했고, 이것이 오늘날의 사회악을 산출했다고 지적하면서 "자연으로 돌아갈 것"을 제창했다.

이었다. 위대한 교육 이론가였음에도 자신의 자
녀 교육에 대해서는 그렇게 위대
하지 못했던 셈이다.

젊은 시절의 루소는 도둑
질·사기·무위도식을
일삼는가 하면 얌전한
여자에 대해 중상모략
을 하고 삼류소설을 읽
어대기도 했다. 작가 지망
생·수공업자·신부의 조수·음악교
사·시종·비서· 유랑 악단·토지등기소 직원
등 당시 집을 나간 젊은이가 할 수 있는 모든 직업을 다 겪으며 방황의 세
월을 보냈다. 그러던 루소가 갑자기 저명한 문필가의 대열에 올라서게
된 것은 프랑스 디종 시의 학술원에서 현상 논문을 내걸었을 때였다. 여
기에 응모했던 논문 〈학문과 예술론〉이 당선된 것이다.

이 논문에서 그는 예술과 학문이 인간의 행복을 증진시켰다는 데 대해
동의하지 않았다. 예술이나 학문은 차라리 퇴화의 기념비라고 해야 마땅
하다고 봤다. 사회적 불의가 횡행하기 때문에 법률 지식이 필요하게 되었
고, 덕이 땅에 떨어졌기 때문에 도덕과 철학이 필요해진 것이다. 그래서
루소는 "하나님이여! 우리로 하여금 지혜에서 벗어나게 해주소서. 우리
의 행복을 증진시킬 가난한 상태로 되돌아가게 해주소서"라고 외쳤다.

루소의 또 다른 현상 논문은 〈인간 불평등 기원론〉[1755]이다. 여기서 그
는 특히 도덕적·정치적 불평등의 원인을 분석해 놓았다. 애초의 자연
상태에서는 약자가 생길 여지가 없었고, 꾸밈없는 덕이 지배했다. 종족

번식도 동물계에서 보는 것처럼 그다지 복잡하지 않았고, 인간은 어느 누구에게도 종속되지 않았으며, 어떤 산업이나 언어나 사고하는 습성도 필요치 않았다. 왜냐하면 '반성적인 사고 자체가 이미 자연에 위배되는 상태를 뜻하며, 사유하는 인간이란 기형적인 존재일 수밖에 없기' 때문이었다. 그렇다면 어떻게 해서 그토록 아름다운 상태가 끝나게 된 걸까?

가령 어떤 사람이 땅에 울타리를 쳐놓고 자기 땅이라고 주장했다고 하자. 이때 누군가가 이에 반대했더라면, 인류가 겪었던 수많은 범죄·전쟁·살인과 같은 불의를 예방할 수 있었을 것이다. 그러나 이를 막지 못했기 때문에, 여기에서 주인과 노예가 생겨나고 폭력과 약탈이 자행되었으며, 모든 인간이 간사하고 악독한 존재로 변하고 말았다.

여기서 부르주아는 다음과 같은 말로 또 대중을 속였다. "우리의 모든 힘을 최고 권력체 속에 통합시킵시다. 그래서 법을 통해 모든 구성원들을 보호하고 공동의 적에 대처하며 우리의 영원한 화목을 지켜 나갑시다!" 결국 미련하고 순진한 사람들은 이 말에 동의함으로써 국가와 법률이 생겨났고, 약자에 대한 새로운 올가미가 씌워졌다. 이와 반대로, 부자들은 법적인 지배권을 제멋대로 변질시킴으로써 인간 불평등을 영원히 지속시키기에 이르렀다.

이렇게 사유재산을 갖도록 한 것이 인간 불평등의 첫 번째 원인이었다면, 지배자와 피지배자를 갈라놓는 주인과 노예 관계가 제2의 화근이었다. 나아가 주인과 노예를 제도적으로 분명하게 대립시켜 놓은 권력의 자의성恣意性이 제3의 화근이다. 이렇게 해서 인간 사회에는 불평등이 깊숙이 스며들었다. 어린이가 어른에게 명령을 내리고 미련한 자가 현명한 자를 다스리며, 대중은 비참하게 살아가는데도 부자들은 너무 지나친 풍요를 누리게 되었다. 그렇다면 이제 우리는 어떻게 해야 할까?

❂ 루소의 《사회계약론》
1762년에 쓰인 사회사상서다. 프랑스혁명을 이론적으로 뒷받침했다.

227

이에 대해, 루소는 인간의 자유와 국가권력을 조화시키는 법을 만들 수 있다고 말한다. 오직 구성원들 전체의 합의, 즉 자유로운 동의를 이루어 냄으로써 국가의 정당한 지배를 가능케 할 수 있다는 것이다. 그리고 여기에서 말한 합의가 바로 사회계약이다.

이 구성원들, 즉 주권자들의 일반의사—般意思●를 찾아내기 위한 방법으로 투표가 있다. 투표를 통해 다수의 의견이 채택되고 소수의 의견은 채택되지 못한다. 그러나 시민은 자기의 뜻에 어긋난 법률이라 할지라도 다수의 의견을 받아들여야 한다.

예컨대 의회에서 국회의원들이 투표권을 행사하고, 이 표수에 따라 국민의 일반의사를 확인할 수 있다. 이때 만일 나의 의사와 반대되는 견해가 우세하게 나타난다면 곧 내가 그동안 착각했다는 것, 즉 내가 일반의사로 간주했던 것이 실은 일반의사가 아니었다는 사실을 입증하는 것이 된다. 따라서 다수에 따라야 함은 당연한 일이다.

그렇다면 루소의 교육론은 어떨까? 교육소설로 일컬어지는 《에밀》에서 그는 이렇게 말한다.

● 일반의사

루소의 국가론에 나타나는 중심 개념이다. 개인적인 이기심을 버리고 사회계약의 당사자가 되는 공적 주체로서의 국민 일반의 의지를 말한다.

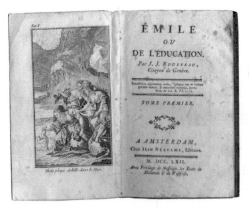

● 《에밀》의 속표지
루소의 교육론을 담은 책이다. 총 5부로 나뉘며, '에밀'이라는 고아가 요람에서 결혼까지 이상적인 가정교사의 용의주도한 지도를 받으며 성장하는 과정을 루소의 풍부한 묘사와 화법으로 기록하고 있어, 교양소설로서 문학적 매력도 함께 갖추었다.

"어린이는 자유롭게, 오직 자기의 소질에 따라서 항상 자기의 감정에 충실하게, 그리고 아주 자연스럽게 성장해야 한다. 이를 위해 모든 반反 자연, 이른바 관습과 규칙 등은 거부해도 좋다. 기독교의 원죄설마저 거부할 수 있다. 교육은 어디까지나 소극적인 역할을 하는 데 그쳐야 하며, 그 과제는 인간의 정상적 발달을 방해하는 모든 사회생활의 영향을 없애는 데 있다."

자녀를 고아원에 보내 버린 그가 이와 같은 교육론을 전개했다는 것은 모순이지만, 루이 16세의 왕비 마리 앙투아네트가 이 책을 읽은 후 농사를 짓고 우유 짜는 부인의 흉내를 냈다는 일화에서 당시 그 책의 영향력을 짐작할 수 있다. 괴테는 이 《에밀》을 '교육의 자연복음서'라 불렀고, 페스탈로치●에게는 가장 중요한 사상적 원천이 되었다.

많은 사람들이 진보를 말하고 문화의 낙관론을 주장할 때, 루소는 도리어 자연으로 되돌아갈 것을 요구했다. 이런 의미에서, 루소야말로 계몽주의를 대표하는 천재적 인물이면서, 가장 신랄한 계몽주의 비판자라 할 수 있다. 그의 비판적 성향은 초기의 공상적 사회주의와 마르크스의 혁명적 사회주의 사상에서 그 명맥을 유지한다.

프랑스의 세련미나 열정에 비하면 독일의 계몽주의는 냉철하고 교훈적이며, 때로는 권태롭기까지 하다.

먼저 라이프니츠는 무신론자라는 비난을 받는데, 그 까닭은 그의 합리적 형이상학 때문이었다. 그런데 볼프●에 와서 이 라이프니츠의 사상을 그대로 체계화해서 다른 영역에 적용시킨 것이다. 특히 그는 언제나 독일어를 사용했는데, 이때부터 독일의 모든 학문에서 모국어가 활발히 사용되었다. 또한 그는 오늘날 일반적으로 사용되는 대부분의 철학 용어를 창시한 인물이기도 하다.

페스탈로치

Johann Heinrich Pestalozzi, 1746 ~ 1827 | 스위스의 교육학자. 그는 어린이를 고유의 세계가 있는 인격체라고 주장했는데, 이는 어린이를 작은 어른으로 보던 당시 사람들의 교육관과 대비되었다. 일생을 마칠 때까지 고아와 아동 교육에 생애를 바쳤으며, 그의 교육관을 실천했다.

볼프

Christian von Wolff, 1679~ 1754 | 독일 계몽기의 철학자로서 스승인 라이프니츠의 추천으로 할레대학의 교수가 되었다. 당시의 대학 용어인 라틴어 대신 독일어로 강의하여 호평을 받았으나, 병사가 탈주한 사건에 대해 예정조화를 주장하면서 추방되었고 곧 마르부르크대학으로 갔다. 그러나 1740년 프리드리히 2세의 즉위 후 복직되었다.

그러나 라이프니츠와 마찬가지로 볼프도 철학적 문제들을 다소 성급하게 '논증적으로' 해결해서 칸트의 반발을 불러일으켰다.

당시 독일 계몽주의를 이끌어 나간 선도적 인물 가운데 한 명은 프리드리히 2세였다. 그는 1740년의 교서에서 "모든 사람에게 종교적 관용이 베풀어져야 하며, 여기서 국가는 다만 어느 한편이 상대방에게 해를 끼치지 않는지 감시만 하면 된다"라고 말했다.

나아가 자신의 위치에 대해서는 이렇게 규정했다. "군주는 국가의 제1의 종입니다." 이 말은 "짐이 곧 국가다"라고 말한 프랑스 루이 14세의 말과 비교되기도 하는데, 프리드리히 대왕의 집권 시기에 칸트는 학문의 자유를 맘껏 누릴 수 있었다.

또 한 명의 계몽주의자로 우리는 함부르크대학의 라이마루스 교수를 들 수 있다. 그는 기

프리드리히 2세

Friedrich II, 1712～1786 | 프로이센의 국왕으로서 프리드리히 대왕이라고도 불린다. 국민의 행복을 위해 부국강병에 앞장선 전형적인 계몽 전제군주로 평가된다.

종교는 초자연적인 계시가 아니라 이성적이어야 한다. 계시 제거! 이성 확대!

이성 / 계시 / 뚝!

독일 계몽주의

철학논술

Q 루소는 그의 《에밀》에서 어린이들이 강제로 통제당하지 않고 자유롭게 성장해야 하며, 심지어 관습과 규칙 등을 거부해도 좋다고 말했다. 사실 우리나라의 공교육은 많은 문제점을 안고 있다. 고착된 교육과정이라는 틀에 학생들을 끼워 맞추기도 하고, 입시 위주의 수업 운영도 그러하다. 만약 루소가 교육부 장관이라면 어떤 교육 정책을 제시했을까? 《에밀》에 나타난 루소의 교육관으로 우리나라 공교육의 문제점을 지적하고, 루소식 교육 대안을 제시해 보자.

적과 계시를 하나님에게 알맞지 않은 것으로 간주했다. 하나님은 이성적으로 꿰뚫어볼 수 있는 세계질서를 통해 자신의 목적을 달성하고 있기 때문이라는 것이다. 이렇게 해서 기계론적인 가치관이 확립되었다. 하나님의 계시 역시 이러한 틀 안에서 해석되어야 하며, 종교란 어디까지나 이성적인 것이어야 한다고 주장했다.

　결론적으로 계몽주의의 대명사는 인간과 그의 이성에 대한 존중, 진보와 과학에 대한 믿음, 자유와 평등 같은 개념들이다.

라이마루스

Hermann Samuel Reimarus, 1694 ~ 1768 | 독일 계몽기의 대표적 이신론자理神論者로서 유물론자 · 무신론자와 싸웠다. 특히 《성경》을 비판했으며 그리스도의 부활을 사도들의 날조라고 주장했다.

철학 밖의
철학 이야기

스위스의 제네바에서 시계공인 아버지와 아름답고 교양이 높은 어머니 사이에서 태어난 루소는 일생 동안 끊임없이 모성애를 동경했다. 이는 그를 낳은 지 열흘도 못되어 죽은 어머니 때문이리라 짐작된다. 일찍이 겪은 불행이 그의 마음속에 지울 수 없는 깊은 상처로 남은 것이다. 평생 자신의 생명을 어머니의 죽음과 바꿨다는 데 대해 회한과 자책감을 느꼈다고 한다. 그는 자신에 대해 이렇게 말하기도 했다.

"나는 어머니의 생명을 희생시킨 대가로 태어났고, 따라서 나의 출생은 여러 가지 불행 가운데 최초의 것이다."

그리고 열여섯 살 되던 해, '엄마' 같은 모성애에 끌려 열세 살 연상의 드 바렝 부인을 오랫동안 만나게 되지만 그녀의 바람기로 인해 헤어지고 만다. 그는 10여 년에 걸친 그녀와의 동거 생활을 청산하고 매춘부들과 방탕한 생활을 시작했다.

그 후 실연으로 인해 그렇게 방황하다가 파리의 하숙집에서 하녀로 일하는 한 순박한 처녀를 만나게 되는데, 그녀와 23년간의 동거 끝에 마침내 결혼한다. 그리고 두 사람 사이에 다섯 명의 아이들이 태어났지만 루소는 모두 고아원에 보낸다. 자식들이 너무 소란스러운 데다가 양육비가 꽤 든다는 이유였다. 위대한 교육 이론가였지만, 자신의 자녀 교육 문제만큼은 그렇게 위대하지 못했던 셈이다. 그리고 여전히 귀부인들을 쫓아다니는 행실로 인해 가장이나 남편의 역할을 제대로 못했다고 봐야 할 듯하다.

자유기고가로서 그 명성이 높아졌지만, 루소의 삶은 여전히 안정을 찾지 못했다. 더욱이 예전부터 항상 몸에 달고 다니던 우울증이 악화되었다. 그는 한적한 시골에 내려가 요양했지만 심신이 나아지지 않았다. 루소는 자신을 걱정하는 모든 방문객을 거절하고 자기 자신을 더욱 고립시켰다. 이때 친구 볼테르에게 보낸 편지에 그는 "나는 당신을 미워한다" 라고 써 보내자 볼테르는 "천치, 괴물, 사기꾼, 문학의 독버섯, 세기의 배설물, 야수, 중상 모락꾼"이라고 욕하며 응수했다고 한다.

자연 중심의 교육 이념을 제시한 소설 《에밀》이 종교적 이유로 소각되자, 그 저자인 루소에게도 체포 명령이 발부되었다. 그 후 4년간 쫓기는 신세로 유럽 각지를 유랑하다가 친구 흄의 집에서 기거하기도 하지만, 몸과 마음에 상처를 받고 이상한 모습으로 변해 버리고 만다.

결국 그는 비참하게 죽음을 맞았다. 성장 과정과 삶에 얽힌 일화, 심지어는 자신이 저지른 비행과 여성 편력까지 놀라울 정도로 솔직하게 털어놓은 《참회록》은 사후에야 비로소 출판되었다. 생전에는 빛을 보지 못하다가, 그가 죽은 후에 명성이 알려지게 된 것이다.

제4장

칸트의 비판 철학

비판 철학을 탄생시킨 칸트

160센티미터도 되지 않는 키에 기형적인 가슴을 가진 허약한 체질의 칸트 Immanuel Kant, 1724~1804가 어떻게 철학자의 상징이 될 수 있었을까? 그 것은 규칙적인 생활 속에서 건강을 유지하며 평생 계획하던 과제를 완성했기 때문일 것이다.

매일 아침 5시만 되면 어김없이 일어나 일에 열중했고, 아침 7시부터 9시까지 강의를 했으며, 9시부터 오후 1시까지는 주로 자신의 연구 시간 으로 활용했다. 점심식사 때에는 손님 들과 다양한 주제를 놓고 많은 얘기 를 나눴다. 그러고는 산책을 했고, 다시 연구에 몰두했다가 밤 10 시에 잠자리에 들었다. 그의 정 확한 일과 덕분에 이웃 사람들은 그의 움직임만 보고 시계 바늘을 맞출 정도였다고 한다.

독일^{당시 프러시아}의 북부 도시 쾨니히스베르크*에서 마구상^{馬具商}의 아들로 태어난 칸트는 어느 경건주의적인 기독교 학교에 입학했다가 '소년 노예제도'처럼 운용되는 빡빡한 수업에 염증을 느꼈고, 이후 기독교에 대해 좋지 않은 감정을 갖게 되었다. 대학 시절에는 돈이 넉넉지 못해서 학교 활동에 소극적이었는데, 다만 당구를 치는 데에는 매우 열심이었고 재주가 있어 내기에서 돈을 따는 경우가 많았다고 한다.

졸업 후 9년 동안 가정교사를 하면서 생계를 꾸려가던 중, 서른한 살 되던 1755년에 철학박사 학위를 받고 교수 자격을 얻었다. 하지만 15년 동안이나 시간강사 생활을 해야 했으며, 그의 나이 마흔여섯에야 비로소 정식으로 교수가 될 수 있었다. 이때부터 그의 생활은 안정되었고, 그 후로 평생 동안 쾨니히스베르크를 떠나본 적이 거의 없었다고 한다.

강의는 매우 충실하고 유쾌하게 진행됐지만, 성격상 꽤 까다로운 면이 있어서 이상한 복장의 학생이 발견되면 불안해서 안절부절못했다고 한다. 한번은 그의 이웃집 수탉이 어찌나 울어대는지, 그 수탉을 차라리 사들이려고 했다. 하지만 주인이 한사코 팔지 않겠다고 하자 할 수 없이 다른 곳으로 이사를 했다. 그러나 새로 옮겨간 집은 감옥 옆에 있었고, 당시의 관습으로는 수감자들이 죄를 뉘우치는 마음으로 큰 소리로 찬송가를 불러야 했다. 칸트는 시장에게 찾아가 화를 내며 불평했고, 이때 어찌나 마음이 상했는지《판단력 비판》에서까지 이 일을 언급했다.

그 후 칸트는 1781년 발표한 《순수이성 비판》으로 인해 갑자기 유명인사가 되었다. 그의 저서들은 귀부인들의 서가에도 꽂혀 있었고, 이발사들이 그의 용어를 사용했다는 기록까지 나올 정도였다.

평생 독신으로 지내면서도 여자를 찬미했고, 제자들에게는 결혼할 것을 적극 권유했다. 젊은 시간강사 시절에는 자주 끼니를 거르기도 했기

○ **칸트의 《순수이성 비판》(1781) 초판 표지**
칸트의 비판 철학 중 첫 번째 저서다. 근대 비판주의 인식론을 확립한 고전적 철학서라 할 수 있다.

쾨니히스베르크 ▼ 🔍

당시 프로이센 공국의 수도이며, 현재는 러시아의 점령하에 있는 칼라닌그라드다. 이곳의 반환 문제를 둘러싸고 독일과 러시아 사이에 늘 외교 현안이 되고 있기도 하다.

● 근대 계몽주의를 정점에 올려놓은 철학자
《순수이성 비판》《실천이성 비판》《판단력 비판》 등
을 잇달아 발표하면서 비판 철학의 정수를 선보였
다. '비판'으로 끝나는 제목이 많은 것은 칸트가 과
거의 철학을 비판적으로 검토했기 때문이다. 그의
철학은 데카르트 · 헤겔 · 피히테 · 니체 등과 함께
근대 서구 철학의 거대한 업적을 이루었다고 볼 수
있다. 실제로 칸트 이전의 철학과 이후의 철학은 굉
장한 차이를 보인다.

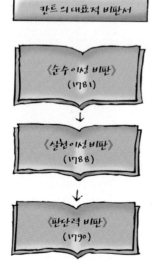

칸트의 대표적 비판서

《순수이성 비판》
(1781)

↓

《실천이성 비판》
(1788)

↓

《판단력 비판》
(1790)

때문에 생활이 안정된 뒤로도 검소한 생활을 했고, 덕분에 상당히
많은 유산을 남길 수 있었다.

무신론적 경향으로 인해 프리드리히 빌헬름 2세에게 경고를 받
았던 칸트에게 독일 외에 많은 나라에서는 찬사를 보내 오기도 했
다. 마침내 육체가 쇠약해서 숨을 거두게 되었을 때에는 이 위대
한 인물을 마지막으로 한 번 더 보기 위해 수많은 사람들이 그의
집으로 모여들었다. 칸트가 죽자 성대한 장례식이 치러졌는데,
시내의 모든 교회에서 그의 죽음을 애도하는 조종죽은 사람을 애도하는
뜻으로 치는 종이 일제히 울려 퍼지는 가운데 그의 시신이 옮겨졌다.
수천 명의 행렬이 그 뒤를 따랐으며, 마침내 그의 시신은 그가 평
생 근무했던 쾨니히스베르크대학 캠퍼스 안에 안치되었다.

그의 저서 가운데 중요한 것만을 열거해 보면, 《순수이성 비판》《도덕형이상학 원론》《실천이성 비판》《판단력 비판》《이성의 한계 내에서의 종교》《영구평화론》등이 있다.

인간의 인식 능력을 논하다, 순수이성 비판

흔히 《순수이성 비판》이 나오기까지의 시기를 '비판 전기'라고 부른다. 이때 칸트는 불, 화산, 자연지리학, 기류에 관한 이론, 리스본 지진® 등에 관한 논문을 발표했는데, 여기에서는 주로 뉴턴 물리학이 기초를 이루고 있다.

우리 인식의 측면을 다루고 있는 《순수이성 비판》은 선험적 미학 · 선험적 분석론 · 선험적 변증론으로 나누어진다. 선험적 미학은 우리 인간의 인식 능력 가운데 감성 능력을, 선험적 분석론은 오성 능력을, 그리고 선험적 변증론은 이성 능력을 다룬다.

선험적 미학

선험적 미학이란 흔히 말하는 미학예술론이 아니라, 우리 가운데 있는 감성에 관한 이론으로 이해하는 것이 마땅하다. 그렇다면 감성이란 무엇일까? 그것은 밖에 있는 대상을 우리가 받아들일 때, 그 감각시각 · 후각 · 미각 등을 일으키는 능력을 말한다.

그렇다면 칸트는 왜 이곳에서 시간과 공간을 다루는가? 그것은 우리가 받아들인 개별적인 감각 내용에 질서를 부여하기 위해서다. 즉 외부 사물을 공간과 시간의 관점에서 정리해야 하기 때문이다. 그러므로

리스본 지진

1755년 11월 1일 아침, 세 차례에 걸쳐 포르투갈의 수도 리스본과 그 일대를 강타한 대지진을 가리킨다. 그날이 바로 가톨릭의 모든 성인을 기리는 만성절All Saints' Day이라서 리스본 시민의 대부분이 교회에 모여 있다가 3만에서 10만 명까지 사망했다. 살아남은 사람들도 '저주의 도시'를 황급히 떠났다. 계몽주의자 볼테르는 "신에게 정의가 있고 신도들을 사랑한다면 어떻게 이런 참극이 가능한가? 그토록 신앙심 두텁다는 리스본이 파리나 런던보다 죄가 많기 때문인가?"라며 울었다고 한다. 결국 교회는 "재앙과 신의 섭리는 상관이 없다"라는 결론을 내렸다. 자연과학은 이렇게 신의 영역에서 벗어나 학문의 세계로 들어왔으며, 당장 지질학이 생겼다.

237

이 두 가지, 즉 공간과 시간은 우리의 경험적 직관이 성립되기 위해 없어서는 안 될 형식이 된다.

가령 장미 한 송이를 놓고 볼 때, 그 색깔을 보지 않거나 냄새를 맡지 않았다고 할 때 장미의 실체를 잘 파악할 수 없다고 가정할 수 있다. 하지만 그 장미가 차지하는 일정한 공간에 대해서는 인정하지 않을 수 없다. 왜냐하면 이것은 사물 자체에 붙어 있는 것이라기보다 우리의 주관이 그렇게 파악하는 직관 형식이기 때문이다. 또한 우리는 자신의 감정이나 의지를 관찰할 수 있는데, 이것들은 모두 시간의 흐름 속에서 진행된다. 따라서 시간은 그러한 경험 자체를 위해서 전제되어야 할 하나의 조건이 된다.

공간이 우리에게 외적 직관 형식이라면, 시간은 내적 직관 형식이 된다. 이것들은 우리가 경험에 의해 후천적으로 알아가는 것이 아니라, 경험을 성립시키기 위한 조건으로 미리 우리에게 갖추어져 있는 것이다. 그리고 이러한 공간과 시간에 대해 모든 인간은 똑같은 감성 구조를 가지고 있기 때문에, 그것들은 보편타당성을 얻게 되는 것이다.

그러나 경험이 성립되기 위해서는 공간과 시간이라는 형식만으로 부족하며, 이 밖에 시간 속에서 전개되는 사건이나 공간적으로 존재하는 사물이 있어야 한다. 이것이 바로 질료다. 우리의 주관적인 감성이 외부에 있는 질료 사물을 경험할 때, 비로소 구체적인 직관이 성립하는 것이다.

238

선험적 분석론

　　　　　그런데 우리는 인식의 줄기인 감성 외에 오성悟性, 지성이나 사고 능력을 가지고 있다. 우리는 감성에 의해 대상을 받아들이고, 오성에 의해 이 대상을 생각하게 된다. 공간과 시간의 직관 형식에 의한 인식의 재료를 우리의 감성이 받아들였다 할지라도, 참다운 인식이 성립되기위해서는 그 대상을 오성으로 생각하는 과정이 있어야 한다. 오성에 의해 인식이 성립하는 과정을 논한 것이 바로 분석론이다.

　참다운 인식은 감성의 수용성과 오성의 자발성이 결합함으로 이루어진다. 이 뜻을 잘 나타내는 구절이 있다. "내용 없는 사고는 공허하고, 개념 없는 직관은 맹목적이다." 즉 그 대상에 대한 내용직관이 없는 사고는 텅 비어 있어서 그저 공허할 뿐이고, 또한 오성의 자발적인 힘이 아니고서는 이해되지 않기 때문에 개념이 없는 직관은 시력을 잃은 장님처럼 맹목적일 수밖에 없다는 뜻이다. 가령 우리가 분필을 인식하려면 분필이라는 대상내용이 우리 눈에 보이고 손으로 만져져야 하며직관, 그렇게 감각된 내용들이 우리 자신의 사고오성에 의해 정리되어야 한다개념. 우리의 모든 인식은 경험과 더불어 시작되지만, 인식을 위해서는 여기에 오성이 필요한 것이다.

선험적 변증론

　　　　　우리의 인식은 언제나 감성과 오성의 결합으로 성립되기 때문에, 감성적 직관으로 인식되지 않는 대상에 대해서는 범주category●를 적용할 수 없다. 말하자면, 우리가 현실 세계에서 경험할 수 없는 영혼불멸이나 신의 존재에 대해서 우리의 인식은 한계에 머물 수밖에 없는 것이다. 그런데도 감성적 직관으로 인식되지 않는 초超감성계까지

> ● 범주
>
> 사물의 개념을 분류할 때 그 이상 일반화할 수 없는 가장 보편적이고 기본적인 최고의 유개념이다.

239

오성의 범주를 적용하려는 데서 선험적 가상^{假象}이 생겨난다.

선험적 가상이란 우리의 이성이 오류에 빠지게 되는 경우다. 다시 말해 우리가 도무지 알 수 없는 것들은 그냥 포기하면 되는데, 그것을 포기하지 못하고 끝까지 알려고 하는 우리의 이성으로 인해 문제가 생기는 것이다.

여기에서 세 가지 이율배반^{Antinomy, 二律背反}이 생겨나는데, 바로 영혼 불멸, 세계의 무한성, 신의 존재다. 영혼이 불멸하는지 하지 않는지, 세계가 무한한지 유한한지, 신이 존재하는지 존재하지 않는지 우리는 알 수 없다. 왜냐하면 우리는 그것을 현실에서 경험할 수 없기 때문이다. 즉 증명도 할 수 없고 반대되는 증명도 할 수 없다. 따라서 양쪽의 주장은 똑같은 권리를 가지고 있고, 우리는 과연 어느 쪽이 옳은지를 판단할 수 없다. 결국 여기에 대한 해답은 이론의 세계가 아니라, 실천적·도덕적 세계에서 찾아져야 한다.

이율배반

서로 모순·대립하여 양립할 수 없는 두 명제가 동등한 타당성을 가지고 주장하게 되는 경우다.

도덕률

도덕법칙으로서, 도덕적 행위의 기준이 되는 보편타당한 법칙이며, 자연법칙과 달리 명령의 형식을 취한다. 보통 '양심'과 같은 의미로 받아들이기도 한다.

엄숙한 윤리학, 실천이성 비판

《순수이성 비판》이 우리 인식의 근원을 다룬다면, 《실천이성 비판》은 인간의 도덕 문제를 다룬다. 여기에서, 칸트는 먼저 도덕률^{道德律}이 존재한다고 말한다. "내가 오랫동안 생각하면 생각할수록 감탄과 경외심으로 내 마음속을 채우는 두 가지가 있는데, 그것은 내 머리 위의 별이 총총한 하늘과 내 마음속의 도덕률이다."

도덕률이란 경험적 사실이 아니라, 이성의 사실로서 존재한다. 예컨대 우리가 경험을 통해 눈에 보이는 별을 부정할 수 없듯이, 마음속 이성을 통해 우리에게 느껴지는 도덕법칙 역시 인정하지 않을 수 없다.

그리고 이 도덕법칙은 우리에게 "너는 ~하지 않으면 안 된다"라는 정언적 명령定言的 命令으로 나타난다. 정언적 명령은 가언적 명령假言的 命令과는 구별된다. 가언적 명령은 조건에 따라 변하지만, 정언적 명령은 조건에 관계없이 언제든지 참이다.

나아가 이 정언직 명령은 "너는 언제나 네 의지의 준칙이 보편적 입법의 원리로 타당하도록 행위하라"라는 유일한 법칙으로 정식화된다. 여기서 준칙이란 인간의 '주관적인 행위의 규칙'을 말하고, 입법에서 말하는 법칙이란 누구나 받아들여야 하는 '객관적인 행위의 규칙'을 뜻한다. 그러므로 이 말은 "자신의 주관적인 행위의 규칙이 객관적인 행위의 법칙으로 받아들일 수 있도록 행동해야 한다"라는 뜻으로 해석할 수 있다. 다시 말해, 내 판단이 주관적으로 옳다고 해서 다 옳은 것이 아니라, 다른 사람들 누구나 인정할 수 있어야만 옳은 것이 된다는 의미다.

또 하나, 칸트가 강조하는 것은 바로 선의지善意志다. 이 세계 안에서, 아니 더 넓게 이 세계 밖에서도 무조건적으로 선하다고 볼 수 있는 것은 오직 선의지뿐이다. 도덕법칙을 지키려는 좋은 의도가 있다면, 그 결과와는 상관없이 그 사람의 행위는 선하다. 이와 반대로 선의지가 빠져 있다면, 아무리 좋은 것기질상의 장점, 부, 명예, 권력 등도 금방 악으로 변할 수 있다. 예컨대 인내심이 많고 침착한 도둑은 비록 '바람직한' 기질을 갖추고 있는 듯 보이나, 사실 그렇지 않은 도둑보다 더욱 가증스럽다. 또한 권력이나 돈이 언뜻 '바람직스럽게' 보일지라도, 그것들을 잘못 휘두르다가 패가망신하는 경우도 많다. 모두가 선의지가 결여되어 있기 때문이다.

그러므로 선의지는 보석처럼 그 자체로서 빛나고, 그 자신 속에 모든 가치를 간직하고 있다. 유용성이나 무용성은 이 가치에 무엇을 더하거나 뺄 수 없는 보석의 '테'에 지나지 않는다. 이런 면에서 보자면, 칸트의 윤

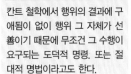

정언적 명령
칸트 철학에서 행위의 결과에 구애됨이 없이 행위 그 자체가 선善이기 때문에 무조건 그 수행이 요구되는 도덕적 명령. 또는 절대적 명법이라고도 한다.

가언적 명령
칸트 철학에서 어떤 목적을 달성하기 위한 수단으로 내리는 조건 명령이다. 그 목적을 승인하는 사람에게만 의미가 있을 뿐, 보편타당성이 없는 것이다. 이를 달리 가언 명법이라고도 한다.

선의지
원어로는 '좋은 의도'라는 뜻. 옳은 행동을 오로지 그것이 옳다는 이유에서 항상 선택하는 의지를 말한다.

리학은 결과주의가 아니라 동기주의에 해당된다고 말할 수 있다.

또한 칸트는 의무를 강조한다. "의무여, 너의 숭고하고도 위대한 이름이여! 너는 사람이 너를 좋아할 만한 어떤 것도 가지지 않으면서 너에게 복종하기를 요구한다." 여기서 의무와 대립되는 것은 경향성인데, 우리는 그때그때 기분이나 감정 그리고 이기적인 계산 등에 의해 휘둘려서는 안 되고, 어디까지나 인간의 의무감에 입각해서 행동해야 한다.

그러나 칸트 역시 우리가 도덕적인 행위를 한 다음, 그 결과로 나타나는 행복 자체를 반대한 것은 아니었다. 우리가 처음부터 행복만을 추구하는 것은 문제가 있으나, 도덕적인 생활을 실천하고 나서 그 결과로 행복이 생긴다면 이것은 도덕법칙과 배치되는 것이 아니라 오히려 더 바람직스럽다고 할 수 있다. 왜냐하면 우리의 실천이성實踐理性●은 덕과 행복이 일치하는 최고선을 끊임없이 추구하기 때문이다.

그러면 칸트가 어떻게 영혼불멸과 신의 존재를 이끌어냈을까? 최고선最高善●이 실현되기 위해서는 먼저 최상선最上善●이 실현되어야 한다. 그러나 이 세상감성계에 속해 있는 인간으로서는 현실적으로 자신의 의지를 도덕법칙과 완전히 일치시키기가 힘들다. 그 때문에 우리는 한 인간의 도덕법칙을 향한 의지가 멈추지 않고 계속해서 진행이 된다고 가정해야 한다. 그리고 이것은 인간이 인격적 존재로서 무한하게 존재해야 한다는 것, 즉 영혼불멸을 전제하고서만 비로소 가능하다. 그러므로 영혼불멸은 최상선의 실현을 위해 요청될 수밖에 없다.

이렇게 해서 최상선이 실현되었다 해도, 그에 따른 행복은 인간의 힘으로 실현시킬 수 없다. 그러므로 우리는 덕과 행복을 완전히 일치시킬 수 있는 전지전능한 존재인 하나님을 인정해야 한다. 선한 사람이 복을 받고 악한 사람이 벌을 받는 것은 그 반대의 경우보다 훨씬 바람직하다. 만

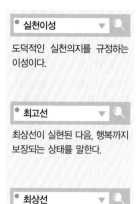

실천이성 ▼
도덕적인 실천의지를 규정하는 이성이다.

최고선 ▼
최상선이 실현된 다음, 행복까지 보장되는 상태를 말한다.

최상선 ▼
순수한 의무감으로 도덕법칙을 준수하려는 마음을 말한다.

일 천국에서도 지금처럼 오히려 악한 사람이 더 행복해진다면 누가 선을 행하겠는가? 그러므로 인간에게 도덕적 생활을 가능하게 하기 위해서는 모든 개개인의 마음속과 행동을 빠짐없이 살피고, 그에 합당한 상과 벌을 내릴 수 있는 전지전능한 하나님이 존재해야 한다. 신이 존재하는지 않는지 우리가 이론적으로 알 수는 없지만, 인간의 도덕을 위해서는 신의 존재가 요청되는 것이다.

종교란 도덕을 촉진하는 것이다, 종교론

칸트는 도덕을 통해 종교를 새롭게 확립시켰다. 종교는 도덕에서 생겨나고, 그 과제는 도덕을 촉진시키는 데 있다. 종교는 도덕적 의무를 신의 명령, 즉 계명으로 봐야 한다고 가르침으로써 도덕법칙의 영향을 강화하려고 애써야 한다. 그래서 모든 종교는 도덕적 이성으로 검증을 받아야 하며, 그것을 통해 참 종교와 거짓 종교가 판가름 나게 된다.

칸트는 역사상에 나타난 모든 종교 가운데 기독교만이 도덕적 완성을 이룩한 유일한 종교라고 말한다. 기독교는 인간들에게 무한한 도덕적 노력을 강조한다는 것이다. 그러나 칸트는 예수 그리스도를 역사적인 인물로 보지 않고, 도덕적인 원리를 인격화한 이념으로 여겼다. 계시와 은총과 기적 등도 글자 그대로 이해해서는 안 된다고 말했다. 왜냐하면 이것들은 자칫 인간의 이성과 자유를 마비시킬 수도 있기 때문이다.

도덕적 검증

칸트는 종교를 도덕으로 봤으며, 참 종교와 거짓 종교는 도덕적 검증으로 알 수 있다고 했다.

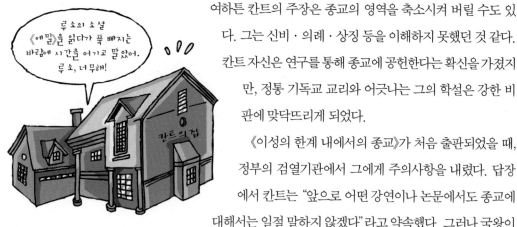

루소의 소설 《에밀》을 읽다가 푹 빠지는 바람에 시간을 어기고 말았어. 루소, 너 무해!

여하튼 칸트의 주장은 종교의 영역을 축소시켜 버릴 수도 있다. 그는 신비·의례·상징 등을 이해하지 못했던 것 같다. 칸트 자신은 연구를 통해 종교에 공헌한다는 확신을 가졌지만, 정통 기독교 교리와 어긋나는 그의 학설은 강한 비판에 맞닥뜨리게 되었다.

《이성의 한계 내에서의 종교》가 처음 출판되었을 때, 정부의 검열기관에서 그에게 주의사항을 내렸다. 답장에서 칸트는 "앞으로 어떤 강연이나 논문에서도 종교에 대해서는 일절 말하지 않겠다"라고 약속했다. 그러나 국왕이 죽고 난 후에, 그는 《학부의 논쟁》을 통해 다시 한 번 자기의 종교적 신념을 뚜렷이 표현했다.

칸트가 루소의 교육소설 《에밀》을 읽다가 시계바늘처럼 어김없이 지키던 일과를 어기고 말았다는 에피소드는 너무나 유명하다. 그는 이렇게 고백한다. "나는 무식한 천민을 경멸하고 있었습니다. 그런데 루소가 이런 나를 바로잡아 주었습니다. 나는 인간을 존경하는 법을 배웠습니다."

칸트는 교육이란 낮은 단계에서 높은 단계로 차근차근 올라가야 하며, 무엇보다도 학생들의 능력에 맞게 지도해야 한다고 봤다. 높은 수준의 사람에게만 이해될 수 있는 것을 정신의 성숙을 기다리지도 않고 청소년들에게 그대로 가르치는 것은 옳은 일이 아니라는 것이다.

이 밖에 칸트는 《영구평화론》[1795]에서 세계평화를 유지하기 위한 법원리로 여섯 개의 예비 조항과 세 개의 결정 조항을 제시했다.

예비 조항에는 정규군을 점차로 폐지해 나가야 한다는 것과 어떠한 국가도 폭력으로 다른 나라의 체제나 정치 형태에 개입해서는 안 된다는 것 등이 들어 있다. 그리고 결정 조항에는 모든 나라의 공권 제도가 공화제

영구평화론

전쟁이 되풀이되는 것은 곧 인류의 멸망임을 강조하면서, 이 같은 참극을 막기 위한 방도를 제시했다. 이는 이후 국제 연맹·국제 연합이 설립되는 데 크게 영향을 끼쳤다.

를 따라야 하고, 국제법은 자유로운 모든 국가의 연맹을 토대로 이루어져
야 하며, 세계 공민법은 보편적이고 우호적인 조건에 바탕을 둬야 한
다는 것 등이 포함되어 있다.

《덕행론》에서 칸트는 인간의 의무에 대해 말했다. 먼저
자기 보존의 의무가 있다. 자살은 물론, 신체의 일부를
스스로 절단하는 등의 행동도 범죄이며, 특히 어떤 기호
품이나 식품을 너무 남용하여 마취 상태에 빠지는 것도
범죄에 속한다.

타인에 대해서는 사랑의 의무가 있다. 우리는 다른 사람
에게 자선·감사·동정을 베풀어야 하며, 미움·질투·배은^{背恩}·남
의 불행을 기뻐하는 고약한 마음씨 등을 가져서는 안 된다. 또한 남을 존
경할 줄 알아야 하며, 비방하고 험담하거나 멸시해서는 안 된다.

칸트에 대해 이러저러한 비판이 있긴 하지만, 결과적으로 칸트 철학이
다음 세대에 미친 영향은 이루 다 말할 수 없을 정도다. 19세기 철학사는
거의 대부분이 칸트 사상의 수용과 전파, 반론과 변형, 그리고 부흥의 역
사라고 해도 지나친 말이 아니다.

철학논술

Q 모 정당의 국회의원이 연말에 고아원을 찾았다. 그는 자신의 선행을 홍보하기 위
해 많은 언론사 기자들에게 그 사실을 알렸고, 곧 기자들은 그의 방문 장면을 열렬히 취재했
다. 그런데 국회의원은 몇몇 선물 박스에 "○○○ 국회의원 기증"이라고 쓴 메모를 앞에 붙인 채
아이들과 함께 기념촬영을 했고, 갑자기 다른 일정이 생겼다며 총총 사라져 버렸다. 이 자리에
함께 있던 칸트 기자가 이 일에 대해 기사를 썼다면, 과연 어떻게 썼을까?

제5장

독일 관념론

데카르트가 세계를 정신과 물질로 나눈 이후, 서양 철학은 이 두 가지를 어떻게 조화시킬 것인지에 대해 오랫동안 고민했다. 과연 철학자들은 자아와 자연, 의식과 대상, 주관과 객관 사이의 대립을 어떻게 극복했을까? 칸트 이후 전자들을 강조한 철학이 관념론이라고 한다면, 후자들에 집착한 철학이 유물론이다. 피히테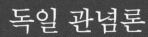·셸링·헤겔 등의 독일 관념론자들은 이 양쪽을 종합하기 위해 심혈을 기울인 철학자들이었다.

독일 국민에게 고함, 피히테

Johann Gottlieb Fichte, 1762 ~1814 | 독일 관념론의 대표 철학자. 그의 철학은 셸링에서 헤겔로 이어지는 독일 관념론의 역사에서 그 통로를 터놓는 계기가 되었다.

가난한 집에서 태어난 피히테는 어느 날 주일 설교를 미처 듣지 못한 어떤 영주 앞에서 기가 막히게 목사의 흉내를 내서 영주는 물론 주변 사람들까지 놀라게 했다가, 결국 그 영주의 도움으로 고등학교까지 무사히 마칠 수 있었다. 그러나 대학에 다닐 무렵, 그 후견인이 죽고 나자 피히테는 다시 어려움에 빠지게 되었다.

이에 고향인 독일 작센 주의 소도시 라메나우를 떠나 스위스 취리히로 간 피히테는 가까스로 가정교사 자리를 얻을 수 있었다. 하지만 어떤 불손한 학부모 앞에서 "어린이보다도 부모를 먼저 교육시켜야겠군요"라고 충고했다가 결국 쫓겨나고 말았다. 그는 평소에 존경해 마지않던 칸트와 친분을 쌓고 싶었지만, 상대는 말대꾸조차 제대로 해주지 않았다. 고민 끝에 칸트의 관심을 끌 목적으로 단기간에 《모든 계시에 대한 비판 시론》을 발표했고, 이 글은 결국 칸트의 도움을 받아 출판되었다. 처음에 익명으로 발표되었기 때문에 사람들은 오랫동안 기다려 오던 칸트의 종교철학 서적일 것이라고 믿었다. 그러나 나중에 칸트가 피히테의 작품임을 밝히자 피히테는 갑자기 유명 인물로 떠오르게 되었고, 예나대학의 교수로 초빙되기에 이르렀다.

그러나 외부 사회와의 마찰과 무신론자라는 누명으로 인해 결국 예나대학을 떠나야 했던 피히테는 베를린으로 달려갔다. 그리고 베를린대학에서 뛰어난 강의를 펼쳐서 모두가 탄복하고 존경하는 자리를 차지하게 되었다. 그의 강의를 듣는 사람들 중에는 오스트리아의 특명 전권공사 메테르니히*도 포함되어 있었다.

나폴레옹 군대 앞에 프러시아가 항복한 뒤 국왕과 함께 쾨니히스베르크에 갔던 피히테는 코펜하겐을 거쳐 1807년, 프랑스군에 점령당한 베를린으로 되돌아왔다. 그리고 이듬해 겨울 그 유명한 〈독일 국민에게 고함〉*이라는 연설을 하게 되었다. 칸트처럼 프랑스혁명에 한없이 환호했던 피히테는 스스로 왕관을 쓴 나폴레옹이 혁명을 통한 정치적 성과를 짓밟으며 유럽 전체를 정복하려 들자, 그를 '모든 악의 화신'으로 간주했다. 그리고 프랑스 관리가 지켜보는 가운데서도 나폴레옹에 대항하여 궐기할 것을 간절히 호소했다. 드디어 프랑스에 대한 해방전쟁이 시작되자 제자들을 군에 입대시켰고, 그 자신도 장교로 종군하려 했다. 그러나 왕의 만류로 뜻을 이루지는 못했다. 한편 간호사 일을 돕던 아내가 야전병

메테르니히

Klemens Wenzel Lothar Fürst Von Metternich, 1773~1859 | 오스트리아의 정치가로 당대 중요한 외교가였다. 나폴레옹과의 해방 전쟁에서 승리한 후, 빈회의 의장으로서 유럽의 질서 회복을 위한 외교상의 지도권을 장악했다. 재상이 된 이후 정책 실패로 실각하여 망명했다.

독일 국민에게 고함

나폴레옹과의 전쟁에서 패한 프로이센이 위기에 처하자 철학자 피히테가 적군의 점령하에 있는 베를린 학사원 강당에서 행한 우국 대강연을 말한다. 1807년 12월에 시작하여 이듬해 3월까지 매주 일요일 오후에 계속되었으며, 이 강연을 통해 피히테는 독일 재건의 길은 무엇보다도 국민 정신의 진작振作에 있다는 것을 강조하여 독일 국민의 분기奮起에 커다란 힘이 되었다.

원에서 발진티푸스에 걸리자, 피히테는 그녀의 병간호에 정성을 다했다. 그 결과 아내는 건강을 회복했지만, 이번에는 그 자신이 감염되어 결국 쉰두 살을 일기로 생을 마감하고 말았다.

앞서 칸트는 우리 밖에 있는 사물 그 자체가 스스로 존재한다는 사실과 더불어 우리의 선천적인 자발성을 동시에 보장하려 했다. 여기에서 모순에 빠질 수밖에 없었는데, 우리는 사물 그 존재 자체를 인정하는 독단론과 오직 인간의 의식 내용만을 인정하는 관념론 가운데 어느 하나를 선택할 수밖에 없다. 그런데 전자는 우리로부터 인간의 자발성을 빼앗아 버리는 데 반해, 후자는 우리 인간을 자유로운 존재로 발돋움하게 해준다.

그렇다면 어느 쪽을 선택해야 할까? 당연히 피히테는 후자, 즉 관념론의 편에 선다. 그는 우리 주관이 외부의 질료^{대상}까지 정립^{산출}한다고 주장한다. 말하자면, 우리 주관에 의해 외부 사물이 비로소 존재하게 된다는 뜻이다. 칸트가 말한 오성은 플라톤이 말한 데미우르고스^{demiourgos}●처럼 '이미 있는 것'에서 '있는 것'을 만들어내는 것이었고, 피히테가 주장하는 정신은 《성경》에서 말하는 성령처럼 '없는 것'에서 모든 사물을 창조해내는 것이다. 피히테가 앞세우는 자아 앞에는 아무런 한계도 없다. 이처럼 주관을 모든 것의 생산 중심으로 만들어 버리는 피히테의 철학을 우리는 주관적 관념론●이라고 부른다.

그런데 무한히 활동하는 자아^나는 어떤 제약을 자신에게 가하기 마련이며, 여기에서 스스로 투쟁을 전개할 수 있는 어떤 비아^{非我, 나 외의 모든 것}가 산출되기에 이른다. 외부 세계는 항상 나에 대한 제약으로 다가온다.

● 데미우르고스 ▼ 🔍

'제작자'란 뜻으로 플라톤이 우주형성자라고 생각한 신의 이름이다. 유에서 유를 만들어내는 우주제작자를 일컫는 말이다.

● 주관적 관념론 ▼ 🔍

정신과 영혼, 그리고 그것에 의한 인식과 관념 외에는 아무것도 존재하지 않는다는 철학을 말한다. 사물의 존재는 그것을 인식하는 정신과 독립되어 있지 않다. 외부 세계의 실재는 그것을 파악하는 사람에게 달려 있다는 것이다.

내 관념론을 계승한 자가 누구더라?

피히테입니다.

칸트

헤겔

그렇다면 과연 나는 이 세계에 대해 어떻게 대처해야 할까? 그것은 전적으로 나 자신에게 달렸다.

나는 외부 세계의 제약에 굴복하거나 아니면 그것을 극복해서 스스로 내적 자유를 누리거나 둘 중에 하나를 선택해야 한다. 여기에서 피히테는 영원히 전진하는 행동에 그 주안점을 두었다. 말하자면, 《성경》처럼 "태초에 말씀이 있었느니라"가 아니라 《파우스트》Faust 처럼 "태초에 행동이 있었느니라"가 되는 것이다. 이때 존재론은 윤리학이 된다. 우리는 알고 나서 행동하는 것이 아니라, 행동을 하다 보니 알게 된다. 비아란 우리가 극복하기 위해 존재하는 하나의 저항에 불과하다.

그런데 우리의 순수의지는 동물과 같은 저차원적인 욕망이라든지 권력의지나 지배충동과 구별되어야 한다. 피히테가 말하는 순수의지란 마치 칸트처럼 인간의 자유나 자율의 개념과 비슷하다. 이 두 철학자는 당시의 공리주의와 경험주의적 윤리학을 넘어선 사람들로 인간이 물질의 노예가 되는 시대에 위대한 업적을 남겼다고 말할 수 있다.

피히테는 '나'를 강조한 철학자다. 그렇다면 타인은 누구일까? 그 타인은 자아에 의해 극복되어야 할 저항이 아니라, 서로의 윤리적인 향상을 위해 함께 가야 할 반려자다. 과거 위대한 종교의 창시자나 도덕 분야의 천재들이 우리 앞길을 인도해 준다. 또한 주변의 평범한 사람들도 우리가 행해야 할 의무에 관해서 좋은 참고자료를 제공해 준다. 이런 점에서

파우스트

독일 괴테의 대작으로 완성하기까지 60년이 걸렸다. 학문의 모든 영역을 연구한 파우스트가 지식으로는 생명의 근원을 파악할 수 없음을 깨닫고, 악마 메피스토펠레스에게 영혼을 맡기면서까지 구원에 대한 열망을 표출한다는 내용의 작품이다.

'나'는 '너'를 거쳐, 또는 '너'는 '나'를 통해 서로 인격적인 완성에 이른
다. 여기에서 피히테의 윤리학은 공동체의 윤리가 되는 것이다.

그러나 피히테는 국가론을 설명할 때 도리어 자율성을 너무 억압하지
않았나 싶다. 왜냐하면, 그는 국가가 그 구성원들의 신체 · 생명 · 재산 ·
노동의 권리를 보장해 주려면 어느 정도 자유를 제한할 수 있어야 한다고
말했기 때문이다. 또한 공동체를 위해 무역 역시 독점적으로 이루어져야
하는데, 피히테가 생각하는 이상적인 국가란 폐쇄적인 상업 국가이기 때
문이다.

그는 독일 역사상 처음으로 사회주의 국가 이념을 들고 나왔다. 즉 경

🔴 《파우스트》의 한 장면
독일의 문호 괴테가 쓴 희곡이다.
노학자老學者 파우스트는 악마의
꾐에 빠져 계약을 맺지만 이후 잘
못을 깨달아 구원을 받는다는 내
용으로, 지식을 추구하는 사람의
말로를 동정적으로 묘사했다.

제를 자본주의적 자유경쟁의 메커니즘에만 맡길 것
이 아니라, 노동의 대가를 전체 국민총생산에서 모
든 구성원들에게 분배해야 한다는 것이다.

또한 교육면에서도, 국가가 임명한 교육자에 의
해 청소년들이 교육을 받아야 한다고 말했다. 교육을
이끌어 나가야 할 국가는 어떤 통일된 방향에 따라 한 어
린이가 어른으로, 또 장차 국가의 한 시민으로 성장할 수 있
도록 도와주어야 한다는 것이다.

젊은 시절, 피히테는 무신론자라는 비난을 받았다. 왜냐하면
그에게 종교란 칸트처럼 도덕에 지나지 않았기 때문이다. 도덕법칙
에 따라 성실하게 노력하면 이 땅에서 행복을 누릴 수 있다고 주장했을
뿐, 이 세상이 아닌 저 세상에서 기대할 수 있는 축복이란 없다고 믿었다.

그러나 어느 때부터인가 종교적인 힘이 모든 인류의 역사적인 과정을
완성해야 한다고 주장하기 시작했다. 그리고 말년에 이르러서는 형제애
의 감정이 공동체를 만들어내는 힘이자, 이상적인 사회 발전에서 최고의
목표라고 주장했다. 더욱이 1813년, 국가 철학이라는 과목을 종강하는
시간에는 "이 땅의 모든 인류는 내적으로 결합된 유일한 기독교적인 국
가에 의해 통일되어야 한다" 라고까지 말했다.

열두 개의 발을 가진 괴물, 셸링

역사상 어떤 철학자도 셸링°만큼 열광적으로 사랑과 미움을 동시에 받
은 적은 없을 것이다. 적대자들은 그를 가룟 유다와 비교한 반면, 숭배자

Friedrich Wilhelm Joseph von Schelling, 1775～1854 | 칸트와 피히테를 계승하고 헤겔로 이어 주는 독일 관념론의 대표자 중 한 사람이다.

들은 그를 제2의 예수 그리스도로 생각할 정도였다.

독일의 레온베르크에서 태어난 셸링은 이미 열다섯 살에 튀빙겐대학에 들어갔고, 이곳 기숙사에서 같은 고향 출신의 헤겔과 횔덜린을 사귀었다. 피히테의 《지식학 원리》가 발표되자 스무 살밖에 안 된 셸링은 그 근본사상을 오히려 피히테보다도 더욱 날카롭게 분석해서 발표했다. 그리고 그에게 관심을 기울인 괴테의 추천으로 스물셋에 예나대학의 부교수로 초빙되었다. 자신보다 연상인 이혼녀 카를리느 슐레겔과 결혼한 것도 바로 이때의 일이다.

횔덜린
Johann Christian Friedrich Hölderlin, 1770 ~ 1843 | 독일의 시인. 고대 그리스의 잃어버린 황금시대를 그리며 노래한 걸작이 많다.

그러나 그는 활달하게 강의하는가 하면, 금세 우울한 기분에 사로잡히기도 했다. 그리고 여럿이 모인 장소에서는 종종 서툴고 어색하게 행동했으며, 절망에 이른 나머지 자살을 생각하는 경우도 많았다.

첫 번째 부인이 죽은 이후, 그에게 결정적 영향을 준 사람은 가톨릭 사상가인 바아더였다. 초국가적인 공동체를 이상으로 삼았던 그는 신성 로마 제국을 옹호하는 한편, 프랑스혁명에 대해서는 격렬히 반대했다. 결국 바아더를 추종한 셸링은 결과적으로 유럽 보수 세력의 반혁명 대열에 참여한 셈이 되었다.

1841년 독일의 국왕 프리드리히 빌헬름 4세는 이미 노년에 접어든 셸링을 베를린으로 초빙했다. 이는 국왕이 당시 베를린의 지식인 사회를 풍미하던 헤겔학파에 대해 반대 세력을 키우려는 뜻에서 그를 초대했던 것이다. 하지만 기대했던 것만큼 성과를 거두지는 못했다. 셸링은 잠깐 동안 강의 활동을 하다가 공직에서 물러났다. 그를 따랐던 한 제자는 셸링을 다음과 같이 괴물에 비유했다.

"그는 무슨 괴물이나 형체 없는 공포의 대상 같은 느낌을 줬다. 그때마다 나는 어떤 알 수 없는 아시아의 거대한 신이 열두 개의 발을 가진 괴물의 모습으로 열두 개의 팔을 벌려, 여섯 개의 머리 위에 쓴, 여섯 개의 모자를 들어 올리는 듯한 느낌을 받기도 했다."

'괴물' 셸링은 1854년, 휴양지 라가즈에서 운명했다. 이 무렵 이미 19세기는 엄밀한엄격하고 세밀한 자연과학의 시대로 접어들었고, 낭만주의 정신은 냉철한 사고에 길을 양보하고 있었다.

물도 살아 있다, 자연 철학

셸링은 피히테의 관념론이 주관 쪽에 치우쳤다고 보고, 자신은 주관자아과 객관사물 양쪽을 다 아우르려 했다. 나아가 그는 자연을 자아보다 풍성한 어떤 것으로, 자아 이전에 이미 있는 것으로 봤다. 즉 피히테의 철학이 주관적 관념론이라고 한다면, 셸링의 철학은 객관적 관념론인 셈이다.

셸링은 자연이 살아 있는 유기체라고 한다. 심지어 무기물물·공기 등도 살아 있는 것으로 볼 수 있다. 왜냐하면 운동이 비록 억제당하고 있긴 하나, 그 안에는 생명으로 나아가려는 충동이 항상 들어 있기 때문이다.

둘째로 자연은 정신이다. 우리는 자연에서 생겨난 인간에게 실제로 정신이 있음을 볼 수 있는데, 가령 죽은 것처럼 보이는 자연이란 아직 성숙하지 못한 지성일 뿐이다. 이러한 단계를 벗어나 이성이라는 최고 목표에 도달할 때까지 자

자연은 영혼을 소유하고 있어. 우리의 지성과도 동일하지.

셸링

연은 진화를 거듭해 간다. 사실 따지고 보면, 인간의 정신이라는 것도 자연에서 생겨났다.

자연과 정신은 하나다, 동일 철학

자연과 정신, 객관과 주관이 실제로는 똑같다고 하는 것, 이것이 바로 동일 철학同一哲學이다. 자연은 눈에 보이는 정신이요, 정신은 눈에 보이지 않는 자연이다. 그러므로 본질적으로 이것들은 하나다. 다만 어떤 하나의 존재에 정신의 비중이 많으면 많을수록, 그것은 그만큼 더 높은 단계에 있는 셈이다.

그러나 이 모든 것들은 서로간에 구별이 있는데도, 언제나 하나다. 셸링은 이 하나를 절대자 또는 신적인 것이라고 불렀다. 이 신적인 일자一者는 모든 것들에 대해 동일하다. 신은 여러 가지 대립되는 것들을 조금도 차별하지 않는다. 그렇다면 어떻게 해서 이 '하나'로부터 많은 사물들이 생겨났을까?

이에 대해, 우리는 먼저 절대자에 대해 알아야 한다. 절대자란 그 스스로 존재할 때에는 하나이지만, 현상으로 나타날 때에는 정신과 자연으로 나눠진다. 절대자가 자기 자신을 관조하는 데서 모든 사물이 생겨난다. 다시 말하면, 신이 밖으로 드러난 것이 이른바 세계다. 그러나 좀더 정확하게 말하자면, 세계는 그 자체가 신적인 것이다. 세계가 이미 신의 모습을 나타낸다는 말이다. 세계 속에 신이 깃들어 있고, 신의 속성 가운데 이미 세계의 모습이 들어 있다. 바로 이 점에서 셸링의 철학은 범신론汎神論이라 일컬어진다.

범신론

신이 자연 속에 깃들어 있다고 하는 신학 이론이다. 자연의 모든 것을 신이라 보고 그 속에 대립을 인정하지 않는 입장으로 기독교적 신관과는 구별된다.

현대 철학의 원천, 헤겔

쇼펜하우어는 이런 말을 했다. "천박하고 우둔하고 역겹고 매스껍고 무식한 사기꾼인 헤겔[•]은 뻔뻔스럽고도 어리석은 소리들을 잔뜩 늘어놓았는데, 이것을 그의 상업적인 추종자들은 불멸의 진리인 양 나팔을 불어 댔으며, 바보들은 그것을 진실인 줄로 알고 환호하며 받아들였다." 한편 이런 표현도 있다. "칸트 이전의 모든 철학은 칸트에게 흘러들어와 독일 관념론이라는 호수에 고였다가 헤겔을 통해 흘러나갔고 이후 모든 사상의 원천이 되었다." 이들은 모두 헤겔 철학에 대한 입장의 차이를 나타내는 말이다.

독일 슈투트가르트에서 세무서 관리의 장남으로 태어난 헤겔은 신학교에 진학했다가 그곳에서 시인 휠덜린과 천재 소년 셸링을 만난다. 여기에서 헤겔은 별다른 능력을 발휘하지 못했는데, 그는 결국 가정교사 생활을 거쳐 예나대학에 시간강사로 초빙되어 갔다. 여기에는 이미 교수가 된 셸링의 도움이 크게 작용했다.

1806년의 전투로 프러시아가 패망했을 때, 헤겔은 이미 완성한 《정신현상학》이라는 원고를 몸에 간직하고 다녔다고 한다. 그는 숙소 2층에서 예나에 입성하는 나폴레옹을 직접 눈으

헤겔

Georg Wilhelm Friedrich Hegel, 1770~1831 | 칸트 철학을 계승한 독일 관념론의 완성자다. 모든 세계는 끊임없이 변화, 발전하며, 이는 정·반·합의 변증법적 전개로 설명된다고 주장했다.

> 칸트 이전의 모든 철학은 칸트에게 흘러들어와 독일 관념론이라는 호수에 고였다가 헤겔을 통해 현대 철학으로 흘러갔지요.

칸트 이전의 철학

칸트

독일 관념론

헤겔

현대철학

로 봤는데, 이에 대해 "나는 말을 탄 세계정신®을 봤노라"라고 고백한 바 있다.

서른일곱 살에는 하숙집 부인과 불륜 관계를 맺고 낳은 사생아 때문에 교수직에서 쫓겨나는 신세가 되었다. 나중에 명문 집안의 딸과 결혼하여 아들 둘을 낳았는데, 그는 이를 두고 "직장과 아내를 얻었으므로 이 세상에서 할 일은 다한 셈이다"라는 말을 남기기도 했다.

1818년 헤겔은 피히테의 후임으로 베를린대학의 교수로 취임했고, 1831년 콜레라로 죽기 전까지 이곳에서 13년 동안 재직하며 전성기를 구가했다. 말솜씨는 서투른 편이었고 간간이 막히기까지 했으나 그의 강의는 대단한 인기를 누렸으며, 당대 저명인사들에게 큰 영향을 끼쳤다. 마침내 헤겔은 '프러시아의 국가 철학자'로 공인되다시피 하여 독일 철학의 태두로 군림했다. 그의 제자들도 여러 대학의 교수직에 임용되어 헤겔학파는 거대한 세력을 형성하게 되었다. 그러나 그는 임종 때에 "나의 제자 중에서 나를 완전히 이해한 사람은 단 한 사람도 없다"라고 중얼거렸다고 한다. 헤겔은 그의 희망대로 지금 베를린에 있는 피히테의 묘 옆에 잠들어 있다.

정신의 최고 형태는 철학이다, 변증법

헤겔은 피히테의 주관적 관념론과 셸링의 객관적 관념론을 종합한 자신의 철학을 절대적 관념론으로 규정했다. 관념론이란 기본적으로 사고·이념·이성·정신을 앞세운다. 그러나 이 가운데 피히테는 자아정신 쪽을 좀더 강조하는 편이었고, 셸링은 자연 쪽에 조금 더 치우친 편이었다. 그리고 헤겔은 이 두 사람의 철학을

종합하려 했다.

헤겔은 인간의 사고가 세계정신 자체의 사고라고 주장한다. 일이 이렇게 된다면, 관념론을 벗어나지 않으면서 동시에 '주관적인 것'을 극복할 수 있다. 사물들은 한 개인의 주관적인 정신이 아니라, 객관적인 세계정신으로 존재하는 것이 되기 때문이다. 이제 관념론은 주관성을 벗어나 객관성을 띠게 된다. 헤겔에 따르면 세계정신은 사물들을 생각함으로써 사물들을 만든다. 그러므로 이 객관적인 세계정신 안에서 사고와 존재와 진리는 일치한다.

> 미네르바의 올빼미는 황혼이 질 무렵에야 날기 시작하지.

> 다른 새들이 활동할 땐 뭐 했니?

헤겔의 《법 철학》 중

헤겔은 우리의 인식 단계를 셋으로 나눈다. 첫째, 직접적인 긍정으로서 정립定立 단계와 부정으로서 반정립反定立 단계를 거쳐 종합의 단계로 나아간다는 것이다. 두 가지 대립하는 것들을 지양함으로써 더욱 높은 차원의 통일로 발전해 가는데, 이런 과정은 정신이 세계 전체를 구체적으로 인식할 때까지 계속된다. "진리는 전체다. 절대자는 본질적으로 결과이며, 맨 끝에 가서야 비로소 본래의 그것이 된다. 그러므로 미네르바의 올빼미는 황혼이 질 무렵에야 날기 시작하는 것이다."

그러나 헤겔이 말한 변증법은 '인식'의 발전 논리로만 그치는 것이 아니라, 동시에 '존재'의 발전 논리이기도 하다. 즉 논리적인 관점에서 사유 형식으로만 간주되는 것이 아니라 실제 사물의 자기 운동 형식으로 간주되는 것이다.

변증법적 3단계는 철학에도 해당된다. 철학의 첫 번째 단계에서 세계

정립

독일어로 테제These라고 한다. 일반적으로 어떤 주장에 대한 명제를 세우거나 그 명제 자체를 말한다.

미네르바의 올빼미

로마 신화에 나오는 지혜의 여신으로, 그리스 신화의 아테나에 해당한다. 이 미네르바가 가장 아끼는 새는 올빼미였으며, 자신의 상징으로 삼을 정도였다. 그래서 미네르바의 올빼미는 지혜, 좀더 나아가 철학을 일컫는다.

정신은 즉자적 존재의 상태에 있다. 이것을 고찰하는 철학의 분과가 논리학이다. 두 번째 단계에서는 정신이 외화外化*의 상태에 들어간다. 이 단계를 고찰하는 분과는 자연 철학이다. 마지막 세 번째 단계에서 정신은 자기 외화의 상태를 벗어나 좀더 풍성한 내용을 갖고 자기 자신으로 복귀한다. 이에 해당하는 것이 정신 철학이다.

또한 각 철학에도 세 단계가 있는데, 이 가운데 정신 철학에 대해서 살펴보자면 다음과 같다. 먼저 주관적인 정신이다. 이것은 풍토·계절·밤낮의 바뀜·종족·기질·생활양식 등을 다루는 인간학과, 감정·의식·지각·오성·이성을 다루는 현상학, 그리고 지능·의지·윤리를 다루는 심리학으로 이루어진다. 둘째, 객관적인 정신으로는 법률·도덕·윤리가 있으며 셋째, 절대적인 정신은 예술·종교·철학에 있다.

여기에서 보다시피 절대정신이 나타나는 최고의 형태는 철학이라고 말할 수 있다. 철학만이 감정적으로 받아들인 예술적 직관直觀과 종교적 표상을 순수한 형식으로 바꿔 놓을 수 있기 때문이다. 바로 여기에서 정신은 완전히 자기 자신으로 복귀하는 것이다.

이성의 교활한 지혜,
역사 철학

헤겔에게는 역사의 본질을 꿰뚫어보는 날카로운 눈이 있었고, 또한 놀랄 만큼 풍부한 역사적 지식을 가지고 있었다. 역사란 과연 무엇일까? 그것은 객관적 정신이 전개해 가는 과정이다. 세계의 역사는 세계정신이 자기를 전개해 가는 과정이며, 한 민족의 역사는 민족정신이 자기를 전개해 가는 과정이다.

그렇다면 세계정신이 목적으로 삼는 것은 무엇일까? 그것은 자유의식

외화

밖으로 나타나는 것. 자기 소외 또는 타자적 존재를 말한다.

의 진보다. 과거 역사를 보면, 동양에서는 오직 한 사람, 왕이나 황제만이 자기 스스로 자유롭다는 것을 알고 있었고, 그리스·로마 세계에서는 오직 몇몇 귀족들만 자유로웠으며, 게르만 세계헤겔 당시의 독일에 이르러서야 비로소 모든 국민이 다 자유롭다는 것을 인식했다.

이처럼 세계정신은 자유의식을 발전시키기 위해 쉼 없이 달려가는데, 이러한 목적을 달성하기 위해 개인을 도구로 사용한다. 사실 우리는 개인적 목적을 위해 행동하며 노력한다고 생각한다. 자신의 부와 명예와 출세를 위해 밤잠을 설치며 공부하고, 머리를 쥐어짜며 사업이나 정치에도 몰두한다.

그러나 따지고 보면, 우리는 세계정신에 의해 이용당하는 꼭두각시에 불과하다. 교활한 절대이성의 장난이성의 교지狡智에 의해 개인은 자신의 모든 정열을 바쳐 그것이 추구하는 역사의 필연 과정에 들러리를 서는 셈이다. 과거의 역사적 위인들 역시 자신들의 넘치는 열정 또는 정확한 선견지명이나 탁월한 지능 때문에 엄청난 일을 이룬 것이 아니다. 그들은 세계정신에 이용되었을 뿐이다.

이것을 어떻게 증명할 수 있을까? 세계정신은 흔히 자기 목적을 위해서라면 아무리 보잘것없고 연약한 인간이라도 사용한다. 보통 사람의 눈에는 하잘것없는 인물이라도 세계정신이 필요하다 싶으면 어김없이 역사의 무대에 등장시켜 맘껏 써먹는다. 엉뚱하게도 그들은 자기들 의사와는 별 상관없이 민족사적 또는 세계사적 인물이 되는 경우가 있다. 물론 이 과정에서 그들 자신의 능력이나 열정이 사용되기도 한다.

역사

역사란 세계정신이 자신의 뜻을 성취해 가는 과정이다. -헤겔

세계정신

○ 나폴레옹의 대관식 광경
헤겔은 절대정신이 자기를 실현하기 위한 수단으로 나폴레옹을 이용하고 있다고 생각했다.

개인이나 민족이 역사라는 무대에 등장하여 사명을 모두 달성하고 나면 어느새 무대의 저편으로 쓸쓸히 사라지고, 세계정신은 아무 일 없었다는 듯 새로운 전진을 시작한다.

헤겔은 변증법의 원리를 바로 존재 자체의 원리로 확정지었다. 그러나 어느 저술가가 지적했듯이, 하나의 명제를 논리적으로 반박할 수는 있으나 실제로 눈앞에 존재하는 기관총의 위력을 논리적으로 반박할 수 없다고 하는 것은 분명하다.

또한 헤겔은 프러시아야말로 세계사적 이성을 실현한 최고의 성과이며, 자기의 철학이야말로 모든 철학의 정화精華라고 자부했다. 그러나 세계사의 목표는 당시의 프러시아에서 성취되지 못했고, 철학의 발전 또한 그 이후 지금까지도 계속되고 있다.

헤겔학파는 슈트라우스°의 《예수의 생애》 출판을 계기로 좌파와 우파로 나누어진다. 좌파에는 실증주의자와 유물론자들이, 우파에는 역사학파와 낭만파가 속해 있었다. 좌파가 진보적이고도 급진적인 성향을 보였다면, 우파는 정치와 종교에서의 기존 질서에 정당성을 부여함으로써 보수적 성향을 나타냈다.

어쨌든 그의 철학에 대한 비판으로부터 현대의 세 가지 중요한 철학이 나오게 된다. 그것은 마르크스주의와 실존주의, 그리고 실용주의다.

슈트라우스 ▼ 🔍

David Friedrich Strauss, 1808~1874 | 독일의 신학자이자 헤겔 좌파. "복음서란 일종의 신화"라고 주장하며 부정적인 비평을 했는데, 이는 당시로서는 혁명적인 사건이었다. 이를 계기로 찬반 토론이 이루어졌고, 이후 헤겔 좌파와 우파 등으로 나누어졌다.

철학 밖의
철학 이야기

목사를 흉내 내는 거위지기

어느 일요일 정오경, 피히테가 사는 마을에 어떤 영주가 오게 되었다. 하지만 늦게 도착하는 바람에 목사의 설교를 듣지 못한 것에 그는 매우 안타까워했다. 이때 사람들이 그를 위로하면서 "거위지기 피히테가 설교를 한 자도 빠뜨리지 않고 외울 수 있으니 걱정하지 마세요"라고 말해 주었다.

영주가 그를 불러 시험삼아 시켜 봤더니 실제로 어린 피히테는 목사의 말과 억양, 제스처까지 완벽하게 흉내를 냈다. 이에 놀란 영주는 이 거위지기를 자기가 맡아 교육시키기로 결심한다. 영주의 결심이 결국 철학사에 피히테라는 인물을 탄생하게 한 셈이다.

피히테는 독일 오버라우시츠의 라메나우라는 작은 도시에서 가난한 집안의 자식으로 태어났다. 그가 처음 해본 일은 가축을 지키는 일이었다. 다행히 영주의 눈에 띄어 고등학교까지 마칠 수 있었으나, 예나대학에 다닐 때쯤에는 다시 경제 상황이 어려워지고 말았다. 그의 후견인인 영주가 죽고 나자 아무도 그를 도와주지 않았던 것이다. 장학금을 신청했으나 보기 좋게 거절당했다. 견딜 수 없을 만큼 절망적인 상태에서 자살 직전까지 다다른 그는 다행히 새로운 가정교사 자리를 구해서 취리히에 정착했다.

그런데 피히테는 어린이보다 먼저 부모를 교육시켜야 한다는 생각을 평소 가지고 있었다. 그래서 부모가 저지르기 쉬운 교육적 과오에 대해 매주 그들에게 스스로 이야기하게 했다. 이러한 피히테의 오만불손한 태도가 아이의 부모를 분노케 했음은 물론이다. 결국 가정교사 자리에서 쫓겨난 그는 그때까지도 자신의 도발적인 행위를 깨닫지 못하고 있었다.

그 후 그는 라이프치히로 갔다. 그곳에서 좀 색다른 방법으로 돈을 벌 수 없을까 하고 궁리한 끝에 여성 교양잡지를 발행하고자 했다. 그러나 어떤 출판업자도 그에게 일을 맡기지 않았다. 비극과 단편소설을 써 보기도 했지만, 알아주는 사람이 없었다.

이처럼 많은 실패를 겪고 무력감에 빠져 있을 때, 우연한 사건 하나가 그를 구출해 준다. 어떤 대학생이 그에게 칸트 철학을 가르치는 개인교사가 되어 달라고 청한 것이다. 이 사건이 얼마나 그를 감동시켰는지, 그는 편지에 다음과 같이 남겼다.

"나는 절망 속에서 칸트 철학에 몰두했다. …(중략)… 길길이 뛰던 나의 광포한 정신은 잠잠해졌다. 그것은 내가 지금까지 체험해온 나의 삶 가운데 가장 행복한 나날이었다. 빵을 얻기 위해 매일같이 뛰어다녀야 했지만, 그 당시 나는 아마도 이 세상에서 가장 행복한 사람이었을 것이다."

이를 계기로 피히테는 칸트를 직접 찾아가게 되었다. 하지만 칸트는 처음부터 따뜻하게 대해 주지 않았다. 고민 끝에 피히테는 칸트의 관심을 끌 목적으로 《모든 계시에 대한 비판적 시론》이라는 원고를 썼고, 칸트가 이 원고를 칭찬하여 출판업자에게 소개해 주었다. 그런데 출판업자가 실수로 저자의 이름을 빼먹었고, 세상 사람들은 이 책이 칸트의 책이라고 믿었다. 그 후 이 책이 유명세를 타게 되자 실제 저자는 칸트가 아니라 피히테임이 밝혀졌다. 피히테는 일약 유명한 인물로 등장하게 되었고, 그 후 예나대학의 교수로 전격 초빙되었다.

영국 공리주의

스티븐 🔍

Leslie Stephen, 1832~1904 | 영국의 문학자·철학자. 방대한 자료집인 《영국 인명 사전》의 초대 편집장이었으며, 소설가 버지니아 울프가 그의 딸이다.

공리주의란 19세기에 주로 영국에서 일어난 윤리설로, 공중적公衆的 쾌락주의와 같은 의미로 이해하면 된다. 선구자적 철학자로는 홉스·로크·흄 등이 있으며, 공리주의°는 다음과 같이 구분된다.

첫째, 신학적 공리주의다. "신이 바라는 대로 인류의 행복을 위하고, 공중의 복지를 위해서 행동하라." 이것이 신학적 공리주의의 강령이다. 둘째, 경험적 공리주의다. "최대 다수의 최대 행복"을 표어로 삼으며, 벤담과 밀이 이에 속한다. 셋째, 진화론적 공리주의다. 생물의 진화에서 쾌락의 증진이라는 자연적 사실을 윤리학에 적용한 것으로 스펜서와 스티븐°이 이에 속한다. 넷째, 합리적 또는 직각적 공리주의다. 쾌락주의에서 벗어나 실천이성의 직각적인 공정公正의 원리를 도덕의 기초로 삼으며, 시지윅°이 대표적인 철학자다.

양으로 승부하라, 벤담

18세기 영국의 계몽주의는 현실을 중시하면서, 일반 국민들의 복지에 관심을 기울이기 시작했다. 이러한 분위기에서 나타난 벤담°은 인생의 목적을 쾌락에 있다고 봤으며, 또 그것을 행복과 같은 뜻으로 간주했다. 다만 그것이 개인의 차원에 머물러서는 안 되며, 어디까지나 여러 사람에게 연결되어야 한다고 생각했다. 여기에서 공리주의는 공중적 쾌락주의로 승화된다.

"자연은 인류를 쾌락과 고통이라는 두 군주의 지배하에 두었다. 우리가 무엇을 해야 할 것인지를 제시하고, 현재 무엇을 하는지를 결정하는 것은 바로 이 두 가지를 기준으로 한다"라고 그는 주장했으며 인간이 쾌락을 구하고 고통을 피하기 위해 무엇보다 그 양을 중시했다. 나아가 그 양을 측정하는 데에는 쾌락의 강도·영속성·확실성·원근성·다산성·순수성·범주^{쾌락이나 고통이 미치는 사람의 수} 등 일곱 가지를 기준으로 삼았다.

벤담은 영국 런던의 중산층 가정에서 태어났다. 그는 마음이 약한 아이였다. 몸도 허약한 데다 감수성이 예민했다. 유모한테 귀신 이야기를 들으면 무서워서 밖을 나가지도 못했다고 한다. 주로 할머니나 어머니와 노는 시간이 많았으며, 친구도 별로 없었다. 성장한 뒤에는 사냥이나 낚시에 끌려 다니기도 했는데, 역시 재미를 붙이지 못했다. 그의 타고난 천성이 동물을 함부로 죽일 만큼 잔인하지 못했기 때문이다. "모든 고통은 악이다"라는 그의 공리주의 사상은 이때부터 그의 마음속에 뿌리박혀 있었던 것 같다.

그는 아버지의 희망에 따라 변호사 자격증을 따기도 했지만, 별로 흥미를 가지지 못했다. 그 후 1789년에 《도덕과 입법의 제원리 서설》이라는 책을 출판하기도 했으나, 별로 좋은 평가를 받지 못했다. 그때부터 글 쓰는 일에 몰두하는 한편, 여러 가지 법 제도의 개혁안을 내놓았다. 그것을 프랑스 출신의 듀몽이 정리해서 《입법론》이라는 제목으로 출판했다. 이

시지윅

Henry Sidgwick, 1838~1900 | 영국의 철학자·윤리학자·사회 철학자. 케임브리지대학에서 도덕 철학을 가르쳤다. 칸트 철학을 발전시켜 실천이성의 직각直覺에 바탕을 둔 '이성적 인애仁愛'를 설파했다. 이기주의와 이타주의의 조화를 꾀했다.

벤담

Jeremy Bentham, 1748~1832 | 영국의 법학자·철학자. "최대 다수의 최대 행복"을 목적으로 하는 공리주의를 표방했다.

일로 벤담의 이름이 유럽 각국에 널리 알려졌으며, 벤담에게 법전을 편찬해 달라고 부탁하는 나라까지 생겨났다.

그는 유럽 전역에 명성을 떨치다가 조국인 영국에서도 점차 주목을 받기 시작했다. 그리고 그의 이름을 듣고 달려온 어느 유능한 스코틀랜드 사람이 제자 되기를 자청하는데 그가 바로 제임스 밀[*]이다. 그는 훗날 영국 철학에 지대한 공헌을 했다. 런던의 중심으로 나온 제임스 밀은 일정한 직업이 없었기 때문에 생활은 궁핍하기 짝이 없었다. 이에 벤담은 그의 가족을 가끔 자기 집에 초대하여 함께 생활하면서 글을 쓰는 일을 거들어 주기도 했다.

벤담의 주변에는 급진적인 지식인이나 정치인이 많이 모여들었다. 그리고 이러한 모임이 형성되는 데에는 밀의 힘이 크게 작용했다. 그들은 모두 경제적 자유주의와 함께 정치적 개혁을 주장했다. 그 후 벤담을 선두로 한 급진파의 운동 덕분에 영국의 많은 법률이 개정되었는데, 그중에는 선거법 개정이나 경제적인 제한 입법 철폐 등이 들어 있었다.

비서인 보링에게 어린 시절부터의 추억담을 대신 쓰게 하던 벤담은 1832년 6월 6일, 마침내 그에게 안긴 채 자는 듯이 눈을 감았다. 벤담이 심혈을 기울인 의회개혁 운동이 때마침 "이틀 전에 의회를 통과했다"라는 소식을 들은 그의 얼굴에는 만족한 웃음이 지어졌다고 한다.

밀

James Mill, 1773~1836 | 영국의 철학자·경제학자. 벤담의 공리주의를 심리학적으로 발전시켰다. 존 스튜어트 밀이 그의 아들이다.

양보다는 질을, 존 스튜어트 밀

존 스튜어트 밀[*]은 벤담의 사상을 이어받아 '공리utility를 모든 가치의 원리'로 보는 공리주의를 신봉했다. 그에 의하면 인간의 본성은 쾌락행복을 구하고 고통을 회피하기 마련인데, 인간의 어떤 행위가 행복을 촉진한다면 그것은 바르고^正, 행복과 반대된다면 그른 것^邪이 된다. 다만 이것이 벤담처럼 한낱 개인에 그쳐서는 안 되며, 되도록 많은 사람에게 미쳐야 한다고 주장했다. 즉 모든 사람들의 행복이 우리가 추구해야 할 선이 되는 것이다. 이 점에서 그는 《성경》에서 말한 "네 이웃을 네 몸처럼 사랑하라"라고 하는 황금률을 도덕의 근본으로 삼지 않았을까 여겨진다.

John Stuart Mill, 1806~1873
| 영국의 경제학자 · 철학자. 철학 · 경제 · 정치 · 종교에서 탁월한 업적을 남겼을 뿐만 아니라, 아내 덕분에 여성의 권리도 옹호하게 되었다. 고전적인 공리주의, 즉 벤담의 지지자였으나 곧 질적 쾌락주의로 방향을 틀었다.

그러나 밀은 벤담이 쾌락의 양을 중시하는 것과 반대로 그 질을 중요시했다. 여기에서 "만족한 돼지보다는 불만족한 인간이 더 낫고, 배부른 돼지보다는 배고픈 소크라테스가 더 낫다"라는 유명한 말이 나왔다. 즉 쾌락의 질적 차이를 인정했던 것이다. 그러나 이것은 다른 한편으로, 자칫 쾌락주의의 원리가 파괴되는 것을 의미할 수도 있다.

스코틀랜드에서 귀족의 비서로 지내다가 런던으로 옮긴 밀의 아버지는 어릴 때부터 아들에게 철저한 영재교육을 시켰다. 그렇기 때문에 존_{밀의 어린 시절 이름}은 이미 세 살 때 그리스어를 배워서 《이솝 이야기》를 읽기 시작했으며, 여덟 살 때부터 4년간 라틴어까지 배워 매우 능통했다고 한다.

열네 살 때에 존은 1년 동안 프랑스에 머물렀다. 이것은 엄격한 아버지의 감독으로부터 벗어나 자유롭고도 낭만적인 프랑스와 접할 수 있는 계기가 되었는데, 이때 생시몽을 비롯한 프랑스의 지식인과 어울리면서 그들의 사상을 배울 수 있었다. 세계 문제를 영국인의 눈으로만 바라보던 좁은 시야를 넓히게 된 것도 이때의 영향 때문이었다.

1830년, 존이 스물네 살 되던 해에 그는 테일러 부인과 사랑에 빠지고 만다. 아이들이 둘이나 있었던 테일러 부인과의 이 사건은 마땅히 추문이라고 불러야 하지만, 이 일이 크게 비난받지 않게 된 것은 밀과 테일러 부인, 그리고 그 남편 테일러, 이 세 사람의 이성적인 태도 때문이었다.

6년 후 밀의 건강이 악화되어 파리로 요양 갔을 때, 테일러 부인도 남편의 허락을 받아 두 아들을 데리고 가서 밀을 간호했다. 물론 이 두 사람의 관계는 어디까지나 정신적인 것이었다. 그리고 1840년대에 밀은 후세에 길이 남을 만한 두 저서를 발표했다. 10년 동안 연구를 거듭한 끝에 출간한 《논리학 체계》는 사실 매우 이해하기 어려운 책이었는데도, 예상외로 많이 팔렸다. 이제 사상가로서 그 지위가 뚜렷해진 밀이 1848년 《경제학 원리》를 발표하자, 오랫동안 영국의 대학 교재로 채택되기도 했다. 그러나 이 책을 쓰는 일에 너무 힘을 다한 나머지 건강이 또다시 나빠지고 말았다.

테일러 부인의 남편은 이미 2년 전에 세상을 떠났으며, 많은 유산이 그녀에게 돌아왔다. 아무도 초대하지 않은 밀 부부의 결혼식은 그녀의 두 아이들이 증인으로 선 가운데 간단하게 치러졌다. 그러나 결혼 후 1년도 채 되지 않아 두 사람은 모두 결핵에 걸리고 말았다. 1858년 겨울, 밀 부부는 프랑스의 아비뇽으로 피한避寒을 떠났으나, 이곳에서 헬리어트테일러 부인는 감기에 걸려 갑자기 죽고 만다.

헬리어트가 죽은 후, 밀을 돌봐준 사람은 그녀의 큰딸인 헬렌 테일러였다. 그리고 1860년 밀은 영국 웨스트민스터 선거구의 유권자들에 의해 의회에 들어갔고, 여기에서 사회정의와 평화를 위해 많은 일을 했다. 그러나 3년 후의 총선거에서는 낙선했고, 곧 정계를 은퇴했다.

그 후, 사회주의에 관한 책을 쓰기 시작했으나 미처 완성하기도 전에 다시 병을 얻고 말았다. 아비뇽에서 《곤충기》의 저자 파브르*와 함께 소풍을 나갔다가 병을 얻은 후 다시 일어나지 못한 것이다.

그는 간호를 하던 헬렌을 향해 "나는 내 일을 다 끝마쳤다"라는 말을

파브르

Jean Henri Fabre, 1823~1915 | 프랑스의 곤충학자·박물학자. 관학파(훈구파)의 공격과 비난으로 인해 아비뇽의 르키앙 박물관장 자리를 박탈당했으며 과학보급서를 저술했는데도 빈곤한 생활을 벗어나지 못했다. 총 10권에 달하는 《곤충기》(1879~1907)를 출간했다.

남기고 눈을 감았다. 그의 유해는 아비뇽에 있는 헬리어트의 묘 옆에 나
란히 묻혀 있다.

최대 다수의 최대 행복, 스펜서

스펜서*는 베이컨 이후 영국 경험론을 집대성했다고 평가받는《종합
철학의 체계》를 썼다. 그는 이 책에서 하늘의 별들이 어떻게 생겨났는지
부터 시작해서, 인간 사회의 도덕적 원리가 전개되기까지 그 모든 과정을
'진화의 원리'로 설명했다. 이때 다윈의《종의 기원》을 통해 널리 알려
진 생물 진화론과도 깊은 관련을 갖게 되었다.

스펜서는 진화론에 근거하여 공리주의를 받아들이면서도, 이를 발전
시켜 진화론적 쾌락주의를 이루어냈다. 지금까지의 쾌락주의는 한갓 개
인주의에 서 있었다는 점에서 문제가 되었는데, 일반 대중의 쾌락주의라
는 공리주의 역시 결국 개인의 쾌락만을 위주로 한다는 점에서 비판을 받
을 만하다고 스펜서는 주장했다. 여기에서 그는 일반 사회의 행복과 안
녕을 목적으로 하는 '최대 다수의 최대 행복'을 중시했다.

스펜서

Herbert Spencer, 1820〜
1903 | 교육자의 아들로 태어나
케임브리지대학에 보내려는 아버
지의 뜻에 불복하고, 한때 철도
기사・신문기자로 활동했다. 저
서《종합 철학 체계》로 유명한데,
36년간에 걸쳐 쓴 대작이었다. 대
학이나 학회에서 주는 명예 칭호
도 모두 거절한 채 평생을 독신
으로 지냈다.

그는 사회를 개인의 집합체로 보지 않고, 하나의 통일적인 유기체로 봤
다. 그에 의하면, 사회의 발달 정도에 따라 개인의 쾌락과 고통이 결정된
다. 인간 사회는 생물계와 마찬가지로 생존경쟁・자연도태・적자생존
의 원리에 의해 진화하고 발전한다. 여기에서 사회가 진화하면 할수록,
쾌락은 곧 도덕과 일치하는 방향으로 나아가게 된다.

그러므로 최대의 쾌락은 사회에서 진화・발전하는 도덕법칙을 모두
가 지켜야 달성될 수 있다. 사실 근본적으로 따져봤을 때, 우리의 현실에

실재하는 것은 개인이 아니라 사회다. 그리고 모든 힘의 원동력은 개인에 의해서가 아니라, 사회에 의해서 생겨난다.

그렇다면 최대 다수의 최대 쾌락은 무엇으로 측정할 수 있을까? 쾌락이란 한갓 관능의 만족에서만 찾을 것이 아니라, 어떤 이상 사회의 이상적인 인간을 목적으로 삼는 데 있다. 그러나 또한 이상적인 인간이란 어디까지나 하나의 목표로서, 진화의 최고 극치에서만 찾을 수 있다. 그리고 우리가 이러한 이상적 사회에 도달해 가면 모든 고통과 해악이 없어지고 쾌락과 행복만이 얻어질 것이기 때문에, 각 개인은 늘 사회에 순응하면서 목적을 달성해야 한다. 그러나 사회에 순응하는 것만으로 행복이 이루어질 수는 없기 때문에, 그 조건이 되는 도덕적 실천이 필요한 것이다.

스펜서는 인간의 물질적인 면과 생물적인 면, 그리고 심리적인 면을 진화론의 입장에서 고찰했으며, 마지막으로 사회적인 면을 가장 중요시했다. 인간의 행위는 정치적·종교적·사회적인 구속을 받긴 하지만, 이보다 더 중요한 것은 내적이고 도덕적인 규제다. 여기에서 도덕적 규제라고 하면 각 개인이 사회에 적응해야 하는 의무인데, '다른 사람에게 적극적 이익을 주고, 자기에게는 만족을 주는 일'이 가장 중요하다. 이렇듯, 스펜서는 자애와 이타를 두루 갖추는 일에 관심을 기울였다.

철학논술

Q. TV에서도 여러 번 소개된 유명한 맛집과 바로 옆에 있는 분식집을 두고 어디로 갈 것인지 논쟁하는 연인이 있다. 유명한 맛집은 음식 값이 비싸긴 하지만 확실히 최고의 맛을 내는 식당이고, 분식집은 맛이 그다지 좋지는 않으나 저렴한 식당이다. 벤담 군과 밀 양은 서로 자기가 가고 싶은 식당에 왜 가야 하는지를 두고 상대방을 설득하는 중이다. 두 사람은 서로에게 어떻게 설득했을까?

　그는 또한 사회의 진화를 역사적인 과정 속에서 고찰했다. 가장 먼저 외부의 적을 막는다는 점에서 강제적인 협동을 요구하는 군국주의가 등장했고, 그 다음에는 이러한 강제에 반대하면서 자발적인 협동으로 나아가는 공산주의가 나타났으며, 그리고 마지막에는 인간의 활동이 각자 개인의 만족을 얻는 데 있다고 하여 국가를 배제한 무정부주의* 형태로 나타났다. 그러나 이 무정부주의는 물론 유토피아에 지나지 않는다.

　스펜서는 사회주의의 이론을 반대했을 뿐만 아니라, 이것을 하나의 커다란 위험으로 간주하기까지 했다. 다만 어떤 사람이 자유를 제한받는 것은 그가 다른 사람의 권리를 침해했을 때로 제한해야 한다고 생각했다.

　보통 윤리학은 완전한 이상 사회에서 완전한 이상적 인간을 다루는 일을 말한다. 스펜서는 그중 절대적인 정의와 선을 현재 사회의 이상으로 삼는 것이 필요하다고 결론을 맺었다. 그러나 현실에는 절대적인 정의나 부정, 선이나 악이 있을 수 없다. 다만 상대적으로 쾌락이 더 많거나 고통이 더 적은 상황에서 그것을 가릴 수 있을 뿐이다. 이러한 윤리학을 우리는 상대적 윤리학이라 부른다.

> **무정부주의** ▽ 🔍
> 국가의 정치적인 힘이나 사회적 권위를 인정하지 않는 사상이나 운동으로, 요즘에는 무질서와 혼란이란 말로 사용되기도 한다.

제4부

현대 철학

헤겔 이후, 그의 철학을 이어가고자 하는 사상이 등장하는가 하면, 한편으로는 그에 대한 비판과 반동이 있었다. 이때 유물론은 전통적으로 내려오는 형이상학과 헤겔 철학의 관념론에 반대하고, 이 세계의 근본이 물질에 있다는 것을 분명히 했다. 또한 비합리주의적인 철학은 이성 중심주의에 반대하고, 이 세계가 의지나 무의식, 삶에 의해서도 얼마든지 좌우될 수 있음을 강조했다. 영국과 미국을 중심으로 일어난 실용주의는 사물의 궁극적인 본질보다 그것의 유용성이나 성과를 중시했다.

The present ages

philosophy

제1장

유물론적 방향

우리의 뇌수는 생각하는 근육을 갖고 있다

유물론唯物論이란 무엇일까? 그것은 이 세계의 궁극적인 근본요소를 물질로 보는 가치관을 말한다. 심지어 정신적인 것마저도 모두 물질로 바꿀 수 있다는 입장으로, 유심론唯心論*이나 관념론과 대립되는 경향을 말한다. 유물론자들은 "인간의 의식과 사고 역시 높은 수준에서 조직된 물질의 기능에 불과하며, 우리의 육체를 떠난 정신이란 따로 존재하지 않는다"라고 주장한다.

유물론의 역사는 길다. 먼저 고대 그리스의 자연 철학자들부터 시작해서 중세 시대의 유명론을 거쳐 근세의 영국 경험론에 이르기까지 때로는 실재론과 대립하고, 때로는 합리론과 다투면서 그 명맥을 유지해 왔다. 그리고 프랑스의 유물론자들에 이르러 극단적인 주장으로 나타나는데, 예컨대 라메트리 같은 철학자는 "발이 걷는 근육을 가지고 있는 것처럼, 우리의 뇌수는 생각하는 근육을 가지고 있다"라고 주장하기도 했다.

여기에 덧붙여 물질의 세계를 다루는 기술과 산업이 발달하고 진보적인 정치 사상이 생겨나는가 하면, 물질에 대한 애착이 일상화된 현대의 자본주의 경제체제가 등장해서 이제 유물론은 무시할 수 없는 시대적 조

유심론 ▼ 🔍

우주의 궁극적인 본체를 정신적·생명적·비물질적인 것으로 보는 철학적 이론이다.

류가 되어 버렸다.

이 유물론은 두 종류로 나눌 수 있는데, 기계론적 유물론과 변증법적 유물론이 그것이다. 기계론적 유물론이란 분자·원자·원소와 같은 어떤 불변의 물질을 인정하고, 그것의 운동으로 모든 현상을 설명하려는 입장이다. 이에 반해, 변증법적 유물론이란 어떤 고정적인 물질적 실재를 인정하지 않고, 이 세계를 오직 물질의 변증법적 변화의 과정으로 이해한다. 다시 말하면, 이 세계란 인간의 사회적 실천까지를 포함해서 서로 관련이 있는 물질 운동의 통일체라는 것이다.

그러나 이러한 유물론은 오늘날에 들어와 새로운 도전에 맞닥뜨려 있다. 첫째로 원자에 대한 새로운 해석이다. 관찰자의 바라보는 각도에 따라 원자가 미립자로 나타나기도 하고 파상적波狀的인 것으로 나타나기도 하는데 이러한 현상은 더는 원자가 불변의 객관적 실체라는 주장을 할 수 없게 만든다. 또한 상대성 이론*에서는 우리를 둘러싼 공간과 시간이 절대적 의미를 갖는 것이 아니라, 인간의 적극적인 개입을 통해 어디까지나 상대적 의미를 갖는다고 주장한다. 여기에 하이젠베르크의 불확정성 원리*가 보태지면서 현대 과학은 오히려 인간의 자발성을 강조하는 쪽으로 나아가고 있다. 이는 우리가 통상 '과학'이라는 이름을 떠올릴 때에 얼른 이해가 가지 않는 일종의 모순인데, 유물론에도 큰 타격이 가해질 것으로 예상된다.

상대성 이론 ▼ 🔍

아인슈타인이 1905년에 상대성 원리와 광속도 불변의 원리를 결합하여 운동 문제에 관한 빛과 전자기의 현상을 설명하려고 한 이론이다. 특수 상대성 이론과 일반 상대성 이론이 있다.

불확정성 원리 ▼ 🔍

전자電子를 비롯한 미시적 대상은 그 본질상 위치와 운동량이 동시에 확정된 값을 가질 수가 없다고 하는 하이젠베르크의 이론이다. 가령 전자의 위치를 관찰하기 위해 거기에 빛을 보낸다면, 그 빛 자체가 전자에 대해 어느 정도의 영향을 미치기 때문에 우리는 그에 대한 정확한 판단을 할 수 없다는 주장이다.

가난한 유물론자, 포이어바흐

유명한 법률가의 아들로 태어나 넉넉한 집안에서 모범생 시절을 보냈

Ludwig Feuerbach, 1804~
1872 | 마르크스와 엥겔스에게
영향을 주었던 유물론자로서, 기
독교를 매우 싫어했다.

던 포이어바흐®는 독일의 하이델베르크대학에서 신학 공부를 하다가 이
에 실망하고, 철학으로 전공을 바꿨다. 어느 포도주 집에서 헤겔과 마주
쳤지만 말 한마디 건네지 못할 정도로 수줍어했다고 한다. 처음에는 대학
교수가 되려 했지만, 형편이 여의치 않자 "나는 철학자이기 때문에 철학
교수로는 적당치 않다"라는 말로 스스로 위로하며 대학을 떠났다.

한때는 아내가 경영하는 도자기 공장 덕분에 경제적으로 안정되고
《기독교의 본질》이라는 저서를 통해 유명해지기도 했다. 하지만 우여곡
절 끝에 결국 빈털터리가 되고 만다. 물질을 무엇보다 강조했던 유물론
자가 그 물질 때문에 고통을 당하는 상황에 놓인 것이다. 겨우겨우 생을
이어가던 그는 어느 날 갑자기 발작을 일으켜 식물인간이 되었고, 마침내
쓸쓸히 세상을 떠났다.

포이어바흐는 먼저 "헤겔이 말한 절대자란 그의 철학 안에서 유령처럼
떠돌아다니는 말라죽어 버린 신학의 정신, 즉 성령에 불과하다"라고 비
판했다. 이어서 그는 헤겔을 극단적인 관념론자라고 선언해 버렸다. 헤
겔은 우리가 만질 수 있는 감성적·질료적인 것을 말하긴 하지만, 그것을
어디까지나 개념사유을 통해서만 본다고 말했다.

실제로 이 세상의 모든 존재사물들이 우리
의 감각을 통해 알려지는데도,
헤겔은 감각을 철저히 무
시해 왔다. 그러므로 이
제 감각에게 본래의 권리
를 되찾아줘야 한다는
것이 포이어바흐의 생
각이다.

물론 정신이 우리 삶 전체에 영향을 미치는 것은 사실이다. 그렇다고 우리가 한쪽^{정신}만 보고 다른 쪽^{물질, 육체}을 보지 못하면 안 된다. 다시 말해서 정신이 육체를 규정한다고 말하지만, 사실 우리의 정신 세계는 이미 무의식적으로 육체에 의해 규정된다고 할 수 있다. 이와 관련해서, 포크트는 "인간이란 그가 먹는 대로 된다" *라고 말했다. 우리가 먹는 음식물은 피, 심장, 두뇌 그리고 정신 기능이 되어 사람의 생각과 행동을 결정하는 것이다.

포이어바흐에 의하면, 진실로 우리 눈앞에 존재하는 것은 신이나 존재의 개념 등이 아니라 우리의 감각이 느끼는 것, 즉 소여^{所與}다. 신이란 감성적인 것과 유한한 것이 신비화된 것일 뿐이다. 그러므로 종교란 신이 실제로 존재해서 생겨난 것이 아니라, 인간이 신의 존재를 믿고 싶어 만들어낸 것이다. 말하자면 종교란 행복을 추구하는 인간의 본능에서 발생했다. 인간의 행복하고자 하는 본능이 신을 만들어냈다. 인간은 스스로 그렇게 될 수 없지만 그렇게 되기를 바라는 상태, 즉 전지전능하고 영원한 행복의 상태를 절대자를 통해 실현하고자 했다. 그러므로 신이란 인간의 소망이 현실적인 존재로 탈바꿈한 것에 불과하다. 신이 인간을 창조한 것이 아니고, 인간이 신을 창조했다.

그러므로 종교를 통해 우리의 소망을 충족시키려는 유치한 꿈에서 깨어나야 한다. 이제부터는 종교의 환상이 아니라, 현실의 행동 가운데서 인간의 소망을 실현시켜야 한다. 이것이야말로 난폭한 자연의 위력이나 맹목적인 우연의 힘으로부터 인간을 해방시켜 자유롭고 행복한 삶을 누릴 수 있는 길이다. 이제 문제는 신이 존재하느냐 않느냐가 아니라, 인간이 존재하느냐 않느냐에 달렸다. 철학은 유신론을 버리고, 인간학 anthropology *의 입장에 서지 않으면 안 된다. 즉 진정한 철학은 인간학이어

*독일의 자연과학자이자 철학자인 포크트Carl Vogt(1817~ 1895)가 주장한 말. 포크트는 19세기의 이른바 속류 유물론자의 한 사람으로서, 가령 "사상의 뇌수에 대한 관계는 담즙의 간장에 대한 관계나 오줌의 콩팥에 대한 관계와 같다"라고 주장하기도 했다.

▼ 소여

인간의 생각을 통해 꾸며낸 것이 아닌 직접적인 의식 내용.

▼ 인간학

인간을 대상으로 하는 학문. 철학의 모든 문제는 "인간은 무엇인가"라는 물음으로 귀착된다며, 자신의 철학 전체를 인간학이라고 명명한 사람은 바로 칸트였다.

야 한다.

그리고 다시 그 인간학이란 추상적인 관념론의 입장이 아니라, 구체적인 유물론의 입장이어야 한다. 다시 말해서 사유 속을 헤매는 유령이 아니라, 아름다운 자연 속에서 존재하며 행동하는 인간에 관한 학문이어야 한다. 바로 이것이 포이어바흐가 말하는 인간학적 유물론이다.

학생 감옥에 갇히다, 마르크스

Karl Marx, 1818~1883 | 헤겔의 관념론을 유물론적 바탕 위에 바로 세웠다.

마르크스는 스스로 '헤겔의 충실한 제자'로 말하고 다닐 만큼 헤겔 철학의 핵심적인 부분, 특히 변증법적 사상을 잘 보존했다. 그러나 헤겔의 관념론적 경향에는 반대해서, '거꾸로 물구나무선' 헤겔의 관념론을 유물론적 바탕 위에 바로 세우고자 했다.

마르크스는 독일의 트리어에서 변호사의 아들로 태어났는데, 학창 시절 그리 모범생이 아니었다고 한다. 싸우다가 다치는가 하면, 큰소리로 노래 부르고 돌아다니다가 대학 안에 있는 학생 감옥에 들어가기도 했으며, 흥청망청한 씀씀이 때문에 빚을 지기도 했다. 스물세 살에는 철학 박사 학위를 받고 대학교수가 되려고 했으나 좌파적인 급진적 성향으로 그것이 좌절되자 기자 생활을 시작했다. 그런데 자유 기고가로 활동하는 동안 좌경적左傾的 부르주아 민주주의

● 대영박물관의 원형
독서실
1842년에 문을 열었으
며, 마르크스는 여기서
《자본론》을 집필하기 위
한 준비를 했다고 한다.

사상을 표현하는 바람에, 결국 당국의 신문 검열을 받고 할 수 없이 파리
로 망명을 떠났다.

　귀족 가문 출신의 아름다운 여인 에니 폰 베스트팔렌과 결혼하여 여섯
명의 자녀를 두었으나, 그 가운데 둘은 지독한 가난으로 일찍 죽고 말았
다. 그 후 너무나 사랑했던 부인마저 죽자 그는 매우 슬퍼했다. 프랑스에
서마저 쫓겨난 마르크스는 벨기에의 브뤼셀로 가서 열일곱 명의 회원을
모아 세계 공산당●을 창당했다. 이것이 또다시 문제가 되어, 그는 마지막
종착지인 런던에서 나머지 인생을 보냈다.

　런던에서 그는 극도로 가난한 생활을 했다. 가구를 저당잡히는가 하
면, 한번은 옷이 전당포에 잡혀 밖에 나갈 수조차 없었다. 빚으로 고생하
다가 견디기 힘들어 마침내 파산 신고까지 하려고 했다. 그러나 이 최악

공산당

공산주의 사회의 실현을 목표로
하고 마르크스-레닌주의를 지도
지침으로 삼는 공산주의자의 정
당을 말한다. 조직 기반은 산업
노동자 계급에 두고 있으나 지식
인·농민·중산층까지를 포함한
다. 한때 전세계적으로 급속히
확산되었으나, 현재는 조선 로동
당·중국 공산당·쿠바 공산당
등 6개국을 빼고는 모두 정치적
인 힘이 발휘되지 않는 상태다.

의 마지막 조치를 막아준 사람은 평생 동안 그의 충실한 친구였던 엥겔스였다. 마르크스는 그의 도움을 받아 필생의 대작인 《자본론》을 쓰기 시작해 1867년 제1권을 출판했으며, 제2권과 제3권은 그가 죽은 후 엥겔스에 의해 출판되었다.

물구나무선 헤겔 철학을
바로 세우다

마르크스 철학이 나오게 된 배경에는 세 가지 이론의 원천이 있다. 먼저 철학적으로는 헤겔의 변증법적 사상과 포이어바흐의 유물론에 바탕을 둔 변증법적 유물론이 그것이다. 마르크스는 헤겔 철학으로부터 변증법을 받아들이되, 절대정신 자리에 물질을 갖다 놓았다. 자신의 표현대로 '물구나무서 있던 헤겔 철학을 땅에 바로 딛고 서게' 함으로써 관념론적 성격을 유물론적 철학으로 바꿔 놓았던 것이다.

둘째, 경제학적으로는 아담 스미스*로부터 데이비드 리카도*에 이르는 영국 고전 경제학으로부터 노동가치설과 잉여가치설을 배웠다. 마르크스는 "상품의 가치란 그것을 만드는 데 들어간 노동의 양으로 결정된다"라는 노동가치설과, "노동자에 의해 생산된 상품의 실제 가치와 그 노동 자체에 대한 가치임금 사이에는 액수의 차이가 생긴다"라는 잉여가치설에서 착취 이론에 대한 암시를 받았다. 말하자면, 노동자는 그 잉여가치만큼 자본가로부터 착취를 당한다는 것이다.

셋째, 정치학적으로는 생시몽과 푸리에 등과 같은 프랑스의 공상적 사회주의들로부터 무계급 사회라는 이상을 받아들였다. 그러나 마르크스는 '공상적 사회주의자'들과는 달리, 역사의 정확한 통찰에 바탕을 둔 자

스미스

Adam Smith, 1723 ~ 1790 | 영국의 경제학자. 근대 사람들의 이기심은 경제 행위의 동기가 되며, 결국 '보이지 않는 손invisible hand'에 의해 개개의 모든 이해利害는 궁극적 · 자연적으로 조화를 이룬다고 주장했다. 말년에 '경제학의 아버지'로 불렸으며, 《국부론》을 발표했다.

리카도

David Ricardo, 1772 ~ 1823 | 고전학파의 창시자인 아담 스미스의 이론을 계승 · 발전시킨 대표자로 잘 알려져 있다. 노동가치설에서 출발하여 분배론에 이르는 이론을 《경제학 및 과세의 원리》에 저술했다.

신의 방법을 '과학적 사회주의'라고 부르고, 앞으로 인류 역사에서 사회
주의를 거쳐 공산주의가 다가오는 것은 역사적인 필연이라고 주장했다.
다만 그 시기를 앞당길 필요가 있으며, 이를 위해 노동자인 프롤레타리아
무산 계급에 의해 혁명이 일어나야 한다고 역설했다.

자연의 원리를 사회에 적용하다,
변증법적 유물론

그렇다면 그의 가장 중요한 철학
인 변증법적 유물론에 대해 알아보도록 하자. 마르크스는 물질의 변증법
적 발전이 결국 사회체제의 변증법적 발전으로 이어진다고 봤다. 그런데
여기에는 다시 세 가지 법칙이 있다.

첫째, 부정否定의 부정 법칙이다. 엥겔스에 의하면, 가령 보리씨 하나를
땅에 심고 그것이 적당한 환경을 만나면 싹이 나온다. 보리씨 그 자체가
부정되는 대신에, 거기에서 한 식물의 줄기가 나오는 것이다. 그러나 다
시 이 줄기가 자라 꽃을 피우고 열매를 맺이 많은 보리씨를 생산한다. 즉
'부정의 부정'을 통해 한 알의 보리씨가 열 배, 서른 배의 결실을 얻는 것
이다. 또한 양적으로 더 많은 씨를 얻을 뿐만 아니라, 질적으로도 더 개량
된 씨를 얻는다.

마르크스는 이러한 원리를 인간 사회에 적용한다. 가령 자기 노동
가내 수공업 등에 근거한 사유재산을 첫 번째로 부정한 것이 자본주의대
규모 공장 아래에서 나타난 사유재산이다. 그리고 이것은 자유노동자
들이 서로 돕고 그들이 생산수단을 공동으로 소유함으로써 다시 개
인적 소유를 불러일으킨다. 바로 부정의 부정을 통해 공산주의 사회
가 도래하는 것이다.

❂ 노동자 계급인 프롤레타리아

⊙ 마르크스와 엥겔스의 동상
왼쪽이 마르크스이며, 오른쪽에 서
있는 사람이 정신적 · 물질적 후원
자를 자청한 엥겔스다.

둘째, 대립물의 투쟁과 통일 법칙이다. 우리
는 자연 세계에서 긍정적인 면과 부정적인 면이
서로 싸우다가 다시 통일되면서 거듭 발전하는
것을 볼 수 있다. 마치 생명체의 세포 분열과 같
다고 할 수 있다. 이러한 예는 수없이 많은데, 수
학에서는 미분과 적분이 있고, 역학에서는 작용
과 반작용이 있다. 그리고 물리학에서는 양전
기와 음전기, 화학에서는 원자의 화합과 분해가
있으며, 사회과학에서는 무산 계급과 유산 계급
이 있다.

이러한 엥겔스의 이론을 마르크스는 곧 사회
에 적용시킨다. 즉 프롤레타리아와 부르주아의 두 계급이 처음에는 서로
협력하지만, 결국에는 두 계급 사이에 모순이 생겨나 프롤레타리아 계급
에 의해 자본주의 사회가 무너지고 만다는 것이다.

셋째, 양에서 질로의 변화다. 눈에 띄지 않는 점진적인 양의 변화가 쌓
여 일정한 단계에 이르면, 갑자기 질적 변화를 일으켜 낡은 질은 없어지
고 새로운 질이 나타난다. 예컨대, 물을 끓일 경우 그것이 일정한 온도를
넘어서지 않는 한 아무 일도 일어나지 않다가 99도에서 100도에 이르는
순간, 액체는 기체로 변하여 질적 변화를 일으킨다. 철광석의 경우 그것
을 아무리 잘게 부숴도 여전히 철의 성질을 지니고 있지만, 일정한 한계
점에 도달하면 더는 철의 성분을 유지할 수 없게 된다. 우라늄도 한계량
에 도달하면 핵분열을 일으키고, 순간적인 연쇄 작용에 의해 원자의 폭발
과 파괴 현상을 가져온다.

이와 마찬가지로, 인간 사회의 발전 역시 점진적으로 어느 단계에 도달

하면, 갑자기 질적인 변화를 가져온다. 자본주의 사회의 모순이 어느 시점까지는 아무리 많이 쌓이더라도 그 체제가 변하지 않다가, 일단 한계를 넘어서면 스스로 내적인 모순이 폭발해 아주 새로운 사회로 변모하는 것과 같다.

종교는 대중의 아편

마르크스는 설령 사회주의 사회가 오더라도 도덕·철학·학문은 그 모습 그대로 유지하며 발전할 수 있다고 봤다. 그러나 종교는 그렇지 않다. 그때가 되면 종교가 사람들에게 단순한 환영(幻影)에 불과하다는 것이 증명되기 때문에, 자취도 없이 사라질 것이라고 생각했다.

그러면 기독교는 어떻게 될까? 초창기의 기독교는 분명히 피착취자의 편에 서서 그들을 옹호하는 종교였다. 이때에는 '억압받는 자에게 언젠가 하나님이 정의의 은총을 내릴 것'이라는 기대가 가득했고, 가난하고 힘없는 자를 위로하며 격려했다.

그러나 중세에 들어와, 기독교는 그 지도자들이 기득권층과 한통속이 되어 봉건적 사회질서를 옹호했으며, 자본주의 시대 이후로는 피착취자에 대한 착취 계급의 억압 수단으로 이용되었다. 특히 교회는 자본주의를 옹호한다고 봐야 한다. 왜냐하면 가난한 사람들이 천국의 유토피아를 희망하는 한, 그들은 현재 세계에서 맞이하는 비참한 운명에 순응하므로 불평을 하거나 반기를 들 생각조차 못하기 때문이다. 그래서 마침내 종교는 '대중의 아편'이 되어 버렸다고 주장한다.

똑바로 들어라! 나도 유대인 이지만 종교는 대중의 아편이다!

아편 끊고 제정신으로 살아라!

283

인간을 어떻게 규정하는가

마르크스주의자들은 인간을 어떻게 볼까? 그들은 인간을 첫째, 물질적 존재로 본다. 단세포의 아메바에서 인간이 되기까지 모든 단계는 물질적 과정으로 이루어진 것이고, 결코 창조에 의한 것이 아니다. 인간은 물질 가운데서 가장 발달한 물질 형태라는 점에서 다른 동물과 차이가 있을 뿐이다. 정신이라는 것도 인간의 의식 속에 물질이 반영된 것에 지나지 않는다. 극단적으로 말하면, 인간은 단백질의 합성체이자 남녀의 육체적 관계가 만들어낸 산물에 불과하다.

둘째, 인간과 동물의 차이는 이성이나 인격에 있는 것이 아니라, 노동에 있다. 원숭이는 도구를 사용하면서 자연스레 언어가 발달했고, 인간은 언어를 사용하다 보니 비로소 이성이 발달했다. 나아가 노동력이 서로간에 유기적 관계를 맺어주면서 사회가 구성되었고, 이 사회를 유지하기 위해 도덕과 규범, 법률과 종교가 만들어졌으며, 이러한 과정을 통해 비로소 인격이 형성된 것이다.

셋째, 인간은 사회 안에서 오직 다른 사람과의 관계에 의해서만 자기의 존재를 규정할 수 있다. 아버지가 있어서 나는 아들일 수 있고, 학생이 있어서 선생일 수 있다. 나를 규정하는 것은 결국 나를 둘러싼 타인들이다. 이와 같은 맥락에서, 개인은 전체의 한 부분으로 그 존재가 인정된다.

이것은 인간이 결코 혼자가 아니라는 사실을 일깨워 준다. 사회주의 사회는 무인도에서처럼 인간이 혼자일 수 없으며, 항상 타인과 더불어 살아야 한다는 것을 전제로 한다. 어느 몇몇 사람들이 생산을 독점하지 않을 때 복지사회가 이룩된다는 이상을 제시한다.

인간은 모든 것으로부터
소외되어 있다

인간은 노동을 하면서 외적인 것_{생산물}을 창조하고, 자기의 본질을 실현해 나간다. 그러나 이 외적인 것은 어느새 스스로 독립적인 것으로 나타나 오히려 인간을 지배한다. 인간은 스스로 가치를 생산하면서도 자기의 생산물에 대해 권리를 주장하지 못하는 존재로 소외되고, 마침내 그 물질에 의해 지배받게 된다. 인간의 진정한 목적인 자유는 그 수단인 물질_돈에 의해 오히려 방해를 받는다.

생산 과정에서는 거대한 기계 장치의 부속품으로 전락한 인간이 현실 생활에서는 돈의 포로가 되어, 새로운 신인 돈_{物神}을 떠받들게 되었다. 자본주의 아래의 인간에게 물질은 종교이고, 돈은 곧 하나님이다. 돈은 위력적인 힘으로 인간의 목을 죄어오며, 스스로 철저한 복종을 강요한다.

❶ 베를린에 있는 마르크스의 조각상
1991년 사진이다. 그의 생일을 맞이하여 동상이 꽃들로 뒤덮인 모습이다. 꽃다발 위의 카드에는 "당신은 진정 옳았어요"라고 쓰여 있다.

⊙ 아동 노동이 성행했던 산업혁명
산업혁명 당시 방직공장에서 일하
는 어린 소녀의 모습이다.

자신의 자유와 행복을 위해 생산 활동에 참여했던 인간은 원래의 뜻과 정반대로, 그 생산물에 의해 도리어 자유와 행복을 말살당하고 만다.

이와 같은 소외 현상은 곳곳에서 벌어진다. 인간은 자신들을 위해 종교를 만들었지만, 그 종교적 신에 의해 압도당한다. 인간은 자신의 안전을 위해 법률을 만들었지만, 그 법률에 의해 질식된다. 자유와 행복을 위해 만들어 놓은 국가는 마치 자기 목적이 따로 있는 것처럼 국민들 위에 군림한다. 결국 인간은 자기가 만든 상품·종교·법률·국가 등 모든 것으로부터 소외되어 있다.

마르크스 생전에 영국의 경제적 상황은 자본주의의 말기 중세를 보이며 많은 악들을 드러내고 있었다. 저임금 노동이나 부녀자와 어린이의 노동 착취, 기계화로 인한 수많은 실업자의 발생, 단순 노동으로 인한 인간성 상실 등과 같은 문제점들이 일찍이 산업혁명을 겪은 영국에서부터 나타나기 시작했던 것이다. 이것을 보고 마르크스는 오직 자본주의 사회를 무너뜨려야만 인간 해방이 가능하다고 믿었으며, 이러한 그의 사상은 변증법적 유물론에 기초한 혁명 이론으로 표출되었던 것이다.

물론 마르크스 철학에는 몇 가지 지적되어야 할 측면이 있다. 그러나 마르크스는 경제적 요인에 의해 사회생활이 결정된다는 점과 역사에서 계급투쟁이 갖는 의의에 주목했다. 게다가 사회 현실에 대한 비판의식을 높임으로써 어느 시대에나 있기 마련인 모순과 부조리에 대해 끊임없이 대항해 나갈 것을 가르쳤다.

제2장

비합리주의적 방향

헤겔 철학에 대한 반발은 유물론뿐만 아니라, 비합리주의적 방향에서
도 나타났다. 여기에서 세계와 인간을 지배하는 것은 정신이나 이성이
아니고 비합리적인 의지나 무의식, 또는 삶 그 자체라고 주장한다.

먼저 쇼펜하우어는 인간이나 세계가 '맹목적 의지'의 충동을 받는다
고 주장했고, 니체는 이 세계란 '권력에의 의지' 외에 아무것도 아니라
고 했다. 프로이트는 우리가 통제할 수 없는 '무의식'이 우리의 행동과
정서를 규정한다고 말했고, 키르케고르는 헤겔이 말하는 대립의 해소란
추상적인 관념의 세계에서나 가능할 뿐, 구체적인 삶 속에서는 오직 "이
것이냐 저것이냐" 하는 냉혹한 결단만이 요구된다고 주장했다.

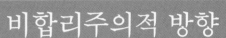

자신만만한 염세주의자, 쇼펜하우어

쇼펜하우어가 헤겔을 미워했다는 것은 잘 알려진 사실이다. 게다가
그는 다른 철학교수들이 '철학의 숨은 황제'인 자신을 시기하는 것으로
생각하고 항상 주위를 경계했다. 이발사에게 면도를 시키지도 않았고,
불이 날까봐 이층에서 자지도 않았으며, 잠잘 때에는 권총에 탄환을 넣어

Arthur Schopenhauer, 1788
~1806 | 염세관을 주장했다. 저
서에 《의지와 표상으로서의 세
계》 등이 있다.

침대 옆에 두고 잤다. 또한 어머니와의 껄끄러운 관계 때문인지, 여자를 불행의 근원으로 생각했다. 여자들은 돈을 낭비하는 버릇과 교활함으로 똘똘 뭉쳐 있고, 습관적으로 거짓말을 하는 존재라고 생각했으며, 그래서 오직 "성적 충동으로 판단력이 흐려진 남자들만이 키가 작고, 어깨가 좁으며, 엉덩이가 크고, 다리가 짧은, 여자라는 존재를 아름답다고 본다"라고 비하했다.

그는 독일의 단치히에서 돈이 많은 어느 상인의 아들로 태어났다. 그러나 부모들의 부부관계가 좋지 않아, 호강스러운 생활 속에서도 행복을 느끼지 못했다. 자살로 추정되는 아버지의 죽음 후에 그의 어머니는 문화와 사교 생활에 더 열중했다. 결국 성년이 되는 해에 쇼펜하우어는 어머니를 상대로 법적인 소송을 걸었고, 유산 중 삼분의 일을 받아내어 평생 풍족하게 살 수 있었다.

1819년 주저인 《의지와 표상으로서의 세계》[*]를 출간했는데, 이 책은 전혀 사람들의 관심을 끌지 못했다. 초판 이후 16년이 지난 다음에는, 출판업자도 그 판본의 대부분을 폐지로 팔아 버릴 결심을 할 정도였다. 하지만 1820년 베를린대학의 전임강사가 된 쇼펜하우어는 "후세에 나의 기념비가 반드시 건립되리라"라고 장담했을 정도로 자신감에 차 있었다. 그리고 그 유명한 헤겔과 같은 강의 시간대에 자신의 강의를 열어 놓았지만, 청강생들이 헤겔에게로 몰리는 바람에 한 학기 만에 강의를 포기하고 말았다.

그러나 1831년 베를린에 유행한 콜레라로 헤겔이 죽고 1848년 시민혁명이 실패로 돌아간 다음, 낙관론적 헤겔 철학이 서서히 빛을 잃자 염세주의적인 쇼펜하우어의 철학이 각광을 받기 시작했다. 여러 나라의 학자

의지와 표상으로서의 세계

1819년 라이프치히에서 간행되었다. 쇼펜하우어가 이 저서에서 주장하는 바는 다음과 같다. 우리를 에워싸는 이 세계는 진정한 실재가 아니라 단순한 주관적 표상에 지나지 않는다. 또한 이 세계의 배후에서 그것을 성립시키는 실재는 '살려고 하는 맹목적 의지'다.

들과 많은 사람들이 직접 쇼펜하우어를 방문하거나 갖가지 글을 보내왔
다. 그러나 그렇게도 바라 마지않던 명성이 그를 감싸기 시작했을 때, 이
미 그는 죽음의 문턱을 넘고 있었다. 예기치 않게 그는 심장마비로 죽었
고, 모든 재산은 그의 유언에 따라 자선단체에 기증되었다. 오늘날 그의
무덤 앞에 세워진 검은 대리석의 묘비에는 외롭게 그의 이름만이 새겨져
있다.

의지와 표상으로서의 세계

"세계는 나의 표상*이다!"

그의 주저注著 첫머리에 나오는 이 말은 칸트의 가르침을 그대로 옮긴
듯하다. 칸트에 의하면, 인간은 사물이 우리에게 나타내는 그 현상만 인
식할 수 있을 뿐, 사물 자체는 알 수 없다. 우리를 에워싼 세계는 오직 표
상으로서만 존재한다.

그러나 인간은 표상 이외에 의지를 가지고 있으며, 이것으로 세계와 만
난다. 우리는 세계를 '인식'만 하는 것이 아니라, '체험'하기도 하는 것
이다.

따지고 보면, 인간의 본질은 사유나 이성에 있는 것이 아니라, 의지에
있다. 좁은 뜻의 의지뿐만 아니라, 우리가 품는 모든 소망·욕구·동
경·희망·사랑·미움·반항·도피·괴로움·인식·사고·표상 등
우리의 삶 전체가 체험이자 의지다. 우리의 판단은 논리적 사유 행위에
의해서 진행되는 것이 아니라, 머리로 의식하지 못하는 심층부에서 순간
적인 착상이나 결단의 형식으로 나타난다. 또한 우리의 몸은 시공간 속
에 드러난 의지일 뿐이다. 가령 걸어가려는 의지는 발에서 나타나고, 붙
들려는 의지는 손에서, 소화를 시키려는 의지는 위장에서, 생각하려는

> **표상**
>
> 지각에 의해 의식이 나타나는 외
> 부 세계의 상. 데카르트와 칸트
> 의 사상을 이어받아 《의지의 표
> 상으로서의 세계》에서 정점에
> 이르게 되었다. 그의 철학은 근
> 세 유럽의 합리주의적 기술 문명
> 에 바탕이 되었다.

의지는 뇌에서 나타난다.

이 의지란 마치 앞을 볼 수는 있으나 걷지 못하는 사람을 어깨에 짊어지고 가는, 힘센 맹인과 같다. 어깨 위에 앉은 사람이 지시하는 방향대로 그는 힘껏 달려 나간다. 여기에서 보듯, 행동의 실질적인 추진력은 의지이고, 이성은 다만 그 방향을 제시할 뿐이다. 인간은 앞에서 끄는 힘이 아니라, 뒤에서 미는 힘에 떠밀려 앞으로 나아간다. 그는 무의식적인 삶의 의지에 끊임없이 충동을 받는다.

보통 우리의 의식 기능은 쉽게 피곤해지기 마련이어서, 반드시 휴식과 잠이 필요하다. 그러나 무의식적 의지는 휴식 없이도 왕성한 활동을 계속한다. 그것은 마치 우리 몸의 심장이나 폐의 운동처럼 지칠 줄 모른다. 자기도 모르는 사이에 무의식적으로 행하는 것은 피곤하지 않기 때문이다.

☉ 쇼펜하우어의 뒷모습
애완견과 함께 있는 모습을 그린 풍자화. 빌헬름 부시가 그린 그림이다.

모든 생명체는 자기를 보존하려는 욕구와 종족을 보존하려는 본능을 동시에 가지고 있다. 그래서 일단 자기보존의 방법을 찾고 나면, 즉시 종족보존을 추구하는데, 생물의 세계에서 가장 강렬하게 의지가 표현되는 부분이 바로 생식본능이다. 인간은 인식이 이루어지는 뇌보다도 성적 충동이 발산되는 생식기에서 더 강한 충동을 받는다.

쇼펜하우어에 의하면, 의지는 모든 자연현상의 밑바탕에 깔려 있으며 우주의 중력으로부터 인간의 자기의식에 이르기까지 이 세계의 가장 본질적인 내면을 이루고 있다. 자연의 힘과 중력, 구심력과 원심력, 극성極性과 자기磁氣, 화학적인 친화성, 식물들의 성장, 식물들이 빛을 향해 뻗어 나가는 것, 생물들이 자기를 보존하려는 충동과 본성 등 이 모든 것들이 의지다.

사랑의 형이상학

흔히 우리는 사랑을 아주 고상한 감정이라 여긴다. 그러나 쇼펜하우어는 사랑이란 것이 '종족보존'이라는 자연의 유일한 목적을 달성하기 위한 하나의 속임수에 불과하다고 봤다. 한 남자와 한 여자가 불가항력적으로 서로 끌어당기는 것은 고상한 인격이 아니라, 본능적으로 나타나는 삶의 의지라는 것이다.

그렇다면 그 증거가 어디에 있을까? 인간이 항상 자기 자신에게 없는 것을 사랑함으로써 인간이라는 종種의 유형을 보존하려고 애를 쓰는 것이 그 증거라고 할 수 있다. 키가 작은 사람은 키 큰 사람을 유난히 좋아하며, 피부가 검은 사람은 그 반대의 사람을 대단히 매력적으로 생각한다. 이처럼 종의 유형에서 벗어난 개인의 결점을 바로잡기 위해 인간은 언제나 자기에게 부족한 것을 가진 이성에게 집착하고 또 그를 배우자로 선택하게 된다. 물론 이러한 선택은 뚜렷한 합리적인 이유 없이 무조건적으로, 또는 무의식적으로 이루어지는 경우가 대부분이다.

자연은 남자의 남성다움과 여자의 여성다움이 서로 조화를 이룰 때, 그 목적을 원만하게 달성할 수 있다. 예컨대, 포용력과 결단력 등의 남성미와 섬세함과 신중함 등의 여성미가 어우러질 때, 두 남녀는 가장 잘 어울린다. 가장 남성적인 남자는 가장 여성적인 여자를 찾게 마련이며, 그 반대의 경우도 마찬가지다. 모든 개인이 자기도 모르게 이 문제에 그렇게도 큰 비중을 두는 것은 바로 종의 목적을 달성하기 위해서다.

인간의 욕망은 원래 종족보존을 위해 가치가 있는 것이다. 그런데도 마치 개인을 위해 가치가

있는 듯이 보이도록 하는 것은 일종의 망상에 지나지 않는다. 남자의 욕구도 일단 종족보존의 목적이 실현되고 나면 사라진다. 여성의 아름다움 역시 출산이 가능한 시기일 때 절정에 도달하고, 나이가 들면 곧 시들해진다. 이것은 어쩌면 자연의 섭리에 속한다. 말하자면, 이제는 아름다울 필요가 없어졌다는 뜻이다.

인간은 시간이 흐르고 난 다음에야 자기가 종의 의지에 속았다는 사실을 알아차린다. 열정적으로 사랑하던 사람들끼리 막상 결혼하고 나면 급속하게 그 사랑이 식는 것처럼, 인간은 결국 종의 도구였던 것이다.

의지의 발동을 막아라,
인간의 고뇌와 해탈

인간의 의지는 무한한 데 비해, 그것을 충족하는 데에는 많은 제약이 따르게 마련이다. 그리고 어떤 욕망이든지 채워지고 나면 즉시 새로운 욕망이 일어나고, 반대로 어떤 고통에서 벗어났다 싶으면 곧바로 새로운 불행이 찾아든다. 고통이야말로 삶의 본래 모습이며, 쾌락이나 행복은 고통이 없어졌을 때 잠깐 찾아오는 소극적인 것, 즉 고통의 부재不在에 지나지 않는다. 결국 쇼펜하우어는 우리가 삶에 대한 의지를 가지고 있는 한, "인생은 고통이요, 이 세계는 최악의 세계"라고 본다.

예를 들어보자. 첫째, 우리는 자기가 갖고 있을 때에는 그것의 가치를 제대로 인정할 줄 모르다가 그것을 잃고 나서야 그 가치를 실감한다. 건강이나 맑은 공기나 사랑하는 사람 등 모든 것이 그렇다.

둘째, 대부분의 사람들에게는 끊임없이 고통이라는 몽둥이가 다

아파~~~

세상은 최악의 상태야. 인생은 왜 또 이렇게 고통스러운 거지? 이 땅에 행복은 없어.

가오고, 이로부터 벗어난 사람들에게는 권태라는 또 다른 채찍이 떨어진다. 삶은 마치 시계추처럼, 고통과 권태 사이를 왔다 갔다 한다. 인생은 이렇게 고통과 권태라는 두 박자의 구조로 되어 있는데, 6일간의 고통과 제7일째의 권태라는 일주일의 생활 패턴은 우리의 삶을 정확하게 나타내고 있다.

셋째, 고독은 인간의 피할 수 없는 운명이며, 인생의 마지막 순간에는 누구나 혼자일 뿐이다. 또한 인류의 역사는 피로 얼룩진 전쟁의 역사이며 인간의 삶을 표현하는 단어에는 다툼과 전쟁, 학살과 약육강식 등이 있다. 이것은 정글법칙이 지배하는 동물계나 인간 세계나 마찬가지다.

그러므로 아무리 상상력이 풍부한 작가라 할지라도, 행복을 표현하는 데에는 서툴기 마련이다. 단테의 작품 《신곡》 속에서 지옥의 모습은 아주 자세하게 그려지지만, 천국에 대한 묘사는 아주 제한적이고도 어색하다. 우리가 살아가는 이 현실에는 지옥의 소재가 풍부한 반면에, 천국의 자료는 빈약하기 때문이다. 극작가들도 달리 표현할 방법을 찾지 못하다가, 거짓으로 해피엔딩을 처리한 다음에 재빨리 막을 내린다. 그들에게도 익숙하지 않은 행복의 묘사는 어쩐지 부자연스러운 것이다. 그러므로 낙관주의란 인류의 수많은 고뇌에 대한 쓴웃음에 지나지 않는다.

쇼펜하우어는 우리를 외과수술실·감옥·고문실·전쟁터·법정 등 온갖 불행이 깃든 음산한 곳으로 안내한다. 인생은 살아갈 가치가 전혀 없으며, 그것은 수지가 맞지 않는 사업이다. 우리의 발걸음이 끊임없이 억제되는 넘어짐이라고 한다면, 우리의 삶은 계속해서 억제되는 죽음에

○ 《신곡》을 표현한 그림
프랑스의 화가 겸 판화가인 도레 (1832~1883)가 그린 작품 단테의 대표 서사시 《신곡》을 그린 것으로 유명하다. 《신곡》은 저승 세계로 가는 여행을 주제로 하여 〈지옥편〉〈연옥편〉〈천국편〉으로 나뉘어 있다. "우리의 삶의 길 가운데에서 어두운 숲 속에 서 있는 나를 발견한 것은 내가 올바른 길에서 벗어났기 때문이다." (신곡의 첫 번째 주제인 〈지옥편〉 중에서)

지나지 않는다. 게다가 삶은 죽음을 향해 달음질치고 있으며, 숨을 몰아쉬면서 뛰어봤자 결국 도달하는 곳은 죽음이 아닌가? 젊은 시절에는 그것을 모르다가 중년을 넘어서자마자 우리는 마치 이자만으로 살아갈 수가 없어 원금마저 가져다 쓰는 예금자처럼 되고 만다.

그렇다면 과연 이러한 비극에서 벗어날 방법은 없을까? 첫째로 인식은 탈출구가 아니라 오히려 그 반대다. 식물보다는 하등동물이, 하등동물보다는 고등동물이 고통에 대한 감각도 더 발달되어 있다. 똑같은 인간의 경우도, 인식의 수준이 높을수록 고통도 더 많게 마련이다. 이런 점에서 보자면, 천재는 가장 괴로운 사람에 속한다.

자살 역시 해결책이 되지는 않는다. 자살은 한 개인으로부터 의지의 충동을 소멸시킬 수 있을지 몰라도, 의지 그 자체를 없애지는 못한다. 쇼펜하우어는 인도의 환생 사상에 입각해 그 이유를 설명했는데, 의지는 즉시 새로운 형태로 나타나므로 자살은 무의미하다는 것이다.

결국 우리가 현실 세계의 고통을 벗어날 수 있는 방법은 두 가지다. 첫째는 임시적인 해결책으로서 심미적 해탈解脫이고, 둘째는 영구적인 해결책으로서 윤리적 해탈이다.

해탈

번뇌의 고리에서 벗어남을 의미한다. 세속적인 모든 속박으로부터 벗어나 자유롭게 되는 상태. 열반과 같이 불교의 궁극적 실천 목적이다.

먼저 우리가 의지 자체를 부정할 수 있는 순수한 인식의 주체가 된다면, 일시적이나마 삶의 고통에서 벗어날 수 있을 것이다. 의지의 속박에서 벗어나는 일이 동물에게는 불가능하다. 하지만 예외적으로 인간에게는 가능하다. 이미 인간의 신체 구조가 그것을 시사해 주듯이, 우리의 머리는 몸에서 뻗어나 있긴 하지만 그 몸에 완전히 종속되어 있진 않다. 말 그대로 목 위로 우뚝 솟아 있는 것이다. 인간이 순수한 인식 주체가 될 수 있는 한

가지 방법으로서, 천재들의 예술이 있다. 그러나 그것은 항상 순간일 뿐
이다. 우리가 궁극적인 해탈에 도달하기 위해서는 좀더 엄숙한 자세로
돌아서야 한다.

여기에서 의지의 부정을 통한 윤리적인 해탈의 길이 열린다. 우리의
모든 고통이 끊임없는 의지의 발동에 의한 것인데, 아예 의지 자체를 억
제하거나 없앰으로써 우리는 영속적인 해탈에 이를 수 있게 될 것이다.

이에 따라 쇼펜하우어의 윤리학은 우리에게 다음과 같은 것들을 명령
한다. 이제는 소망할 것이 없는 열반Nirvana●의 경지에서 우리 자신이 죽
을 것과 세상 것들을 멀리하고 십자가를 질 것이다.

서재에 장식품이라고는 칸트의 상반신 초상화와 청동불상 하나밖에
없었다는 쇼펜하우어에게 이상과 같은 주장들은 기독교가 아니라 불교
에 더 가깝다고 볼 수도 있다. 여하튼 그는 의지의 발동을 미리 막는 금욕
을 통해서 우리가 무아경이나 황홀경의 상태로 들어갈 수 있다고 했다.

유럽사상의 전통에서 봤을 때, 쇼펜하우어는 아주 새로운 정신 세계를
구축했다고 말할 수 있다. 그의 인품은 특별했고, 당시의 유럽인들에게
는 아직 낯선 '인도 철학'에 심취해 있었다. 그는 인간 의식의 깊은 곳까
지 꿰뚫어보는 눈을 철학에 제공했으며, 또한 우리가 자연의 내면을 통찰
할 수 있다고 생각했다. 이는 인도의 신비 사상에 의존한 것으로 보인다.

그러나 열반의 경지에서 마음의 평정을 누리는 것이 인생의 최대 관심
사라고 하는 그의 가르침은 정상적인 사회생활을 해보지 못한 은둔자의
불안과 이기심의 발로가 아닐까? 세상의 일에 대해 눈을 감고 있기보다
는 우리가 타인을 위해 노력할 때, 죽음의 위력도 그 힘을 잃게 될 것이라
생각된다.

> **● 열반** ▼ 🔍
> '불어 끈 상태'를 의미한다. 독
> 심毒心을 제거하여 번뇌의 숲에
> 서 벗어난 상태. 그렇기 때문에
> 온갖 고통과 번뇌를 초탈하여 마
> 음의 평화를 누리는 상태를 의미
> 하기도 하고, 불타의 죽음과 관
> 련하여 '죽음'을 뜻하기도 한다.

무의식과 욕망, 프로이트

인간의 행동이 합리적으로만 이루어지는 것이 아니라는 주장은 프로이트S. Freud, 1856~1939의 정신분석학에서도 제기되었다. 우리의 마음 깊숙한 곳에 숨어 있는 무의식이 그 행동과 정서를 규정한다고 프로이트는 단언했다. 두 살이 좀 지났을 때 어머니의 몸을 보고 강하게 마음이 끌렸고, 여자 조카를 성적 관심의 대상으로 삼았으며, 어머니의 사랑을 놓고 서로 다투었던 남동생이 죽었을 때는 도리어 기쁨을 느꼈다고 그는 고백했다. 아내더러 자기보다 아들에게 더 정신이 팔려 있다고 비난을 퍼붓는 아버지 밑에서, 그는 일찍부터 정신분석학적인 기질을 키웠는지도 모른다.

⚙ 무의식의 철학자
프로이트는 깊숙한 곳에 숨어 있는 무의식이 우리의 행동과 정서를 규정한다고 단언했다.

오스트리아의 모라비아에서 유대계로 태어난 프로이트는 세 살 때 가족이 수도인 빈으로 이사를 가서 거의 80년 가까이를 그 도시에서만 살았다. 빈 대학의 의학부에서 공부하다가 1885년 파리로 가서 히스테리를 연구했다. 그런데 이를 치료하기 위해서는 카타르시스만으로는 충분하지 못하다고 보고 자유연상법을 발견했는데, 이것이 바로 정신분석학의 선구가 되었다.

1900년 《꿈의 해석》이 나온 이후에 많은 학자들이 그의 주위에 몰려들었고, 프로이트는 이들을 중심으로 국제정신분석학회를 창립했다. 말년에는 턱에 암이 생겨 서른세 번의 수술을 받아야 했고, 사랑하는 손자가 죽자 목 놓아 울었다고 한다. 결국 유대인이라는 이유로 나치에 의해 추방되어 영국으로 망명했다가, 런던에서 사망했고, 그가 평상시 좋아했던 그리스의 항아리에 담겨 그곳에 묻혔다.

그의 정신분석학은 단순히 의학에서 그치는 것이 아니고 철학 · 심리학 · 문화이론 · 사회이론으로 크고 넓은 체계를 갖춘 세계관이 되었다. 이는 달리나 피카소의 그림, 버지니아 울프나 제임스 조이스°의 소설, 유진 오닐°의 연극 등에서도 그 영향을 찾아볼 수 있다. 프로이트의 주요한 저서로는 《꿈의 해석》 이외에도, 《히스테리 연구》 《정신분석 입문》 《자아와 이드》 등이 있다.

나의 무의식 속에는 성적인 욕망이 나를 지배하고 있지.

조이스

James Augustine Aloysius Joyce, 1882~1941 | 아일랜드의 소설가이자 시인으로 20세기 문학에 커다란 변혁을 초래한 작가다. 37년간 망명인으로서 국외를 방랑하며 아일랜드와 고향 더블린을 대상으로 한 작품을 집필했다. 대표작에 《더블린의 사람들》 《율리시스》 등이 있다.

무의식의 표현

무의식無意識이란 '의식에 영향을 미치기는 하나, 꿈이나 정신분석의 방법을 통하지 않고는 의식화하지 않는 의식'을 말한다. 이 무의식의 발견이야말로 프로이트의 커다란 업적인데, 그는 이 무의식이 여러 가지 형태로 나타난다고 주장했다. 즉 무의식이 실수 · 꿈 · 강박행위° 등으로 나타난다는 것이다. 행위의 당사자가 자신의 행위 동기를 전혀 알지 못하는 무의식은 인간의 성 충동과 밀접한 관련을 맺고 있다고 프로이트는 말한다.

오닐

Eugene Gladstone O'Neill, 1888~1953 | 미국의 극작가. 1920년에는 《지평선 너머》가 브로드웨이에서 처음 상영되었으며, 이 작품으로 퓰리처상을 수상했다. 1936년에는 노벨문학상을 받았다.

우리는 살아가면서 흔히 실수를 저지른다. 그러나 그것은 결코 우연이 아니고, 일종의 심리적 행위다. 첫째, 의도적인 망각으로 일부러 잊어버리는 경우다. Y가 어떤 여성에게 청혼을 했다가 거절당했는데, 그의 친

강박행위

스스로 조절할 수 없는 충동으로 비상식적인 행동이라는 것을 알면서도 무의식의 강압에 의해 끊임없이 같은 동작이나 말 등을 반복하는 행위를 말한다. 불안을 해소하는 것이 주된 목적이며 이는 내재된 죄책감이 동기가 된다.

구 X가 바로 그 여성과 결혼했다. 이후로 Y는 자기 친구인 X의 이름을 자주 잊어버리곤 했다. 그렇다면 이것은 단순한 실수일까? 그것은 실수가 아니고, Y가 X를 자기도 모르게 원망하고 있다는 심리적 표현이다. 다시 말해서, 불쾌한 경험을 생각하고 싶지 않다는 무의식이 그와 관련된 것을 잊어버리는 실수로 나타난 것이다.

또 다른 예다. 부부 사이가 좋지 않았을 때, 아내가 남편에게 책 한 권을 사 주었다. 남편은 잘 읽겠노라고 건성으로 말하고는 어디에 넣어두었다. 그런데 나중에 그 책이 생각나서 뒤져보았지만, 아무리 해도 찾을 수가 없었다. 그러던 중에 어머니가 병이 났고, 며느리인 아내는 헌신적으로 시어머니를 간호했다. 이 일로 남편은 아내에게 고마움을 느끼게 되었고, 그런 마음으로 자기 방에 돌아와서는 마치 몽유병자처럼 책상에 다가가 무심코 서랍을 열었다. 그런데 놀랍게도 책은 바로 거기에 있었다. 즉 그때까지 망각을 일으켰던 무의식적인 동기, 아내를 미워하는 마음이 사라지자 망각에서 벗어날 수 있었던 것이다.

무의식의 발견이야말로 프로이트의 큰 업적이다. 아~ 깊고 넓은 무의식의 세계여!

둘째, 과거에 불쾌한 기억으로 남았던 것들이 실수를 일으키는 경우다. 예컨대 어떤 사람이 책을 읽을 때, 어느 일정한 단어를 계속해서 잘못 읽는다. 그런데 나중에야 그 글자는 자기가 몹시 싫어하거나 불쾌한 기억을 가진 단어였음을 깨닫게 된다.

꿈은 옛날부터 인간의 중요한 관심사였다. 물론 꿈은 생리학적으로는 잠을 연장시키는 수단이다. 하지만 무의식이 왜곡되어 나타나기도 하고, 소망을 충족시키는 수단이 되기도 한다. 프로이트는 사람들의 꿈을 정신분석학적으로 해석하기도 했다.

오이디푸스 콤플렉스

리비도Libido란 성 충동을 일으
키는 에너지를 말한다. 프로이트는 이 리비도를 억제
하고 순화해서 나타난 것이 우리의 문화라고 했다.

프로이트는 이 리비도를 대단히 넓게 해석한다. 가령
학문을 열심히 연구하는 것도 이 리비도의 활동 방향을
바꾼 결과이며, 수도승이나 신부가 자신의 육체적 욕
망을 억제하면서 종교 활동에 몰두하는 것도 모두
이러한 결과다.

그런데 이런 성 충동이 꼭 이성에게만 향하는 것은
아니며, 동성同性이나 자기 자신, 동물, 심지어 무생물에 향하기도 한다.
요즘 자주 접하게 되는 동성애 문제, 어떤 물건을 집착적으로 아끼는 행
위 등도 크게 보면 리비도에 속한다.

그리스 신화에 나오는 영웅 오이디푸스는 테베 나라의 라이오스 왕과
이오카스테 왕비의 아들로 태어났다. 그러나 그가 태어날 무렵 "자기 아
버지를 죽이고 어머니와 결혼한다"라는 무시무시한 신탁 때문에 왕은
그를 산중에 내다버린다. 그러나 그는 살았고, 자라나는 동안에 오이디
푸스는 자기에 대한 신의 예언을 알게 되고 그것을 피하기 위해 먼 곳으
로 길을 떠난다. 그런데 길을 가는 도중에 어떤 노인을 만나, 사소한 시비
끝에 그를 죽이고 만다. 몇 년 후, 테베에는 머리가 사람이고 몸은 사자인
스핑크스가 나타나 지나가는 사람에게 수수께끼를 내고 풀지 못하면 잡
아먹는 소동이 벌어진다. 그 수수께끼란 "아침에는 네 발로 걷고, 낮에는

❍ 스핑크스와 마주친
오이디푸스
프랑스의 화가 파브르
(1766~1837)의 작품

두 발로 걸으며, 저녁에는 세 발로 걷는 것이 무엇이냐" 하는 것이었고,
답을 모르는 많은 사람들이 희생되었다.

이 소식을 전해 들은 오이디푸스는 그 괴물을 찾아가 "그것은 사람이
다"라는 정답을 제시했고, 결국 스핑크스는 골짜기에 투신해 자살해 버
렸다. 괴물을 물리친 데 대한 감사의 표시로, 테베 사람들은 오이디푸스
를 왕으로 모시고 그때 마침 과부였던 왕비를 그의 아내로 맞게 한다.

그 후, 테베에 전염병이 발생해서 수많은 사람들이 죽어나가자 신탁을
구했고 그 원인이 왕가의 불륜에 있음이 밝혀졌다. 즉 오이디푸스가 길
에서 만나 죽인 노인은 자기의 친아버지인 라이오스 왕이었고, 현재의 아
내는 자기의 친어머니였던 것이다. 모든 원인이 자기에게 있음을 뒤늦게
알아차린 오이디푸스는 자기의 두 눈을 빼버렸고, 그의 어머니이자 아내

인 왕비 이오카스테는 자살하고 말았다.

이 비극적인 신화를 프로이트는 '아들이 아버지를 적대시하고, 어머니를 좋아하는 본능의 표현'으로 봤다. 아들에게 아버지는 사회적 구속의 화신이다. 반면에 어머니는 그가 보호해야 할 대상이다. 아들은 아버지에게 경쟁 심리를 느끼며, 아버지 대신에 어머니를 독점하려 든다. 어머니의 사랑을 독점하려고 하는 마음은 동시에 아버지를 사랑의 경쟁 상대로 바라보게 되고, 이 원한의 감정으로부터 이른바 오이디푸스 콤플렉스 Oedipus Complex가 발생한다.

그러나 오이디푸스 콤플렉스는 네 살에서 다섯 살 사이에 끝나고 만다. 이러한 불합리한 욕구를 계속 갖게 되면 그 벌로 아버지에게서 제거될지도 모른다는 공포심을 스스로 갖기 때문이다.

이드와 히스테리

인간의 인격은 세 가지 단계로 되어 있다. 첫째, 이드 Id는 쾌락의 원리에 지배되는 무의식의 영역으로, 성욕과 같은 원시적 욕구를 말한다. 어린아이의 본능적 욕구 등이 이에 속한다.

둘째, 자아 Ego는 현실을 고려하는 현실 원칙에 지배된다. 어린아이는 결국 외부의 현실에 적응하여 자신의 욕구를 포기한다.

셋째, 초자아 Super ego란 이드를 제압하는 좀더 높은 자아를 말한다. 자아가 조금 더 발전하면 초자아가 생기는데, 이것은 보통 양심과 같은 의미로 받아들일 수 있다.

인간이 성장하는 동안 어떤 발달 단계를 원만하게 거치지 못했을 때,

여러 가지 형태의 불안이 생긴다. 그리고 자아가 불안하면 승화*·억압*·투사*·전이*·합리화·퇴행*과 같은 방어기제를 사용하는데, 이상과 같은 여러 가지 이상증세 중에서도 히스테리^{Hysterie}가 가장 대표적이다.

프로이트는 사람이 병에 걸리면 이로부터 벗어나려고 하는데, 말하자면 히스테리를 '질병에서 도피하는 것'으로 봤다. 히스테리가 생기면 신체 감각이 장해를 받고, 운동이 마비되는가 하면, 발작을 일으키기도 하고 또 망각증세를 동반하기도 한다.

여기에서 프로이트는 다음과 같은 주장을 편다. 첫째, 신경증 증상은 우연히 일어나는 것이 아니라, 반드시 어떤 과거의 사건에 의해서 일어난다. 둘째, 그것은 무의식적인 것이기 때문에, 환자 자신은 전혀 그 증상을 모른다. 셋째, 그리고 이는 불쾌한 체험을 기억하기 싫어하는 환자의 심리 때문이다. 넷째, 이러한 충동은 말이나 행동으로 발산되어야만 깨끗이 씻기므로, 그 치료 방법에 카타르시스를 사용해야 한다.

카타르시스, 자유연상법, 심리극

카타르시스란 환자의 무의식 속에 억압되어 있던 망각이 의식 세계로 올라오면서 어떤 심리적 찌꺼기들이 씻겨 내려가는 과정을 말한다. 이에 대해 아리스토텔레스는 우리가 비극을 보고 눈물을 흘릴 때 쾌감을 느끼는 것은, 마음속에 잠재한 울적한

승화

무의식적인 성적 에너지가 예술적 활동, 지적 탐구, 종교적 활동 등 사회적으로 가치 있는 분야로 치환되는 현상이다.

억압

보통 불쾌한 관념이나 위험한 관념 등은 잊어버리기 쉬운데, 성욕의 적나라한 실현이나 적의의 직접적인 표현은 의식되지 않는 경향이 있다. 일종의 자기 방어기제에 해당하는데 죄악감·불안·자책을 일으키지 않도록 충동들을 일부러 억누르는 심리적 현상을 말한다.

투사

주체가 자기 속에 있는 거부하는 특성·감정·욕망을 자기 밖으로 추방하여 타자 속에 위치시키는 작용을 말한다. 가령 소설의 독자들은 자기 자신을 이런저런 주인공에 투사한다고 말할 수 있다.

마음과 슬픔 등을 배설하여 마음속을 후련하게 하기 때문이라고 했다.

그러나 프로이트는 심리적 치료 방법으로서 카타르시스만으로는 충분치 않다고 봤다. 여기에서 자유연상법을 주장하는데, 그 방법은 그저 환자의 머릿속에 떠오르는 상(像)을 막힘없이 말하는 것이다. 물론 환자가 어떤 연상의 실마리를 잡아가는 데 이 기억을 반대하는 강력한 힘과 싸우지 않으면 안 된다. 그러므로 이 저항을 제거하는 것이 치료의 핵심이다.

이 밖의 치료 방법으로는 심리극Psycho-drama이 있다. 환자가 현재 놓여 있는 현재의 사회적 갈등의 상황을 그대로 극의 장면에 집어넣고, 환자나 의사를 포함한 몇 사람에게 각자의 역할을 맡긴다. 대사는 특별히 따로 만들지 않고, 각자 그때그때 응수하면서 진행한다.

이런 극을 통해서 환자는 다른 사람들의 의견이나 행동을 이해하게 되며, 자신의 의견을 또한 객관적으로 바라보게 된다. 또 극의 형식을 취하기 때문에 자유롭게 표현할 수 있고, 카타르시스가 쉽게 일어난다. 또한 의사로서도 환자의 다양한 인격을 살펴볼 수 있으며 치료의 실마리를 잡을 수 있다.

프로이트의 업적으로 첫째, 리비도와 무의식 세계의 발견을 들 수 있다. 그는 인간의 행동이 스스로 알지 못하는 성 충동과 무의식의 영향을 받고 있다고 봤다. 둘째, 따라서 그는 인간의 모든 행동 심지어는 실수나 망각마저도 우연이 아니고 항상 원인과 의미가 있는 것으로 봤다. 셋째, 꿈이란 그 사람의 소망의 실현이며, 무의식의 대용물이라는 것이다.

프로이트의 생전에는 무슨 사이비 마법의 주문처럼 들리던 정신분석학 용어들이 이제는 전문적 학술 용어를 넘어 일상용어로 받아들이고 있다. 그러나 한편으로 프로이트의 사상이 독창적이기는 하나 명쾌하지 못하며, 용어 자체에도 모호한 점이 많다고 하는 비판을 받기도 했다.

전이
어떤 형태의 행동 학습에서 얻은 발전이 다른 행동의 실행에 개선을 가져오는 것. 가령 한 가지를 학습하면 다른 학습에도 그 영향이 미치는 일 등이다.

퇴행
발달이나 진화 단계에서 어떤 장애로 인해 더 미숙한 때로 회귀하는 것을 가리킨다.

심리극
루마니아 태생인 정신과 의사 모레노가 창시한 심리 요법이다. 특히 극의 주제가 사적인 문제를 취급할 때만 사이코드라마라고 하고, 공적인 문제를 주제로 할 때는 소시오드라마sociodrama라고 한다.

망치를 든 철학자, 니체

니체^{F. W. Nietzsche, 1844~1900} 역시 쇼펜하우어와 마찬가지로, 이성 철학에 결별을 선언하고 의지의 철학으로 나아갔다. 그러나 쇼펜하우어에게 의지는 맹목적이므로 우리의 삶은 비극일 수밖에 없었던 것에 반해, 니체에게 의지는 권력^힘에의 의지이기 때문에 우리의 삶은 충만하게 된다.

니체는 독일 작센주 레켄에서 목사의 아들로 태어났다. 그러나 다섯 살 때에 아버지를 잃고 여자들만 있는 외갓집에서 자라는 바람에, 여성적이고 섬세한 성격을 갖게 되었다. 어렸을 적에는 《성경》 구절을 기가 막히게 외워서 '꼬마 목사'라는 별명까지 얻었다. 게다가 여덟 살 때에는 작곡을 해서 음악에 남다른 재주를 보였고, 열네 살 때에는 벌써 자서전을 쓸 준비를 했다.

그러나 고교 시절부터 반항기질이 보이기 시작하더니 대학생 때에는 술과 담배와 여자에 깊이 빠져 들었다. 결국 본^{Bonn}대학의 신학과를 뛰쳐나와 헌책방에서 쇼펜하우어의 《의지와 표상으로서의 세계》를 사서, 꼬박 2주 동안 읽고 나서는 철학과 결정적인 관계를 맺게 된다. 라이프치히대학에서 그리스의 고전 문화에 몰두했고, 음악가 바그너[•]와 친분을 쌓기도 했다.

군대에 근무하다가 말을 타던 중에 다쳐 곧 제대했으며, 스승인 리츨의 추천을 받아 스물네 살에 스위스 바젤대학의 고

바그너

Wilhelm Richard Wagner, 1813 ~ 1883 | 1871년 뮌헨에서의 모습이다. 그는 쇼펜하우어의 영향을 받아 염세주의로 흘렀고, 니체에게 강한 자극을 주었다.

세상에 진실은 존재하지 않습니다. 오직 주관적인 해석만이 존재할 뿐이죠.

전어 교수로 초빙되었다. 1870년에 전쟁이 일어나 위생병으로
지원했다가, 심한 이질에 걸려 곧 제대했다. 그리고 이때부터
건강은 계속 나빠지기 시작했다. 1889년 그는 투린에서 갑자
기 마비 증세를 일으켜 길거리에서 쓰러졌고, 사람들이 그를
집으로 데려갔으나 이틀 동안 의식을 찾지 못하고 누워 있었
다. 이것은 그가 과거에 앓았던 매독 때문인 것으로 보였는데,
이에 대해 예나대학병원은 진행성 마비증이라고 진단을 내렸
다. 그 후 어머니와 여동생의 헌신적인 간호로 12년이라는 오
랜 세월을 혼수 상태에서 헤매던 니체는 20세기가 시작되는
1900년, 끝내 세상을 떠났다.

○ "신은 죽었다"라고 선언한 니체

　그의 저서에는 《비극의 탄생》《인간적인, 너무나 인간적인》
《차라투스트라는 이렇게 말했다》《선악의 피안》《도덕의 계보》《이 사
람을 보라》 등이 있다. 사실 당시에는 너무나 과감했던 그의 글에 동조하
는 사람이 아무도 없었고, 이와 같은 상태에서 벌여온 고독한 투쟁은 그
의 체력만이 아니라 정신력마저 모두 닳게 만들었다. 그가 말년에 쓴 책
들은 계속 나빠져만 가는 자신의 신체적 조건을 이겨내려는 처절한 몸부
림 속에서 이루어진 것이다.

도덕은 허구다

　　　　"철학의 명예를 회복하기 위해서는 우선 도덕가들을
교수형에 처하는 수밖에 없다." 이 말처럼, 니체는 도덕에 반대하는 투쟁
을 펼쳤다. 그 이유는 도덕이 삶을 죽이기 때문이라는 것이다. 지난 세월,
'도덕'이라는 마녀는 철학자들에게 지금보다 나은 세계가 있음을 믿게
하려 했다. 그러나 오직 존재하는 것은 시간과 공간 안에서, 살과 피로 이

록된 이 세상뿐이다. 흔히 사람들이 꿈꾸는 유토피아 같은 곳은 없다. 그리고 이 세계는 비도덕적이고, 따라서 도덕이란 허구에 지나지 않는다.

니체는 역사 위에 나타난 도덕의 계보를 다음과 같이 설명했다. 노예들은 자신들이 힘센 자의 능력에 미치지 못한다는 것을 알았다. 이에 그들은 고귀함·힘셈·아름다움·행복 등의 귀족주의적인 선을 무가치하고 악한 것이라고 깎아내렸다. 대신 괴로움·비천함·겸손·친절·선량·동정·인내·따뜻한 마음씨 등을 선이라고 주장했다. 특히 유대인들은 가난한 자나 힘없는 자만이 착한 사람들이라고 억지를 부리기에 이르렀다. 기독교에서는 괴로워하는 자, 가진 것이 없는 자, 병들고 추악한 자 등을 하나님이 축복한다고 가르치는 반면, 고귀하고 힘센 자들은 하나님을 섬기지 않으므로 영원히 저주를 받는다. 이것이 바로 노예도덕*이다.

그러나 지금까지의 도덕은 모두 허구이며, 열등한 자들이 왜곡한 삶의 해석에 지나지 않는다. 이것을 미처 깨닫지 못했던 강한 자들은 열등한 사람들의 거짓말을 그대로 믿었다. 이에 니체는 이제 비천한 자들의 노예도덕을 물리치고, 강하고 충만한 군주도덕*君主道德*을 부활시켜야 한다고 주장했다.

노예도덕

강자에 대한 원한과 복수심에 편승하며, 동정과 박해 등을 덕으로 삼고 모든 것을 평등화·수평화하려는 도덕을 말한다.

군주도덕

권력에 대한 의지에 성실하고, 좀더 고귀한 것을 열망하는 강자의 도덕이다. 인간 사이에 위계가 있다는 것을 믿고 자기를 긍정하고 스스로 가치를 만들어내어 비열한 것을 거부하며 약자를 지배하려고 하는 도덕이다.

바로 이것이 삶이었던가?
그렇다, 그렇고 말고!

니체가 지금까지의 도덕을 부정하기만 한 것은 아니었다. 그는 하나의 새로운 도덕, 즉 삶의 도덕을 세우고자 했다.

'망치를 든 철학자' 니체는 모든 전통적인 가치를 허물어뜨렸다. 여태까지의 관념론적·기독교적·행복주의적 도덕을 부정했다. 그리고 그 자리에 새로운 가치를 세우려 했다. 추락은 곧 상승이고, 파괴는 곧 건설이다. 그는 무너진 폐허 위에 삶의 새로운 도덕을 세우고자 했다. 그렇다면 삶이란 무엇일까?

나는 니체라는 망치다. 서구의 전통을 깨부수고 그곳에 새로운 가치를 세우리라.

첫째, 삶이란 권력^힘에 대한 의지다. 행복·복지·동정이란 단어들은 모두 천한 사람들의 본능에서 나온 것이다. 이런 것들은 큰 무리들이 바라는 희망의 푸른 목장일 뿐이다. 그러나 세계의 모든 과정은 힘에서 나온 것이며, 그 밖에는 아무것도 아니다. 물론 니체가 말하는 힘에는 단순히 물리적인 힘 이외에 동물적인 힘, 법률의 힘, 순진함의 힘, 가치의 힘, 관념적인 진리의 힘 등 여러 가지가 있을 수 있다.

둘째, 삶에서 일어나는 모든 과정은 아무런 잘못이 없다. 적나라한 생존 자체, 순수하게 자연적인 모든 것은 나름의 가치가 있다. 모든 생존은 순결하고 정당하다. 도덕 문제도 마찬가지다. 따라서 지금까지의 선악 개념이 뒤바뀌는 것이다. 예컨대 우리는 악하기 때문에 망하는 것이 아니라, 망했기 때문에 악한 것이 된다. 반대로 선하기 때문에 승리한 것이 아니라, 승리했기 때문에 선한 것이 된다.

셋째, 삶에서 가장 위대한 단어는 '운명에 대한 사랑', 즉 아모르파티[●]다. 인간은 자신의 삶에 나타난 모든 과정들을 그저 견디는 데 그칠 것이 아니라, 한 걸음 더 나아가 그것을 사랑해야 한다. 그리고 "바로 이것이, 이것이 삶이었던가? 그렇다, 그렇고 말고!"라고 외칠 수 있어야 한다.

● 아모르파티

amor fati | 니체의 운명관을 나타내는 용어. 운명애라고 번역된다. 운명은 필연적인 것으로 인간에게 닥쳐오지만, 이를 인정하는 것만으로는 창조성이 없다. 오히려 이 운명의 필연성을 긍정하고 자기의 것으로 받아들여 사랑할 수 있을 때, 비로소 인간 본래의 창조성을 발휘할 수 있다는 것이다.

신은 죽었다

"신은 죽었다. 그러므로 이제 우리는 초인超人을 소망해야 한다"라고 니체는 말했다. 그렇다면 초인이란 어떤 존재일까?

첫째, 초인이란 대지大地를 의미한다. 천국의 희망을 말하는 자들에게 귀기울이지 않고, 지금 이곳에 충실한 자다. 초인이란 가장 성품이 좋은 사람이며, 힘이 넘치는 종족이다. 이러한 초인은 천국을 동경하지도 않고, 지금 이 땅을 경멸하지도 않는다. 그는 이곳이 초인으로 가득 차도록, 이 땅에 몸을 바치는 사람이다.

둘째, 초인은 신의 죽음을 확신하는 사람이다. 그는 흔히 말하는 유토피아가 환상에 불과하다는 것을 잘 알고 있으며, 그렇기 때문에 이 땅에 순응하는 자다. 자기 자신이 이 세계의 한 부분임을 잘 알고, 삶의 모순까지 견딜 줄 아는 사람이다.

셋째, 초인이란 영겁회귀의 사상마저 깨달을 수 있는 사람이다. 존재의 수레바퀴는 영원히 윤회한다. 모든 것은 무한한 시간 가운데 흘러갔다가 되돌아온다. 바로 이 사상을 깨닫는 자가 초인이다.

나치에 의해 악용되다

니체는 20세기 초에 다가올 유럽의 허무주의를 예측했다. 그래서 반드시 새로운 가치 체계가 세워져야 한다고 믿었

> **영겁회귀**
>
> 니체가 《차라투스트라는 이렇게 말했다》에서 내세운 사상이다. 영원회귀라고도 한다. 영원한 시간은 원형을 이루고, 그 원형 안에서 모든 사물이 그대로 무한히 되풀이되며, 그와 같은 인식의 발견도 무한히 되풀이된다는 내용이다.

으며, 이를 위해 그는 먼저 전통적인 가치를 파괴하지 않으면 안 되었던 것이다.

그러므로 첫째, 니체는 파괴자로 나타난다. 노예도덕을 반대하고, 하찮은 동물들에게나 적용되어야 할 민주화 운동을 비웃는다. 모두 평등하게 살기를 꿈꾸는 사회주의를 반대하며, 여성해방 운동을 하나의 타락으로 간주한다. 지성을 강조하는 주지주의主知主義에 반대하며, 인생이란 아무 가치도 없다고 주장하는 비관론자들을 또한 비판한다.

그러므로 니체 철학은 기독교적인 것에 반대한다. 여기서 기독교적이라는 것은 지배적인 힘과 품위, 자부와 용기, 그리고 관능이나 그 밖의 모든 즐거움에 대한 미움이다.

둘째, 니체는 예언자로 등장한다. 그는 유럽에 허무주의가 나타나 모든 가치와 질서가 무너지리라는 것을 예언했다. 그래서 이에 대비한 새로운 가치 창조가 자신의 임무임을 깨닫고, 혼신의 힘을 다했던 것이다.

셋째, 니체는 야생동물, 금발의 야수, 약육강식 등과 같은 단어들을 많이 사용했다. 그렇다고 해서 그의 철학을 생물학주의라고 부르지 않는다.

넷째, 그는 줄기차게 독일 정신을 비판했다. 관념론적인 성격, 불확실하고도 축축한 것, 그리고 그저 은폐되어 있을 뿐인 것들을 경멸했다.

위대한 시인으로도 꼽히는 니체는 인간의 심리를 천재적 통찰력으로 그려낸 심리학자이기도 했다. 낭만주의자이면서 반낭만주의자이고, 기독교인이면서 동시에 반기독교적이었던 그는 독일인이면서 또한 가장 반독일적인 사람이었다. 그는 독일인을 가장 강한 종족이라

기존의 가치가 무너지고 새로운 가치가 서기까지 남는 것은 허무주의밖에 없군.

⊙ 디오니소스의 조각상
디오니소스는 그리스 신화에 나오는
포도나무와 포도주의 신이며 로마 신
화에서는 바카스라고 부른다. '디오
니소스형' 이라 하는 뜻은 '음악적 ·
동적 · 정의적 · 도취적 · 격정적인
예술 경향' 을 의미한다. 니체가 그의
작품《비극의 탄생》에서 정식화한 예
술상의 세계관이다. 이와 대립적인
용어로는 '아폴론형' 이 있다.

며 사랑했고, 그렇기 때문에 고귀한 민족을 수도원으로 끌고 간 기독교를
미워했다.

　　그러나 니체를 정치적으로 해석하는 경우도 있다. 그들은 니체가 말한
디오니소스를 예술의 신이 아니라, 전쟁의 신으로 해석한다. 생존경쟁과
건전한 야만성, 마키아벨리즘, 마음대로 날뛰는 금발의 야수와 같은 개
념들 역시 그렇게 해석한다. 말하자면 니체를 악용하는 경우가 있었다는
뜻이다. 특히 니체가 죽은 후에는 그의 유고遺稿가 누이동생 부부에 의해
멋대로 왜곡되기도 했고, 반유대주의자들과 나치의 지지자들에 의해 그
의 사상이 잘못 이용되기도 했다.

제3장

실존주의

헤겔의 이성 철학에 대한 반발은 실존주의로도 나타난다. 헤겔의 변증법은 대립이 해소될 수 있다고 말하지만 그것은 관념의 세계에서나 가능할 뿐, 현실 세계에서는 항상 둘 중에 하나를 선택해야 한다. 각 개인이 살아가는 현장에서는 '이것도 저것도' 다 해볼 수 있는 것이 아니고, 오직 '이것이냐 저것이냐' 하는 선택만 있을 뿐이다. 그래서 실존주의는 누구에게나 해당되는 객관적 진리가 아니라, 특정상황에 있는 각 개인의 주체적 진리에 주목한다.

실존주의가 등장하게 된 배경에는 세계 전쟁의 참화가 있었다. 전쟁의 쓰라림을 맛본 유럽인들이 그동안 희망을 노래했던 진보에 실망하고, 각 개인의 내면 세계로 눈을 돌렸다. 사람들은 전쟁의 참혹함 속에서 그동안 가려져 있던 현실의 모순과 부조리의 깊은 수렁을 봤던 것이다.

실존주의를 대표하는 철학자로는 키르케고르 · 야스퍼스 · 마르셀 등의 유신론적 실존주의자와 하이데거 · 사르트르 등

의 무신론적 실존주의자가 있다. 이 밖에 실존주의 사상은 릴케*·카프카·카뮈의 문학작품에서도 엿볼 수 있다.

비극적인 삶, 키르케고르

릴케

Rainer Maria Rilke, 1875~1926 | 보헤미아 태생의 독일 시인이다. 인상주의와 신비주의를 혼합한 근대 언어 예술의 거장으로, 종교성이 강한 독자적 경지를 개척했다. 파리에서 조각가 로댕을 만나 비서로서 한 집에 기거하면서 그의 예술을 접하게 됐고 그 후 큰 영향을 받았다. 작품에는 시집 《두이노의 비가》, 소설 《말테의 수기》, 그 외 저서에 《로댕론》 등이 있다.

키르케고르

Søren Aabye Kierkegaard, 1813~1855 | 덴마크의 철학자·신학자. 실존주의의 선구자다. 위 그림은 그의 사촌이 1840년에 그린 것이다. 이 해는 그가 가장 창조적으로 활동한 시기였다.

키르케고르*는 덴마크의 코펜하겐에서 부유한 상인의 일곱째 자녀로 태어났다. 아버지는 아내가 자식 하나 남기지 않은 채 세상을 떠나자 당시 교회의 교리로 금지된 재혼을 감행했다. 두 번째 아내는 바로 그의 집 하녀였다. 이 두 사람 사이에서 막내로 태어난 키르케고르는 어렸을 때 어머니와 다섯 오누이들을 몇 년 사이에 잃는 비극을 겪는다.

이러한 사건을 자신의 탓으로 여긴 아버지는 종교적 절망과 우울에 빠졌고, 그것은 어린 키르케고르에게도 깊은 영향을 주었다. 그리고 아버지마저 세상을 뜬 후 유산을 물려받았으나, 그는 이것을 불려 나가기는커녕 제대로 유지하려고도 하지 않았다. 저녁에 시내 중심가를 산책하거나, 극장이나 오락장을 찾아다니며 허송세월을 보냈다.

키르케고르는 자기보다 열 살이나 어린 열일곱 살의 올센과 약혼을 했지만, 1년 후에 파혼을 해버렸다. 그 이유에는 여러 가지 이야기가 있다. 두 사람의 성격이 맞지 않아서 그랬다는 설도 있으며, 어렸을 적에 나무에서 떨어져 결혼생활을 할 수 없었다는 설도 있다. 어쨌든 약혼녀와 헤어지고 나서도 키르케고르는 여전히 그녀를 사랑했으며, 그녀의 일거수일투족을 일기에 자세히 기록했다. 또한 약혼녀가 자기와 같은 하찮은 존재와 이별한 것을 슬퍼할까봐 스스로 무위도식하는 자로 보이도록 애쓰기도 했다.

《죽음에 이르는 병》을 발표하려다가 교회를 공격하는 내용이어서 출판을 망설이다가 결국 가명으로 출간했다. 이 밖의 저서로는 《이것이냐 저것이냐》《불안의 개념》《기독교 입문》 등이 있다. 그는 출간하는 데 유산을 다 써버렸으며, 아무런 직업도 없이 떠돌이 생활을 하다가 길에서 졸도하여 세상을 떠났다. 이때 그의 나이 겨우 마흔두 살이었다.

이론보다는 삶이 중요하다

키르케고르에게는 그저 이론이 아닌, 삶 자체가 중요했다. 삶의 현장에서 스스로 결단을 내리는 주관이 중요하다는 것이다. "내가 무엇을 알아야 할 것인가"가 아니라, "내가 무엇을 해야 할 것인가"가 중요하다. 아무리 훌륭한 철학을 주장한다 해도, 내가 그 속에 살고 있지 않다면 그것이 나와 무슨 관계가 있을까? 읽은 책이 산더미처럼 쌓여 있어도, 삶에 적용하지 않으면 그것이 나의 실존과 무슨 상관이 있을까? 키르케고르는 헤겔이 주장한 진리의 보편성에 대해 반기를 든다. 진리란 객관적인 것이 아니라, 일회적이고 내면적이어야 한다. 많은 사람들에게 해당하는 진리가 아니라, 나 자신에게 해당하는 진리가 중요하다. '나'야말로 모든 빛이 모여들고, 또 모든 빛이 퍼져 나가는 중심이다. 체계를 세우는 일보다 중요한 것은 현재 내가 숨 쉬고 있는 시간이며, 머릿속 개념보다 중요한 것은 실제적인 행동이다. 그리고 보편적인 것보다 중요한 것은 개별적인 것, 즉 단독자다.

키르케고르에게 '나'는 모든 것이다. 모두 아는 진리라도, 실제로 그것을 어떻게 실천하는지는 '나'의 고유한 결단에 달려 있는 것이다. 모든 역사의 과정 역

나는 엄연히 현실 속에 존재하며. 현실에 존재하는 것을 실존이라고 부르지.

시 논리적으로 이미 결정된 것이 아니라, 나의 확고한 결단에 따라 새롭게 생겨난다. 그리고 이런 일은 불안과 결합되어 있다.

죽음에 이르는 병, 불안과 절망

키르케고르는 이렇게 말했다. "불안은 미리 앞질러 간다. 불안은 결과가 생기기 전에, 그 결과를 먼저 발견한다. 우리가 어떤 날씨가 다가오는 것을 저절로 느끼는 것처럼 말이다."

언뜻 불안은 유익하게 보이기도 한다. 왜냐하면 현재의 나로서는 만족을 줄 수 없고, 나를 앞으로 계속 나아가게 하기 때문이다. 동물에게는 불안이 없다. 이와 반대로 천재에게는 이 불안이 많은 법이다. 그러므로 우리는 불안을 배워야 한다. 만약 불안을 벗어나 저급한 향락에 빠지고 만다면, 그것은 인간이기를 포기하고 동물로 전락하는 것이나 마찬가지다.

그런데 불안은 우리를 비참하게 만들기도 한다. 사람은 불안 때문에 영겁의 불속에 빠져 죽지도 못한 채 발버둥치는 벌레처럼 살아간다. 자살도 소용없다. 인간은 오직 절망을 부둥켜안고, 이것을 뚫고 나가야 할 운명에 놓여 있다. '죽음에 이르는 병'은 어디에서 유래할까? 그것은 살 수도 없고, 그렇다고 죽을 수도 없는 인간의 처참한 운명에서 유래한다. 삶과 죽음 사이를 오가는 그 병은 영원히 구원될 수 없는 정신의 병이다.

실력 있는 의사라면 "완벽하게 건강한 사람은 이 세상에

이 세상에 절망하지 않는 사람은 없어. 나는 절망과 불안이 뭔지 몰라. 단지 먹을 뿐이지.

없다"라고 말한다. 이와 마찬가지로, 참다운 철학자라면 "이 세상에 절망하지 않은 사람은 한 사람도 없다"라고 말해야 한다.

신 앞에 홀로 선 단독자

키르케고르는 인간의 발전을 세 단계로 구분했다. 첫째는 스스로 그 실존의 의의를 분명하게 의식하지 못하는 직접적인 생존의 단계인, 미적 실존이다. 여기에서는 그저 "인생은 즐겨야 한다"를 모토로 삼는다. 그러나 지나치게 향락을 추구하다 보면 피로와 권태가 따르기 마련이고, 우리는 결국 실망하고 만다.

1단계
미적 실존

향락을 즐기며 살 거야!

2단계
윤리적 실존

바른 선택을 하며 살 거야!

3단계
종교적 실존

하나님을 의지하며 살거야.

둘째는 인간이 자기 실존의 의의를 잘 알고 윤리적인 사명에 충실하려고 하는 윤리적 실존이다. 여기에서는 스스로 자유로운 선택이 가능하지만, 인간은 이미 자기가 혼자라는 사실을 알고 불안해지기 시작한다.

셋째는 그러한 불안과 절망을 극복하고 종교적 실존으로 다가가는 것이다. 자기 자신을 이겨낸 사람만이 '신 앞에 홀로 선 단독자'가 된다. 이것이 바로 종교적 실존이다.

우리에게 신앙은 그저 상식과 어긋난 역설로 들릴 뿐이다. 그러나 신앙의 내용이 역설적이면 역설적일수록, 그것은 그만큼 더 위대하다고 말할 수 있다. 가령 아브라함은 백 살 때야 얻은 아들을 번제로 바치라는 하나님의 명령을 듣는다. 그런데 아브라함은 그 귀한 아들을 잡아 피를 뽑고 사지를 잘라 제단에 올린 다음, 재가 될 때까지 태우라는 명령에 군

○아들을 제물로 바칠 준비를 하는 아브라함
아브라함이 이삭을 제물로 바치려고 준비하는 모습을 표현했다. 그러나 이때 그의 믿음을 본 천사가 나타나서 이삭 대신 바칠 어린 양을 제물로 보내 준다. 이 에피소드는 윤리적 실존과 종교적 실존의 관계에 대해 키르케고르가 논의할 거리를 제공한다.

말 없이 순종한다. 이 장면에서 그는 위대한 믿음의 조상으로 세워진 것이다.

이처럼, 신앙이란 무조건 순종하는 행위다. 신앙은 우리에게 인간적인 모든 것을 무시하라고 요구한다. 머리로 이해될 수 없는 역설이지만, 하나님을 믿고 따른다면 우리는 구원받을 수 있다는 것이다. 영원한 구원이냐 아니면 땅에서의 향락이냐, 혹은 그리스도냐 아담이냐의 선택은 우리에게 달려 있다. 하나님 앞에 홀로 선 단독자에게는 오직 이것이냐 저것이냐의 양자택일만이 남아 있다.

그러나 키르케고르는 당시의 세속화된 기독교를 비판했다. 세속적인 국가와 타락한 기독교가 손을 잡았다는 것이다. 하나님의 아들이 인간의 몸을 입고 이 세상에 왔다는 믿음과, 겉으로 보이는 일에만 열중하는 부르주아 교회와는 아무 상관도 없다는 것이다. 그러나 이처럼 그 누구도 참다운 기독교인이 아니면서 누구나 기독교인임을 자처한다는 사실이 키르케고르에게는 꽤 못마땅하게 보였다. 그에게 기독교란 너무나 숭고한 것이어서, 스스로 감히 진리의 증인이라거나 순교자라고 부를 수조차 없는 것이라고 생각했다.

그는 평생 세상 사람들과 만나는 것을 피했다. 심지어 후세에 그의 이름이 남용되는 것에 대비해서, "나의 유산을 물려받을 사람은 틀림없이 나에게 혐오감을 준 대학의 강사나 교수다. 그들은 나의 이러한 글까지도 강의의 소재로 삼을 것이다"라고 기록해 놓았다.

이렇게 키르케고르는 완전한 체계를 갖추지 않은 그의 사상을 통해 철학사적인 의의를 갖는다. 실존주의란 인간의 구체적인 삶 자체를 문제로 삼으며, 그 삶이란 항상 변화무쌍한 것이기 때문이다. 우리의 삶이 객관화되어 하나의 이론으로 변하는 즉시, 그것은 이미 실존사상과는 거리가 먼 어떤 것이 되고 만다.

❂ 덴마크 코펜하겐에 있는 키르케고르 동상

둘째, 그가 사용한 언어들은 권태·우울·불안·절망·죽음에 이르는 병 등 온통 우울한 색깔로 덮여 있다. 가령 "태초에 권태가 있었다. 신들은 권태로웠고, 그래서 인간을 창조했다"라거나 "나의 삶은 어두운 밤과 같다"라는 표현 등은 쇼펜하우어의 염세주의보다 더욱 음산하게 느껴진다.

그러나 키르케고르는 이러한 절망에만 머물지 않는다. "이것이냐 저것이냐"라는 것은 우리의 결단을 위한 토대이고, '죽음에 이르는 병'은 초월로 향하는 길잡이 역할을 하며, '불안과 절망'은 인간을 신앙으로 몰고 가는 힘이 된다. 또한 20세기의 실존 철학이나 기초 존재론에 대해서도 우리는 키르케고르를 떠나서 생각할 수 없다.

물론 그에 대한 비판도 만만치 않다. 가령 교회에 대한 그의 비난이 교회의 생존마저 위태롭게 한다거나, 그에 의해 너무나 강조된 주체성이 인

간과 인간 사이의 소통마저 가로막는다든가 하는 것이다. 또한 이웃과 세계에 대한 관심을 버린 채, 오직 자기 자신의 실존과 죽음의 문제에만 골몰하는 것은 아무래도 문제가 있다는 주장 등이다.

나치의 탄압을 받다, 야스퍼스

야스퍼스K. T. Jaspers, 1883~1969는 독일의 소도시 오르덴부르크에서 법률가인 아버지와 신교도인 어머니 사이에서 태어났다. 자라는 동안 가정에서 매를 맞아본 적이 한 번도 없으며 목사 이야기만 나오면 도리어 야유를 보내는 분위기에서 자랐다.

고등학교 시절, 체육 시간에 그는 감기를 핑계로 상의 벗는 일을 거부했다. 이 일로 인해 교장까지 나서는 등 사건이 크게 번지자, 그는 사과할 수밖에 없었다. 그렇게 반항적 태도를 보이며 외롭게 보내다가 마지막 사은회 자리에서 야스퍼스는 결국 교장의 답사에 불만을 터뜨렸고, 그는 그곳에서 퇴장당하고 말았다.

열여덟 살에 야스퍼스는 기관지확장증이라는 병을 선고받는데, 이때 하이델베르크로 가서 요양을 하면서 의학 강의를 듣기도 한다. 이 일로 인해 법률에서 의학으로 전공을 바꾼 야스퍼스는 의사시험에 합격하고 나서, 다시 철학으로 방향을 틀어 교수가 된다. 그 후 그가 여든여섯 살까지 건강을 유지할 수 있었던 비결은 규칙적인 일과日課 때문이다. 그는 다음과 같이 하루 일정을 짜놓고 철저히 이를 지켰다. "일곱 시 또는 여덟 시에 일어나 똑같은 시간에 식사를 하고, 점심 후에는 편안하게 쉬되 낮

잠을 자지 않는다. 그리고 밤 열 시 반에는 잠자리에 든다."

하이델베르크대학에서 연구하는 동안《철학》제3권을 출간했는데, 이 책으로 인해 그의 명성은 독일을 넘어 전 세계로 퍼져 나갔다. 그러나 히틀러가 권력을 잡자마자, 아내가 유대계라는 이유로 교수직을 박탈당했고, 게다가 "외국으로 망명하든지, 국내에서 강제로 이혼을 당하든지" 둘 중에 하나를 선택하라고 통보를 받는다. 이에 야스퍼스는 국내에 머물기로 결심하고, 의사 친구로부터 극약을 얻어 보관하는 한편 미리 유언장도 써둔다. 비밀경찰의 침입에 대비하기 위해서였는데, 이때 부인은 자살까지 시도했다. 심지어 야스퍼스 자신도 스스로 목숨을 끊을 생각도 했지만, 한 가닥 희망을 갖고《철학적 논리학》과《철학사》를 쓰기 시작했다.

그러다가 1945년 나치의 패망일이 다가왔고, 야스퍼스는 대학재건위원회를 구성했다. 이때 그는 영웅이 되었고, 스위스 바젤대학의 초빙을 받아 다시 대학 강단에 서게 되었다. 이후 교수직 외에는 어떤 공직도 맡지 않은 채 조용한 말년을 보냈는데, 20년 동안 단 한 차례 영화를 봤고 단 한 번 연극을 봤을 뿐이다.

그의 고독에는 누구를 만나든지 먼저 가르치려 들었던 성격도 한몫 거들었을 것이다. 그래서 어떤 사람은 그를 두고 "청소년을 유혹하는 자"라거나 "연기한다"라고 비난했고, 아인슈타인은 그의 철학을 두고 "주정꾼의 허튼소리"라고까지 폄하했다.

야스퍼스의 사상은 키르케고르에게서 많은 영향을 받았고, 신비주의에 기울었던 셸링의 후기 사상에서도 많은 요소를 받아들였다. 그러나 누구보다도 가장 크게 영향을 받은 철학자는 역시 칸트라

○ 서재에 있는 야스퍼스
칸트·니체·키르케고르 등의 영향을 받았으며, 독일의 실존 철학을 체계적으로 전개한 철학자다.

319

고 해야 할 것이다. 저서로는《세계관의 심리학》《철학》《진리론》《위대
한 철학자들》 등이 있다.

세계 · 실존 · 초월자,
《철학》의 세 체계

야스퍼스의 철학 체계는 세계와 실존, 그리고
신초월자의 세 부분으로 구성되어 있다. 그의 저서《철학》또한 철학적인
세계 정립과 실존해명, 그리고 형이상학의 세 권으로 이루어져 있다.

먼저 세계란 물질 · 생명 · 마음 · 정신으로 이루어져 있으며, 각각 물
리학 · 생물학 · 심리학 · 정신과학의 대상이 된다. 실존해명이란 실존인
간이 자기 자신을 밝혀가면서 참된 자기 존재를 파악하는 것이다. 실존을
해명한다는 것은 실존이 자기 자신을 의식하고, 자기 자신이 된다는 것을
뜻한다. 그렇다면 실존이란 무엇일까? 실존이란 첫째, 다른 현존재처럼
그저 존재하는 것에 그치는 것이 아니라, 존재할 수 있고 존재해야 한다.
둘째, 실존은 서로간의 소통으로 성립한다. 실존은 서로의 교제를 통해
비로소 참된 자기를 발견하고, 가장 깊은 고독으로 돌아가며, 또 이 고독
이 다시 실존들 간의 교제를 요구하게 된다. 셋째, 실존은 역사성이다. 실
존은 단순히 시간성으로 그치는 역사 위에 흔적을 남긴다. 실존은 과거
를 짊어지고 또한 미래를 내다보는 현재이기 때문이다.

그렇다면 도대체 '나'는 누구인가? 나의 실존은 여기에서 한계상황
과 관련을 맺는다. 나는 '왜 내가 이 땅에서, 어떤 특정의 부모로부터' 태
어났는지 그 까닭을 알지 못한다. 나에 대한 특수한 규정은 어디까지나
우연에 불과하고, 또한 내가 그 안에서 빠져나올 수 없는 나의 운명이기
도 하다. 비록 우리는 자유로운 존재임을 자처하지만, 여기에서 존재의

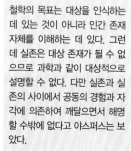

실존해명

철학의 목표는 대상을 인식하는
데 있는 것이 아니라 인간 존재
자체를 이해하는 데 있다. 그런
데 실존은 대상 존재가 될 수 없
으므로 과학과 같이 대상적으로
설명할 수 없다. 다만 실존과 실
존의 사이에서 공동의 경험과 자
각에 의존하여 깨달으면서 해명
할 수밖에 없다고 야스퍼스는 보
았다.

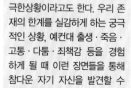

한계상황

극한상황이라고도 한다. 우리 존
재의 한계를 실감하게 하는 궁극
적인 상황, 예컨대 출생 · 죽음 ·
고통 · 다툼 · 죄책감 등을 경험
하게 될 때 이런 장면들을 통해
참다운 자기 자신을 발견할 수
있다고 한다.

한계에 맞닥뜨릴 수밖에 없다. 야스퍼스는 이것을 일반적인 한계상황이
라 부른다.

이에 대해, 특수한 한계상황에는 죽음·고뇌·싸움·죄의 네 가지가
있다고 한다. 이들 한계상황은 우리에게 실존의 유한성을 깊이 깨닫게
하며, 그 좌절에서 어쩔 수 없이 초월자로 비약하게 만든다. 다시 말해,
한계상황은 실존을 깨닫게 하는 계기인 셈이다.

마지막으로, 초월자는 어떤 식으로 실존에 나타날까? 이에 대해 야스
퍼스는, 초월자란 실존에 대해 먼저 암호로 나타난다고 말한다.
실존은 이들 암호를 해독할 때 초월자의 존재를 확인한
다. 암호란 실존이 알아듣는 초월자의 언어인 셈인
데, 여기에는 세 가지가 있다. 첫째는 초월자의 직
접적인 언어로, 이것은 실존의 절대적 의식 상태에
서 순간적으로만 들을 수 있다. 둘째는 신화나
계시나 예술처럼 서로간에 전달이 가능한 언
어다. 셋째는 철학적으로만 전달할 수 있는
사변적 언어다. 그렇다면 여기에서 다시 한
번 세계·실존·신에 대해 살펴보기로 하자.

야스퍼스는 1차
세계대전 후의
가치전환적인
서구 사상적 위기에
대해 깊은 성찰을
보여 준다.

세계, 존재자

여기에서의 '존재'란 규정된 존재라고 말할 수 있다. 그
러나 '규정된 존재'란 한정된 존재이므로, 존재 전체를 의미하는 것은 아
니다. 모든 존재는 어떤 것보다 크고 포괄적인 존재의 틀 속에 들어 있다.
따라서 어떤 특수한 범주를 통해 존재를 파악하려는 것은 부분적인 것을
마치 전체 존재인 양 착각하는 셈이 되고 만다. 존재 그 자체das Sein는 언

제나 우리가 뛰어넘지 못할 경계로 우리 앞에 나타난다. 그러므로 우리는 완성된 전체로서 그 존재를 바라볼 수 없다. 이러한 존재를 야스퍼스는 포괄자das Umgreifende●라고 불렀다.

야스퍼스는 이 포괄자를 파악하려고 했다. 우리가 세계 안에 있는 어떤 존재자를 인식할 때, 우리는 주관이 되고 세계는 객관이 된다. 그런데 포괄자란 이 두 가지를 포괄하면서도, 우리가 인식할 수 있는 범위를 벗어난 것을 말한다.

그리고 그 '존재 방식'을 일곱 가지로 제시한다. 주관적인 측면을 강조하면 현존·의식 일반·정신이 되고, 객관적인 측면을 강조하면 세계가 된다. 그리고 이 모든 것을 연결하는 끈이 '이성'이고, 이것들의 내용을 이루는 살이 '실존'이며, 이 포괄자를 다시 포괄하는 최고의 포괄자로서 실존과 직접 연결된 것이 '초월자'라고 할 수 있다.

인간 존재, 실존

야스퍼스는 위에서 말한 여러 포괄자 가운데서 먼저 실존을 밝히려 했다. 인간은 자기에게 맞서 있는 세계를 가지고 있다. 이 세계라는 존재는 '거기에 있는 것'으로, 개별 과학들이 서로 독립해서 따로따로 연구하는 대상들이다.

그러나 철학자들은 이에 대해 비판한다. 즉 "세계의 존재에 대한 여러 가지 관점들은 각각 한쪽 면만 바라보고 있다"라는 것이다. 예컨대 실증주의positivism●는 현실의 기계적·양적인 측면이 전부라고 말하며, 관념론은 오직 정신만이 전체라고 주장한다.

그러나 야스퍼스에게 실존이란 삶과 정신이 합쳐진 것이다. 그러므로 감정이나 체험, 본능과 충동으로만 살아가는 사람은 맹목적인 폭력을 휘

● 포괄자
한정된 시야의 한계를 딛고 시계視界를 한없이 넓혀 나감으로써 그 극한의 시계를 자신 속에 포괄시키는 것을 말한다.

● 실증주의
19세기 후반 서유럽에서 나타난 철학적 경향. 모든 초월적이고 형이상학적인 사변을 배격하고 관찰이나 실험으로 검증할 수 있는 지식만을 인정하려는 태도다.

두른다. 이와 반대로 이성에만 의지하는 사람은 자칫 관념적·도식적인 것에 빠져들고 만다. 그러므로 실존과 이성은 함께 붙어 있어야 하는 것이다. 이 두 가지는 결코 분리될 수 없다. 한쪽이 없어지면 다른 쪽도 없어지기 때문이다. 실존은 이성에 의해 밝혀지고, 이성은 실존에 의해 비로소 내용을 갖게 된다.

그런데 실존해명이란 것이 지식만으로 이루어지는 것은 아니다. 실존적인 인간은 언제나 진행형으로 있어야만 하고, 어떤 독단적인 진리나 체계를 고집해서는 안 되며, 계속해서 마음을 열어 두어야 한다. 궁극적인 진리는 없고, 모든 것은 실험을 거쳐야 한다. 그러므로 여기에서는 무엇보다 모든 것을 받아들이려는 관용의 태도가 중요하다.

우리는 시시각각 세계 존재의 암호를 읽는다. 그래서 인간은 절대로 그 종착점에 다다를 수 없으며, 여기에서 자기 능력의 한계에 부딪쳐 움츠러들 수밖에 없다. 인간은 바로 이 한계상황 앞에서 좌절한다.

그 대신에 인간은 자기의 존재, 즉 실존을 발견하는데 이 실존이야말로 진정한 진리다. 학문들 위에는 진리가 있고, 이 진리는 바로 실존하는 것 안에 들어 있다. 즉 실존이 진리다.

초월자, 절대자

우리에게 절대로 그 전체적인 모습을 보여 주지 않는 포괄자에 도달하기 위해서, 우리는 규정된 한계를 뛰어넘어야 한다. '철학한다'는 것은 곧 '초월한다'는 것이다.

그런데 초월은 세 가지 방식으로 나타난다. 첫째는 우리 자신을 초월해야 한다. 인간은 시간 안에서 존재하는 현존재[*]이자, 일반적 의식을 담당하는 자 또는 추동자이며, 정신이기도 하다. 그런데 우리는 이러한 우

현존재

실존 철학에서는 보통 '인간'을 가리킬 때 쓰인다. 실존 철학은 인간의 일반적인 본질보다도 개개의 인간 존재를 중시한다.

리의 존재 양식을 초월할 때만 실존의 경지에 다다를 수 있다.

둘째, 우리는 세계를 초월해야 한다. 이 세계의 한계를 박차고 벗어날 때 비로소 초감성적인 세계, 이른바 신성神性에 도달할 수 있다.

셋째로, 이성을 들 수 있다. 신의 직접적인 계시란 없다. 모든 계시는 철학적 탐구로 알아내지 않으면 안 된다. 그렇지만 신을 진정한 모습으로 발견할 사람은 아무도 없을 것이다. 다만 우리는 초월함으로써 신에게 좀더 가까이 다가갈 수 있을 뿐이다.

혼돈으로부터 통일성을, 역사 철학

인류는 네 번이나 새로운 바탕 위에서 출발했다. 첫째는 역사 이전의 시대, 즉 신화의 시대다. 이때에 비로소 인간을 인간답게 해주는 것들, 즉 언어·도구·불이 사용되기 시작했다.

둘째, 기원전 약 5000년인데 이때 메소포타미아·이집트·인도·중국에 고급문화가 생겨났다. 셋째, 기원전 약 800~200년까지 수레바퀴의 시대다. 중국에는 공자와 노자가 있었고, 인도에는 석가모니가 있었으며, 또한 우파니샤드Uphanishad가 생겨났다. 이란에서는 차라투스트라가 선과 악의 투쟁을 강조하는 가르침을 전파했으며, 팔레스타인유대에서는 엘리야로부터 열두 예언자들에 이르기까지 여러 선지자들이 나타났다. 그리스에서는 호메로스·플라톤·아르키메데스 등이 있었다. 오늘날 우리들이 논리적 사고를 할 때 이용하는 기본 틀이 바로 이때 생겨났고, 세계적인 종교의 씨앗들이 움텄다.

마지막 네 번째 시기에 이르러, 유럽에서 과학 기술이 놀랍게 발전하면서 정신적인 충격을 안겨 주었다. 그리고 마침내 이 충격은 전 세계로 뻗

차라투스트라

Zarathustra, BC 630?~BC 553? | 배화교(조로아스터교)의 교조. 페르시아에서 출생했다. 스무 살에 은둔 생활로 들어가서, 서른 살에 예언자로서 하늘의 계시를 받았다고 한다. 즉 페르시아의 신 마즈다를 전능의 신으로 하는 마즈다교를 개혁하여 종교적 체계를 갖췄다. 중앙아시아의 이란계 사람들에게 많이 신봉되었다.

아르키메데스

Archimedes, BC 287?~BC 212 | 그리스의 수학자이자 물리학자. 시라쿠사에서 태어나 알렉산드리아에서 공부하고 고향에 돌아왔다. "나에게 설 장소를 다오. 그러면 지구를 움직이리라"라는 말과 관련된 지레의 원리를 발견했다. 목욕탕 안에서 우연히 부력의 원리를 깨닫고 "유레카(알았다)"라고 소리치며 벌거벗은 채 달려나왔다는 유명한 일화가 있다. 그러나 제2차 포에니 전쟁에서 로마 병사에게 살해되었다.

어나갔고 온 지구가 이 정신으로 하나가 되었다.

야스퍼스에 대한 첫 번째 비판은 포괄자의 개념에 모아진다. 포괄자란 어디까지나 야스퍼스가 가정해서 만들어낸, 그의 믿음에 불과하다. 그가 말하는 초월자란 어떤 존재도 아니고, 역사적인 법칙도 아니며, 또한 종교에서 말하는 인격적인 신도 아니다. 그러므로 그것을 믿는 것 역시 야스퍼스 자신의 주관적인 선택일 뿐이다.

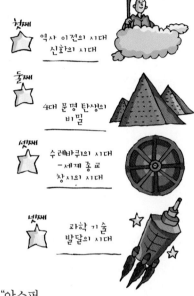

첫째 역사 이전의 시대 신화의 시대

둘째 4대 문명 탄생의 비밀

셋째 수레바퀴의 시대 - 세계 종교 창시의 시대

넷째 과학 기술 발달의 시대

이와 관련해서, 리케르트는 "야스퍼스는 보편타당한 지식 대신에, 낭만적인 환상에 사로잡혀 있다"라며 그를 철학자로 인정조차 하지 않았다. 후설 역시 야스퍼스를 높이 평가하지 않았다.

또한 야스퍼스는 "과학이 없는 철학의 근원"을 주장하는가 하면, 다른 한편으로는 "과학 없이 철학은 단 한 발걸음도 나아갈 수 없다"라고도 말을 하는데, 이는 결국 그가 과학에 대해 분명한 태도를 취하지 않았던 것으로 볼 수 있다. 어쩌면 그의 의도는 과학을 이용하면서, 동시에 그것을 초월하고 싶었던 것 같다.

그러나 결국 철학은 신앙으로 후퇴하고 말았다는 점이 문제다. 결국 야스퍼스가 말한 초월은 인류를 결속시키는 철학적인 방법으로 충분하지 않다고 해야 할 것이다.

리케르트

Heinrich Rickert, 1863~1936 | 서남 독일학파의 완성자. 빈델반트의 후계자로 하이델베르크 대학의 교수를 역임했다. 칸트의 선험 철학을 기반으로 하여 인식 문제를 논의했다.

후설

Edmund Husserl, 1859~1938 | 현상학의 창시자로, 하이데거·사르트르 등의 실존 철학에 큰 영향을 끼쳤다.

무겁고도 신중한 사유, 하이데거

Martin Heidegger, 1889~ 1976 | 20세기 독일의 실존 철학을 대표한다. 저서 《존재와 시간》으로 유명하다.

하이데거®의 외모와 관련해서 다음과 같은 이야기가 전해진다. 한 번은 빈의 어떤 철학자가 하이데거에 대한 강연을 했다. 그는 강연을 끝내고 나서, 맨 앞줄에 앉아 있는 한 농부가 줄곧 다 알아듣겠다는 표정으로 쳐다보자 자신의 강연이 매우 잘되었을 것이라고 생각했다. 그런데 나중에 알고 보니, 그 농부가 바로 하이데거였다.

독일 남부의 메스키르히에서 태어난 하이데거는 선수 못지않은 스키 전문가였다. 그러나 스키보다도 철학자로서 그 능력을 인정받았으며, 차분하고도 심오한 강의로 많은 사람들을 감동시켰다. 또한 마흔 살 무렵에 쓴 《존재와 시간》으로 일약 유명해졌고, 후설의 후계자로 프라이부르크대학의 교수가 되었다. 1933년 그 대학의 총장으로 추대되지만, 당시 나치가 정권을 잡고 있었던 터라 이 취임은 그의 학문적 권위와 명예에 지울 수 없는 허물로 남게 된다. 나치가 패망하자 그에 협력했다는 이유로 교수직이 박탈되었으며, 그 후로 복직이 되긴 했지만 바로 명예교수로 물러나고 말았기 때문이다.

20세기 초 서양 정신사에 가장 큰 영향을 끼친 실존주의 철학자였으나 나치 정권에 동조하면서

하이데거

학문적 권위와 명예에 큰 타격을 입었지요.

말년에는 한적한 산속 비탈진 언덕에 조그마한 오두막집을 짓고, 그 앞에 놓인 긴 의자에 앉아 끝없이 펼쳐진 산과 말없이 흘러가는 구름을 바라보며 보냈다. 농부처럼 투박한 그의 기질은 무겁고도 신중한 사유, 끈질기게 묻고 대답하는 습관, 그의 몸에서 풍기는 우울한 분위기로 대변된다. 그러나 젊은 시절에는 제자들을 헌신적으로 돌봐주었고 그들이 철학과 신학 분야에서 교수직을 맡을 수 있게 도와주었다.

하이데거에 대한 평가는 사람마다 다르다. 그를 따르는 사람들은

"그의 업적이야말로 2천 년 철학사에 새로운 이정표를 세웠다"라고 말하는 반면, 반대편에 서 있는 사람들은 "불가해不可解한 오솔길에 자신을 숨기고 있는 하이데거는 진지한 토론의 마당조차 마련하지 못했다"라고 비판한다. 그의 저서로는 《존재와 시간》 외에 《형이상학이란 무엇인가》 《진리의 본질에 관하여》《횔덜린의 시작품해석》《오솔길》《철학—그것은 무엇인가》 등이 있다.

존재 망각의 역사를 바로잡다, 기초 존재론

계속 언급했듯이, 철학이란 결국 이 세계의 존재가 어디에서 유래했는지를 따지는 학문이다. 그런데 하이데거는 지금까지 서구 유럽의 형이상학이 존재Sein와 존재자Seiende®를 혼동했다고 한다. 다시 말해서, 과거의 철학은 통속적 의미의 존재자만을 따졌을 뿐, 근원적 의미의 존재 그 자체는 아예 문제 삼지도 않았다는 것이다. 그런 의미에서, 그것은 존재를 망각한 역사였다. 하이데거는 이러한 형이상학을 쳐부수는 대신, 그것이 진정한 의미인 기초 존재론으로 돌아가도록 했다.

그렇다면 기초 존재론이란 무엇일까? 그것은 존재를 규명하기 위해 가장 기초가 되는 것이고, 따라서 그것은 무엇보다도 인간 존재현존재에 관한 것이어야 한다. 다른 존재를 알기 위해, 우리는 먼저 인간 존재가 무엇인지 알아야 한다. 왜냐하면 모든 존재 가운데서 존재가 무엇이냐고 물을 수 있고, 또 존재가 무엇인지 이해할 수 있는 존재는 오직 인간뿐이기 때문이다. 그러므로 현존재를 분석하는 일이 기초 존재론의 첫 번째 과제다. 그렇다면 현존재란 무엇일까?

> ### 🔍 존재와 존재자 ▼
> '존재'가 존재의 의미를 근원적 입장에서 묻는 것이라면 '존재자'란 일상적 의미에서 그저 존재하는 것을 의미한다. 전자가 주체적인 철학적 자각의 입장이라면, 후자는 철학적 자각 이전의 객관적·대상적인 태도를 일컫는다.

인간은 시간이다, 현존재

현존재는 실존이라고 해석되는데, 그것은 첫째, 세계 안의 존재를 말한다. 그렇다고 해서 이것이 곧 공간적인 의미만은 아니고, 모든 현존재의 근본구조 자체를 뜻한다는 것이다. 인간은 나라·사회·가정·직장 등 자기에게 고유한 어떤 곳에 던져져 있다. 그리고 바로 이 투여성投與性이야말로 그 근본구조에 해당한다. 현존재는 자기의 의지와는 무관하게 이 세계 안에 던져진 채, 세상일에 골몰하게 된다. 기분·이해·언어 등은 이것을 나타내는 단어들이다.

둘째, 현존재는 염려Sorge다. 우리 인간은 다만 존재하는 것으로 그치는 것이 아니라, 끊임없이 자기를 실현해야 하기 때문에 자기의 현존재에 대해 관심을 갖지 않을 수 없다. 물론 사물이나 다른 사람에게 관심을 쏟기도 하지만, 그 역시 자기와 관련이 있을 때이고 본래의 관심은 언제나 자기의 존재로 향하기 마련이다.

셋째, 현존재란 죽음으로 향하는 존재다. 죽음 앞에 섰을 때, 현존재는 결국 자신이 시간에 불과하다는 것을 체험하게 된다. 날마다 시시각각 그에게 다가오는 죽음은 인간이 결국 한순간을 살다 가는 존재임을 실감하게 한다.

그러나 이 죽음은 외부에서 다가오기보다는, 처음부터 그에게 붙어 있었다고 봐야 한다. 살아 있는 모든 것은 반드시 죽게 되는데, 인간 역시 이 세상에 살기 시작한 그 순간부터 이미 죽음을 자신 가운데 잉태했다고 봐야 한다. 인간은 자기 자신이 무화無化되는 상태에서 불안을 느낀다. 인간의 불안은 자신의 존재 전체가 스스로 궤도 상실을 가져올지도 모른다는 다급한 심정에서 유래한다.

그러나 한편 절대적 한계점을 가지고 죽음을 바로 본다는 것은 현존재만이 갖는, 의미심장하고 긴박한 문제이기도 하다. 만일 우리가 수명을 무한하게 늘릴 수 있다면, 우리는 그 어떤 것도 긴박하거나 중요한 것으로 느끼지 않을 것이다. 인간이 시간이라는 지평선 안에서 찰나를 살다가 죽을 수밖에 없다는 사실이야말로, 가치 있는 삶을 살도록 깨닫게 한다. 인간은 언젠가 그에게 다가올 죽음을 '앞서 취함先取'으로써, 자기의 본래적이고 고유한 삶을 자유롭고도 책임감 있게 이끌어갈 수 있다.

인생이 매우 짧다는 것을 진실로 의식하는 사람은 "내가 이 세상에 왜 태어났을까"를 묻게 되고, 그 순간 잘못 살아온 인생을 반성하며 새로운 삶을 살아갈 결심을 한다. 이제 죽음은 무작정 거부하고 부정해야 할 저주의 대상이 아니다. 그것은 오히려 현존재의 삶을 유일하고도 가치 있는 것으로 깨닫게 해주는 긍정적인 의미를 갖는다.

그러나 죽음을 애써 외면하는 사람은 비본래적이고 무의미한 세상에 몰두함으로써 일상적인 현존재, 이른바 일상인das Mann●의 위치로 전락하고 만다. 일상인은 그저 먹고 마시고 즐기면서, 영혼 없는 동물처럼 하루하루 살아간다. 그에게 내일이란 없다. 오직 죽음을 선취한 현존재만이 이러한 일상적인 비본래성에서 자신의 본래성을 회복한다. 다시 말해서 인간은 죽음에 대한 '선구적 결의先驅的 決意'를 통해 현존재로 바뀔 수 있으며, 이 현존재만이 타락한 일상인에서 주체적이고 능동적인 본래의 삶으로 돌아갈 수 있게 하는 것이다.

하이데거는 마술적인 언어를 조작해서 사람들을 깊은 숲 속의 오솔길로 끌고 간다. 그에게 언어란 결코 단순한 의사소통이나 교제 수단으로 그치는 것이 아니라, '존재가 스스로 빛을 뿜어내면서 말을 하도록 하는' 매체다. 곧 언어는 '존재의 집'인 셈이다. 그것은 인간이라는 존재가 몸담고 있는 집이다.

● **일상인** ▼ 🔍

자신의 본래적 사명과 삶의 의미를 깨닫고 미래를 향해 스스로 삶을 내던지는 현존재와는 구별되며, 평범하게 삶을 꾸려 가는 보통 사람을 일컫는다. 아침에 일어나 식사하고 출근하며 퇴근 후에는 식구와 함께 저녁을 먹는, 평범하고 소시민적인 군상이다. 하이데거는 이들을 자신의 삶의 의미를 깨닫지 못한, 따라서 본래성으로부터 타락한 인간이라 규정했다.

329

존재가 바탕이 되어 인간의 사유가 생겨나고, 이 사유를 통해 언어가 흘러나온다면, 언어에는 반드시 존재가 들어 있기 마련이다. 바로 이 점에서, 철학자와 시인은 가장 멀리 있으면서도 가장 가깝게 서로를 느낀다. 하이데거가 시인 횔덜린에 심취했던 것도 아마 이 때문이 아닐까 싶다.

사르트르

Jean Paul Sartre, 1905 ~ 1980 | 프랑스 실존주의 철학자 · 작가. 무신론적 실존주의를 제창했다. 1964년 노벨문학상 수상자로 결정되었으나 이를 거부했다.

노벨문학상을 거절한 레지스탕스, 사르트르

프랑스 실존주의가 나름의 독자적인 방향을 개척할 수 있었던 이유는 그 중심에 사르트르가 있었기 때문이다. 그는 철학자보다 작가로 더 잘 알려져 있다.

파리에서 태어난 사르트르는 두 살 때 아버지를 여의었지만, 아버지 없는 어린 시절이 오히려 축복이었다고 말한 적이 있다. "좋은 아버지란 이 세상에 존재하지 않는다." 결국 어린 사르트르는 외가로 갔다.

나는 작가인 시몬 드 보부아르와 평생 살았고 우린 서로의 자유를 위해 자식을 갖지 않았죠.

그 후에 날 따라하는 젊은이들이 많이 생기더군요.

그의 외할아버지는 유명한 슈바이처 박사의 친할아버지였는데, 사르트르는 외할아버지의 커다란 서재에서 마음껏 책을 보는 등 꽤 자유분방한 어린 시절을 보냈다. 그러나 열한 살 때 그의 어머니는 재혼을 했고 또다시 이방인처럼 자라야 했던 사르트르는 이제 자기 능력으로 미래를 개척해 나가야만 했다.

프랑스 국립대학에서 장학금으로 공부하는 동안, 사르트르는 학생들과 교수들을 멸시했으며, 강의를 잘 듣지도 않았다. 또 단벌옷

330

에 슬리퍼를 끌고 다녔으며, 주정뱅이로 보일 정도로 술을 많이 마셨다. 스물두 살에 소설을 썼으나, 출판사로부터 거절당했다. 재수 끝에 교사 자격시험에 합격한 사르트르는 이 무렵 작가인 시몬 드 보부아르를 만나 그녀와 결혼하지 않았지만 삶의 반려자로 지냈다. 또한 두 사람은 서로 의 자유를 위해 자식을 갖지 않았다고 한다. 사르트르가 이 학교를 수석 으로, 보부아르가 차석으로 나란히 졸업했다.

군대를 제대한 후에 베를린대학에서 프랑스 정부의 장학금을 받아 공 부하는 동안, 사르트르는 후설과 하이데거의 사상을 접하게 된다. 1940 년대 초반에는 독일군에 항거한 레지스탕스 운동에 직접 참여했고, 1945 년부터는 교수직을 그만두고 자유문필가로 살았다. 사유재산제를 반대 했던 그는 집 대신 호텔에서 지내고, 카페에서 일했으며, 식당에서 식사 를 했다.

1952년에는 공산주의 운동에도 가담했으나 그 후 당을 이탈했다. 같은 시대의 실존주의 문학가 카뮈와 교제하면서 정치적 논쟁을 벌이기도 했 던 사르트르는 1964년, 노벨문학상을 거절해서 세상 사람들을 놀라게 했 다. 노벨상이 서구 작가들에게만 치우쳐 있어서 그 공정성을 잃었다는 것이 이유였다.

사르트르는 작은 키에 사팔뜨기였으나, 유머러스한 성격 덕분에사람 들을 곧잘 웃겼다. 게다가 상대방의 이야기를 귀담아 듣고 그 의도를 잘 파악했기 때문에, 누구에게나 호감을 주었다. 오른쪽 눈의 시력은 이미 세 살 때 잃어버렸고, 1975년에 왼쪽 눈마저 시력이 떨어져서 독서는 물 론 집필도 못하게 되었다. 마침내 1980년 4월 15일, 전부터 앓아온 폐기 종으로 사망했을 때 그의 나이는 일흔다섯이었다. 저서로는 《존재와 무》 1943 《실존주의는 휴머니즘이다》 《변증법적 이성비판》 등이 있다.

▸ 카뮈

Albert camus, 1913~1960 | 프랑스의 소설가이자 극작가 평 론가다. 부조리의 철학을 여러 작품에서 보여 주었다. 대표작으 로는 《이방인》 《페스트》 등이 있 으며, 1957년 노벨문학상을 받 았다.

▪ 존재와 무

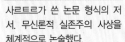

사르트르가 쓴 논문 형식의 저 서. 무신론적 실존주의 사상을 체계적으로 논술했다.

존재란 우연이다, 존재

인간의 의식과 밖에 있는 대상^{존재}은 어떤 관계에 있을까? 이에 대해 후설은 그의 현상학에서 "대상이란 항상 의식에 의해서 구성된 것"이라고 했다. 그러나 사르트르는 대상이 우리의 의식 밖에 '실재'한다고 주장한다. 존재는 인간에 의해 의식되건 않건 간에, 그 자체로서 본래부터 존재한다. 사르트르는 이것을 즉자^{卽自, an sich}라고 불렀다.

반면에 의식은 항상 다른 존재와의 관계를 통해서만 존재한다. 의식은 그 자체로서 존재하지 못하고, 그 무엇에 관한 의식으로서만 존재한다. 의식의 이런 성격을 사르트르는 대자^{對自, pour-soi}라고 불렀다.

의식과는 반대로 그 자체로 있는 존재^{즉자}는 타자와 어떤 관계에 있는 것이 아니며, 타자에 의해서 창조된 것도 아니다. 그러므로 존재는 필연이 아니라 우연이다. 그것은 어떤 원인의 결과로 있다거나, 어떤 목적을 향해서 존재한다거나 하지 않는다. 존재는 그저 있을 뿐이다.

의식이 우연히 존재 자체와 만날 때, 우리는 구토를 느낀다. 존재는 '그저 있다'는 것 외에는 아무것도 아니다. 그러므로 사물을 지배하는 필연 법칙을 인정하고 모든 운동과 변화를 설명하려는 과학을 사르트르는 인정하지 않는다.

사실 옛날부터 존재라는 개념은 철학에서 높은 자리를 차지해 왔다. 그러나 사르트르에게 존재는 이미 신적인 것도, 더없이 높은 초월자도 아니다. 그것은 "그저 있다"라고 말할 수 있을 뿐, 그 이상도 그 이하도 아니다. 창조되지도 않았고 존재할 이유도 없으며 다른 존재와의 어떠한 관계도 없는 무의미한 것, 그가 쓴 책의 이름처럼 그저 《구토》를 일으키는 것일 뿐이다. 이것은 철학적 전통에 대한 하나의 혁명이라고 부를 만하다.

즉자

사물의 직접 태도로서 다른 것과의 연관에 의해 규정되는 단계까지 도달하지 않은 미발전의 상이다. 독일의 철학자 헤겔이 사용한 철학 용어다.

대자

즉자에서 발전한 단계로 의식을 가지고 자신을 대상화하고 바라보는 존재를 말한다.

구토

1938년에 출간된 소설로 실존주의를 형상화했다. 사람들의 위선과 무의미한 대화에서 인간의 비진정성을 드러내며, 주인공은 실존을 깨닫는 순간 구토를 시작한다. 사르트르가 작가적 기반을 마련한 작품이다.

존재의 알맹이 속으로, 의식

그렇다고 해서 사르트르가 인간 의식에 대해 무슨 대단한 의미를 부여했느냐면, 그것도 아니다. 물론 인간은 의식을 가지고 있으며, 그런 점에서 그 자체에 머무는 다른 존재들과는 구별된다. 그러나 '대자'로서 이 의식은 '즉자'인 존재의 축소 또는 약탈과도 같다. 과일을 파먹는 벌레와도 같이, 이것은 존재의 알맹이 속으로 의식의 무無를 끌어들인다. 이 말은 다음과 같이 설명할 수 있다.

○ 〈인민의 대의〉라는 신문을 나눠 주고 있는 사르트르

즉 인간의 의식은 두 가지로 분열된다. 가령 우리가 어떤 대상을 의식할 때, 우리는 동시에 "의식하고 있다"라는 사실을 스스로 의식한다. 의식은 밖에 있는 대상을 향하거나 나 자신을 향하기도 한다. 둘은 서로 떨어졌다고 볼 수도 없고, 그렇다고 하나라고 볼 수도 없다. 그리고 둘 사이에 끼어 있는 것은 아무것도 없다. 이 무가 두 가지를 갈라놓는다. 그러므로 둘은 무의 심연에 따라 연결됨과 동시에, 나눠진 것이다. 의식은 다른 것뿐만 아니라, 자기 자신에 대해서도 항상 무를 끼어들게 해서 거리를 둔다. 그런데 우리 인간은 즉자로 되기를 원하는 것이 아니라, 대자로 있으면서 동시에 즉자로 되기를 원한다. 대자의 특권을 갖고 있으면서, 즉자의 충만도 누리자는 것이다. 물론 이와 같이 즉자이면서 동시에 대자인 즉자대자 en—soi—pour—soi란 하나의 이상에 불과하다. 그것은 바랄 수 있으나 실현하기는 어려운, 공상일 뿐이다.

인간이란 자유가
선고된 존재다, 실존

사르트르는 이러한 인간에 대해, 다른 사물처럼 '존재'하는 것이 아니라 '실존'한다고 말한다. 그렇다면 실존이란 어떤 것일까? 가령 인간은 미래를 향해 끊임없이 자기 밖으로 자기를 내던 짐, 즉 투기投企하면서 현재를 뛰어넘는다. 이렇게 보면 인간이란 스스로 만들어 가는 것 이외에 아무것도 아니다. 사물의 경우에는 과거의 원인이 현재의 결과를 규정한다. 하지만 인간의 행위에는 거꾸로 미래가 현재를 규정한다. 인간은 미래의 많은 가능성 가운데 어느 하나를 선택하여 자기를 내던진다. 인간 존재란 곧 선택이다.

이렇게 보자면 인간의 자유란 그에게 본래부터 있는 것이기보다, 가능성 있는 그의 계획에 따라 얻을 수 있는 것이다. 인간은 우연하게 아무런 의미도 없이 이 세상에 던져졌다. 그러므로 스스로 선택해서 자신의 존재를 실현해 나가지 않으면 안 된다. 그는 무한히 자유롭다.

그러나 이 자유는 인간이 대자의식이기 때문에 갖는 근본적인 한계에 맞닥뜨리고 만다. 인간은 자신이 결코 완전히 꽉 찬 즉자존재처럼 될 수 없음을 잘 알면서도, 미래를 선택하고 계획하지 않으면 안 된다. 따라서 인간의 자유는 축복이 아니라 저주이며, 끝끝내 우리를 놓지 않는 형틀이다. 인간이란 자유가 선고된 존재이며, 선택이 강요된 존재다.

그러므로 실존은 자신의 존재 방식에 책임을 져야 한다. 인간에게 자유란 자의恣意가 아니며, 반드시 책임을 동반한다. "실존이 본질에 앞선다"라는 말 역시 실존이 있고, 다음에 본질이 나타난다는 그런 뜻이 아니라, 인간의 본질 자체가 실존함에 있다는 뜻이다.

그런데 나와 하나의 자유인 타인의 관계는 어떨까? 다른 사람의 시선 속에서 나는 하나의 대상이 되고, 나의 자유는 제한을 받게 된다. 나의 행위는 타인에게 즉시 영향을 끼친다. 나는 나의 존재를 선택함과 동시에 타인, 나아가 전 인류의 존재를 선택하는 것이 된다. 그러므로 나의 선택은 보편적이어야 하며, 나의 행위는 인류의 이상과 합쳐지지 않으면 안

◐ 사르트르와 보부아르, 그리고 체 게바라가 쿠바에서 만났다.

된다. 인간은 스스로 자기 행위를 선택해서 이 세계에 대한 가치 평가를 내려야 하는데, 대개 그는 보편적인 가치를 긍정하고 모든 사람에게 타당한 행위를 선택하도록 되어 있다.

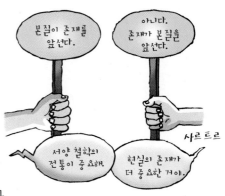

인어의 상반신은 인체이고 하반신은 물고기의 꼬리인 것처럼, 대자^{의식}의 하반신도 세계 속의 즉자존재^{사물, 대상}로 끝난다. 이것은 인간이 결코 고립된 존재가 아니라, 늘 구체적인 상황 속에 놓여 있는 존재임을 의미한다.

사르트르는 우리에게 극단적 자유가 가능하다고 주장한다. 그러나 이와 관련해서, 첫 번째 비판이 제기된다. 즉 자유란 결코 절대적인 것이 아니라, 일정한 상황과 조건의 제약을 받게 마련이라는 점이다. 예컨대 내가 어느 시대에 어느 민족으로 태어났다거나, 태어날 때부터 남자라든가 혹은 여자라든가 하는 것들은 선택의 여지가 없는 것이며, 자유롭지 못한 것이다. 그런데도 사르트르는 인간이 마치 절대로 자유로운 존재인 것처럼 말한다. 그에 대한 두 번째 비판은 그가 급진적인 허무주의자요, 무신론자라는 점이다. 하이데거가 말한 무는 존재의 바탕이고 충만함이며 또한 신학과 대립하지 않았던 데 반해, 사르트르가 말한 무는 18세기의 프랑스 유물론이나 무신론과 마찬가지로, 너무나 파괴적이라는 것이다.

철학논술 Q 영화 〈사랑과 영혼〉에서 주인공 샘은 길에서 강도의 총에 맞아 죽게 된다. 청혼을 했던 여자 친구 몰리의 눈에도 자신이 이미 죽은 존재로 보이자 그는 슬퍼한다. 그러나 샘은 이미 죽은 상태에서도 인지하고, 사고하고, 행동한다. 사르트르가 영화관에서 이 영화를 봤다면 어떻게 느꼈을까? 사르트르의 영화평을 대신 써 보자.

철학 밖의
철학 이야기

바보같은 사랑

키르케고르는 스물네 살 때 자기보다 열 살이나 어린 소녀 레기네 올센을 보고 첫눈에 반해 그녀와 결혼을 결심한다. 원래 그녀는 자신의 가정교사이자 키르케고르의 친구인 슐레겔을 좋아하고 있었다. 그러나 그는 수단 방법을 가리지 않고 그녀를 슐레겔로부터 떼어 놓았고, 마침내 3년 만에 구혼하여 승낙을 얻었다.

그러나 얼마 후 키르케고르는 자신이 과연 한 여자를 구속할 권한이 있는지 심사숙고하기 시작했다. "결혼하면 두 사람이 서로에게 절대적으로 솔직해야 한다. 그러나 나에게는 도저히 그녀에게 말하지 못하는 문제가 있다. 그렇기 때문에 나 같은 사람은 그녀와 결코 결혼해서는 안 된다"라고 결론을 내린 그는 약혼녀가 먼저 파혼하도록 하기 위해 혐오스럽게 처신하고 타락한 행동을 일삼았다.

그렇게 키르케고르는 그녀와의 관계를 청산했는데도 계속 그녀를 예의주시하며 일기를 썼다. 심지어는 코펜하겐의 어느 거리에서 그녀가 서 있었는지 앉아 있었는지, 그녀가 웃었는지 웃지 않았는지에 대해서도 빠짐없이 기록했다. 그러면서도 감히 올센에게 말을 건넬 엄두조차 내지 못했다. "나같이 더럽고 미천한 놈이 그녀에게 가까이 갈 수 없다"라고 생각했다.

2년 후에 올센은 결국 슐레겔과 약혼하고 결혼까지 하고 말았다. 슐레겔은 1855년 서인도의 장관으로 부임되었고 올센 역시 따라갔다. 키르케고르는 비록 자신이 자초하긴 했지만 절망과 배신감에 그녀를 비난하는 글을 쓰기 시작했다. 하지만 그는 여전히 그녀를 사랑하고 있었으며 희망 또한 버리지 않았다. 당시 그의 일기나 저서에는 자신을 자책하는 내용이 주를 이루었으며, 죽을 때까지 그녀를 잊지 않았다고 한다.

그렇다면 키르케고르가 그녀에게 고백하지 못한 '문제'는 과연 무엇이었을까? 그것은 그가 사창가에 단 한 번 갔던 일 때문이었다. 게다가 그곳에서 여자와 은밀한 관계를 가지

지도 못한 채 오히려 조롱만 받고 돌아왔을 뿐이었다. 큰 문제도 아닌 이런 과오를 그가 극도로 진지하게 받아들인 것은 그의 우울증에 기인한다고 본다. 그리고 이는 어릴 적부터 받은 가정환경 탓이 아닐까 싶다.

원래 키르케고르의 어머니 안네는 그 집의 하녀였다. 전처가 슬하에 자식 하나 없이 세상을 떠나자 아버지는 안네를 강제로 임신시켰고, 당시 금기였던 재혼까지 한 것이다. 그의 아버지는 평생 이 사실을 두고 괴로워했다. 그는 이런 불행한 분위기 속에서 막내로 태어났다. 그 후 아버지가 두 아내와 다섯 자녀까지 모두 잃게 되자 이는 모두 죄에 대한 대가라고 생각했으며, 키르케고르 자신도 결국 사랑에 실패하고 말았다.

제4장

20세기의 철학

다양한 사상들이 넘쳐나는 현대에서, 철학을 하나로 고찰할 수는 없다. 그렇지만 분명하게 말할 수 있는 몇 가지 공통된 사항이 있다.

첫째, 오늘의 철학은 그 영향력을 학문 전체까지 미치게 할 수 없다. 둘째, 현대의 철학은 과학의 토대 위에서 성장할 수밖에 없다. 셋째, 오늘날 기술의 발달은 우리의 삶을 편리하게 해줄 뿐만 아니라 인류 전체를 말살할 수 있는 가능성까지 내포하게 되었는데, 이 가운데 어느 쪽을 선택할 것인지는 전적으로 우리의 정신적 자각에 달려 있다. 마지막으로 기계의 자동화, 전자계산기와 컴퓨터의 출현, 사이버네틱스cybernetics●와 같은 새로운 학문의 등장으로 인해 결과를 예측하기 어려운 철학적 문제들이 대두되고 있다.

이러한 분위기 속에서 등장한 20세기 철학에는 이미 살펴본 실존주의 이외에도 현상학·해석학·비판이론 등이 있다. 또 영국과 미국의 철학 계통에는 구조주의·분석 철학·논리적 실증주의·사회윤리 등이 있다.

● **사이버네틱스** ▼ Q

1948년 미국의 수학자 위너가 제창한 새로운 기계론. 그는 통신 공학과 자동제어의 연구에서 출발해서 무생물, 특히 정밀한 기계의 움직임으로부터 인간의 생리와 심리 현상에 걸친 광범위한 영역에 대해 유효하고 통일적인 수학적 이론의 체계를 세웠다.

사상 자체로 돌아가라, 현상학

현상학은 "사상事象[*] 그 자체로 돌아가라"를 모토로 삼는다. 그것은 본래 하나의 철학적 방법일 뿐이었다. 즉 우리가 사물을 바라볼 때 각각의 사태에 충실해서 인간의 감정을 이입하는 직관의 도움을 받아, 사물 그자체의 본질이 드러나게 하는 처방을 말한다.

현상학의 창시자는 후설이다. 그에게 결정적인 영향을 입힌 사람은 브렌타노[*]였다. 브렌타노는 철학이 자연과학처럼 경험적 방법에 의해야 할 뿐만 아니라, 또한 기술적 심리학의 기초 위에 서야 한다고 주장했다. 가령 심리 현상은 단순한 물리 현상과 다르다. 왜냐하면 심리 현상이란 어떤 대상에 대해 지향적 관계에 있기 때문이다. 브렌타노의 제자인 마이농[*]은 대상이론을 주장했는데, 그에게 대상이란 인간 의식표상의 대상뿐만 아니라, 사유의 대상 · 감정의 대상 · 욕구의 대상 등 모든 것을 포함하는 것이다.

이 밖에 볼차노B. Bolzano, 1781~1848가 있다. 그는 심리학과는 무관하게 논리학의 새로운 독자성을 정립했다. 논리학의 법칙이 의식의 진행 과정과 동일시되어서는 안 된다는 것이다. 이는 논리학이 비시간적 · 비공간적인 진리이며 명제 자체를 뜻하기 때문이다. 이처럼 본질 또는 실체에 주목하는 것이 현상학이다. 특히 현상학은 사물의 그러한 본질성을 직접 포착하기 위해 본질직관本質直觀[*]이라는 방법을 사용한다.

후설은 독일의 프로스니츠에서 태어났다. 천문학을 공부하고 수학을 전공했으며, 수학 박사 학위를 받았다. 베를린에서 다시 비엔나로 돌아간 후설은 정년으로 교수직에서 물러난 '재야의 성직자' 브렌타노의 강의를 듣고 깊이 감동한 나머지 일생을 철학에 바치기로 결심했다. 그는

사상

관찰할 수 있는 형체로 나타나는 사물이나 현상이다.

브렌타노

Franz Brentano, 1838~1917 | 독일의 철학자 · 심리학자. 아리스토텔레스의 철학 연구에서 출발했고, 이후 후설의 현상학에 큰 영향을 주었다. 제자로 후설 · 마이농 등이 있으며, 프로이트도 한때 그의 강의를 청강했다.

마이농

Alexius Meinong, 1853~1920 | 오스트리아의 철학자 · 심리학자. 대상이론의 창시자로, 브렌타노의 철학적 기술 심리학, 특히 지향성 이론의 영향을 받았다.

본질직관

어떤 사물을 비교 · 상기하여 인식하는 것이 아니고, 현상을 직관하여 사물의 본질을 인식하는 일이다. 독일의 철학자 후설의 용어다.

브렌타노의 집을 자주 들러 철학을 배우기도 하고, 때로는 편지를 교환하며 두 사람은 매우 친한 사이가 되었다.

그 후 브렌타노의 추천으로 할레대학에 등록한 후설은 역시 브렌타노의 제자인 슈툼프 교수 밑에서 논문을 써서 교수 자격을 얻는다. 그런데 브렌타노나 슈툼프는 모든 인식을 심리학의 관점에서 해명하려는 입장이었다. 그래서 지도를 받은 후설 역시 한동안 심리학적 입장을 유지하고 있었다.

그러나 위대한 논리학자 프레게[*]에게 또다시 자극을 받아, 심리주의에서 본질주의로 전환한다. 이후 최초로 나온 책이 그 유명한 《논리학 연구》인데, 이를 통해 그는 단숨에 유명해진다. 전성기 때는 주체할 수 없을 만큼 한꺼번에 뿜어져 나오는 생각들을 미친 듯이 써 내려갔고, 이렇게 쓴 글이 신문지 반 장만 한 크기의 종이로 무려 4만 장이나 되었다고 한다.

세계대전 당시 포탄이 쏟아지는데도 제자들을 교실에서 나가지 못하게 한 채 계속 강의를 했다는 일화를 보면서, 우리는 학문에 대한 후설의 열정을 조금이나마 짐작할 수 있다. 그리고 그 후 일흔이 다 되어서야 프라이부르크대학의 교수 자리를 제자인 하이데거에게 물려주고 은퇴했다. 그 후로도 왕성한 연구와 저술 활동을 하던 중, 1933년 나치가 정권을 잡자 유대계라는 이유로 모든 공

주체할 수 없는 생각 때문에 한번은 신문지 반장 크기의 종이로 4만 장이나 되는 글을 단번에 쓰기도 했죠.

현상학을 대표하는 후설

적 활동이 금지되고 말았다. 학문에 대한 순수한 열
정마저 '유대인 탄압'이라는 히틀러의 야만적인 행위
아래 족쇄가 채워진 것이다. 더군다나 어떤 벨기에 신부
가 극적으로 구출하지 않았더라면 엄청난 양의 원고
마저 이 세상에서 완전히 사라질 뻔했다.

이후 미국 캘리포니아대학에서 강의를 맡아 달라
는 요청이 왔지만, 그는 거절했다. 프라이부르크를 떠
나지 않고 오직 연구에 몰두하는 동안, 파리의 소르본
대학이나 비인과 프라하 등지에서도 종종 강연을 했다.
일흔아홉을 일기로 자택에서 숨을 거두자, 그의 방대한 유고는 미망인과
제자들에 의해 벨기에 루벨대학으로 옮겨져 '후설 문고'로 출판되었다.
저서로는 《논리학 연구》 외에도 《산술의 철학》《논리적 탐구》《순수현
상학과 현상학적 철학에 대한 관념》《형식논리학과 선험논리학》 등이
있다.

후설은 '모든 사고를 심리 현상으로 간주해 버리는' 이른바 심리학주
의psychologism를 비판하고, 객관적인 진리 자체의 세계가 엄연히 있다고
주장했다. 후설 현상학의 이념은 '엄밀한 학문으로서 철학'에 있다. 이
엄밀성은 수학과 같은 추리 과정의 필연성뿐만 아니라, 그 추리의 시초가
엄밀하게 참이어야 함을 말한다. 시초 자체가 참이라는 것은 그것이 참
이기 위해서 다른 어떤 것에도 의존하지 않는다는 것, 즉 자명自明함을 의
미한다. "자기 자신이 끄집어낸 궁극적 명증을 기초로 해서, 스스로 형성
되고 책임지는 것을 요구하는" 철학이 참된 철학인 것이다.

그렇다면 절대적 명증은 어디에서 찾을까? 후설에 의하면, 우리 인식
의 원천은 직관이라고 한다. 직관은 우리의 의식 자체에 근원적으로 제

공되기 때문에, 순수한 내재성에 기초를 둬서 통찰될 수 있다. 그러므로 어떤 존재나 주장에 대해 정당성을 부여하는 것은 오직 의식의 직관적 소여所與일 뿐이다. 하이데거가 만들어낸 "사상 자체로 돌아가라"라는 현상학의 구호는 우리의 의식이 근원적 직관으로 돌아가야 함을 의미한다. 의식을 직관으로 되돌리고자 하는 것이 현상학의 근본태도이며, 여기에서 우리는 "나야말로 참된 실증주의자다"라고 말한 후설의 참뜻을 알게 되는 것이다.

그러나 "사상 자체로 돌아가라"라는 구호는 아무런 선입관도 없이 사물들 자체가 말하게 내버려두는 대신에, 현상학자 자신의 입장과 전문용어들만 고집하는 일이 자주 있었다. 실재론자 슈툼프는 "후설의 선험적인 논리학이란 속 빈 강정에 불과하다"라고 비하했고, "그가 말하는 순수한 자아는 한눈팔지 않고 자신의 배꼽을 바라보는 인도 고행자의 열반을 연상시킨다. 여기서 우리는 절대적인 무를 들여다본다"라고 꼬집었다.

그러나 미시적인 관찰력과 날카로운 분석, 그리고 오직 '사상 그 자체'에 충실해서 자신의 철학을 끊임없이 수정해 나간 후설의 성실성이야말로 높이 살 만하다. 후설은 20세기 철학의 발전에 획기적인 공헌을 했으며, 그의 현상학적인 방법은 그 개방성으로 인해 많은 분야에 광범위한 영향을 미쳤다.

사실은 해석에 달려 있다, 해석학

해석학 Hermeneutik이란 말의 어원은 그리스 신화에 나오는 헤르메스 Hermes 신에 있다. 그 신은 신들과 인간들 사이에서 여러 가지 일을 전달

헤르메스 ▼ 🔍

그리스 신화에 나오는 신들의 사자이며, 목부·나그네·상인·도둑의 수호신으로, 날개 달린 모자와 신을 신고 뱀을 감은 단장을 짚으며 죽은 사람의 망령을 저승으로 인도한다고 한다.

빈델반트 ▼ 🔍

Wilhelm Windelband, 1848~1915 | 서남 독일학파의 창시자. "칸트를 이해하는 것은 칸트를 초월하는 것"이라고 주장했고, 철학을 규범학으로서의 보편타당한 가치에 관한 비판적 학문이라고 했다. 여기에서 가치 철학이 생겨났고, 리케르트에게 문화 철학으로 계승되었다.

하는 매개자의 역할을 했는데, 이로부터 해석학의 개념이 유래되었다.

18세기 말부터 19세기까지 서양의 인문과학은 자연과학의 실증적인 방법에 의존하고 있었다. 그러나 1894년 빈델반트*는 모든 과학을 '법칙을 세우는 과학'과 '새로운 분야를 개척하는 기술과학'으로 나누었다. 그리고 전자는 보편적 법칙을 발견하려는 자연과학을, 그리고 후사는 일회적인 것의 특수성을 찾으려는 인문과학을 가리킨다고 말했다.

또 딜타이 W. Dilthey, 1833~1911는 우리가 자연에 대해서는 '설명'을 하고, 정신생활에 대해서는 '이해'를 한다고 한다. 여기에서 정신과학의 특징은 바로 '이해하는 방법'에 있는 것이다. 딜타이는 하이델베르크와 베를린대학에서 역사·신학·철학을 공부했다. 헤겔의 이성주의에 반대하는 대신 삶의 내면적인 직접 체험에 바탕을 둔 생의 철학*을 주장했던 그는, 삶을 객관화하는 데에 무엇보다 역사가 중요하다고 생각했다.

베르그송*이 삶을 심리학적·생물학적 측면에서 다룬다면, 딜타이는 삶의 역사적·사회적 측면을 주목한다. 그는 인류 역사에 나타난 모든 문화는 삶의 표현이기 때문에, 그에 대한 참다운 이해는 오직 약동하는 삶과 그 운동 자체를 통해서만 가능하다고 했다. 그리고 삶 자체는 해석학적이다. 인간이 체험하고 이해하면서 살아가는 삶의 해석이 '삶의 철학'이라고 한다면, '해석학'은

> 성경과 같은 고전들을 가장 올바르게 이해하기 위해서는 해석법이 필요합니다.

> 역사적 사실도 바라보는 사람의 해석에 따라 다르죠.

° 생의 철학

삶의 체험에서 모든 것을 파악하려고 한 철학이다. 합리주의나 과학주의적인 기계론에 반대하고 의지나 직관을 중요하게 여겼다. 쇼펜하우어·키르케고르·니체 등이 주장했다.

° 베르그송

Henri Louis Bergson, 1859~ 1941 | 프랑스의 생의 철학자. 파리에 있는 콜레주 드 프랑스의 교수였으며 방대한 독자층을 가지고 있던 철학자였다. 셸링과 쇼펜하우어의 영향을 받았으나 나중에는 그 자신이 오히려 독일 철학에 영향을 끼쳤다. 저서로는 《창조적 신화》 《도덕과 종교의 두 가지 원천》 등이 있다. 학생 시절, 프랑스의 전국학력경시대회에서 라틴어와 영어 작문·기하학·수학 등 모든 과목에서 1등을 차지한 천재이기도 했으며, 1927년에는 노벨문학상을 받았다.

그러한 삶을 해석하는 방법이다. 말하자면, 해석학은 생의 철학을 다시 해석하려는 일종의 방법론인 셈이다.

슐라이어마허*는 해석학을 "《성경》과 같은 고전들을 가장 올바르게 이해하기 위한 해석법"이라고 정의하였다. 그는 이해 자체의 현상에 주목했고 그것의 보편적 법칙을 파악하려 했다. 우리가 이해해야 할 대상에 관한 역사적 지식이란 우리의 직접적인 이해 과정과는 아무런 관련이 없다는 것이다. 이해 현상은 하나의 자율적 과정이며, 그 자체의 법칙을 가지고 있다. 말하자면, 역사적 사실은 그것을 바라보는 사람의 해석에 달려 있는 것이다.

● 슐라이어마허 ▼ 🔍

Friedrich Ernst Daniel Schleiermacher, 1768~1834 | 독일의 신학자·철학자. 기독교 사상에 끼친 그의 깊은 영향력 때문에, '근대 프로테스탄트 신학의 아버지'라고 불린다.

● 프랑크푸르트학파 ▼ 🔍

1930년대 이후, 프랑크푸르트의 사회연구소를 무대로 활약한 철학자 집단. 이 학파의 중심인물은 마르쿠제·호르크하이머·아도르노·프롬·하버마스 등으로, 비판이론을 전개했다.

위대한 거부, 비판이론

비판이론의 주제는 무엇일까? 그것은 현대의 산업 자본주의 아래 민주주의라는 미명으로 교묘하게 숨어 있는 전체주의적 요소를 벗겨내어 고발하고, 인간과 이성을 회복하자는 것이다. 그리고 그 어원은 칸트의 《순수이성 비판》과 마르크스의 《이데올로기 비판》에서 따왔다.

비판이론가들은 "비판이 마비된 사회, 반대가 없는 사회는 파쇼fascio적 권위주의의 정치 지배가 파놓은 현대 문명의 함정"이라고 주장한다. 그러므로 체제에 대한 도전, 이른바 프랑크푸르트학파*가 말한 '위대한 거부'는 인간 회복 선언이자 현재의 권위주의적 지배에 대한 학문적 저항이라 할 수 있다.

비판이론의 온상이 된 프랑크푸르트학파는 독일 프랑크푸르트대학의 '사회연구소'를 중심으로 형성되었다. 이 연구소는 1923년에 창설되어

나치 정권이 수립된 이듬해인 1934년에 스위스와 프랑스를 거쳐 미국 뉴욕으로 옮겨 갔다. 그리고 미국 콜롬비아대학의 부설기관으로 있다가 전쟁이 끝난 다음, 다시 프랑크푸르트로 옮겨 왔다. 여기에서 비판이론이 나오게 된 데에는 다음과 같은 역사적 배경이 있다.

먼저 1920년대 말, 유럽은 어떤 상태였는가? 자유기업 경제체제가 무너지고 자유민주주의는 아무런 힘도 발휘하지 못했으며, 사회민주주의 역시 그 허약성을 드러내고 있었다. 이에 대한 대안으로 새롭게 공산주의와 국가사회주의가 등장했지만, 독일의 정치·경제적 상황은 어느 때보다도 긴박한 위기에 몰려 있었다.

이러한 위기를 극복하기 위해, 호르크하이머와 아도르노는 철학에 사회학·정치학·경제학·심리학 등 여러 분야를 받아들여 일종의 종합적인 접근을 시도했다. 말하자면 인간을 그 전체적인 모습으로 파악하려고 했던 것이다.

특히 비판이론은 현대 자본주의사회의 경제생활과 각 개인들의 심리적 발달·문화적 산물이 서로 연관되어 있음을 드러내고자 한다. 즉 학문·종교·예술·법률·관습·여론·오락·스포츠와 같은 문화적 산물이 자본주의 경제구조로 하여금 인간의 심리를 조종해서 기존의 질서에 순응하게 하고, 이에 상응하는 현실 긍정의 문화를 만들어낸

다는 것이다. 그렇다면 여기에서 비판이론의 대표적인 사상가들을 소개해 보기로 하자.

도구적 이성으로의 전락, 호르크하이머

호르크하이머 🔽 🔍

Max Horkheimer, 1895~
1973 | 유대계의 독일 철학자·
사회학자. 프랑크푸르트학파의
대표적인 철학자다.

독일 슈투트가르트 근교의 주펜하우젠에서 유대계로 태어난 호르크하이머는 그의 저서 《도구적 이성 비판》에서 "인간은 사회적 존재이며, 철저히 시대적 상황 속에서 살아가는 존재다"라고 말한다. 하지만 정치·경제적 수단을 중앙집권화하고 자동화하는 기술이 인간 생활을 조직하고 조작하는 데 주역을 담당한다. 예컨대, 이 시대의 기술은 인간에게 인간답게 하는 것이 아니라 오히려 자동적인 기술에 봉사하도록 만든다. 기계가 인간의 노동을 대신하면서 인간은 사회나 자연에 대해 한층 힘이 없어지고 말았다. 인간은 그의 개성·인격·명예로 평가되지 않고, 상품성과 자동화된 기능으로 측정된다. 현대의 대중문화는 문화의 특수성을 잃어버린 문화이며, 대중사회 역시 '나'라고 하는 인간성이 빠져버린 조작 사회다. 말하자면 현대사회 전체가 방향을 잃어버린 셈이다.

본래 근대 유럽사회는 개인의 자유와 행복을 도모하기 위해서 합리적인 시민사회와 자유주의 경제체제를 마련했으며, 더욱이 과학과 기술의 발달은 인류의 미래를 한층 더 밝게 보이도록 만들었다. 그러나 거대한 생산구조는 인간을 장악했고, 어느새 각 개인은 자신의 안락한 생활을 위해 자본주의의 질서에 순응하고 말았다. 그 결과 개인의 자유는 오히려 위축되고, 이제 자유경쟁 대신에 능률적인 통치 기구로서 국가가 바람직하게 되고 말았다. 고도의 생산성은 국가의 관리가 필요했고, 이에 따라

'국가 자본주의'가 탄생했던 것이다. 그래서 개인은 국가의 통치 대상, 자본주의 질서의 예속자, 생산 기계의 부품으로 전락해 버렸다.

비판이론은 바로 이러한 개인의 예속 상태를 거부하며, 또한 "경제 사회적 존재가 의식을 결정한다"라는 마르크스주의의 주장도 거절한다. 비판이론은 개개인이 자신의 삶을 회복할 때, 비로소 인간의 어두운 운명이 밝게 변할 수 있다고 주장한다.

호르크하이머는 아도르노와 공동으로 저술한 《계몽의 변증법》에서 17~18세기에 나타난 계몽적 이성이 인간을 자유스럽게 했으나, 오늘날에는 반대로 인간을 부자유스럽게 억압한다고 주장한다. 그 이유는 한때 주체적이고 자주적이었던 이성이 어느새 인간의 자기보존이라는 이기적인 관심의 도구, 즉 도구적 이성으로 전락해 버렸기 때문이다. 그리고 계몽적 이성의 자본주의는 그 합리화를 통해 계속해서 인간을 체제에 종속시킨다고 한다.

이렇게 볼 때, 이성은 비록 과학을 발달시키기는 했으나 인간의 삶에 진정한 자유와 행복을 가져다주지는 못했다. 또 계몽적 이성이 도구적 이성으로 전락하면서 비판이론가들은 합리주의에 등을 돌리고 말았다. 그들은 합리주의가 도리어 나치즘과 같은 전체주의*를 키웠다고 주장했다. 결국 아도르노는 이성의 부정적 본질을 강조하면서, 전체주의적 성격의 자본주의를 극복하고자 했던 것이다.

전체주의

개인은 전체 속에서 비로소 존재 가치를 갖는다는 주장을 근거로 강력한 국가권력이 국민 생활을 간섭·통제하는 사상과 그 체제를 말한다. 당초에는 이탈리아의 파시즘, 독일의 나치즘, 일본의 군국주의 등을 가리키는 말로 사용되다가 제2차 세계대전 이후의 냉전 체제하에서는 공산주의를 지칭하게 되어 반反공산주의의 슬로건으로 전용되기 시작했다.

부정적 사유, 아도르노

아도르노*는 고독하고도 감수성이 예민한 성격의 소유자였다. 그는 현상을 긍정하는 계몽적 이성을 비판하기 위해, 반드시 부정의 변증법이 필요하다고 주장했다.

그는 저서 《부정의 변증법》에서 마치 불꽃이 어둠을 부정하면서 타오르는 것처럼, 인류는 현실을 부정함으로써 자유로 나아가야 한다고 주장했다. 지금까지의 역사에서 보듯이, 인간은 자연을 제압하면서 자연 상태에서 벗어날 수 있었다. 역사란 인간이 자연의 지배에서 해방되는 과정이다. 그러나 과거에 자연을 지배했던 주체인 인간이 이제는 통제 장치의 대상으로 바뀌었고, 주인이어야 할 인간이 도리어 노예가 되고 말았다. 그러므로 현대에 들어와 나타나기 시작한 강제수용소 · 파시즘 · 제국주의 · 반유대주의 등은 다시 그 반대편인 부정성으로 옮겨가지 않으면 안 된다.

아도르노는 인간이 현실을 비판할 때 갖게 되는 부정적 사유 속에는 고뇌라는 감성이 도사리고 있으며, 이것이 오히려 긍정을 향한 힘이 된다고 말한다. 그리고 자본주의 체제뿐만 아니라 사회주의 체제, 특히 소련의 스탈린적 체제에 대해서도 철저하게 비판한다. 그는 철학이 첫 번째로 해야 할 책임을 현실에 대한 비판이라고 보고, 그것을 통해 서로 나뉘어 있는 주관과 객관, 인간과 자연, 개인과 사회를 서로 조화시키려고 했다.

아도르노의 부정 변증법은 마치 모자이크 이론과 같다. 그에 따르면 각 개개의 부정성은 합성되는 성격을 갖긴 하지만, 그렇다고 해서 참된 전체를 산출할 수는 없고 또 그럴 필요도

인류는 현실을 부정하고 자유로 나아가야 해!

없다. 이에 따라 아도르노가 그리는 유토피아 역시 적극적으로 묘사되는 것이 아니라, 다만 현실의 부정을 통한 소극적인 소망에 불과하다. 마치 신의 모습이 적극적으로 그려져서는 안 된다는 것과 같다. 무엇인가 적극적인 제안을 해결책인 양 내놓는다는 것, 그 자체가 진리에 대한 모독이고 기만이라는 것이다.

아도르노는 현실의 부조리를 고발하고 비판하긴 했지만, 실천적인 혁명가가 되려고 하지는 않았다. 그렇기 때문에 비판이론을 혁명이론으로 받아들인 학생들과 충돌하기도 했는데, 그는 현실에 직접 뛰어드는 일 이외에 이론과 씨름하는 것도 하나의 실천이라고 주장했다. 그의 섬세하고도 나약한 성격은 개별적인 것에 의미를 부여하고, 약한 자 편에 서서 그들의 정의를 지켜주기 위한 것이었다. 그의 철학은 항상 일반화와 체계화를 멀리하고, 개별적이거나 미세한 것에 관심을 쏟았던 것이다.

3M 중 하나인 마르쿠제

마르쿠제 ◉ 마르쿠제

Herbert Marcuse, 1898~ 1979 | 독일 태생의 미국 철학자. 호르크하이머가 프랑크푸르트대학에 사회연구소를 설립하자 아도르노와 프롬 등과 함께 참가하여 사회 철학자·사상가의 길을 걷기 시작했다. 그의 이론은 많은 학생과 젊은이들의 공감을 얻었으며, 신新좌익 운동의 정신적 지주가 되었다.

마르쿠제 ◉ 는 독일에서 태어났지만, 나치의 박해를 피해 미국으로 망명했다. 그는 저서 《이성과 혁명》에서 헤겔 철학을 부정의 철학으로 해석했고, 《에로스와 문명》과 《일차원적 인간》에서는 고도로 발달된 산업사회에 나타나는 인간의 소외 문제를 밝혀냈으며, 지금의 사회체제를 전체적으로 부정해야만 비로소 인간의 해방이 가능하다고 주장했다.

마르쿠제는 1960년대 후반 세계 학생운동의 사상적 지주가 되기도 했지만, 그의 유토피아 사상이 갖는 추상성에 대해 비판을 받기도 했다. 반체제 운동가들은 그를 마르크스·마오쩌둥 ◉ 과 더불어 3M으로 섬기기도 했다. 하지만 그 자신이 스스로 생각할 때는 결코 행동가가 아니었으며,

◉ 마오쩌둥

毛澤東, 1873~1976 | 중화인민공화국 정부를 베이징에 세웠다. 그가 전개한 대약진운동과 문화대혁명은 지금에 이르러 오히려 비판받고 있다. 덩샤오핑 집권 이후 마오쩌둥을 향한 개인 숭배는 사라졌지만, 중국의 농촌 지역에는 아직도 그의 사진이나 조각상을 사당에 모셔놓고 마치 신처럼 숭배하는 일이 있다고 한다.

어디까지나 새로운 인간의 창조를 주창한 사상가에 지나지 않았다.

마르쿠제는 인간의 '급진적 행위'를 통해 비로소 자유로워질 수 있다고 말한다. '더는 받아들일 수 없는 것을 거부해서 환경과 인간을 변화시키는' 행위야말로, 마르크스가 말하는 혁명적 실천이라는 것이다. 이것을 다시 하이데거식으로 표현한다면, 인간은 '본래적 자기의 결단'을 통해 자유롭게 될 수 있다. 진정한 실존은 구체적으로 변화시키는 행동을 통해서만 실현될 수 있는 것이다.

다음으로 마르쿠제는 노동의 소외를 말한다. 자본주의 사회에서 노동은 상품만 만들어내는 것이 아니라, 그와 동시에 노동자라는 상품을 생산하기도 한다. 그런데 노동자가 상품을 많이 만들면 만들수록 그는 더 값싼 것들을 만들게 되고, 급기야 자기의 노동에서 생겨나온 상품을 잃어버린 채 '낯선 사람을 위한 낯선 것들'을 만들게 된다.

분업이 증가하고 노동이 기술화되면서부터 노동자는 정신적으로나 육체적으로 모두 기계에 얽매이게 된다. 이제 노동자들은 육체적인 존재로 살아남기 위해 자신의 인간됨을 팔아넘겨야 하고, 하나의 상품이 되어야 한다. 이때 노동은 인간의 자유로운 자기실현이 아니라, 소외外化로 바뀌어져 버린다.

결국 인간이 만들어 놓은 문화와 개량된 자연 세계는 이제 인간에게 적대적인 권력이 되어버렸다. 이러한 상태에서 진정한 혁명은 인간의 본질을 회복

하는 것이며, 그 본질의 분열을 극복하는 일이다. 그 본질이란 즉 이성인
것이다.

학생 집단에 주목하다,
하버마스

"열여섯 살쯤 되었을 때, 나는 라디오 앞에 앉
아 뉘른베르크 재판정의 토론을 들었다. 나는 당시에 집단적으로 일어난
비인간적인 사실들, 즉 집단적 정신착란에 대한 이야기를 똑똑히 들었
다. 그것은 내가 첫 번째로 경험한 과거와의 단절이었다."

이것은 제2차 세계대전 후에 행해진 전쟁 범죄자의 재판 내용을 라디오
방송으로 듣고 하버마스⁕가 한 말이다. 프랑크푸르트학파의 전후戰後 세
대 계승자로 인정받은 하버마스는 초등학교 시절, 나치 소년단의 일원이
었다. 그러나 파시즘의 몰락을 체험한 후 좌파 사상에 깊은 관심을 갖기
시작했고, 호르크하이머와 아도르노가 공동으로 집필한 《계몽의 변증
법》을 읽으면서 정신적인 충격을 받았다. 그리고 아도르노의 조교를 거
쳐 마침내 프랑크푸르트대학의 정교수로 초빙되었다. 하지만 그는 한때
독일 학생운동의 이론적 지도자로 추앙받았지만, 과격파 학생들이 연구
소로 침입하는 난동을 경험하면서 정반대의 평가를 받기도 했다.

비판이론가들은 자신들이 비록 마르크스 사상에 기반을 두긴 하지만,
여러 가지 면에서 그것을 수정할 필요가 있다고 지적한다. 여기에서 하
버마스는 마르쿠제보다 극단적으로 마르크스주의를 비판한다.

마르크스가 노동자들에게 '새로운 사회를 창조하는 주역'으로 기대한
것은 잘못이다. 현대 소비사회에서 노동자들은 이미 물질적인 수요를 충
분히 즐기고 있기 때문에 혁명에 대한 의욕을 전혀 가지고 있지 않을 뿐

하버마스

Jürgen Habermas, 1929~ |
독일의 철학자 · 사회학자. 프랑
크푸르트대학 교수로서 철학과
사회학을 강의했다. 호르크하이
머와 아도르노의 사상을 이어받
은 프랑크푸르트학파의 2세대
마르크스주의자다.

만 아니라, 소외된 꼭두각시에 불과한 그들에게 새로운 사회를 위한 창조자의 역할을 기대한다는 것은 처음부터 잘못된 일이라는 것이다. 대신에 하버마스는 비판적 지식을 갖춘 학생집단에 주목했다. 비록 학생들이 혁명을 주도할 수는 없겠지만, 해방을 향한 잠재력을 생산해내고 전파하는 역할은 충분히 해낼 것으로 봤던 것이다.

또한 그는 마르크스가 국가와 사회를 두 개로 나눌 수 있다고 믿었던 일 역시 현대에는 맞지 않는다고 말한다. 왜냐하면, 후기 자본주의 시대에서 국가는 이미 사회로부터 분리될 수가 없기 때문이다. 후기 자본주의 국가가 이룩한 복지사회는 국가가 만들어낸 것이며, 동시에 국가 역시 사회의 산물이기 때문이다. 따라서 계급사회에 대한 마르크스 이론은 이런 상황에 적용될 수 없다는 것이다.

복지사회를 이룩한 고도 산업사회®에서는 확실히 계급적인 대립 구조가 아래로 가라앉아 버렸다. 꾸준히 평준화가 이루어지고 기계적으로 똑같아졌기 때문에, 서로 대립적이었던 계급 구조는 이제 겉으로 드러나지 않게 되었다. 그러므로 이제 계급사회 이론이나 계급이라는 개념은 혁명을 위해서 사용될 수 없다. 그리고 레닌이 말한 제국주의 이론도 오늘날 국제적으로 서로 협력하는 체제 아래에서는 별다른 의미를 갖지 못한다.

이처럼 마르크스 이론을 비판함으로써, 하버마스는 새로운 사회를 건설하기 위한 혁명의 객관적인 조건들을 경험적인 사회과학에 의존시키려고 한다. 말하자면, 자유롭고 정의로운 사회가 실현되어야 한다는 당위성이 다만 철학적 관심으로 그쳐서는 안 되고, 그 실현을 위한 객관적 가능성을 과학적으로 밝히는 일이 중요하다고 주장했던 것이다.

⊙ 고도 산업사회 ▼ 🔍

고도 산업사회의 특징은 대량 생산·대량 소비·대중매체·교통과 통신 체계다. 산업이 고도로 발달하게 되면 블루칼라 노동자보다 화이트칼라 노동자가 증가하고, 계층 간 구성도 다양화·평준화된다.

비판이론이 신좌파의 이념적 지주로 각광을 받은 때가 있었다. 1960년대 후반 반체제 학생운동이 본격화되면서 그러했는데, 마르쿠제가 《일차원적 인간》을 출간한 1964년 미국의 버클리에서는 자유 성토운동이 조직되고, 1970년 프랑스 파리에서는 학생 데모가 일어났으며, 그리고 1971년 독일의 학생운동이 그 뒤를 따랐다.

비판이론가들이 이성·자유·정의가 단순히 연구해야 할 이론적 주제가 아니라 현실에서 실현되어야 할 과제라고 주장했을 때, 이른바 운동 세력들은 대단히 호감 어린 눈으로 그들을 바라봤을 것이다. 그러나 '이성적인 구성원들 상호간의 합의에 바탕을 둔' 휴머니즘을 강조했을 때, 비판이론가들은 이제 그들의 지도자가 되지 못했다.

이제 비판이론에 대해 열광하던 시대는 지나갔다. 하지만 그들의 고발정신과 비판정신은 이 시대에도 매우 소중한 유산으로 남아 있다. 일차원적 자기만족을 즐기며 권위주의적인 비리를 눈감아 버리는 나약하기 짝이 없는 이 시대의 일부 기득권 계층과 중산층에게 이들의 외침은 뜨끔한 경종으로 메아리쳐 올 것이다.

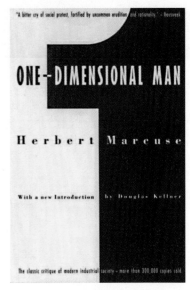

❍ 《일차원적 인간》의 겉표지
'선진 산업사회의 이데올로기 연구'라는 부제가 붙어 있는 이 책은 고도 산업사회의 이데올로기에 관한 연구서라 할 수 있다. 마르쿠제에 의하면, 고도 산업사회 속에서 인간은 단지 현실성의 차원에 파묻혀 '일차원적 인간'으로 살아가고 있다. 이러한 분석은 사회·인간·문화의 소외 상태를 날카롭게 지적하고 있다고 봐야 할 것이다.

제5장

영미 철학

영국은 역사적으로나, 또 민족의 성격상으로나 유럽 대륙과 많은 차이가 있다. 영국 국민의 특성은 경험과 눈앞에 나타난 구체적인 사실을 존중하는 데 있으며, 그것을 분명하게 보여준 것이 근세의 경험론이다. 그리고 현대에 들어와 그 경험론이 다시 살아난 형태가, 분석 철학과 논리적 실증주의인 것이다.

미국 역시 철학적 전통이 매우 짧아서, 초기에는 영국적인 경험론을 탈피하지 못했다. 그러나 영국의 지배를 벗어나 자신들의 힘으로 식민지를 개척해야 하는 상황에서는 스스로 내면을 바라보는 대신, 밖으로 확장해 나가는 쪽을 선택했다. 결국 남북전쟁 이후 미국의 독자적인 문화가 형성되었고, 바로 이 무렵에 실용주의pragmatism●가 발생했다.

● 실용주의

프래그머티즘. 특히 미국의 철학 정신을 반영하는 사조이며, 실제 결과가 진리를 판단하는 기준이라고 주장하는 사상이다.

쓸모 있는 진리가 참이다, 실용주의

유럽에서 신대륙으로 건너온 이주민들은 본토의 원주민들과 싸우고 맹수와 대결하면서 황무지를 개척해 나가야만 했다. 위험과 고통으로 이어진 고난의 역사에서, 그들에게는 이론을 위한 관념적 사상보다는 삶의 개척을 위한 실천적 원리가 필요했다. 이 생활 철학이 오늘날 미국의 생활양식과 사고방식을 대표하는 실용주의다.

프래그머티즘은 그리스어 pragma에서 유래한 것으로, 행동과 실천을 중히 여기는 철학이다. 그것은 퍼스가 제창하고, 제임스가 보급했으며, 듀이에 의해 펼쳐진 미국의 독창적인 사상이다. 실용주의는 우리의 실제 생활을 중하게 여겨서, 지식이란 것도 실제 생활에 쓸모가 있을 때에만 참이라고 본다. "어떤 관념이 참인지 아닌지는, 그것의 실제적인 결과에 따라 판정되어야 한다"라고 퍼스는 주장했다.

실용주의는 인식을 인간이 환경에 적응하기 위한 도구로 보고, 따라서 인간이 적응하는 데 가장 쓸모 있는 인식이 바로 참된 인식이라고 제임스는 말한다. "진리는 참이기 때문에 쓸모가 있으며, 또한 쓸모가 있기 때문에 진리다."

그러나 실용주의는 사실에 대한 인식과 더불어 가치 문제도 중요시한다. 그리고 진리와 가치를 미래와 관련지어 파악하며, 또한 사회를 존중한다. 즉 미래를 지향하면서 동시에 현실 속에서 행동하는 철학이다.

검증할 수 있을 때에만
참이다, 퍼스

실용주의의 씨를 뿌린 사람은 퍼스다. 어린 시절 그는 아버지로부터 수학과 철학을 배우고 화학을 공부해서, 열두 살 때에는 《화학사》를 쓰기도 했다. 대학에 들어가서는 칸트의 《순수이성

Charles Sanders Peirce, 1839~1914 | 미국의 철학자·수학자·물리학자. 프래그머티즘의 창시자이긴 하나, 그는 논리학자로서 현대의 기호이론에 더 많은 공헌을 했다.

비판》을 날마다 두 시간씩 3년 동안 공부해서 거의 다 외울 정도였다고 한다. 그러나 그 후 뚜렷한 직장을 잡지 못했던 그는 경제적으로 많은 어려움을 겪었다. 암에 걸렸을 때에는 그 고통을 가라앉히기 위해 조금씩 아편을 먹으면서 글을 쓰기도 했다. 그렇게 근근이 살다가 일흔다섯을 일기로 세상을 떠났으며, 아내 혼자서 옹색한 장례를 치렀다고 한다.

퍼스는 "개념이란 우리가 이것을 실천적으로 검증할 수 있을 경우에만 옳은 것이고, 행동의 결과로 나타낼 수 없으면 무의미하다"라고 말했다. 다시 말하면, 행동이 실제적으로 효과가 있느냐 없느냐 하는 것이 그 기준이 된다는 것이다.

이와 관련해서, 퍼스는 실용주의 철학의 출발점을 실험과학에서 찾았다. 실험과학자에게는 그 조작을 통해 실제로 증명되는 명제만이 의미가 있다. 실험이라는 행위가 나타나지 않은 관념은 무의미하다.

이렇게 볼 때 퍼스에게 제임스의 이론은 용납될 수 없었다. 제임스는 어떤 관념이 엄밀한 논리적 검토를 견뎌내지 못하더라도 우리의 정신생활에 어떤 의미가 있다면 참된 관념이라고 주장했다.

그러나 퍼스에게 정서적 만족이란 사람의 개성과 기질에 따라 여러 가지 차이가 있기 때문에, 만일 정서적 만족을 주는 신념이 모두 참되다고 한다면 동일한 하나의 신념이 어떤 사람에게는 참되고 다른 사람에게는 거짓이 되는 결과가 되고 만다. 그래서 진리는 개인적인 것이 아니고 객관적인 것이라는 기준에서 보건대, 이것은 받아들일 수 없다는 것이다.

또한 퍼스의 실용주의는 철두철미하게 경험론의 입장에 서 있는데, 그가 말하는 경험이란 어디까지나 능동적인 것이다. 이전의 경험

어떤 개념이 실천으로 검증될 수 있다면 옳은 것이고 실천으로 결과를 내지 못하면 틀린 것이다.

실천

론이 과거 반성적이라면, 새로운 경험론은 환경과의 상호 작용을 통해 좀
더 나은 미래를 만들어 나가는 능동적이고도 미래지향적인 투기_{내던짐}다.
실용주의 정신은 현재라는 시간 속에서, 능동적인 실천을 통해 미래를 지
향해 가는 하나의 원동력인 셈이다.

얼마만큼 현금 가치를 갖느냐,
제임스

퍼스의 실용주의를 하나의 철학적
이론으로 발전시킨 사람은 제임스●였다. 하버드대학의 교수였던 그는
실용주의를 "일차적으로 눈에 띄는 것들을 무시하고, 궁극적으로 나타
나는 결과나 실상에 주목하려는 입장"이라고 정의했다.

실용주의에서는 어떤 사물이 얼마만큼의 유용성을 갖느냐 또는 그것
이 어떤 성과를 가져오느냐가 그 진리를 평가하는 기준이 된다. 따라서
스콜라 철학이나 전통적 형이상학처럼, 사물의 궁극적인 본질이나 궁극
적인 원천을 파고들려 하지 않는다.

그래서 제임스는 어떤 관념이나 개념에 대해, 그것이 얼마만한 현금 가
치_{cash-value}를 갖느냐고 묻는다. 미국인들이 중요하게 여기는 이윤이나
성과 같은 표현을 자주 사용하는 제임스는 "실제로 얻어진 결과에 의해
가치가 인정되는 것만이 참이다"라고 말한다. 그야말로 그 나라의 국민
답게 직접적이고 현실적이고 실천적인 것에 집착하는, 미국인의 기질을
그대로 드러낸 인물이라 할 수 있다.

그렇다면 이러한 실용주의가 철학에 적용된다면 어떻게 될까? 아무리
논리 정연한 철학이라 할지라도 그것이 인간의 소망을 채워 주지 못하고
실제적인 생활에서 쓸모가 없을 때는, 아무도 그 철학을 받아들이지 않을

● 제임스

William James, 1842~1910 |
미국의 철학자·심리학자. 모교
인 하버드대학에서 심리학 교수
를 거쳐 철학 교수가 되었다. 절
대적인 실체가 있는 것이 아니
며, 경험이 바로 실재實在라고 주
장했다. 실용주의를 이론적으로
더욱 심화시킨 장본인이다.

것이다. 이것은 종교에도 똑같이 해당된다. 다시 말하면 우리가 어떤 믿음을 가질 때 좀더 나은 생활을 누릴 수 있으며, 그 믿음이 더 중요한 어떤 이해利害와 서로 충돌하지 않을 경우에만 그것은 가치가 있다.

우리가 생각한다는 것은 행동을 준비하는 것이다. 그러므로 어떤 관념이 참이냐 거짓이냐 하는 것은 행동으로 검증되어야 한다. 영원한 진리란 존재하지 않는다. 과학적인 관념도, 도덕도, 종교상의 관념도 모두 행동으로 검증되어야 하고, 만일 검증될 수 없으면 그것은 무의미하고 공허한 것에 지나지 않는다는 것이다.

퍼스의 실용주의를 철학적으로 발전시킨 사람이 나 제임스인데,

어떤 표상이 얼마만한 현금 가치가 있느냐 이게 중요한 겁니다.

이상과 같은 실용주의 사상 이외에도, 제임스는 다음과 같은 중요한 사상적 특징을 지니고 있다.

첫째, 이 세계는 완결된 것이 아니라, 끊임없는 생성 과정에 놓여 있다고 하는 다이너미즘Dynamism●이다. 이 세계는 절대적으로 선한 것도 아니고, 절대적으로 악한 것도 아니다. 세계는 선한 것과 악한 것의 복합체이기 때문에 세계는 얼마든지 개선이 가능하다. 여기에서 우리는 제임스의 미래지향적인 세계관을 엿볼 수 있다.

둘째, 이 세계는 어떤 하나의 원리를 중심으로 설명될 수 있는 것이 아닌, 다원적인 성격을 지니고 있다. 그래서 서로 다른 힘들이 갈등을 빚고 있는 이 세계 속에, 인간은 그 방향을 결정하는 중요한 역할을 담당해야 한다.

셋째, 어떤 가능성도 배제하지 않는, 그의 개방성을 들 수 있다. 인간 세계에 대한 관계는 마치 강아지나 고양이의 관계에 비유될 만큼 한정되어

● **다이너미즘**

역본설力本說 혹은 역동설力動說 이라고도 한다. 자연계의 근원은 힘이며, 이 힘이 모든 것의 원리 라고 주장하는 이론이다. "밖으로부터 힘이 가해지지 않는 한, 물체는 어떤 작용도 일으키지 않는다"라고 주장한 데카르트의 기계론과 상반된다. 대표적으로 라이프니츠와 베르그송 등이 있다.

있다. 드넓기만 한 이 세계와 관련해 보면, 우리 인간은 한낱 점선에 따라 움직이는 벌레처럼 세계와의 우연한 접촉선 위에 놓여 있을 뿐이다. 그러므로 우리는 언제나 모든 것을 향해 몸과 마음을 열어 놓고 있어야 한다.

또한 제임스는 종교적인 관념들에 대해 이렇게 말했다. "그것은 비록 증명되는 지식은 아니라고 하더라도, 가장 잘 실천적일 수 있다. 왜냐하면, 그것은 인간의 마음에 교육적으로 작용할 뿐만 아니라 착한 행동을 하도록 영향을 미치기 때문이다."

한편 화이트헤드는 역사상 위대한 사상가로 네 사람을 들었는데, 플라톤과 아리스토텔레스, 그리고 라이프니츠와 제임스다. 그는 "플라톤은 수학의 중요성을 알아차린 사람이었고, 아리스토텔레스는 플라톤을 계승해서 자기 자신의 체계를 세운 사람이었다. 라이프니츠는 2천 년에 걸친 사상을 물려받았고, 마지막으로 제임스는 과거의 사실에 바탕을 두면서도 현대사상에 대해 놀랄 만한 감수성을 지녔다. 또한 그는 세계의 지도자들과 교제를 갖고 자신의 학설도 세웠지만, 무엇보다도 모든 학설을 집대성한 사람이었다"라고 말했다.

화이트헤드

Alfred North Whitehead, 1861~1947 | 영국의 철학자·수학자. 러셀과 함께 수학의 논리적 기초를 확립했다. 그와 함께 쓴 《수학 원리》는 유명하다.

그러나 제임스도 실용성의 개념은 명확하게 정리하지 못했다. 또한 통속적인 것으로 전락해 버린 실용주의는 자칫 인간의 존엄성을 깎아내릴 위험성이 있다고 봐야 할 것이다.

지식이란 미래를 위한 도구다, 듀이

이상과 같은 실용주의를 완성한 사람은 듀이다. 그는 어려서부터 내성적이었으며, 자아의식이 강했고, 책벌레로 불릴 만큼 문학작품을 좋아했다. 책을 사기 위해 신문을 배달하

듀이

John Dewey, 1859~1952 | 미
국의 철학자 · 심리학자 · 교육사
상가. 펜실베이니아의 한 고등학
교에서 교사로 지내다가 이모에
게서 2천 달러를 빌려 존 홉킨스
대학의 철학대학원에 진학했고
1884년 박사학위를 받았다. 그
후 제임스의 프래그머티즘에 끌
려 이것을 점점 발전시킴으로써,
프래그머티즘의 대표 철학자로
자리 매김했다. 교육면에서도, 미
국의 학교 제도를 진보적으로 이
끌어 막대한 업적을 남겼다.

콩트

Auguste Comte, 1798~1857
| 프랑스의 철학자. 실증주의의
시조이며, 사회학의 창시자다. 생
시몽의 잡지 편집일을 도우면서
그에게서 사상적인 영향을 많이
받았고, 실증주의 협회를 창설하
기도 했다.

고, 친척의 농장에서 아르바이트를 하기도 했다. 고등학교 때에는 진화론의 영향을 받고 콩트[*]의 실증주의에 심취해 있었다고 한다. 초등학교와 고등학교 교사로 근무하다가 철학에 전념하기 위해 미시간대학의 철학과 주임교수가 되었다. 건강을 위해 항상 체조를 했고, 겨울에도 호수에서 수영을 했다고 한다.

듀이는 데카르트가 말한 "나는 생각한다. 고로 존재한다"의 명제를 "나는 행동한다. 고로 존재한다"로 바꿔야 한다고 주장한다. 그리고 '나'는 사고의 소유자에서 행동의 소유자로 바뀌어야 한다고 말하는데, 사람은 행동할 때만이 자신의 존재를 확인할 수 있기 때문이다.

고대 철학은 자연현상의 배후에 있는 근본적인 본질이 무엇인지 밝히고자 했고, 근세 이후에는 "인간의 실존이 본질에 앞선다"라는 실존주의적 경향이 나타났다. 그리고 인간을 초자연적인 존재나 신으로부터 해방시킨 것이 진화론이었다. 이 진화론의 영향을 받아 듀이는 철학의 방법론을 탐구에서 찾았다. 과학적 탐구의 자율성과 우월성을 해명하는 것이 듀이 철학의 핵심이다.

진리[truth]란 탐구에 의해 보증된 신념이나 지식에 불과하다. 그러므로 듀이에게는 'true'라는 명사보다도 'truly'란 부사가 더 중요한 의미를 갖는다. 왜냐하면 진리란 어떤 고정된 절대불변의 것이 아니라, 상대적이고 가변적인 것이기 때문이다.

이러한 사상은 특히 그의 교육 철학에도 적용되는데, 아이들의 지성이란 실제 경험 속에서 생겨나고 자라난다고 한다. 교육이란 어떤 사회가 그 존재를 유지하기 위해 꾸려 나가는 하나의 과정이다. 그런데 진보적인 사회가 되려면 낡은 습관을 지켜 나가는 대신, 사회 구성원의 자유를 인정하고 그들이 갖는 여러 가지 관심들을 포용해야 한다. 이처럼 민주적인 사회를 건설해 나가는 데 특히 중요한 것이 교육이다. 교육이란 넓은 의미에서 '자연과 인간에 대한 지성과 정서를 형성해 가는 과정'이다. 다시 말해서, 교육이란 철학의 학설이 실제로 테스트되는 실험실인 것이다.

듀이는 자신의 교육 이론을 실험해 보기 위해 부인과 함께 실험학교를 운영했지만 결국 문을 닫고 만다. 그 대학의 총장이 사범학교 부속 실습학교와 실험학교를 통합해 버렸기 때문이다. 이에 듀이는 대학을 사직하고 전 가족이 유럽여행을 떠난다. 그러나 그 후 얼마 지나지 않아 컬럼비아대학으로 가서 그의 학문적 전성기를 구가한다.

여하튼 듀이에게 인간의 사고나 관념이란 더욱 나은 민주사회를 건설하기 위한 도구에 지나지 않는다. '지성이나 지식이 미래의 행동을 위한 도구'라는 그의 사상이 이른바 도구주의道具主義다. 인간의 창조적 지성은 현재의 조건 아래에서 미래의 가능성을 예측하며, 행동의 지침을 탐색한다. 따라서 지성이란 '이미 있는 것'과 '필요한 것' 사이의 충돌을 제거하는 도구다. 인간의 사고나 관념 등은 도구이며, 이것이 환경과 조화를 이룰 경우 그것은 진리가 된다. 인간의 지성이 성공적으로 작용할 때, 진리 자체가 되는 것이다. 결국 듀이의 실용주의는 도구주의와 그 의미가 서로 상통한다.

> **도구주의**
>
> 인스트루멘털리즘. 듀이가 주장한 사고방식이다. 사유 · 개념 · 지식은 인간이 자기 욕구를 실현하는 데 필요한 수단이자 도구다.

독실한 기독교인이었던 제임스가 철학과 종교를 다 같이 정당화하려고 했던 데 반해, 듀이는 자연과학과 실제적인 경험 문제에만 관심을 기울였고 이 영역을 벗어나는 모든 것은 배제했다. 이론이란 오직 행동을 위한 도구이며, 따라서 사상도 도구로서 그 가치를 지녀야 한다고 봤던 것이다.

실용주의는 외부의 자연과 더불어 초자연적인 절대자 중심의 철학에 대한 반항이며, 인간의 권리를 주장하는 사상이라고 말할 수 있다. 이제 진리란 객관적 대상에 있는 것이 아니라, 인간의 생활에 얼마만큼 유용한 도구로 봉사하느냐에 달리게 되었다.

근로정신이 몸에 밴 듀이는 여든 살이 넘어서도 손수 과일을 가꾸고 양계하는 일을 했으며, 어떨 때는 직접 달걀 배달까지 했다고 한다. 한 번은 뉴욕의 대 실업가들이 농장 부근에서 세미나를 했는데, 초청 강연장에 강사로 등장한 듀이가 과일밭에서 일을 하던 사람임을 알고 깜짝 놀랐다고 한다. 부인과 사별한 다음 오랫동안 독신으로 지내다가 재혼하고, 아흔세 살을 일기로 세상을 떠났다.

언어와 기호의 분석, 분석 철학

초경험적·사변적 방법에 의지하는 형이상학을 배격하고자 하는 철학에는 실용주의 외에 분석 철학이 있다. 다만 분석 철학에서는 "철학의 주요 임무란 어떤 세계관을 말하는 것이 아니라, 언어와 기호에 대해 논리적으로 분석하는 것" 이라고 주장한다. 다시 말하면, 철학의 모든 문제도 과학적 방법으로 하나하나 확실하게 해결해야 한다고 보는 것이고, 그러기 위해서는 그 수단으로 언어와 기호의 분석만을 철학의 임무로 삼아야 한다는 것이다.

그래서 이 분석 철학은 과학 철학이라는 성격을 가장 많이 드러내고 있으며, 이 분야의 철학자 중에는 과학을 전공한 사람이 많아서 현대 과학을 신뢰하는 20세기의 지성인들에게 호소력을 가질 수 있었던 것이다.

철학의 주임무란 언어와 기호에 대해 논리적 분석을 하는 것이야.

그런데 이 철학의 기원은 영국 경험론의 전통을 이어받은 신고전학파*의 신실재론*과, 독일 경험비판론의 흐름을 계승한 빈학파의 논리적 실증주의 운동이다. 이 두 철학 운동은 서로 관련을 가지고 발전했고 이러한 발전을 더욱 촉진시킨 것은 수학과 물리학의 급격한 발전에 자극을 받아 확립된, 이른바 기호논리학이다.

노벨문학상을 받은
수학자, 러셀

1940년 뉴욕 주 대법원은 러셀*의 작품에 대해, "음탕하고 호색적이며 편협하고 허위에 가득 차 있으며, 어떤 도덕적 흔적도 찾아볼 수 없다"라고 판결했다. 그러나 그로부터 10년 후에 러셀은 '자유사상과 인간 이성의 대변자'라는 찬사 속에서 노벨문학상을 받았다.

그는 몇 차례나 자살을 시도했지만, 수학을 더 알고 싶어서 죽지 못했다고 한다. 그렇게 고독한 소년 시절을 보내면서도, 수학에 대한 흥미를 잃지 않았다. 수학의 확실성과 엄밀한 체계에 도취되어 있는 한편, 점차 논리학적 문제에 관심을 기울이기 시작했다. 그의 논리학 연구에서 가장 중요한 업적으로 《수학의 원리》를 들 수 있다. 이것은 그가 스승인 화이트헤드의 협력을 얻어 완성한 것으로, 기호논리학의 발달사에서 하나의

신고전학파

마셜을 비롯한 피구·케인스 등이 대표적이며, 케임브리지대학을 중심으로 했기 때문에 케임브리지학파라고도 한다. 영국 고전학파의 경제이론을 새롭게 발전시켰다.

신실재론

20세기 초의 영국·미국에서 일어난 철학의 새 운동. 주로 관념론에 반대하여 객관주의적 입장을 내세운다. 그래서 철학을 철학자의 주관적인 구성이 아닌 엄밀한 과학화를 기하는 데까지 나아가고자 했다.

러셀

Bertrand Arthur William Russell, 1872~1970 | 영국의 수학자·철학자·논리학자. 20세기를 대표하는 지성인이며, 평화주의자였다. 저서에는 《정신의 분석》 《의미와 진리의 탐구》 《철학의 제 문제》, 화이트헤드와 함께 쓴 《수학의 원리》 등이 있다.

금자탑이라고 할 만한 것이다.

러셀은 여든 살이 되었을 무렵, 마흔 살 차이가 나는 네 번째 부인 에디트와 결혼한다. 1954년부터 아인슈타인과 함께 원자 폭탄 반대 캠페인을 벌였고, 쿠바 위기 때에는 케네디와 흐루쇼프®에게 자제를 호소하는 편지를 썼다. 1969년 소련작가연맹이 솔제니친®을 제명한 것에 대해 총리 코시킨에게 격렬한 항의 편지를 보내기도 했던 러셀은 상당한 재산을 상속받았음에도, 이를 가난한 동포들과 정치기구를 후원하는 데 아낌없이 써 버렸다. 이 때문에 한때 재정적 곤란을 겪기도 했으나, 만년에는 왕이 내리는 영국 최고의 훈장과 노벨문학상을 받았다.

일찍이 라이프니츠가 우리의 논리적 사고 과정을 기호로 표시하려고 한 구상은 프레게 등에 의해 정밀한 기호논리학으로 확립되었다. 러셀은 바로 이들의 기호논리 사상에 매력을 느껴, 이들로부터 단칭명제와 정언명제가 명제의 기본이 되어야 한다는 사실과 집합에 대한 명확한 개념을 배웠다. 그리고 그것을 토대로 해서 명제함수의 도입, 관계개념의 명확화, 집합으로서 수의 정의 등 독자적인 사상을 세워 나갔다. 러셀은 이러한 논리학적 연구를 바탕으로 원자론적 세계관에 도달했는데, 이것을 논리적으로 순화한 이론이 곧 논리적 원자론이다.

세계는 서로 독립해 있는 원자적 사실들을 서로 결합해서구성되는 것이요, 이러한 세계의 구조에 대응하는 것이 바로 명제다. 원자적 사실들을 말하는 것이 원자명제이고, 이 원자명제가 명제 결합기호에 의해 결합된 것이 분자명제다. 따라서 세계를 기술하는 모든 명제는 논리적 분석을 통해 원자명제로 나누어지며, 그 진위는 원자명제의 진위에 따라 결정된다.

즉 러셀의 논리적 원자론은 어떤 사상이나 세계를 쪼개 나가면 그 이상

흐루쇼프

Nikita Sergeevich Khrushchyov, 1894~1971 | 1953년부터 1964년까지 소비에트 연방의 공산당 서기장을 지냈다. 스탈린주의를 비판했고 대외적으로는 미국을 비롯한 서방 국가와의 공존을 모색했다.

솔제니친

Aleksandr Isayevich Solzhenitsyn, 1918~ | 러시아의 소설가·극작가·역사가. 그의 작품을 통해 굴락(소련의 노동 수용소)의 실상을 알게 되었다. 1970년 노벨문학상을 수상했고 1974년 소련에서 추방되었다.

쪼갤 수 없는 독립적 단위에 도달하게 되며, 역으로 이와 같은 원자적인 단위들을 묶어 놓은 것이 바로 사상과 세계라고 주장한다. 분석적 사고를 명쾌히 표현한 러셀의 이러한 사상은 논리적 실증주의가 형성되는 데 큰 영향을 미쳤다.

　그러나 러셀은 인공적인 언어로서 수학적 언어의 구조에 지나치게 집착한 나머지, 보통 언어의 구조에 대한 분석을 등한시하고 말았다. 이 점에서 그는 비록 분석 철학의 선구자로 불리기는 하나, 엄밀한 의미의 분석 철학자로 분류되기는 어렵다. 분석 철학이 철학으로서 그 독자적인 위치를 확보하기까지는 비트겐슈타인의 등장이 필요했다.

형이상학적 명제는 난센스다, 비트겐슈타인

　　　　　　비트겐슈타인 L. Wittgenstein, 1889~1951 은 오스트리아 빈에서 부유한 철강 재벌의 5남 3녀 중 막내로 태어났다. 한동안 지휘자가 될 포부를 품었을 정도로 음악적 재능이 뛰어났으며, 이미 소년 시절에 최신형 재봉틀을 만들었다고 한다. 베를린 공과대학을 거쳐 영국의 맨체스터대학에서 항공공학을 전공했으나, 수학을 거쳐 결국 철학으로 돌아왔다.

　케임브리지대학에서 강의할 때 그의 모습은 아주 특이했다고 한다. 강의실 한가운데에 있는 나무의자에 앉아 대화식으로 강의를 하는 동안에도, 필요할 때면 혼자 사색을 하는 것이다. 물론 그동안 학생들은 침묵하면서 기다려야 했다. 강의가 끝나면 그는 완전히 탈진해서 부랴부랴 극

○ 케임브리지 시절의 비트겐슈타인
철학으로 다시 돌아온 1930년대에 트리니티대학의 특별연구원으로 있을 때 찍은 사진이다.

장으로 달려갔다. 아무 영화나 한 편 보면서, 그 시간이나마 철학을 잊어버리기 위해서였다고 한다.

그의 생활 방식은 무척 검소했다. 방에는 장식품이 거의 없었으며, 양복을 입는다거나 넥타이를 맨다거나 또 모자를 쓴다거나 하는 일이 없었다. 식사도 아주 간단했는데, 오랫동안 빵과 치즈만을 먹었다. 평생 가난한 독신으로 지낸 비트겐슈타인은 은둔생활을 오히려 즐기는 것처럼 보였다. 인생의 황혼기에 온갖 질병에 시달리다가 "나는 아주 멋진 삶을 살았다고 전해 주시오"라는 마지막 말을 남긴 채 세상을 떠났다.

여하튼 비트겐슈타인이야말로 분석 철학을 탄생시킨 장본인이었다. 그의 《논리 철학 논고》에서 전개된 전기 사상과 《철학 탐구》에 담겨 있는 후기 사상은 매우 다르면서도, 각각 다른 두 종류의 분석 철학 성립에 큰 기여를 했다.

즉 《논고 철학 논고》가 1930년대에 일어난 논리적 실증주의의 모태였다면,《철학 탐구》는 1945년 이후 등장한 일상언어학파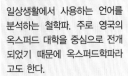의 활동 근거가
되었던 것이다.

러셀은 제자인 비트겐슈타인과의 만남을 "내 생애 자극적이고 지적인
사건 가운데 하나"라고 회고한 바 있으며, 그를 '완벽한 천재의 모범'이
라고 불렀다. 둘은 사제지간으로 만나서 친구이자 협력자의 관계로 발전
했다. 그러나 후에 좋지 않은 모습으로 갈라서고 말았다. 어쨌든 비트겐
슈타인은 러셀에게 배우는 동안, 논리적 원자론에 도달하게 되었다. 그
의《논리 철학 논고》에는 이 사상이 밑바탕에 깔려 있음을 알 수 있다.
"세계는 성립되어 있는 것의 전체다"라고 말했다. 여기에서 '성립되어
있는 것'이란 사실事實을 말하는 것이요, 사실은 다시 단순한 원자적 사실
들로 나누어진다.

그리고 우리의 인식이란 사실을 그대로 그려낸 것이자 실재하는 것들
의 모형이기 때문에, 인식과 사실의 구조는 똑같다고 봐야 한다. 따라서
우리의 인식이 참인지 거짓인지는 실재와 서로 비교해 보면 알 수 있다.
가령 우리가 어떤 사진을 보며 그 사진 속 인물이 실제 인물과 얼마나 닮
았는지를 살펴보면, 그 사진의 정확성을 어느 정도 판단할 수 있다는 것
과 같은 이치다.

그런데 사실을 논리적으로 모사한 것이 사상思想이요, 사상을 우리가
어떤 의미 있는 명제로 봤을 때, 결국 명제만이 우리에게 의미를 갖게 된
다. 또 가장 단순한 명제, 즉 요소명제란 원자적 사실의 존립을 주장하는
것이므로 그것이 참인 경우에는 원자적 사실이 존립하고, 거짓인 경우에
는 원자적 사실이 존재하지 않는 것이 된다. 그리고 원자명제가 결합해
서 만들어진 분자명제가 참인지 거짓인지는 원자명제의 진위에 의해서
결정된다. 즉 보통명제분자명제는 요소명제원자명제의 진리함수인 것이다.

일상언어학파

일상생활에서 사용하는 언어를
분석하는 철학. 주로 영국의
옥스퍼드 대학을 중심으로 전개
되었기 때문에 옥스퍼드학파라
고도 한다.

○ 파올로치가 그린 〈뉴욕의 비트겐슈타인〉
전 생애를 통해 비트겐슈타인은 현대 서구 문명에 대해 매우 불편한 심기를 드러냈다. 한때 그는 러시아에 정착하려고 했다. 미국에 친구들을 만나러 방문하기도 했지만, 혼란한 정신을 맑게 해주는 싸구려 영화를 제외하고는 미국 문화를 매우 낯설어했다.

이러한 비트겐슈타인의 주장은 러셀의 경우와 똑같이, 논리적 원자론으로부터 나온 결론이라 볼 수 있다.

그러나 《논리 철학 논고》에 전개된 사상 중에서 무엇보다도 분석 철학에 결정적인 영향을 준 것은 "논리적 명제가 무의미하다"라는 주장과 "철학은 언어비판이다"라고 보는 관점이다. 그는 명제에 경험적 명제와 논리적 명제가 있다고 한다. 복합명제의 진위는 그것을 구성하는 요소명제의 진위에 따라 결정되고, 요소명제의 진위는 우리의 경험적인 검증에 의해서 결정되는데, 이것이 바로 경험적 · 종합적 명제다. 반면에 어떤 명제는 그 명제를 구성하는 요소명제의 진리치^{진리값}와는 관계없이, 그 논리적 형식에 따라 항상 참이거나 거짓인 경우가 있다. 항상 참인 것을 동어반복명제라 부르고, 항상 거짓인 것을 모순명제라고 하는데, 이러한 명제가 바로 논리적 · 분석적 명제다.

여기에서 동어반복명제는 요소명제의 진리치와 상관없이 항상 참인 명제이므로, 그것은 세계가 어떠한 원자적 사실들의 결합이라 하더라도 그것과는 관계없이 항상 참인 명제라 할 것이며, 따라서 그것은 세계의 구조에 대해서 아무것도 말하지 않는 것이 된다. 이러한 논리적 명제는 논리적 구문법을 어긴 것이 아니므로 비록 비논리적인 것은 아니지만, 무의미한 것이다. 다시 말하면, 틀린 소리는 아니지만 아무 쓸모도 없는 말이라는 뜻이다.

반면에 형이상학적 명제는 경험에 의해서 참과 거짓이 결정되는 경험적 명제도 아니고, 논리적 형식에 의해서 참과 거짓이 결정되는 논리적 명제도 아니므로 결국 쓸모없는 명제에 해당한다.

결국 의미 있는 명제란 오직 자연과학의 명제밖에는 없다는 말이 된다. 그러므로 철학의 목적은 거창한 형이상학적 이론을 세우는 데 있는 것이 아니라, 어떤 사상을 논리적으로 분명히 하고 그 언어를 잘 관찰해서 비판하는 데 있다. 철학은 이론이 아니라 활동이며, 철학의 성과는 철학적 명제에 달려 있는 것이 아니라 명제를 명료화하는 데 있다.

말할 수 없는 것에 대해서는 침묵을 지켜라.

따라서 말할 수 있는 것, 즉 자연과학의 명제를 제외하고는 아무것도 말하지 않는다는

○ 침묵을 지켜라

살바도르 로사의 작품

"말할 수 없는 것에 대해서는 침묵
해야 한다"라는 비트겐슈타인의 유
명한 주장은 살바도르 로사가 그린
초상화 속 모델이 말하는 "침묵하
라. 그렇지 않다면 침묵보다 더욱
가치 있는 말만 하라"라는 충고를
연상하게 한다.

것, 그리고 어떤 다른 사람이 무슨 형이상학적인 것을 말
하려고 할 때에는 그럴 때마다 그가 자기 명제의 어떤 기
호에 아무런 의미도 주지 못했음을 지적해 주는 것만이
철학의 진정한 사명이다. 즉 "말할 수 없는 것에 대해서
는 침묵해야 한다"라는 것이다. 여기에 철학의 과제를 언
어의 논리적 분석으로 제한시키고 모든 형이상학을 배제
하려는, 논리실증주의의 기본 방향이 잘 드러나 있다.

철학이란 과학적 명제를 분석하는 일, 논리실증주의

비트겐슈타인의 반反형이상
학적 태도를 그대로 이어받은 학파가 바로 논리실증주의logical positivism다.
이 학파는 근대의 경험주의적·실증주의적 전통 위에 기반을 두고, 특히
현대 과학의 발달에 자극을 받아 일어난 철학 운동이다.

이 운동의 모태에 해당하는 오스트리아학파는 1923년 비엔나대학의
슐리크를 중심으로 철학자들·과학자들·수학자들의 모임에서 시작되
었다. 그들이 1929년《과학적 세계관》을 발표하면서 하나의 철학 운동으
로 발족되었던 것이다. 이후 여러 차례의 국제대회를 거치는 동안 자못
활발하게 전개되었으나, 나치 정권의 탄압으로 대부분 학자들이 영국과
미국으로 망명하여 실질적으로는 해산되고 말았다. 그러나 그 후에도 학
자들의 꾸준한 활동으로 많은 동조자를 얻었으며, 특히 미국의 실용주의
와 접촉해서 새로운 경지를 개척해 가고 있다.

논리실증주의자들은 비트겐슈타인과 마찬가지로 형이상학을 배격했
다. 형이상학적 주장이란 경험적으로 검증할 어떠한 수단도 없으므로,

결국 무의미하다. 가령 "절대자는 시간을 초월해 있다"와 같은 주장은 우리의 경험을 통해 검증될 수 없는 것이며, 따라서 우리는 그러한 주장이 참인지 거짓인지에 대해 전혀 말할 수가 없다. 의미가 있는 명제란 경험적으로 그 진위참과 거짓가 검증되는 경험적 종합명제와 논리적 형식에 의해서 그 진위가 결정되는 분석명제, 이 두 가지뿐이다. 결국 이 두 가지 명제 가운데 어느 것도 아닌 형이상학적 명제는 사이비 명제pseudo-proposition요, 무의미한meaningless 것이다.

지금까지는 형이상학이 공허하고 모호하다거나 또는 쓸모없고 비과학적이라는 이유로 비판을 받아왔으나, 논리실증주의자들은 그것이 '무의미하다'라고 몰아세운다. 다시 말하면 형이상학적 명제는 논리적 구문법을 어긴 사이비 명제이므로 그 진위를 따질 수 없는 것이요, 그것은 어떠한 인식적 의미도 가지지 못한다는 것이다.

인식론에 대해서도 이들의 부정적인 태도는 단호하다. 가령 신칸트학파는 인식론이란 외부에 있는 세계의 실재성과 같은 문제를 따지는 것이므로 철학은 곧 인식론으로 바뀔 수 있다고 주장했다. 그러나 외부의 세계가 우리의 경험과 따로 떨어져 실재한다거나 또는 실재하지 않는다거나 하는 주장을 검증할 만한 방법 자체가 없다고 논리실증주의자들은 주장한다. 그러므로 외부 세계에 대한 주장은 절대자나 사물 자체에 관한 주장과 마찬가지로 무의미하다. 인식론이 주제로 삼는 실재론이니 관념론이니 하는 용어들은 모두 무의미한 사이비 문제일 뿐이다. 그런데 만일 인식론이

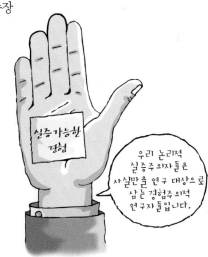

371

그 주제를 바꿔서 인간의 정신 작용을 다루는 것이라면 그러한 인식론은 심리학으로 바꿔야 하며, 철학과는 아무런 관계도 없는 어떤 것에 지나지 않는다.

윤리학에 관해서도 논리실증주의자들은 일단 경험을 넘어선 초월적인 윤리학을 배제한다. 초경험적인 가치에 관해 무엇인가를 주장한다는 것은 일종의 초월적 형이상학이며, 따라서 그것은 역시 무의미한 것이다. 그러나 윤리학의 세부적인 문제까지 들어가면, 논리적 실증주의자 간에도 견해의 차이가 있다. 이를테면 슐리크가 윤리학을 공리주의와 같은 자연주의적 이론으로 바꾸고 그것에서 형이상학적 요소를 없애려고 한 데 대해, 카르나프와 에이어는 보통의 윤리적 주장들이 실은 아무런 주장도 하지 않았다고 말한다. 예컨대 "거짓말은 나쁘다"와 같은 주장은 거짓말에 관해 경험적 진술을 하는 것도 아니고, 거짓말을 어떤 초월적 가치와 관련짓는 것도 아니다. 그것은 단지 거짓말에 대한 우리의 감정을 표현하거나 또는 다른 사람이 거짓말을 하지 않도록 충고하려는 것에 지나지 않는다. 요컨대 그 주장은 어느 경우에나 인식적 의미를 가지지 못하는, 감정의 표현에 불과한 것이다.

또한 "신은 존재한다"라는 형이상학적 발언이나 "거짓말은 나쁘다"와 같은 윤리적 발언은 겉으로 보아서는, 의미 없는 말들을 닥치는 대로 늘어놓은 것이 아니다. 그러나 이러한 말들은 어떤 존재가 현재 존재한다거나 혹은 그 존재의 성격에 관해 어떤 정보를 알려준다거나 하지 않는다. 우리에게 그러한 지식을 알려줄 수 있는 것은 철학적 명제가 아니라, 과학적 명제뿐이다. 그렇다면 우리에게 철학이란 과연 무엇일까?

이에 대해 논리실증주의자들은 "철학이란 과학적 명제를 분석해서 그 의미의 내용을 분명하게 하고 철저하게 하는 것이다"라고 대답한다. 비

슐리크 ▼ 🔍

Friedrich Albert Moritz Schlick, 1882~1936 | 빈 학단 창립자 중 한 사람으로, 그를 중심으로 논리실증주의가 제기되었다.

카르나프 ▼ 🔍

Rudolf Carnap, 1891~1970 | 독일 태생의 미국 철학자. 논리실증주의의 대표자다. 과학 철학론을 추진하다가 나치 정권을 피해 미국으로 망명했다.

트겐슈타인은 이에 그치지 않고 철학이란 의미 있는 명제로 표현되는 이론이 아니라, 그러한 명제를 논리적 분석에 의해 분명하게 하는 활동에 지나지 않는다고 주장한다. 그렇다면 여기에서 묘한 말이 생겨난다. 즉 철학적 명제란 엄밀히 말해서 무의미한 것이니, 사람들은 《논리 철학 논고》에 쓰인 비트겐슈타인의 명제마저 그를 이해한 다음에는 무의미한 것으로서 버려야 한다는 논리가 그것이다. 그러나 이러한 철학관은 결국 철학의 포기를 말하는 것이 아닐까?

철학이란 언어활동을 음미하는 일, 언어 철학

논리실증주의자들은 언어분석이란 과학적 명제를 '기호논리학에 의해 정식화함으로써 이상적인 논리 구조를 갖게 된' 인공언어 · 모델언어로 바꿔 그 진리성을 검토하려고 했다. 이러한 환원주의의 밑바탕에는 "실재 세계의 구조란 이상적인 인공언어의 구조와 동일하다"라고 하는 러셀과 비트겐슈타인의 논리적 원자론의 사상이 깔려 있다고 할 수 있다.

그러나 인간이 현실 속에서 사용하는 언어들은 단순화된 인공언어만으로 표현하기 어려울만큼 매우 복잡하다. 따라서 우리가 현실에서 사용하는 일상언어 또는 자연언어를 분석하는 데에는 기술이 필요하다.

후기의 비트겐슈타인은 《논리 철학 논

고》에서 전개했던 논리적 원자론의 입장을 버린다. 또한 인공언어의 분석을 통해 형이상학이나 과학적 인식의 문제에 접근하려는 태도도 버린다. 대신 그는 이제 현실에서 사용하는 일상언어의 분석에 관심을 기울이는데, 그것을 구체적으로 표현한 것이 그의 《철학 탐구》이며, 그 영향으로 생겨난 것이 일상언어 철학이다.

언어란 정지한 사물처럼 어떤 대상으로 다루어져서는 안 되며, 일정한 목적이나 기능을 가진 인간의 사회 활동 중 일부로 다루어져야 한다. 사실 모든 철학적 문제는 언어 사용에서 우리의 언어활동이 제대로 기능을 발휘하지 못했기 때문에 여러 가지 혼란이 일어나게 된다. 그러므로 그러한 혼란을 없애야만 문제가 해결될 수 있다. 철학은 체계를 세우는 일이 아니라, 언어활동을 음미하는 작업이어야 한다.

그런데 우리의 언어활동은 통일적 활동으로서 마치 놀이와 비슷하다. 말하자면 그것은 언어유희language game인 것이다. 유희놀이에 여러 가지 규칙이 있듯이, 언어에도 일정한 규칙이 있다. 우리는 이 규칙에 의해 언어를 사용하기도 하고 이해하기도 하는데, 언어유희를 지배하는 이 규칙이 넓은 의미의 논리요 문법인 것이다.

비트겐슈타인의 전기 작품 《논리 철학 논고》에서는 언어가 명제를 기본 단위로 해서 고찰되었고, 개개의 명제는 그것만으로 사실을 그려내는 사상寫像●이기 때문에 나름의 의미를 가진다고 생각했다. 그러나 후기에 들어와 《철학 탐구》에서는 개개의 명제가 전체적인 언어유희 속의 한 활동으로만 다루어지고 있다. 따라서 같은 명제라 할지라도 언어유희의 위치에 따라 서로 다른 의미를 가지게 되는데, 여기서는 "말이나 문장의 의미는 그 사용법이요, 그 적용이다"라는 새로운 의미론이 나오게 된다.

이처럼 말의 의미란 그것의 사용법에 지나지 않는데, 그러나 그 사용법

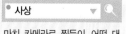

● 사상

마치 카메라로 찍듯이, 어떤 대상을 있는 그대로 그려내는 일을 말한다.

은 한 가지 의미로 결정되는 것이 아니다. 일상언어는 본래 사회적 산물이며, 어디까지나 현실적이며 유동적인 것이다. 따라서 그것은 엄밀한 논리적 법칙과 같이, 어떤 고정된 규칙의 지배를 받는 것이 아니다. 논리적 법칙이란 우리의 언어가 추구하는 이상에 지나지 않는다. 그러므로 우리는 일상언어의 규칙을 부당하게 일반화한다든지 지나치게 단순한 형태로 정식화해서는 안 된다. 일상언어의 규칙은 그 사용법과 그 사용자에 따라 달라지기 마련이기 때문이다.

사실 지금까지의 철학이 범한 잘못이란 언어의 규칙을 일반화하려는 데 있었다. 우리는 언어가 갖는 그때그때의 사용법에 주목하고 그것을 하나하나 고찰해 가면서 이러한 잘못에서 벗어날 수 있는데 이것이 바로 언어분석의 기술적 방법이다.

● 《논리 철학 논고》의 초고
그는 논리학에서 그가 창안한 진리표를 사용해 명제를 증명했다.

개인일 때와 집단일 때, 사회윤리

어느 날 교사들이 모여 팀을 나누어 축구시합을 했는데, 진 팀이 회식비를 내기로 했다. 두 팀의 교사들은 경기가 시작되자마자 죽기살기로 달려들면서 교묘하게 파울도 하고, 심판에게 항의하거나 잡아떼기도 했다. 그것을 지켜보는 사람들에게는 과연 저 사람들이 학생들을 올바르게 가르치고 이끄는 교사들인가 하는 의구심이 들 정도였다.

그렇다면 이 교사들이 부도덕한 집단이어서 그런 일이 일어난 걸까? 그것은 아니다. 사람은 누구나 집단이기주의에 한번 빠지게 되면, 양보하지도 못하고 관용을 베풀지도 못한 채 그냥 비도덕적이 되어 가는 것이다. 따로 떨어진 상태로 있을 때, 개인은 얼마든지 착하기도 하고 양보의 미덕을 발휘할 수도 있다. 하지만 자기가 속한 집단의 일원이라는 의식을 갖게 되면 어쩔 수 없이 이기주의의 영향을 받는다는 것, 이것이 바로 사회윤리다.

이와 관련해 니부어®는 《도덕적 인간과 비도덕적 사회》에서, 개인적으로 매우 도덕적인 사람들조차도 자기가 속한 집단의 이익과 관련될 경우에는 비도덕적으로 변한다고 주장했다. 그는 여기에서 개인윤리와 사회윤리를 별개의 것으로 구분했다. 즉 "집단의 도덕과 행동은 개인의 도덕과 행동보다 눈에 띄게 도덕성이 떨어진다"라는 것이다. 마치 정장 차림일 때에는 그토록 점잖던 신사들이 예비군복을 입혀 놓으면 갑자기 유치해지는 것이라든지, 사회적인 지위가 있는 사람일지라도 자기 마을에 혐오시설이 들어서는 일에 대해서는 고래고래 소리를 지른다든지 하는 것과 비슷한 현상이라고 볼 수 있다.

그런데 니부어는 이러한 사회적 문제의 원인을 개인적 차원보다도 사회제도나 정책과 같은 사회적 문제로 봤다. 그리고 이를 해결하기 위해 서는 개인의 도덕성을 함양해야 할 뿐만 아니라, 사회정책과 제도의 개선 을 통해 개인의 도덕성이 올바르게 표현될 수 있는 사회적 여건을 마련해 야 한다고 강조했다.

니부어는 20세기 미국에서 가장 영향력 있는 신학자 가운데 한 사람이 며, 신학과 사회윤리 사이의 경계에 관한 문제점들을 드러내고자 노력했 다. 독일에서 이주한 기독교 복음파 교회의 목사 아들로 태어나, 예일대 학 신학부를 졸업하고 목회 활동을 하다가 1928년부터 유니언대학에서 교수로 근무했다. 그는 신정통파의 지도자로서, 낙관적인 인간관을 비판 하고 인간의 죄성을 강조하기도 했다. 그리고 집단이기주의를 극복하기 위해서는 기독교의 사랑만을 실천할 것이 아니라, 실력을 함께 갖춰 기독 교적인 사랑에 접근하는 소위 기독교 리얼리즘을 제창하기도 했다. 이러 한 주장은 기독교뿐만 아니라 국제정치학 등에도 많은 영향을 끼쳤다.

니부어는 개인윤리와 사회윤리 사이에 항상 차이가 있음을 지적했다. 사회윤리는 정의를 목표로 하나, 개인윤리는 그 목표가 사랑이라고 봤 다. 그의 윤리는 기독교 현실주의Christian Realism의 윤리다. 그는 정치와 경 제의 관련성이나 사회적 관계의 필연적인 권력균형에 대해서는 예수의

철학논술

Q 많은 사람들이 쓰레기 소각장이나 장애인 시설, 화장터 같은 특정 시설이 자기가 살고 있는 지역에 들어오는 것을 반대하는데, 이 현상을 님비NIMBY라고 한다. 이러한 공공시 설이 필요하다는 것은 누구나 알고 있는 사실이지만 막상 자신에게 이 일이 닥치면 이기적인 모 습으로 변하게 된다. 이들은 옳지 않은 줄 알면서도 왜 그렇게 되는 것일까?

◎ 미국의 경제대공황 속 풍경
사진작가 도로디어 랭의 작품
미국에 경제대공황이 불어닥친
1936년 3월, 캘리포니아 니포모
에서 일곱 살 난 딸을 안고 배급권
을 기다리는 한 여성의 모습이다.
1929년 뉴욕 주식시장의 대폭락
으로 인해 기업들의 도산·대량
실업·디플레이션 등이 연이어
초래되었고, 그 피해는 세계적 규
모로 번졌다.

윤리가 아무것도 말하지 않는다고 주장했다. 예수가 강조했던 하나님 나라는 역사 속에 나타날 수도 있는데, 그 이유는 예수가 제시한 순수한 사랑의 높이가 모든 인간이 흔히 겪는 사랑의 경험과 유기적으로 연관되어 있기 때문이다. 하지만 그것은 또 역사 속에서 나타날 가능성이 없을 수도 있는데, 이는 예수가 말하는 윤리가 인간의 현재적인 실존을 통해서는 성취될 수 없기 때문이다.

이러한 니부어의 윤리 사상은 이론적으로 매우 짜임새가 있고, 예리한 판단과 통찰들을 내포하고 있다. 그러나 실존주의 철학의 영향을 받았기 때문인지, 사랑과 정의가 궁극적으로 추구하는 목적에 대해서는 언급하지 않았다. 다시 말하면, 실존주의의 테두리를 벗어나지 못했기 때문에 강력한 기독교적 목적론을 부여하지 못했다는 지적을 받고 있는 것이다.

아마도 니부어는 미국의 경제대공황에 대한 충격을 그리스도교적 윤리로 이해하기보다, 키르케고르의 실존주의 철학을 동원해서 그리스도교적인 현실주의 윤리로 대처하고자 했던 것 같다.

철학 밖의
철학 이야기

수학 공부에 대한 욕심으로 열여덟 살이 되던 해, 러셀은 옥스퍼드대학보다 수학에 좀더 강한 트리니티대학을 들어갔다. 입학한 후 3년간은 수학에 몰두했으나 점차 흥미를 잃어 갔고, 마침내 다시는 수학책을 안 볼 것처럼 모두 팔아 버렸다. 대학을 졸업하던 해에 전부터 사귀던 에리스와 결혼하려고 했지만 그녀가 러셀보다 5년이나 연상인데다 신앙이 서로 다르다는 이유로 집안의 반대가 심했다. 그렇지만 러셀은 에리스와 끝내 결혼을 하고 만다. 결혼 후 그의 일과는 다음과 같았다.

"오전 9시에 에리스와 함께 조반을 먹고, 12시 30분까지 수학 공부를 하며, 1시 15분까지는 부부가 서로 책을 낭독해 주고, 15분간 산책한 다음, 1시 30분에 함께 점심을 먹는다. 오후에는 친구들과 함께 크로케 경기를 하고, 4시 30분에 차를 마시며 6시까지 공부한 다음, 7시까지 에리스와 또 책을 읽는다. 저녁 8시에 식사 후 서로 잡담을 하거나 책을 읽다가 10시 30분에 잠자리에 든다."

이처럼 평온한 생활을 하던 그도 홀로 자전거 여행을 하던 어느 날, 자신의 사랑이 식어 버렸음을 발견한다. 그리고 두 번째 아내 도라를 만나게 된다.

"내가 누구에게서 자식을 가지게 될지 알 수 없지만, 분명 당신은 아닐 것이오."

이렇게 단언하던 그였지만 그녀와의 사이에서 두 남매를 얻는다. 그리고 그녀와 함께 '체벌도, 의무학습도 없는 자유로운 학교'를 경영하다가 재정난을 겪게 되면서 의견 차이가 커지자 결국 도리와도 이혼하게 된다.

도라와 이혼한 후, 세 번째 부인과의 사이에서 둘째 아들을 낳았다. 하지만 이 결합도 오래가지 못했다.

그리고 러셀이 여든 살이 되었을 무렵, 무려 마흔 살이나 차이가 나는 네 번째 부인 에디트를 만나게 된다. 그는 그녀를 만나게 되면서 "드디어 나의 긴 생애 동안 갈망하던 사랑을 찾았다"라고 고백한다. 에디트는 러셀 못지않은 애연가였는데, 러셀이 담배를 피울 때는 그녀가 책을 읽어 주고 그녀가 담배를 피울 때는 러셀이 책을 읽어 줬다고 한다.

그는 자신의 자서전에 다음과 같은 글을 남겼다.

"내가 사랑을 구하려고 애쓰는 것은 첫째, 사랑은 아름답기 때문이다. 사랑은 때때로 나의 전 생애까지 포기할 정도로 아름다움을 만끽하게 해 준다. 둘째, 사랑은 고독으로부터 나를 건져내 준다. 사무치게 외로운 의식이 깊이를 알 수 없는 절벽의 아래를 내려다보는 것과 같은 경악스러운 고독에서 구해 주는 것이다. 마지막으로, 사랑은 신비스러운 하늘의 조짐을 눈치 챌 수 있도록 해 준다. 그렇기 때문에 나는 사랑을 얻으려고 그토록 고심했다."

철학사 연표

*연표의 연도들 중 특히 기원전은 추정된 것이거나 그 무렵이다.

BC 640	탈레스가 태어나다
BC 580	피타고라스가 태어나다
BC 550	조로아스터교의 창시자인 차라투스트라가 죽다
BC 540	파르메니데스가 태어나다

세계사 연표

BC 4000	세계 여러 곳에서 도시들이 형성되기 시작하다
BC 3300	이집트문명이 시작되고, 수메르에서 도시문명이 성립하다
BC 3200	문자가 발명되다
BC 3000	이집트에서 통일국가가 출현하다
BC 2500	인더스에서 문명이 발흥하다
BC 2166	유대인들이 믿음의 조상이라 일컫는 아브라함이 태어나다
BC 2066	아브라함의 아들이자 약속의 씨앗이라 불리는 이삭이 태어나다
BC 1850	《함무라비 법전》이 편찬되다
BC 1527	이스라엘 백성을 이집트에서 구출해낸 모세가 태어나다
BC 1400	가나안 정복전쟁이 완료되다
BC 1200	페니키아인들이 알파벳을 발명하다
BC 1100	중국에서 주나라 왕조가 성립되다
BC 1040	이스라엘의 왕 다윗이 태어나다
BC 1000	고대 그리스에서 도시국가(폴리스)가 형성되다
BC 814	페니키아인들이 아프리카 북부에 카르타고를 건설하다
BC 776	그리스 올림피아에서 최초로 고대 올림픽 대회가 열리다
BC 753	로마가 건설되기 시작하다

BC 500	불을 만물의 근본물질로 주장한 헤라클레이토스가 활동하다
BC 507	피타고라스가 수를 세계의 근본원리라고 주장하다
BC 490	물·불·공기·흙을 모든 것의 근본물질로 주장한 엠페도클레스가 태어나다
BC 486	불교의 창시자인 인도의 석가모니가 열반에 들다
BC 481	인간이 만물의 척도라고 주장한 소피스트 프로타고라스가 태어나다
BC 479	4대 성인 중 하나인 중국의 공자가 죽다
BC 469	4대 성인 중 하나인 그리스 아테네의 소크라테스가 태어나다
BC 460	원자론을 주장한 데모크리토스와 투키디데스가 태어나다
BC 427	플라톤이 태어나다
BC 425	헤로도토스가 《역사》를 쓰다
BC 400	스토아철학이 시작되다
BC 399	소크라테스가 죽다
BC 386	플라톤이 인류 최초의 대학 아카데미아를 세우다

BC 538	페르시아(바사) 제국이 바빌론 제국을 점령한 후 포로로 잡혀 있던 유대인들을 고향인 팔레스타인으로 돌려보내다
BC 515	바빌론 제국에 의해 파괴되었던 예루살렘 성전이 스룹 바벨에 의해 다시 세워지다
BC 509	로마 공화정이 시작되다
BC 500	페르시아가 그리스를 침공한 페르시아 전쟁이 일어나다
BC 490	마라톤 평원에서 그리스와 페르시아가 마라톤 전투를 벌이다
BC 447	아테네의 아크로폴리스 언덕에 파르테논 신전이 세워지다
BC 431	아테네와 스파르타 사이에 펠로폰네소스전쟁이 일어나다
BC 429	소포클레스가 비극 《오이디푸스 왕》을 쓰다
BC 403	중국에서 춘추시대에 이어 전국시대가 시작되다

BC 384	아리스토텔레스가 태어나다
BC 347	플라톤이 죽다
BC 335	아리스토텔레스가 아테네에 리케이온이라는 학원을 세우다
BC 334	헬레니즘 시대가 열리다
BC 322	아리스토텔레스가 망명지 칼키스에서 위병으로 죽다
BC 310	회의주의 철학자 피론이 활동하다
BC 295	스토아학파의 창시자인 제논이 활동하다
BC 271	쾌락주의자 에피쿠로스가 《자연론》과 《신에 대하여》를 쓰다
BC 97	《만물의 본성에 대하여》의 저자 루크레티우스가 태어나다
BC 44	키케로가 《의무론》을 쓰다

BC 357	마케도니아의 왕자 알렉산드로 3세가 태어나다
BC 337	마케도니아가 그리스를 정복하다
BC 330	알렉산드로 대왕이 소아시아를 정복하다
BC 323	알렉산드로 대왕이 33세의 나이로 죽다
BC 300	중국에서 만리장성을 쌓기 시작하다
BC 264	로마와 카르타고 사이에 제1차 포에니 전쟁이 일어나다
BC 240	아르키메데스가 부력에 관한 물리법칙 '아르키메데스의 원리'를 발견하다
BC 221	중국 진나라의 시황제가 중국을 통일하다
BC 218	로마와 카르타고 사이에 제2차 포에니전쟁이 일어나다 (한니발전쟁)
BC 202	중국에서 한 제국이 건설되다
BC 58	로마의 시저 (카이사르)가 갈리아를 정복하다
BC 45	시저가 로마를 통일하다
BC 44	시저가 브루투스에 의해 죽임을 당하다
BC 41	옥타비아누스가 지중해를 통일하다
BC 31	악티움 해전이 일어나다
BC 30	안토니우스와 클레오파트라가 자살하다
BC 27	아우구스투스가 로마의 초대황제로 즉위하다

BC 4	예수 그리스도가 태어나다
65	네로의 스승이자 스토아학자인 세네카가 제자의 손에 의해 죽다
67	사도 바울이 순교하다
70	로마의 티토장군이 유대의 예루살렘 성전을 점령하고 반란군을 진압하다 (유대인들의 디아스포라 시작)
98	타키투스가 《게르마니아》를 출간하다
100	기독교의 《신약 성경》이 쓰이다
174	로마의 황제이자 스토아학자이기도 한 아우렐리우스가 《명상록》을 쓰다
230	초기 기독교의 신학자인 오리게네스가 활동하다
240	플로티노스가 신플라톤주의 철학을 열다

BC 4	유대의 분봉왕 헤롯이 죽다
14	로마 황제인 아우구스투스가 죽다
25	중국 후한의 광무제가 즉위하다
30	예수 그리스도가 십자가에 못 박혀 죽다
54	로마 황제 네로가 즉위하다
64	로마에서 대화재가 일어나다
96	로마에서 이른바 '5현제 시대'가 열리다
105	중국 후한의 환관인 채륜이 종이를 발명하다
140	지구가 우주의 중심이라고 생각한 프톨레마이오스가 활동하다
220	중국에서 삼국시대가 시작되다
226	사산 왕조 페르시아가 성립되다
286	로마가 분할 통치를 시작하다
306	로마의 콘스탄티누스 황제가 즉위하다
313	콘스탄티누스 황제가 밀라노 칙령으로 기독교를 공인하다
316	중국에서 5호 16국 시대가 시작되다(~439)
317	중국에서 동진이 성립되다(~419)

	320 인도에서 굽타 왕조가 세워지다(~550)
	325 니케아 종교회의에서 성부와 성자가 영원히
	똑같다고 하는 아타나시우스파의 교리를 정통
	으로 취하고 아리우스파를 이단으로 규정하다
330 비잔틴 제국이 성립되다	
354 성 아우구스티누스가 태어나다	
	375 게르만족의 대이동이 시작되다
	385 인도에서 찬드라굽타 2세의 치세가
	열리다(~413?)
	392 로마가 기독교를 로마의 국교로 승인하다
	395 로마 제국이 동서로 나누어지다
401 아우구스티누스가 역사상 최초의 자서전으로	
알려진《고백론》을 집필하다	
	451 훈족의 왕 아틸라가 서고트족과의 싸움에서
	패하다
	476 서로마 제국이 멸망하다
	484 동·서교회가 분리되다
	486 프랑크 왕국이 성립하다
	500 인도에서 힌두교가 창시되다
523 로마의 철학자이자 정치가인 보이티우스가	
《철학의 위안》을 쓰다	
	527 유스티니아누스 1세가 즉위하다(~565)
	529 아테네의 아카데미아가 폐쇄되고
	기독교 이외의 철학이 금지되다
	534 유스티니아누스 황제의《로마대법전》이
	편찬되기 시작하다
	570 이슬람교의 창시자인 마호메트가 태어나다
	589 중국에서 수나라가 전국을 통일하다
	590 로마에서 그레고리 1세가 교황이 되다
	606 비잔틴 제국과 사산 왕조 페르시아의
	싸움이 시작되다
	610 이슬람교가 창시되다
	웨스트민스터 사원의 건축이 시작되다

	618	중국에서 당나라가 세워지다
	632	이슬람교의 창시자 마호메트가 죽다
	637	이슬람의 칼리프 우마르 1세가 예루살렘을 점령하다
	646	당나라의 현장법사가 인도 여행의 기록을 담은 《대당서역기》를 쓰다
	687	피핀이 프랑크 왕국의 정권을 장악하다
	711	이슬람교도들이 스페인을 침략하다
	732	이슬람교도들이 프랑크 왕국에 패하다
	750	위구르가 내몽골을 통일하다 아바스 왕조가 성립되다(~1258)
	751	카롤링거 왕조가 성립되다(~1258)
	770	이슬람의 수학자 알 화리즈미가 대수학 개념과 아라비아 숫자를 서구 유럽에 소개하다
	800	프랑크 왕국의 왕 샤를마뉴가 로마에서 교황으로부터 황제로 임명되다 북방 게르만족인 바이킹(노르만족)의 대이동이 시작되다
	862	러시아가 건국되다
	870	메르센 조약에 의해 프랑크 왕국이 나누어지다
	875	중국에서 황소의 난이 일어나다(~884)
	907	중국에서 당나라가 멸망하다 5대 10국 시대가 열리다(~960)
	916	거란족이 요나라를 세우다(~1125)
	960	중국에서 송나라가 건국되다(~1227)
	962	신성로마제국이 성립하다(~1806)
	1000	송나라에서 나침반과 화약이 발명되다
	1057	신성로마제국 하인리히 4세가 황제로 즉위하다
	1066	노르만족이 영국을 정복하다
1072		안셀무스가 《독백론》을 쓰다
	1084	중국 송나라의 사마광이 《자치통감》을 편찬하다

		1096	제1차 십자군 원정이 시작되다
			십자군과 사라센군이 격돌하다
1116	아벨라르두스가 파리에서 학생들을 가르치다	1115	중국에서 여진족이 금나라를 세우다(~1234)
		1127	중국에서 북송이 멸망하고 남송이 건국되다(~1279)
		1152	신성로마제국의 황제 프리드리히 1세가 즉위하다
		1163	프랑스에서 노트르담대성당의 건설이 시작되다
		1169	영국이 아일랜드를 정복하다
1183	성 프란체스코가 태어나다	1192	일본에서 가마쿠라막부가 수립되다
		1204	십자군이 콘스탄티노플을 점령하고 콘스탄티노플 라틴 제국을 세우다
		1206	몽골의 테무진이 칭기즈칸 자리에 오르다
1208	프란체스코 수도회가 세워지다	1215	영국에서 마그나카르타(근대 헌법의 근거가 된 대헌장)가 제정되다
1216	도미니크 수도회가 세워지다	1241	한자HANSA동맹이 성립되다
1224	토마스 아퀴나스가 태어나다	1254	독일에서 대공위시대가 열리다(~1273)
1265	아퀴나스가 《철학대전》과 《아리스토텔레스 주석》을 쓰다	1266	이탈리아 화가 조토가 태어나다
1266	아퀴나스가 《신학대전》을 쓰기 시작하다	1271	마르코 폴로가 동방 여행길에 오르다 중국에 원이 세워지다(~1368)
		1299	오스만 터키 제국이 세워지다(~1922) 마르코 폴로 《동방견문록》을 쓰다
1302	둔스 스코투스가 파리대학에서 강의하다	1302	승려·귀족·평민 등 세 신분의 대표자로 이루어진 프랑스의 의회 삼부회가 소집되다
		1305	교황청을 아비뇽으로 옮기다

		1309	교황의 아비뇽 유수(~1337)
1317	오캄이 옥스퍼드대학에서 강의하다		
		1321	단테가《신곡》을 완성하다
		1339	백년전쟁이 시작되다(~1453)
		1348	흑사병이 영국·프랑스·스페인·이탈리아· 북아프리카로 크게 번지다
		1353	보카치오가《데카메론》을 완성하나
		1368	중국에서 원나라가 망하고 명나라가 건국되다(~1644)
		1369	티무르 왕조가 성립되다(~1508)
		1374	이탈리아의 인문학자 페트라르카가 죽다
		1378	서구 유럽에서 교회가 분열되기 시작하다(~1417)
		1381	대규모 농민반란인 와트 타일러의 난이 영국에서 일어나다
		1414	교황 요하네스 23세가 소집한 콘스탄츠 공의회가 열리다
		1429	프랑스의 여전사 잔 다르크가 영국군을 격파하다
		1431	잔 다르크가 화형을 당하다
		1445	이탈리아의 르네상스 화가인 보티첼리가 태어나다
		1450	구텐베르크가 금속활자에 의한 인쇄술을 발명하다
		1453	투르크족이 콘스탄티노플을 함락시킴으로써 동로마 제국이 멸망하다
		1455	장미전쟁이 시작되다(~1485)
		1475	미켈란젤로가 태어나다
		1479	에스파냐 왕국이 성립되다
1483	마르틴 루터가 태어나다		
		1485	헨리 7세, 튜더 왕가가 시작되다
		1488	디아스가 희망봉을 발견하다
		1492	콜럼버스가 신대륙(아메리카)을 발견하다
		1498	바스코 다 가마가 인도 항로를 개척하다

		1500	로마 교황청에서 면죄부를 판매하다
		1502	이란의 이슬람 왕조인 사파비 왕조가 창건되다(~1736)
1511	라파엘로가 〈아테네 학당〉을 그리다	1511	에라스무스가 《우신예찬》을 쓰다
1514	마키아벨리가 《군주론》을 쓰다		
1516	토머스 모어가 《유토피아》를 쓰다		
		1517	루터가 면죄부 판매를 비판하는 〈95개조 의견서〉를 발표하고 독일 종교개혁이 시작되다
		1519	마젤란이 세계를 일주하다(~1522)
		1522	루터가 그리스어로 된 《신약 성경》을 독일어로 번역하다
		1526	무굴 제국이 세워지다(~1857)
1532	마키아벨리가 《군주론》을 출판하다		
		1534	영국 국교회가 성립되다(수장령)
		1536	칼뱅의 종교개혁이 시작되다
		1543	코페르니쿠스가 지동설을 주장하다
		1559	엘리자베스 1세가 영국 교회의 기초를 확립하다
1561	베이컨이 태어나다		
		1562	위그노전쟁이 일어나다(~1598)
		1564	4대 비극의 극작가 셰익스피어가 태어나다
		1565	에스파냐(스페인)가 필리핀을 점령하다
1580	몽테뉴의 《수상록》이 출간되다		
		1581	네덜란드가 독립을 선언하다
		1582	그레고리력이 제정되다
			갈릴레이가 중력의 법칙을 발견하다
1588	홉스가 태어나다	1588	영국 해군이 에스파냐의 무적함대를 격파하다
		1590	도요토미 히데요시가 일본을 통일하다
1596	데카르트가 태어나다		
		1598	프랑스의 앙리 4세가 낭트칙령을 내리다
1600	이탈리아의 철학자 브루너가 화형을 당하다	1600	영국이 동인도회사를 설립하다(~1858)
		1603	영국에서 엘리자베스 여왕이 죽고 스튜어트 왕가가 세워지다(~1714)
			일본에서는 에도막부가 세워지다(~1867)

1605	베이컨이 《학문의 진보》를 출간하다

1613	러시아에 로마노프 왕조가 세워지다(~1917)
1616	여진족의 족장 누르하치가 남만주를 거의 통일하고 후금을 세우다
1618	30년전쟁이 일어나다(~1648)

1620	베이컨이 《신기관론》을 펴내다

1620	영국의 청교도들이 메이플라워호를 타고 아메리카 대륙으로 항해를 시작하다
1628	영국이 권리청원을 제출하다
1630	인도가 타지마할을 건립하다(~1648)

1632	존 로크가 태어나다

1632	갈릴레이가 지동설을 주장하다
1633	갈릴레이가 종교재판에 회부되다
1636	후금 태종이 나라 이름을 청으로 바꾸다
	미국의 하버드대학이 문을 열다

1637	데카르트가 《방법서설》을 출간하다

1642	영국에서 청교도혁명이 일어나다(~1660)
1644	영국에서 크롬웰의 철기대가 왕당군을 격파하다

1646	라이프니츠가 태어나다

1648	베스트팔렌 조약으로 독일의 30년전쟁이 막을 내리다
1649	청교도 세력들에 의해 찰스 1세가 처형당하다
	영국에서 공화정이 실시되다(~1660)

1651	홉스가 《리바이어던》을 출간하다

1651	영국의 청교도혁명을 이끈 크롬웰이 항해 조례를 발표하다
1661	중국 청나라의 강희제가 즉위하다(~1722)

1667	밀턴이 《실낙원》을 출간하다

1673	청나라에서 삼번의 난이 일어나다(~1681)
1674	시바지가 인도의 마라타 왕국을 세우다

1676	라이프니츠가 미적분학의 기초를 세우다
1677	스피노자가 《윤리학》과 《정치론》을 쓰다
1685	버클리가 태어나다
1686	라이프니츠가 《형이상학서설》을 쓰다

1682	영국의 뉴턴이 만유인력의 법칙을 발견하다
1685	음악가 헨델과 바흐가 태어나다

	1688 영국에서 명예혁명이 일어나다
	1689 영국에서 권리장전이 제정되다
	청나라와 러시아가 네르친스크
	조약을 체결하다
1690 영국의 로크가 《인간오성론》을 출간하다	
	1701 에스파냐 계승전쟁이 일어나다(~1714)
	프로이센 왕국이 성립하다
1709 버클리가 《신시각론을 위한 시론》을 쓰다	1709 제2차 북방전쟁이 일어나다
	1710 프랑스의 베르사유 궁전이 완성되다
1711 흄이 태어나다	
1712 루소가 《고백록》을 쓰다	
	1713 위트레흐트 조약이 체결되다
1714 라이프니츠가 《단자론》을 출간하다	1714 독일에 하노버 왕가가 세워지다
	1715 프랑스의 루이 14세가 죽다
	1726 아일랜드 작가 조나단 스위프트가
	《걸리버 여행기》를 쓰다
1734 볼테르가 《철학서간》을 발표하다	
	1735 청나라의 건륭제가 황제로 즉위하다
1736 프랑스에서 계몽사상가들의 활약이 시작되다	
	1738 영국 국교회 성직자인 웨슬리가 감리교 운동을
	시작하다
	1740 오스트리아 계승전쟁이 일어나다
	1741 헨델이 〈메시아〉를 작곡하다
1748 몽테스키외가 《법의 정신》을 쓰다	1748 나폴레옹 전쟁 이후 유럽 열강들이 유럽 공동의
1749 루소가 《과학과 예술론》을 쓰다	문제를 논의하기 위해 엑스라샤펠 회의를 열다
1751 프랑스에서 백과전서가 간행되다	
(디드로 · 달랑베르 감수)	
1753 버클리가 죽다	1753 런던에 대영박물관이 세워지다
	1756 7년전쟁이 일어나다
	1757 영국과 인도의 플라시 전투가 발발하다
1762 루소가 《사회계약론》을 출간하다	
	1763 파리 조약이 체결되다
	1769 와트가 증기기관을 발명하다

1770	헤겔이 태어나다		1770	베토벤이 태어나다
			1774	괴테가 《젊은 베르테르의 슬픔》을 완성하다
			1775	미국의 독립전쟁이 시작되다(~1783)
1776	아담 스미스가 《국부론》을 쓰다		1776	제퍼슨이 미국 독립선언문을 기초하다
	흄이 죽다			
1778	루소와 볼테르가 죽다			
1781	칸트가 《순수이성 비판》을 출간하다			
1788	칸트가 《실천이성 비판》을 출간하다			
			1789	프랑스혁명이 일어나다
			1793	프랑스에서 루이 16세와 마리 앙투아네트가 처형되다
				프랑스혁명기의 공포 정치가 시작되다
			1794	프랑스혁명 당시 자코뱅파의 지도자인 로베스피에르가 죽다
1795	피히테가 《지식학의 원리에 따른 자연법의 기초》를 출간하다			
1797	셸링이 《자연철학》을 출간하다			
			1798	나폴레옹 1세가 이집트를 원정하다
			1804	나폴레옹 1세가 황제에 오르다(~1814)
				《나폴레옹 법전》(프랑스 인민 법전)이 제정되다
1806	헤겔이 《정신현상학》을 출간하다		1806	라인동맹이 성립되다
				신성로마 제국이 멸망하다
			1815	워털루전쟁에서 나폴레옹이 최초로 패하다
1818	쇼펜하우어가 《의지와 표상으로서의 세계》를 출간하다			
1821	헤겔이 《법철학강요》를 출간하다		1821	그리스 독립전쟁이 일어나다(~1829)
			1823	미국 대통령 먼로가 먼로주의를 선언하다
1830	콩트가 《실증철학강의》를 출간하다		1830	프랑스에서 7월혁명이 일어나다
1831	토크빌이 《미국의 민주주의》를 쓰다			
1835	헤겔학파의 슈트라우스가 《예수의 생애》를 출간하다			
			1840	아편전쟁이 일어나다

393

1841	포이에르바하가 《기독교의 본질》을 출간하다		1842	난징 조약이 체결되다
1843	키에르케고르가 《이것이냐 저것이냐》를 출간하다			
1848	마르크스가 《공산당 선언》을 발표하다		1848	독일에서 3월혁명이 일어나다
1849	키르케고르가 《죽음에 이르는 병》을 쓰다			유럽 전역에서 자유주의혁명이 일어나다
			1851	프랑스 대통령 루이 나폴레옹이 쿠데타를 일으키다
			1854	러시아 · 영국 · 프랑스와 오스만 제국 사이에 크림전쟁이 일어나다
			1858	무굴 제국이 멸망하고 청나라가 톈진 조약과 아이훈 조약을 체결하다
			1859	밀이 《자유론》을 출간하다
				다윈이 《종의 기원》을 발표하다
			1860	베이징 조약이 맺어지다
			1861	미국에서 남북전쟁이 일어나다
				이탈리아 왕국이 성립하다
			1863	링컨이 노예해방을 선언하다
			1865	미국 남북전쟁이 북군의 승리로 끝나다
			1866	프로이센 · 오스트리아전쟁이 일어나다
1867	마르크스가 《자본론》을 출간하다			
			1868	일본에서 메이지 유신이 단행되다
			1869	수에즈 운하가 개통되다
			1870	독일 제국이 세워지다
1872	니체가 《비극의 탄생》을 쓰다			
			1875	프랑스 제3공화정이 성립되다
1876	니체가 《인간적인, 너무나 인간적인》을 쓰다			
			1877	러시아 · 투르크전쟁이 발발하다(~1878)
			1878	베를린 회의가 열리다
			1882	삼국 동맹이 성립하다
1884	니체가 《차라투스트라는 이렇게 말했다》를 출간하다		1884	청나라와 프랑스 사이에 전쟁이 일어나다

1890	미국의 제임스가 《철학의 원리》를 출간하다
1893	프레게가 《산술의 원리》를 출간하다

1894	청일전쟁이 일어나다 (~1895)
1896	헤르츨이 시온주의 운동을 제창하다
	제1회 근대올림픽대회가 개최되다

1897	뒤르켐이 《자살론》을 발표하다

1898	중국에서 무술정변이 일어나다
	파쇼다 사건이 일어나다

1900	프로이트가 《꿈의 해석》을 발표하다
1903	듀이가 《논리학적 이론의 연구》를 발표하다
1905	베버가 《프로테스탄티즘의 윤리와 자본주의 정신》을 출간하다

1900	중국에서 의화단 사건이 일어나다 (~1901)
1903	라이트 형제가 비행에 성공하다
1905	러일전쟁이 발발하다
	아인슈타인이 《특수상대성이론》을 발표하다
	러시아에서 '피의 일요일' 사건이 발발하다

1907	베르그송이 《창조적 진화》를 출간하다

1907	피카소가 〈아비뇽의 처녀들〉을 그리다
	삼국 협상(영국·프랑스·러시아)이 이루어지다

1909	레닌이 《유물론과 경험비판론》을 출간하다
1910	프로이트가 정신분석학을 수립하다
	러셀과 화이트헤드가 공동으로 《수학의 원리》를 출간하다

1910	대한제국이 일본에 합병되다

1911	신해혁명이 일어나다

1914	칼 융이 분석심리학을 수립하다

1914	제1차 세계대전이 일어나다 (~1918)
	파나마 운하가 개통되다
1915	중국의 문화혁명이 시작되다
1916	아인슈타인이 《일반상대성이론》을 발표하다
	소쉬르가 《일반언어학강의》를 출간하다
1917	러시아에서 10월혁명이 일어나다
1918	미국의 윌슨 대통령이 평화 원칙 14개조를 발표하다
1919	베르사유 조약을 체결하다
	한국에서 3·1운동이 일어나다
1920	국제 연맹이 창립되다

1921	피아제가 아동심리를 연구하다

1921	중국 공산당이 세워지다

1922	비트겐스타인이 《논리철학 논고》를 출간하다	1922	소비에트 연방(소련)이 성립되다
			터키혁명이 일어나다
1927	하이데거가 《존재와 시간》을 출간하다	1927	중국이 난징에 국민정부를 수립하다
1928	카르나프가 《세계의 논리적 구성》을 출간하다	1928	소련이 토지사유금지령을 제정하다
			파리 조약이 조인되다
		1929	뉴욕의 주가가 대폭락하고 세계 대공황이 시작되다
		1930	인도의 간디가 소금 행진을 시작하다
		1931	마오쩌둥이 중화 소비에트 임시정부를 수립하고 만주사변이 일어나다
1932	야스퍼스가 《철학》을 발표하다	1932	만주국이 성립되다
		1933	히틀러가 독일 총리에 취임하다
			뉴딜 정책이 실시되다
		1937	중일전쟁이 일어나다
		1939	제2차 세계대전이 일어나다
		1941	대서양 헌장이 발표되다
			태평양전쟁이 일어나다(~1945)
1942	슘페터가 《자본주의, 사회주의, 민주주의》를 출간하다	1942	독일이 소련을 침공하다
1943	사르트르가 《존재와 무》를 출간하다	1943	제1차 카이로 회담과 테헤란 회담이 열리다
		1944	노르망디 상륙작전이 감행되어 파리가 해방되다
		1945	미국이 일본에 원자폭탄을 투하하면서 제2차 세계대전이 막을 내리다
			일본이 무조건 항복하다
			얄타 회담이 열리고 포츠담 선언이 발표되다
			국제연합UN이 성립되다
1946	사르트르가 《실존주의란무엇인가》를 출간하다		
		1947	미국 대통령 트루먼이 트루먼독트린을 선언하다
			미국의 마셜이 마셜플랜을 제창하다
			인도는 독립을 선언하다
		1948	이스라엘공화국이 성립되다

			세계 인권 선언이 채택되다
		1949	북대서양 조약기구가 세워지다
			중화인민공화국이 성립되다
			마오쩌둥이 취임하다
		1950	한국전쟁이 일어나다(6.25)
		1952	미국이 수소 폭탄 실험 성공을 발표하다
1953	비트겐슈타인이 죽은 후에 《철학적 탐구》가 출간되다		
		1955	바르샤바 조약이 체결되다
		1957	유럽경제공동체EEC가 조인되다
			소련은 세계 최초의 인공위성 스푸트 니크를 발사하다
		1962	미국이 쿠바를 봉쇄한 사건이 일어나다
			중국과 소련의 대립이 표면화되다
		1964	베트남(월남)전쟁이 일어나다
		1965	중국에서 문화대혁명이 일어나다
		1967	제3차 중동전쟁이 일어나다
			유럽공동체EC가 정식으로 발족되다
		1968	소련이 프라하를 침공하다
1969	푸코가 《앎의 고고학》을 발표하다	1969	미국의 유인우주선 아폴로 11호가 달 표면에 착륙하다
1971	롤스가 《정의론》를 발표하다		
		1972	미국과 중국이 정상 회담을 갖다
		1973	동·서독이 유엔에 동시에 가입하다
			제4차 중동전쟁으로 인해 전 세계에 석유 파동이 일어나다
1976	하버마스가 《사적 유물론의 재건을 위하여》를 발표하다		
1979	브로델이 《물질문명과 자본주의》를 발표하다	1979	소련이 아프가니스탄을 침공하다
		1980	이란·이라크전쟁이 일어나다
		1981	이집트에서 사다트 대통령이 피살되다
		1985	소련에서 고르바초프가 집권한 다음, 페레스트로이카가 추진되다

1989	중국에서 톈안먼사건이 일어나다
1990	동독과 서독을 가르고 있던 베를린의 장벽이 무너지다
1991	걸프전쟁이 일어나다
	유럽공동체EC가 통합하다
1992	소비에트연방 체제가 무너지다
1993	우루과이라운드UR가 타결되다
1994	북미자유무역협정이 발효되다
	세계무역기구WTO가 출범하다
1996	미국의 클린턴 대통령이 재선되다
1997	영국이 중국에 홍콩을 반환하다
1998	아시아에 경제적 위기가 닥치다
	인도네시아에서 5월혁명이 일어나다
	유럽의 11개국이 단일 통화를 사용하기 시작하다

참고문헌

강성률, 《2500년간의 고독과 자유》, 형설출판사, 2005

강성률, 《철학의 세계》, 형설출판사, 2006

강영계 편저, 《철학의 흐름》, 제일출판사, 1987

강영계, 《철학의 이해》, 박영사, 1994

김두헌, 《서양윤리학사》, 박영사, 1988

김병우, 《존재와 상황―하이데거와 야스퍼스 연구》, 한길사, 1982

김용정, 《칸트철학 연구》, 유림사, 1983

대한철학교재연구회, 《철학개론》, 학문사, 1992

박전규, 《아리스토텔레스의 실천적 지혜》, 서광사, 1988

배석원, 《도덕과 종교》, 이문출판사, 1988

엄정식 편역, 《비트겐슈타인과 분석철학》, 서광사, 1983

영남철학회, 《위대한 철학자들》, 미문출판사, 1984

정진일, 《위대한 철인들》, 양영각, 1988

철학교재편찬회, 《철학개론》, 형설출판사, 1991

하영석 외, 《칸트철학과 현대사상》, 형설출판사, 1984

한국철학사상연구회, 《철학의 명저 20》, 새길, 1993

한단석, 《서양철학사》, 박영사, 1981

한전숙·차인석, 《현대의 철학 Ⅰ》, 서울대학교출판부, 1980

허용선, 《불가사의 세계 문화유산의 비밀》, 예림당, 2005

B. 러셀, 최민홍 역, 《서양철학사》, *A History of Westerrn Philosophy*, 집문당, 1980

H. J. 슈퇴릭히, 임석진 역, 《세계철학사》, *Geschichte der Philosophy*, 분도출판사, 1981

I. F. 스톤, 편상범·손병석 역, 《소크라테스의 비밀》, *The Trial of Socrates*, 자작아카데미, 1996

J. 히르쉬베르거, 강성위 역, 《세계철학사》, *Geschichte der Philosophy*, 이문출판사, 1987

J. G. 브렌넌, 곽강제 역, 《철학의 의미》, *The Meaning of Philosophy*, 박영사, 1982

K. T. 판, 황경식·이운형 역, 《비트겐슈타인의 철학》, *Wittgensteins Conception of Philosophy*, 삼일당, 1983

P. 존슨, 윤철희 역, 《지식인의 두 얼굴》, *Intellectuals*, 을유문화사, 2005

W. 바이셰델, 이기상·이말숙 역, 《철학의 뒤안길》, *Die philosophische Hintertreppe*, 서광사, 1990

W. K. C. 거스리, 박종현 역, 《희랍 철학 입문》, *The Greek philosophers : from Thales to Aristotle* (Harper and Row, Publishers, 1960년판), 종로서적, 1984

小阪修平(고사까 슈우헤이), 방준필 역, 《함께 가보는 철학사 여행》, 사민, 1990

청소년을 위한 **서양철학사**

강성률 지음 · 반석 그림

발 행 일 초판 1쇄 2008년 7월 15일
　　　　　　6쇄 2015년 5월 17일
발 행 처 평단문화사
발 행 인 최석두

등록번호 제1-765호 / 등록일 1988년 7월 6일
주　　소 서울시 마포구 서교동 480-9 에이스빌딩 3층
전화번호 (02)325-8144(代) FAX (02)325-8143
이메일 pyongdan@hanmail.net
ISBN 978-89-7343-269-1 03160

이 도서의 국립중앙도서관 출판시도서목록(CIP)은 e-CIP 홈페이지
(http://www.nl.go.kr/cip.php)에서 이용하실 수 있습니다.
(CIP제어번호: CIP2008000386)

저희는 매출액의 2%를 불우이웃돕기에 사용하고 있습니다.